W0048799

Windows 8

Die Anleitung in Bildern

von
Robert Klaßen

Vierfarben

Sie haben Fragen, Wünsche oder Anregungen zum Buch?
Gerne sind wir für Sie da:

Anmerkungen zum Inhalt des Buches: maike.luebbers@vierfarben.de
Bestellungen und Reklamationen: service@vierfarben.de
Rezensions- und Schulungsexemplare: thomas.losch@vierfarben.de

Das vorliegende Werk ist in all seinen Teilen urheberrechtlich geschützt. Alle Rechte vorbehalten,
insbesondere das Recht der Übersetzung, des Vortrags, der Reproduktion, der Vervielfältigung
auf fotomechanischem oder anderen Wegen und der Speicherung in elektronischen Medien.

Ungeachtet der Sorgfalt, die auf die Erstellung von Text, Abbildungen und Programmen verwendet
wurde, können weder Verlag noch Autor, Herausgeber oder Übersetzer für mögliche Fehler und
deren Folgen eine juristische Verantwortung oder irgendeine Haftung übernehmen.

Die in diesem Werk wiedergegebenen Gebrauchsnamen, Handelsnamen, Warenbezeichnungen
usw. können auch ohne besondere Kennzeichnung Marken sein und als solche den gesetzlichen
Bestimmungen unterliegen.

An diesem Buch haben viele mitgewirkt, insbesondere:

Lektorat Maike Lübbers
Korrektorat Alexandra Müller, Olfen
Herstellung Janina Brönner
Einbandgestaltung Sabine Reibeholz
Coverentwurf Daniel Kratzke
Coverfoto iStockphoto: 6884204 © Jacob Wackerhausen
Typographie und Layout Vera Brauner
Satz Markus Miller, München
Druck Himmer, Augsburg

Gesetzt wurde dieses Buch aus der Linotype Syntax (10,25 pt/14,25 pt) in Adobe InDesign CS6.
Und gedruckt wurde es auf mattgestrichenem Bilderdruckpapier (115 g/m²).
Hergestellt in Deutschland.

Bibliografische Information der Deutschen Nationalbibliothek
Die Deutsche Nationalbibliothek verzeichnet diese Publikation in der Deutschen National-
bibliografie; detaillierte bibliografische Daten sind im Internet über http://dnb.d-nb.de abrufbar.

ISBN 978-3-8421-0057-2

1. Auflage 2013, 3., korrigierter Nachdruck 2013
© Vierfarben, Bonn 2013
Vierfarben ist ein Verlag der Galileo Press GmbH
Rheinwerkallee 4, D–53227 Bonn
www.vierfarben.de

Der Verlagsname Vierfarben spielt an auf den Vierfarbdruck, eine Technik zur Erstellung farbiger
Bücher. Der Name steht für die Kunst, die Dinge einfach zu machen, um aus dem Einfachen das
Ganze lebendig zur Anschauung zu bringen.

Liebe Leserin, lieber Leser,

Windows 8 sieht ganz anders aus als frühere Windows-Versionen, viel moderner und aufgeräumter. Auf dem Bildschirm sind bunte Kacheln zu sehen, anstelle von Programmen gibt es sogenannte Apps, und das Startmenü ist verschwunden. Falls Sie sich gerade Ihren ersten Computer gekauft und vorher noch nicht mit Windows gearbeitet haben, dürfte Ihnen der Einstieg trotzdem keine Schwierigkeiten bereiten – zumindest nicht mit diesem Buch. Und auch wenn Sie von einer älteren Version auf Windows 8 umsteigen, wird unser Buch Ihnen die Umgewöhnung erleichtern.

Robert Klaßen zeigt Ihnen, wie Sie all das mit Windows 8 erledigen, wofür Sie Ihren Computer gekauft haben. Lernen Sie, sich auf der Windows-Oberfläche zurechtzufinden, surfen Sie im Internet, schreiben Sie E-Mails und drucken Sie Dokumente aus. Kopieren Sie Dateien, legen Sie Ordner an, sortieren und bearbeiten Sie Fotos, hören Sie Musik oder brennen Sie DVDs. Mit ausführlichen Anleitungen, in denen jeder Schritt an einem Bild verdeutlicht wird, geleitet Sie dieses Buch sicher und schnell durch die Welt von Windows 8. Zahlreiche Tipps runden die Erklärungen ab und helfen Ihnen, schon in kurzer Zeit gekonnt mit Ihrem Computer und Windows 8 umzugehen.

Dieses Buch wurde mit größter Sorgfalt geschrieben und hergestellt. Sollten Sie dennoch einmal Fehler finden oder inhaltliche Anregungen haben, freue ich mich, wenn Sie mit mir in Kontakt treten. Für konstruktive Kritik bin ich dabei ebenso offen wie für lobende Worte. Doch zunächst einmal wünsche ich Ihnen viel Freude beim Lesen!

Ihre Maike Lübbers
Lektorat Vierfarben

maike.luebbers@vierfarben.de

Inhalt

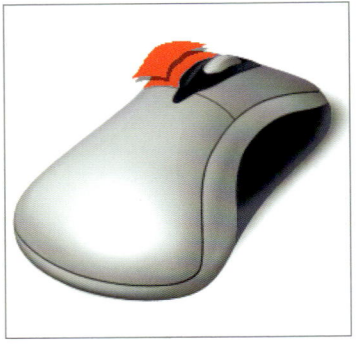

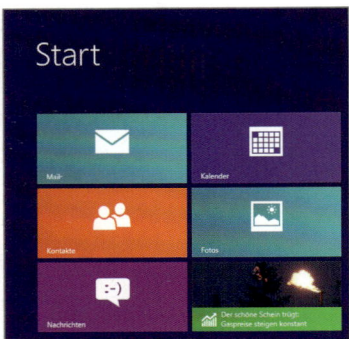

Inhalt

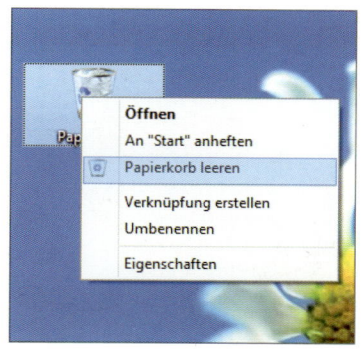

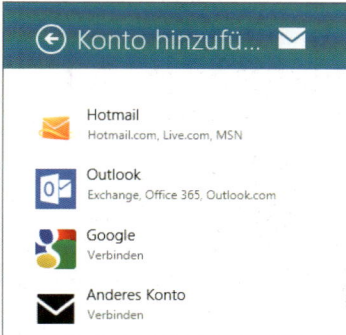

Inhalt

6 Fotos sortieren und bearbeiten 134

7 Musik und Videos..................................... 168

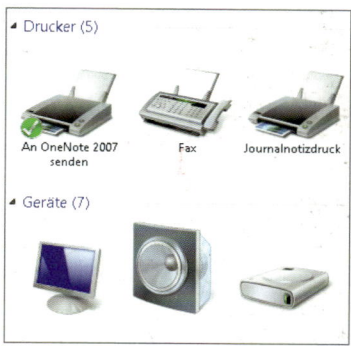

Inhalt

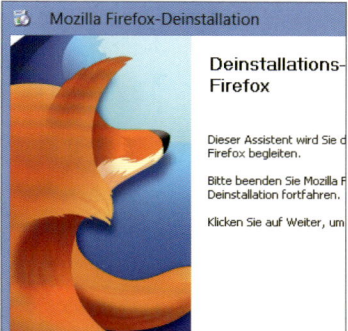

Kapitel 1
So bedienen Sie Ihren Computer

Je nachdem, welches Gerät Sie verwenden (PC, Notebook oder Tablet), bieten sich unterschiedliche Steuerungssysteme an. So wird der PC in erster Linie mit der Maus bedient, während am Notebook ein Touchpad zur Verfügung steht. Moderne Tablets hingegen werden direkt auf der Monitoroberfläche bedient – und zwar mit Gesten. Erfahren Sie hier, wie Sie die unterschiedlichen Bedienoptionen nutzen.

Die Maus benutzen

Das klassische Eingabegerät ist die Maus. Damit werden die Befehle schnell und effizient an den Computer übergeben. Dem PC-Einsteiger erschließen sich aber die vielen Möglichkeiten nicht auf den ersten Blick. Deshalb erfahren Sie im ersten Teil dieses Kapitels, was es mit Mausklick ❶, Doppelklick und Rechtsklick auf sich hat.

Mit dem Touchpad arbeiten

Sie besitzen einen Laptop oder ein Netbook? Dann können Sie alternativ zur Maus auch das eingebaute Touchpad ❷ nutzen. Dieses funktioniert entsprechend der Maus. Denn auch hier lassen sich Mausklick, Doppelklick und Rechtsklick ausführen – und sogar noch einiges mehr.

Per Geste steuern

Wer einen Tablet-PC besitzt, der muss in der Regel ohne Maus und Touchpad auskommen. Dieser Umstand lässt sich jedoch leicht verschmerzen. Denn immerhin dient die Bildschirmoberfläche nicht nur zur Anzeige, sondern fungiert auch als Eingabegerät. Welche »Bewegungen« ❸ Ihre Finger machen müssen, um die eine oder andere Funktion aufzurufen, erfahren Sie in diesem Kapitel.

① Die Bedienung mit der Maus ist ganz leicht zu erlernen.

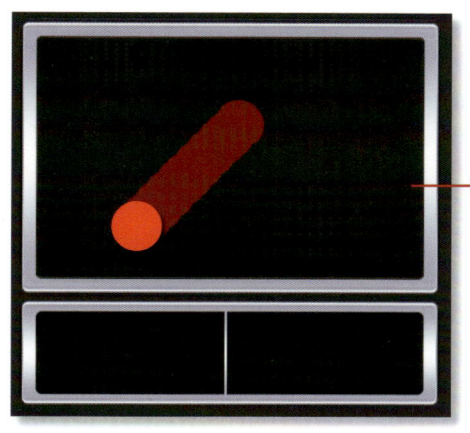

② Das Touchpad können Sie ebenfalls für die Eingabe benutzen.

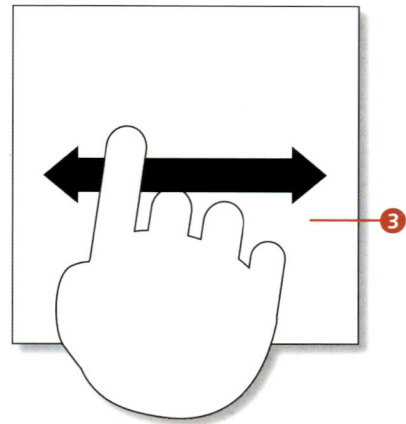

③ Die Eingabe mit dem Finger funktioniert bei manchen Geräten auch auf dem Bildschirm.

So funktioniert die Maus

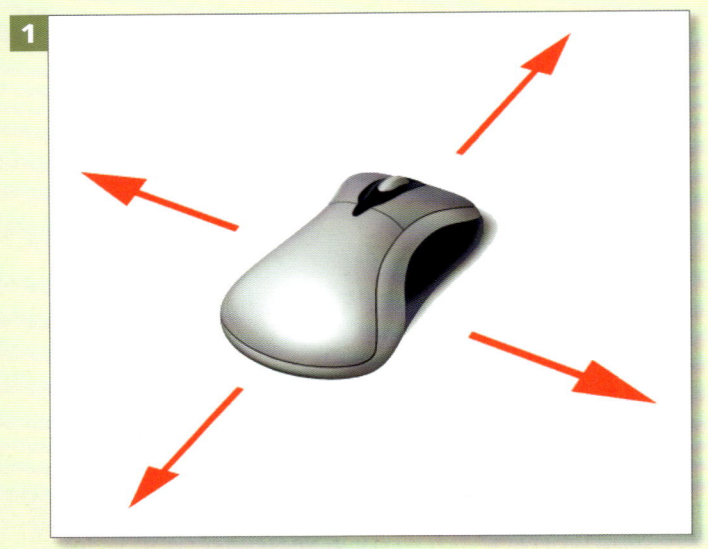

Bevor es losgeht, hier eine kurze Ein-weisung in Sachen Mausbedienung. Wenn Sie damit schon Erfahrung haben, können Sie diesen Abschnitt natürlich überspringen.

Schritt 1

Wenn Sie die Maus verschieben, wandert der Zeiger auf dem Bild-schirm entsprechend mit. Sie kön-nen auf diese Weise bestimmte Bereiche des Bildschirms aufsuchen und anschließend dort Aktionen ausführen.

Schritt 2

Sie führen eine Aktion aus, indem Sie mit dem Zeigefinger auf die linke obere Taste klicken. Das ist der her-kömmliche Mausklick.

Schritt 3

Mitunter ist ein rechter Mausklick erforderlich. Dazu drücken Sie die rechte Taste herunter und lassen sie anschließend wieder los. Diese Art des Klickens wird auch *Rechtsklick* genannt.

Schritt 4

Wenn ein Doppelklick erwartet wird, müssen Sie zweimal schnell hintereinander auf die linke Taste drücken.

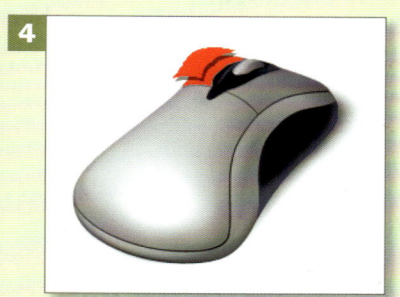

Schritt 5

Zwischen den beiden erwähnten Tasten befindet sich bei vielen Mäusen das sogenannte *Scrollrad* ➊. Drehen Sie das Rad, lässt sich der Inhalt eines geöffneten Fensters nach oben oder unten verschieben.

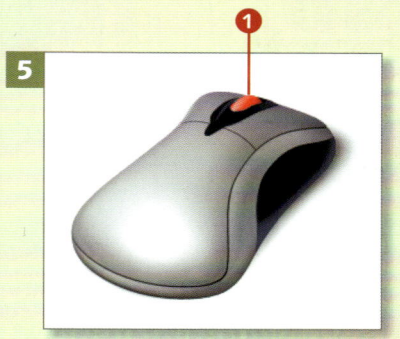

Plug and play

Bei einer Maus handelt es sich, ebenso wie bei einer Tastatur, um ein Plug-and-play-Gerät. Das bedeutet: Sie können es mit dem Computer verbinden und dann sofort loslegen. Dennoch können die Geräte danach auch noch konfiguriert werden. Darüber erfahren Sie mehr in Kapitel 2, »Was ist wo in Windows?«, ab Seite 24.

Windows mit dem Touchpad steuern

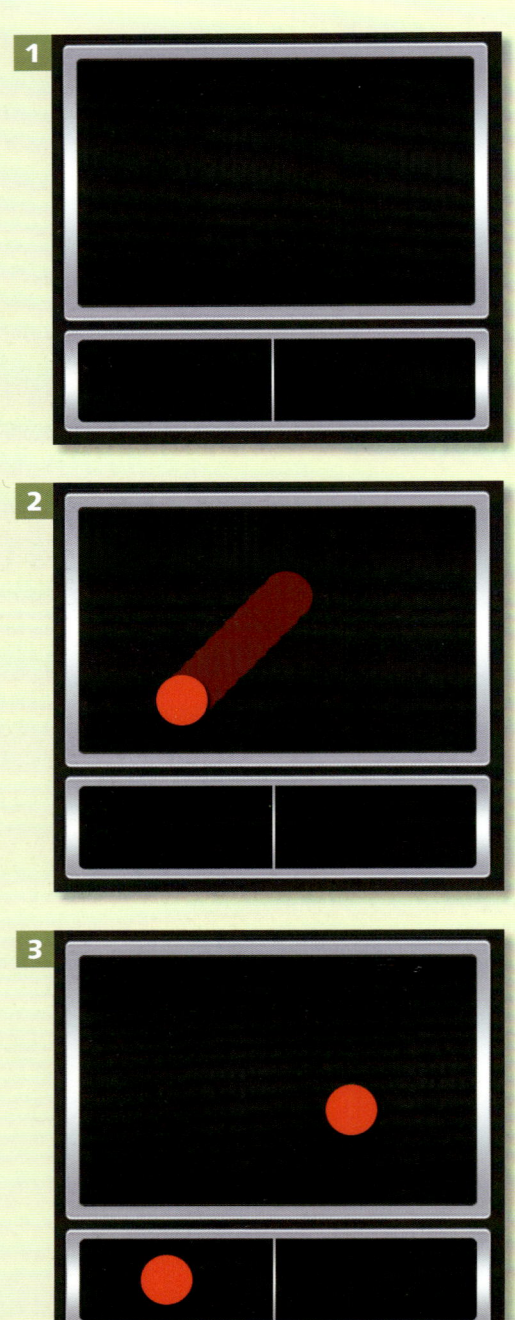

Tragbare Computer werden in der Regel nicht mit einer Maus bedient. Notebooks warten stattdessen mit einem Touchpad auf, das die gleichen Funktionen übernimmt wie die Maus. Auch als Einsteiger werden Sie sich schnell an das neue Gefühl gewöhnen.

Schritt 1

Das Touchpad ist fester Bestandteil eines tragbaren Rechners (Notebook, Netbook, Laptop). Sie können damit die gleichen Funktionen ausführen wie mit einer Maus.

Schritt 2

Um den Mauszeiger zu bewegen, legen Sie einen Finger auf die große Fläche und schieben in die gewünschte Richtung. Halten Sie permanent Kontakt mit dieser Fläche. Wenn Sie den Finger anheben, bleibt der Zeiger stehen.

Schritt 3

Einen linken Mausklick führen Sie aus, indem Sie mit dem Finger kurz auf die große Fläche tippen. Alternativ können Sie auch das linke Tastenfeld herunterdrücken.

Schritt 4

Einen Doppelklick setzen Sie, indem Sie zweimal schnell hintereinander eine der beiden Flächen ❶ oder ❷ antippen. Hier ist etwas Fingerspitzengefühl gefragt, der Abstand zwischen den Berührungen darf nicht zu lang, aber auch nicht zu kurz sein.

Schritt 5

Zuletzt fehlt noch der Rechtsklick. Diesen platzieren Sie auf der rechten kleinen Fläche.

Schritt 6

Wenn Sie die Funktion des Scrollrads nachvollziehen wollen, ziehen Sie mit zwei Fingern über die große Fläche. Wenn das nicht funktioniert, wundern Sie sich nicht. Denn dann besitzen Sie vielleicht ein etwas älteres Modell. Nur moderne Touchpads unterstützen diese Funktion.

Weitere Funktionen

Möglicherweise verfügt Ihr Touchpad über weitere Funktionen als die hier dargestellten Standards. Schauen Sie dazu am besten in die Bedienungsanleitung Ihres PCs oder Notebooks.

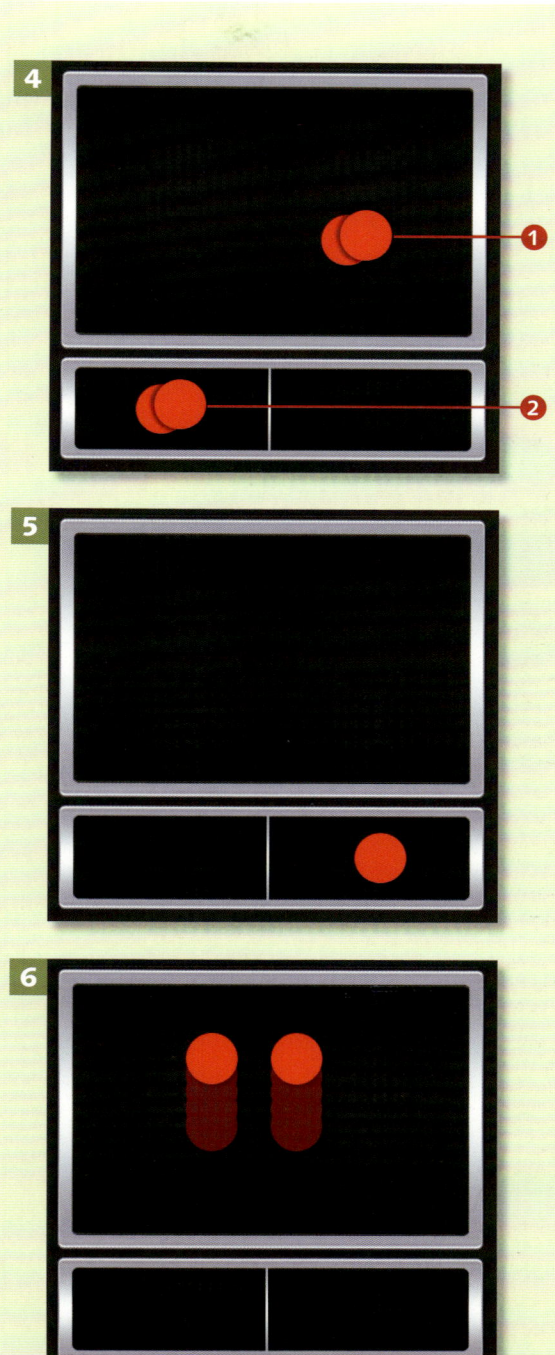

Windows auf dem Tablet

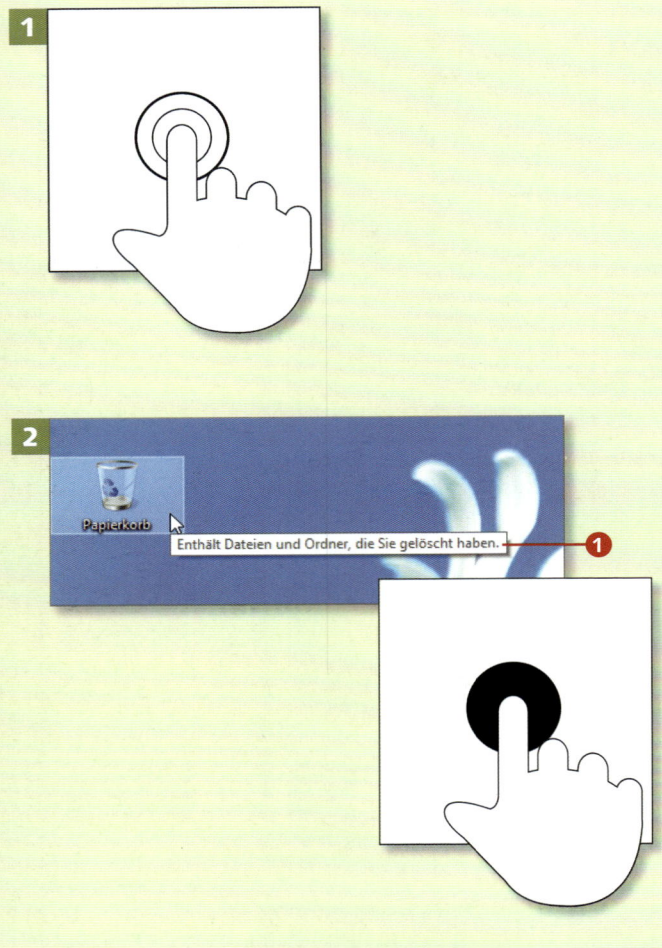

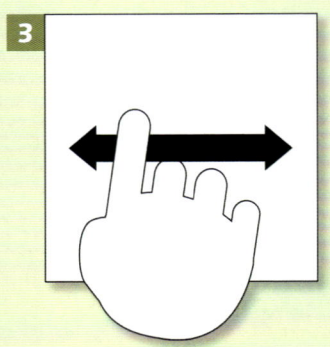

Moderne Tablet-PCs werden zumeist mithilfe der sogenannten Fingereingabe bedient. Dabei werden die Befehle, die Sie an das Gerät richten, mit Gesten übermittelt – und zwar direkt auf dem Bildschirm. Hier lernen Sie die grundlegenden Fingerzeige kennen.

Schritt 1

Der herkömmliche Mausklick wird ausgeführt, indem Sie kurz mit einem Finger auf den gewünschten Punkt Ihres Tablets klicken (z. B. auf das Symbol einer Anwendung).

Schritt 2

Wenn Sie mit der Maus auf ein Objekt zeigen, wird in der Regel eine Information (*QuickInfo*) eingeblendet ❶. Diese erhalten Sie am Tablet, indem Sie das Objekt antippen und den Finger anschließend an dieser Position lassen – also die Oberfläche weiterhin berühren.

Schritt 3

Tippen Sie ein Objekt an, und lassen Sie den Finger auf dem Tablet. Bewegen Sie die Hand anschließend, um das darunter befindliche Objekt zu verschieben. (Beachten Sie auch den Hinweis im Kasten auf Seite 17.)

Schritt 4

Platzieren Sie mindestens zwei Finger auf dem Tablet, und spreizen Sie sie voneinander ab. Das hat zur Folge, dass darunter befindliche Objekte vergrößert werden (z. B. Fotos). Zum Verkleinern ziehen Sie die Finger wieder zusammen.

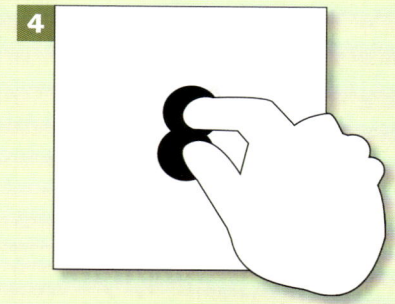 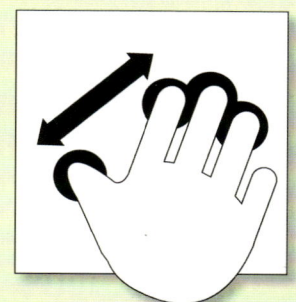

Schritt 5

Um Objekte zu drehen, führen Sie mit zwei Fingern eine Drehbewegung aus. Beachten Sie, dass sich dasselbe i. d. R. auch durch Kippen des Tablets um 90° erreichen lässt.

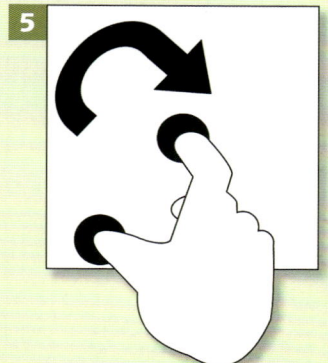

Schritt 6

Mittels Fingereingabe lässt sich noch viel mehr steuern. So können z. B. *Charms* (Systembefehle) und *Apps* (Programme) durch Wischen vom Seitenrand aus bedient werden. Weitere Hinweise dazu finden Sie im Abschnitt »Apps öffnen und schließen« auf Seite 36.

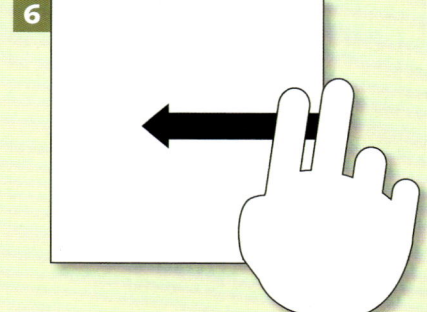

Entsprechungen mit der Maus

Objekte lassen sich durch Ziehen mit dem Finger nicht nur verschieben. Vielmehr können Sie mit dieser Geste auch umblättern, einen Bildlauf starten oder eine App schließen. Es kommt lediglich darauf an, in welcher Programmumgebung Sie sich gerade befinden.

Windows per Tastatur steuern

Die Tastatur ist ein weiteres, ausgesprochen wichtiges Eingabegerät neben Maus, Touchpad und Fingereingabe. Lernen Sie hier einige wichtige Funktionen kennen.

Schritt 1

Eine der wichtigsten Tasten ist die ⊞-Taste ❶. Mit ihr können Sie zwischen dem Startbildschirm und der zuletzt besuchten Anwendung oder Umgebung (z. B. dem Desktop) hin- und herspringen.

Schritt 2

Drücken Sie auf ⇧ ❷, und halten Sie diese Taste gedrückt, wenn Sie anschließend Großbuchstaben eintippen wollen. Die Tasten Strg ❸ + Alt ❹ sind für *Tastenkürzel* (auch *Tastenkombination* oder *Shortcut*) vorgesehen.

Schritt 3

Eine Tastenkombination ist nichts anderes als ein Kurzbefehl zum Starten eines bestimmten Vorgangs. Wenn es z. B. heißt: Drücken Sie Strg + N, dann drücken Sie zunächst Strg ❺. Halten Sie diese Taste fest. Danach drücken Sie kurz N ❻ und lassen danach beide Tasten wieder los.

Schritt 4

Möglicherweise werden Sie bald schon die Tücken der Feststelltaste ❼ kennenlernen. Wenn Sie einmal daraufdrücken, werden nur noch Großbuchstaben geschrieben.

Schritt 5

Die Listen-Taste ❽ unten rechts reagiert unterschiedlich, je nachdem, wo sie zum Einsatz kommt. Auf dem Desktop gedrückt, öffnet sie das sogenannte *Kontextmenü* ❾ mit weiteren Befehlen. Alternativ öffnen Sie dieses mit einem Rechtsklick auf einen freien Bereich des Desktops.

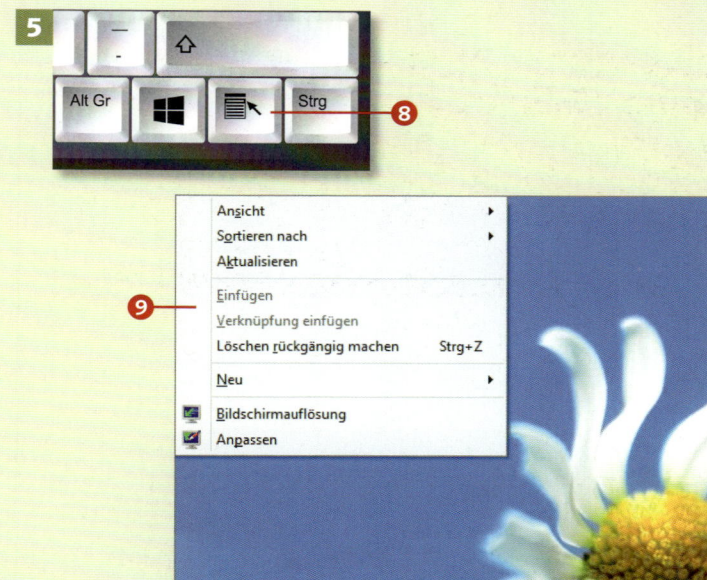

Schritt 6

Wenden Sie diese Taste auf dem Startbildschirm an, öffnet sich eine Fußleiste mit weiteren Funktionen. Hier könnten Sie jetzt auch ohne Maus weiternavigieren, indem Sie ← oder → drücken. Haben Sie den gewünschten Eintrag gefunden? Dann drücken Sie ↵ .

Rückgängig machen

Eine besonders wichtige Tastenkombination ist Strg + Z . Damit können Sie eine bereits ausgeführte Aktion in fast allen Programmen wieder rückgängig machen.

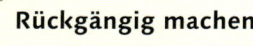

Windows mit Tastenkürzeln bedienen

Sie tragen viele Bezeichnungen: Tastenkürzel, Tastenkombinationen oder Shortcuts. Mit Windows 8 werden sie wichtiger denn je zuvor.

Schritt 1

Zunächst zur Bedienweise. Wenn es heißt: Drücken Sie ▦ + C , bedeutet das, Sie müssen ▦ die ganze Zeit gedrückt halten und dann zusätzlich noch kurz auf C tippen.

Schritt 2

Danach lassen Sie beide Tasten wieder los, und der Befehl wird ausgeführt (siehe dazu Schritt 4). Umgekehrt (also C festhalten und ▦ kurz drücken) hätte das nicht die gleiche Wirkung, wie Sie hier sehen.

Schritt 3

Im Anschluss an Schritt 2 drücken Sie kurz ▦ allein und lassen dann wieder los. Das bringt Sie stets zurück zum Startbildschirm (bzw. von dort aus zur letzten App). Je nachdem, wo Sie sich gerade befinden, kann es dazu erforderlich sein, die Taste ein zweites Mal zu drücken.

Schritt 4

Nun soll aber auch die Bedeutung von ⊞ + C erwähnt werden. Mit dieser speziell für Windows 8 wichtigen Tastenkombination öffnet sich nämlich die neuartige Charms-Leiste ❶.

Schritt 5

Wenden Sie den gleichen Tastatur-befehl erneut an, verschwindet die Leiste wieder.

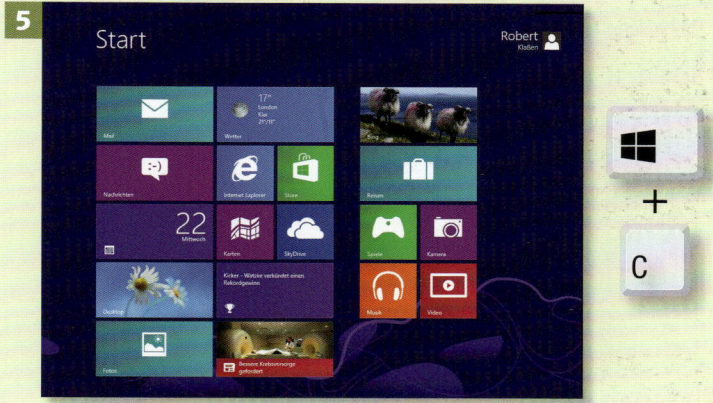

Schritt 6

Mit ⊞ + D gelangen Sie auf den Desktop, in die herkömmliche Arbeitsumgebung von Windows.

Funktionstasten

Mit *Funktionstasten* sind Tasten wie z. B. ⊞, Strg oder Alt gemeint, aber auch ⇧ oder die Tasten F1 bis F12. Während die F-Tasten in der Regel sofort mit einer Funktion belegt sind, müssen zu allen anderen noch weitere Tasten gedrückt werden.

Windows mit Tastenkürzeln bedienen (Forts.)

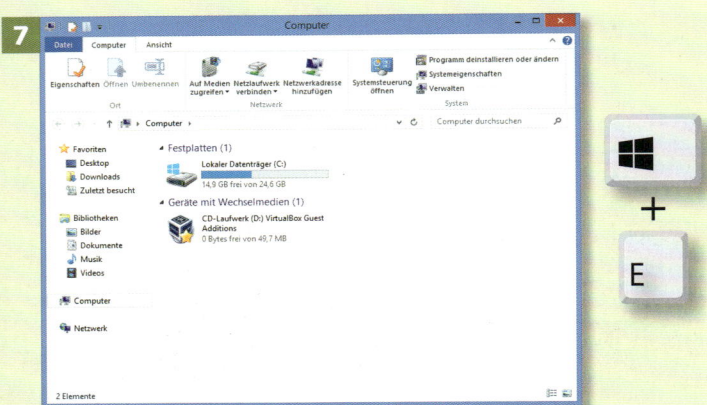

Schritt 7

Der Explorer ist gewissermaßen der »Pfadfinder« auf Ihrem Computer. Aktivieren Sie ihn mit ⊞ + E. Darüber können Sie zu einzelnen Ordnern oder Laufwerken springen.

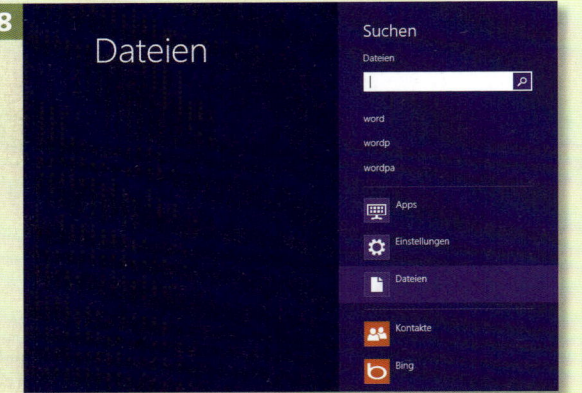

Schritt 8

Sie wollen Ausschau nach einzelnen Dateien halten? Dann drücken Sie ⊞ + F. Das bringt Sie in den Windows-Suchmodus.

Schritt 9

Falls Sie u. a. Einstellungen an Ihrem Computer vornehmen wollen (z. B. die Lautstärke regeln), bedienen Sie sich zunächst der Tastenkombination ⊞ + I.

Allgemeingültige Shortcuts

Beachten Sie, dass die hier gezeigten Tastaturbefehle zum Teil nicht nur dem Startbildschirm vorbehalten sind. Wenn Sie ⊞ + F auf dem Desktop drücken, gelangen Sie ebenfalls in die Dateisuche.

Schritt 10

Über die Tastenkombination ⊞+Q wird die Suchfunktion für Apps (Programme) gestartet.

Schritt 11

Besonders interessant ist ⊞+X. Dadurch wird unten links nämlich ein Zusatzmenü eingeblendet, das weitere Funktionen zur Auswahl bereitstellt (siehe Kasten).

Schritt 12

F1 bewirkt, dass die Windows-Hilfe aktiviert wird. Diese Taste allein funktioniert jedoch nur in der Desktop-Umgebung. Vom Startbildschirm aus müssen Sie zusätzlich ⊞ gedrückt halten.

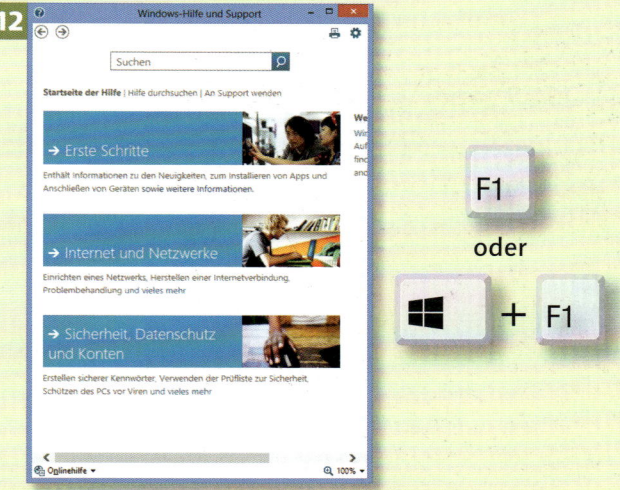

ℹ Zusatzmenü bedienen

Nach dem Drücken von ⊞+X müssen Sie noch den Befehl im Zusatzmenü aussuchen. Das machen Sie mit ↑ und ↓. Wenn Sie den gewünschten Eintrag gefunden haben, drücken Sie ↵.

Kapitel 2
Erste Schritte mit Windows 8

Windows 8 ist installiert und präsentiert den »Startbildschirm«. Sicherlich möchten Sie gleich einige Programme ausprobieren und die Oberfläche ein bisschen an Ihre Bedürfnisse anpassen. Dabei müssen Sie jedoch einiges beachten. Wie kommen Sie zum Desktop? Und wie wieder zurück zum Startbildschirm? Wie funktioniert das mit den Fenstern? Wo sind wichtige Einstelloptionen für Windows 8 versteckt? Diese und noch mehr Fragen beantwortet dieses Kapitel.

Apps starten und schließen

Wo Sie die Apps ❶ (= Programme) von Windows 8 starten und das Erscheinungsbild des Startbildschirms beeinflussen können, verrät Ihnen der erste Teil von Kapitel 2. Welche Besonderheiten dabei auf Tablet-Benutzer zukommen, wird ebenfalls angesprochen.

Mit Fenstern umgehen

Auf dem Desktop von Windows 8 werden Programme in sogenannten *Fenstern* ❷ gestartet. Überhaupt ist das Fenster-System das A und O Ihres Betriebssystems. Eine erste Kontaktaufnahme mit dieser Art der Computerbedienung finden Sie im zweiten Teil dieses Kapitels. Windows 8 hält übrigens einige Hilfen bereit, die Ihnen den Umgang mit mehreren Fenstern erleichtern.

Die Windows-Hilfe aufrufen

Was machen Sie, wenn Sie Hilfe benötigen? Klar, Sie schauen in Ihr neues Windows-8-Buch. Was sonst? Wenn Sie aber das Windows-eigene Hilfe-System ❸ unter die Lupe nehmen wollen, stehen Ihnen verschiedene Optionen zur Verfügung.

Herunterfahren

Die Arbeit ist getan, und Sie möchten sich etwas Ruhe gönnen? Gerne! Nur vergessen Sie nicht, den Rechner auszuschalten, indem Sie ihn ordnungsgemäß »herunterfahren« ❹.

1 Wie Sie Apps starten und den Startbildschirm bedienen, erfahren Sie in diesem Kapitel

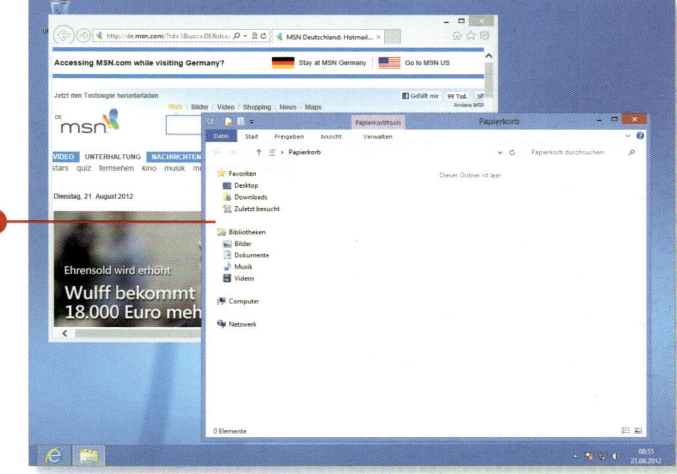

Auch der Umgang mit Fenstern auf dem Desktop soll nicht zu kurz kommen. 2

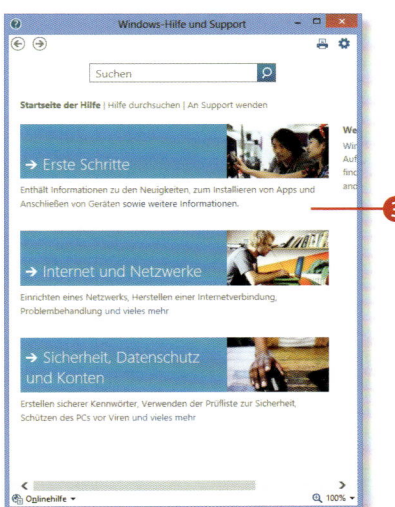

3 Die Windows-eigene Hilfe bietet Antworten und Unterstützung bei den meisten Fragen.

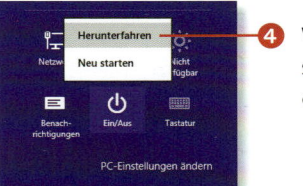

4 Wenn Sie mit der Arbeit fertig sind, müssen Sie den Rechner ordnungsgemäß herunterfahren.

Die Kacheln anordnen

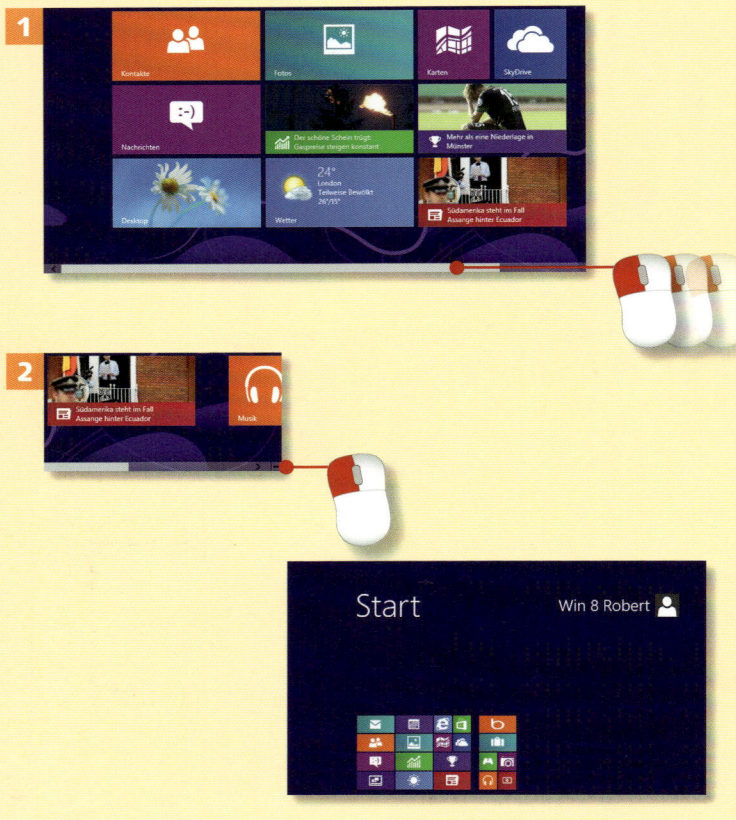

Bevor Sie mit der Arbeit in Windows 8 beginnen, sollten Sie sich mit der Oberfläche vertraut machen. Hier ist zunächst einmal der Startbildschirm zu erwähnen, der alle Standard-Apps bereithält.

Schritt 1

Sollten nicht alle Kacheln (die farbigen Quadrate und Rechtecke des Startbildschirms) sichtbar sein, klicken Sie auf den grauen Balken am unteren Bildrand. Halten Sie die Maustaste gedrückt, und bewegen Sie die Maus nach rechts.

Schritt 2

Mit dem kleinen Minuszeichen, das sich rechts neben dem Balken befindet, lassen sich die Kacheln derart verkleinern, dass alle gemeinsam angezeigt werden können.

Schritt 3

Ein Mausklick auf einen freien Bereich des Bildschirms bringt die ursprüngliche Ansicht zurück. Anhand der Motive auf den großen Kacheln lässt sich der Inhalt der dahinter befindlichen App sehr viel besser erahnen.

Schritt 4

Falls Ihnen die Anordnung der Kacheln nicht zusagt, können Sie sie umsortieren. Klicken Sie dazu eine Kachel an, und halten Sie die Maustaste gedrückt. Jetzt verschieben Sie die Kachel mit der Maus und lassen erst los, wenn die gewünschte Position erreicht ist.

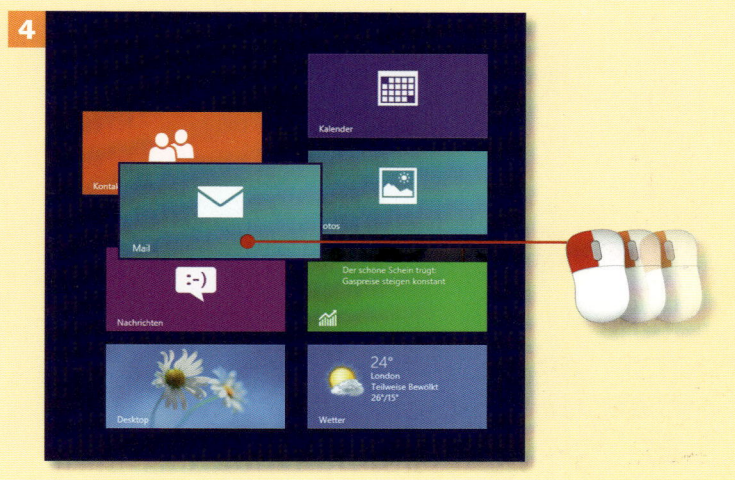

Schritt 5

Die Kacheln sind unterschiedlich groß. Wollen Sie eine große (rechteckige) Kachel in eine kleine (quadratische) umwandeln, führen Sie zunächst einen rechten Mausklick darauf aus (hier auf **Nachrichten**).

Schritt 6

In dem daraufhin am unteren Bildrand erscheinenden Balken (die sogenannten *App-Befehle*) klicken Sie auf **Kleiner**. So werden rechteckige Kacheln zu quadratischen – und umgekehrt. (Bei kleinen Kacheln heißt die Schaltfläche **Größer**.)

Kachelgrößen

Die Größe der Kacheln hat keine Auswirkungen auf die Funktion der jeweiligen Anwendung. Sie können damit aber optische Gewichtungen auf dem Startbildschirm vornehmen.

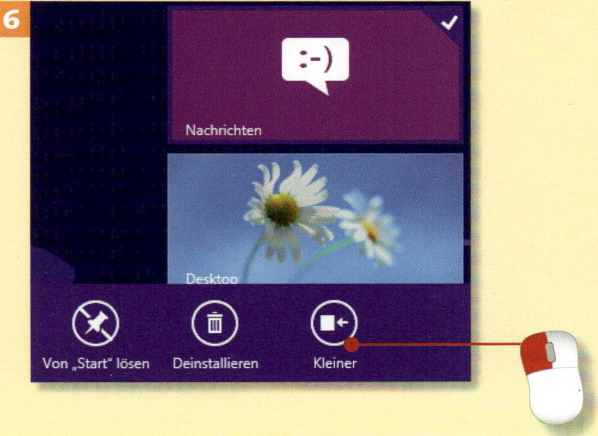

Die Kacheln anordnen (Forts.)

Schritt 7

Falls Sie eine eigene Gruppe aus solchen Kacheln zusammenstellen wollen, die Ihnen persönlich ganz wichtig sind, ziehen Sie erst eine und dann weitere Kacheln mit gedrückter Maustaste zur Seite, bis sich ein hellerer Balken zeigt. Daraufhin lassen Sie die Maustaste los.

Schritt 8

Möglicherweise gibt es auf dem Startbildschirm einige Apps, auf die Sie keinen Wert legen. Entfernen Sie deren Kacheln, indem Sie zunächst einen Rechtsklick darauf ausführen. Das Objekt wird daraufhin mit einem Häkchen oben rechts markiert.

Schritt 9

Jetzt fahren Sie mit der Maus nach unten in die blaue Leiste und entscheiden sich per Mausklick für **Von „Start" lösen**.

Mehrere Kacheln markieren

Sie können auch mehrere Kacheln nacheinander mit rechts anklicken, damit diese ausgewählt (sprich: mit einem Häkchen versehen) werden. Wenn Sie anschließend **Von „Start" lösen** wählen, werden alle markierten Kacheln auf einmal vom Startbildschirm entfernt.

Schritt 10

Sie wollen geschlossene Kacheln auf den Startbildschirm zurückholen? Dann klicken Sie mit rechts auf eine beliebige Stelle und anschließend auf **Alle Apps** ❶ in der Fußleiste.

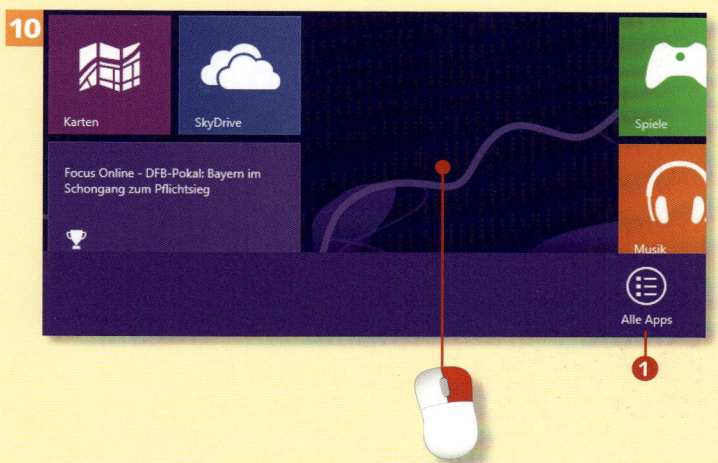

Schritt 11

Gehen Sie zum App-Symbol, das Sie wieder verankern möchten, und wählen Sie dieses mit einem Rechtsklick aus. Auch hier wird wieder ein Häkchen platziert. Zuletzt klicken Sie mit der linken Maustaste auf **An „Start" anheften** ❷.

Schritt 12

Kehren Sie zum Startbildschirm zurück, indem Sie entweder ⊞ drücken oder mit der Maus zunächst in die untere linke Ecke fahren. Warten Sie, bis dort das kleine Start-Symbol auftaucht, und klicken Sie es an.

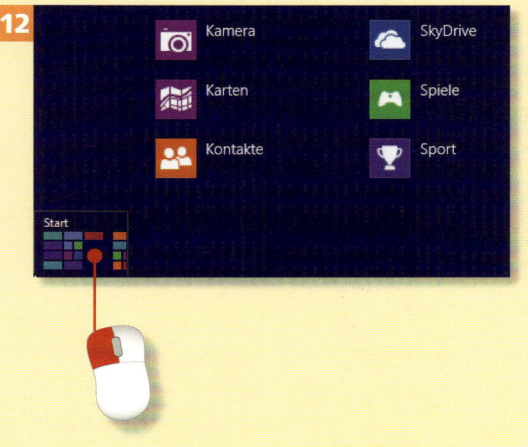

Apps

Der Begriff »Apps« ist im Zusammenhang mit Windows noch recht neu. Ursprünglich waren damit Mac-Anwendungen gemeint (nicht zuletzt aufgrund ihrer Dateiendungen .app). Da »App« aber auch für Application (engl. Anwendung) steht, werden heutzutage die meisten Programme als Apps bezeichnet.

Windows auf dem Tablet bedienen

Im vorangegangenen Workshop haben Sie erfahren, wie sich die Kacheloberfläche mithilfe der Maus (oder eines Touchpads) bedienen lässt. Tablet-Nutzer hingegen müssen Gesten einbringen, um zum gleichen Resultat zu gelangen.

Schritt 1

Wollen Sie eine Kachel markieren, weil Sie diese z. B. vom Startbildschirm lösen möchten, tippen Sie auf die entsprechende Kachel. Halten Sie den Finger einen Moment darauf.

Schritt 2

Falls die App-Befehle nicht angezeigt werden, streifen Sie vom unteren Bildschirmrand aus nach oben. Das hat zur Folge, dass der blaue Balken eingeblendet wird.

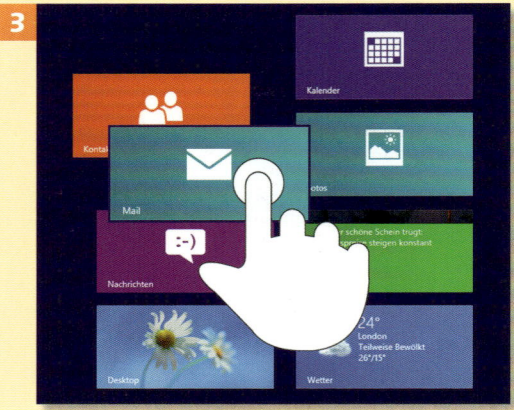

Schritt 3

Zum Verschieben von Kacheln drücken Sie mit dem Finger auf das gewünschte Element, halten den Finger auf dem Bildschirm und ziehen das Element in die gewünschte Richtung.

Schritt 4

Sollten einige Kacheln nicht komplett sichtbar sein, der Bildschirm also nur einen Ausschnitt präsentieren, verschieben Sie mit dem Finger den grauen Balken am unteren Bildrand, wie in Schritt 1 der vorangegangenen Anleitung beschrieben.

Schritt 5

Zur Ansicht aller Apps wechseln Sie, indem Sie zunächst Schritt 2 ausführen und anschließend **Alle Apps** in der Fußleiste (App-Befehle) kurz mit dem Finger antippen.

Schritt 6

Damit Sie nun nicht auf ewig in dieser Umgebung gefangen bleiben, wiederholen Sie den letzten Schritt. Das bringt Sie wieder zurück zum herkömmlichen Startbildschirm.

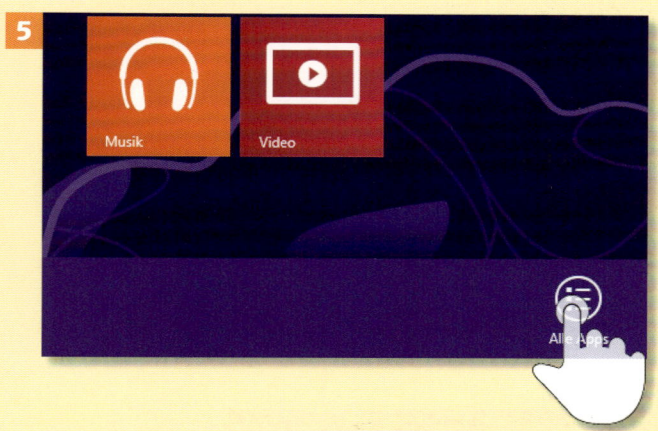

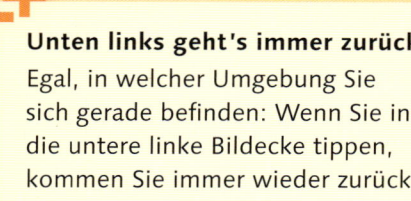

Unten links geht's immer zurück
Egal, in welcher Umgebung Sie sich gerade befinden: Wenn Sie in die untere linke Bildecke tippen, kommen Sie immer wieder zurück zum Startbildschirm.

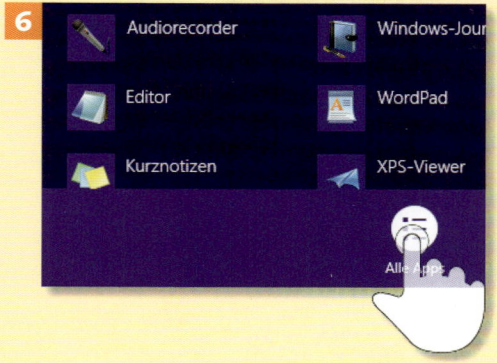

Ein Microsoft-Konto eröffnen

Für einige der hier gezeigten Apps ist die Erstellung eines Microsoft-Kontos erforderlich (z. B. Mail, Kalender, Nachrichten etc.). Dieser Prozess kann bereits während der Installation vollzogen werden. Sollten Sie noch kein Konto eingerichtet haben, können Sie das jederzeit nachholen.

Schritt 1

Wenn Sie nicht wissen, ob bereits ein entsprechendes Konto eingerichtet ist, klicken Sie doch einmal auf die Kachel **Nachrichten**.

Schritt 2

Sollte dieses wenig erbauliche Ergebnis die Folge sein, klicken Sie auf die hellblaue Zeile **versuchen Sie es noch mal**. Bringt auch das keine Veränderung, kehren Sie zum Startbildschirm zurück (mit der Taste ⊞ oder durch einen Klick unten links ❶).

Schritt 3

Klicken Sie auf Ihren Anmeldenamen, der oben rechts auf dem Bildschirm angezeigt wird.

Schritt 4

Daraufhin öffnet sich eine Liste. Klicken Sie mit der Maus auf den obersten Eintrag, **Profilbild ändern**. Das klingt zunächst unsinnig, bringt Sie Ihrem Ziel jedoch ein gutes Stück näher.

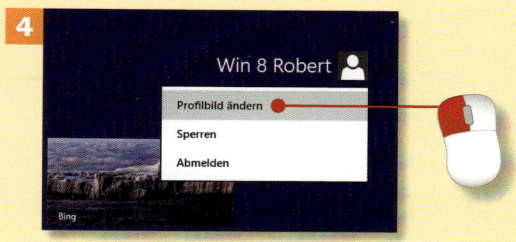

Schritt 5

Klicken Sie nun auf den Eintrag **Benutzer ❷** in der linken Spalte. Auf der rechten Seite sehen Sie dann eine Schaltfläche, die mit **Zu einem Microsoft-Konto wechseln** betitelt ist. Klicken Sie sie an.

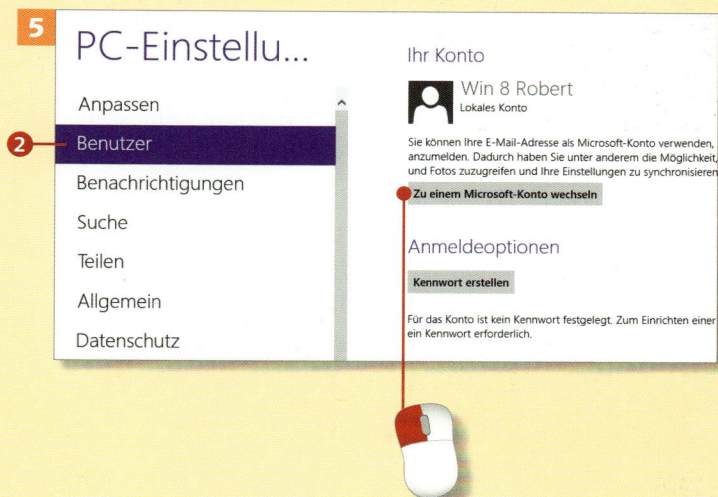

Schritt 6

Im nächsten Dialogfeld tragen Sie zunächst eine gültige E-Mail-Adresse ein. Danach klicken Sie auf die Schaltfläche **Weiter ❸** unten rechts.

Neue E-Mail-Adresse

Eigentlich ist Schritt 3 für ein bereits eingerichtetes Microsoft-Konto vorgesehen. Allerdings »merkt« die Anwendung, wenn die Adresse noch nicht registriert ist, und startet automatisch den Registrierungsprozess. Haben Sie bereits ein Konto und wollen jetzt ein neues erstellen, müssen Sie unten links auf **Für neue E-Mail-Adresse registrieren ❹** klicken.

Ein Microsoft-Konto eröffnen (Forts.)

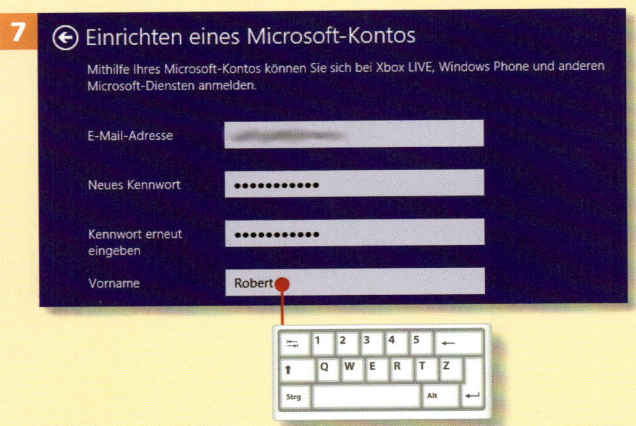

Schritt 7

Füllen Sie im Anschluss sämtliche Eingabefelder aus, und bestätigen Sie am Ende abermals mit **Weiter**. Leider ist keine dieser Angaben optional. Wenn Sie nichts eintragen, können Sie nicht fortfahren.

Schritt 8

Im nächsten Fenster müssen dafür lediglich zwei von drei Angaben gemacht werden. Ich habe mich dafür entschieden, auf die Angabe einer alternativen E-Mail-Adresse zu verzichten. Klicken Sie dann erneut auf **Weiter**.

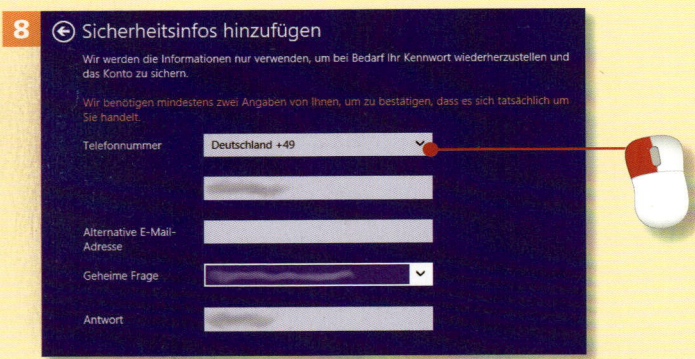

Schritt 9

Es folgt noch ein Dialogfeld, in dem Sie Geburtsdatum und Geschlecht angeben und einen vorgegebenen Zeichencode eintippen müssen. Bevor Sie auf **Weiter** klicken, sollten Sie die Hinweise im Kasten auf dieser Seite lesen.

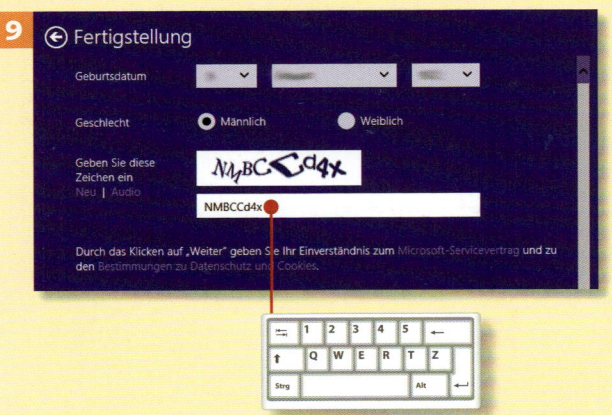

> **Microsoft-Servicevertrag**
>
> In der vorletzten Zeile des Dialogs taucht das Wort **Microsoft-Servicevertrag** auf. Dabei handelt es sich um einen Link. Klicken Sie darauf, um zu erfahren, welchen Vertrag Sie mit Microsoft abschließen. Sie sollten sich über dessen Inhalt im Klaren sein.

Schritt 10

Im letzten Dialog klicken Sie auf die Schaltfläche **Fertig stellen**. Damit ist die Anmeldung abgeschlossen. Wechseln Sie in Ihr persönliches E-Mail-Konto, und bestätigen Sie es über die blaue Schaltfläche ❶ innerhalb der Microsoft-Mail.

Schritt 11

Jetzt werden Sie automatisch mit einer Internetseite verbunden, auf der Sie Ihre Anmeldedaten (E-Mail-Adresse und Passwort) hinterlassen müssen. Klicken Sie auf **Anmelden** ❷.

Schritt 12

Dann erhalten Sie endlich die lang ersehnte Bestätigung. Sie sind nun registrierter Nutzer und können die entsprechenden Dienste verwenden. Um das zu testen, wiederholen Sie die Schritte 1 und 2.

Outlook-Konto

Mit Abschluss der Anmeldung haben Sie auch Zugang zum E-Mail-Dienst *Outlook.com*. Wenn Sie auf **OK** klicken (siehe Schritt 12), können Sie die ersten E-Mails lesen, die Ihrem Microsoft-Konto zugestellt worden sind.

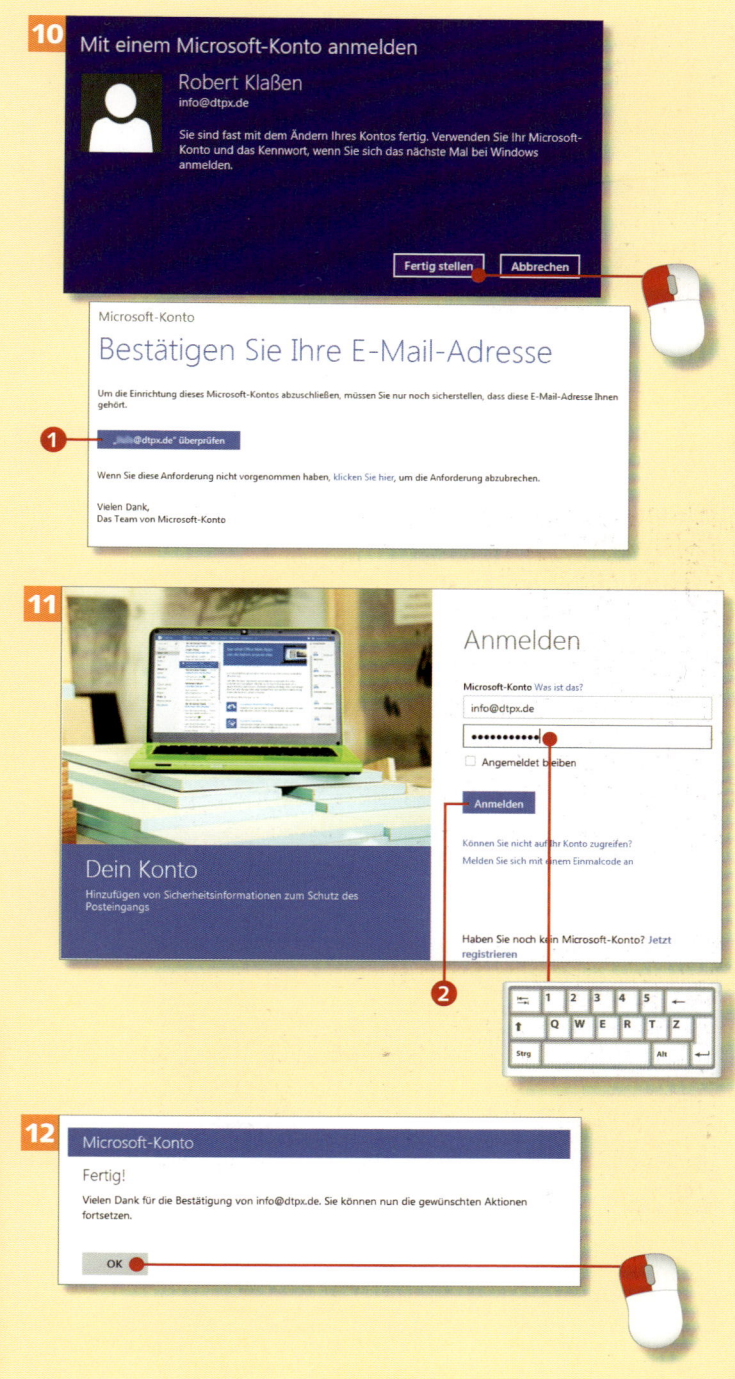

Apps öffnen und schließen

Das Starten einer App auf dem Startbildschirm ist keine große Sache. Die Charms-Leiste bietet Zugriff auf unterschiedlichste Such- und Einstellungsfunktionen.

Schritt 1

Um eine App zu starten, klicken Sie einfach kurz auf die Kachel. Hier haben wir uns für **Fotos** entschieden, weil diese App keine Konto-Einrichtung erfordert (siehe dazu den Abschnitt »Ein Microsoft-Konto eröffnen« auf Seite 32). Sie müssen die App nach Gebrauch nicht schließen, sie wird nach einer gewissen Zeit von selbst angehalten.

Schritt 2

Um wieder zurückzugelangen, drücken Sie ⊞ oder fahren mit dem Mauszeiger in die linke untere Bildschirmecke. Dort angelangt, klicken Sie auf das sich öffnende Start-Symbol.

Schritt 3

Nun können Sie mit ⊞ zwischen App und Startbildschirm hin- und herspringen. Oder Sie zeigen auf dem Startbildschirm in die linke obere Ecke, um die Liste aktiver Apps zu öffnen.

Schritt 4

In dieser Liste finden Sie alle geöffneten Apps (es ist möglich, mit mehreren gleichzeitig zu arbeiten). Oben sehen Sie die zuletzt geöffnete. Klicken Sie darauf, um sie wieder aufzurufen, oder fahren Sie mit dem Mauszeiger nach unten, und klicken Sie auf eine der anderen hier aufgeführten Kacheln.

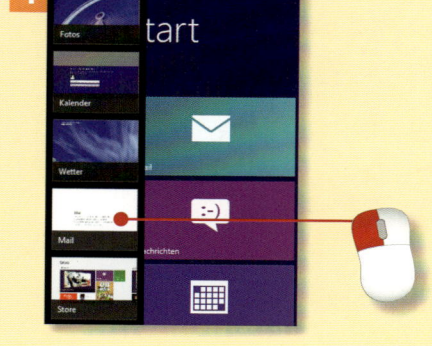

Schritt 5

Windows 8 bringt die Charms-Leiste mit, über die zahlreiche nützliche Einstellungen und Suchfunktionen erreichbar sind. Um sie anzuzeigen, verweilen Sie kurz in der oberen oder unteren rechten Ecke des Bildschirms.

Schritt 6

Bleiben Sie an der rechten Seite, und fahren Sie nach unten. Klicken Sie das gewünschte Symbol an (hier: **Suchen**).

Funktionen der Charms-Leiste
Über **Suchen** gelangen Sie in eine Oberfläche, in der Sie unter anderem nach Apps suchen können. Über **Einstellungen** ❶ lassen sich verschiedene PC-Funktionen steuern.

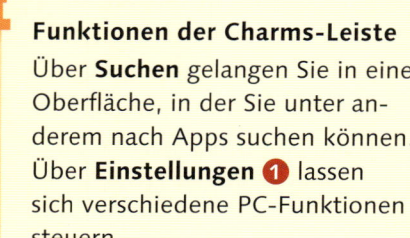

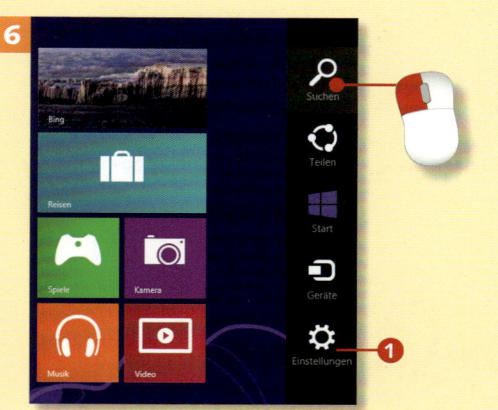

Auf dem Desktop arbeiten

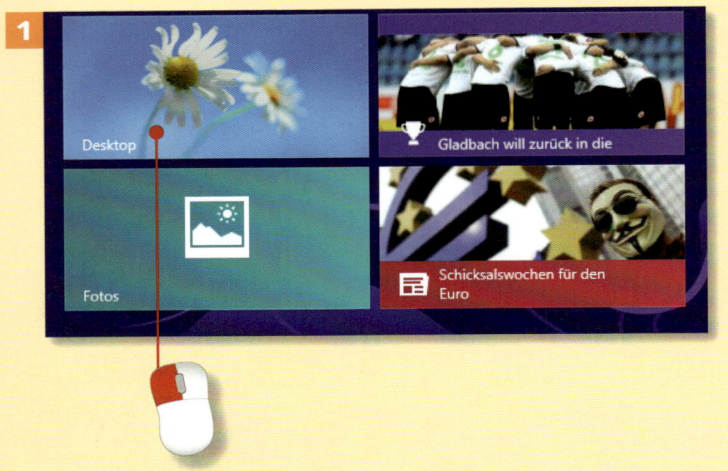

Die Kacheloberfläche ist zwar schick und innovativ, jedoch werden Sie vielleicht auch den Wunsch haben, auf der altbekannten Oberfläche, dem Desktop, zu arbeiten.

Schritt 1

Um zum Desktop zu wechseln, klicken Sie auf die gleichnamige Kachel auf dem Startbildschirm.

Schritt 2

Wann immer Sie zum Startbildschirm zurück möchten, fahren Sie in die untere linke Ecke und klicken auf die dort erscheinende Miniatur-Schaltfläche.

Schritt 3

Rechts daneben sind zwei weitere Schaltflächen zu finden. Mit der linken öffnet sich der *Internet Explorer*, mit dem Sie schnell ins Internet gelangen. Das kleine Ordner-Symbol (der *Explorer*) erlaubt den Zugriff auf weitere Ordner und die Bibliotheken.

> ℹ **Schaltflächen und Symbole**
> Ein Knopf, den Sie auf der Arbeitsoberfläche finden, wird auch als »Button« oder »Schaltfläche« bezeichnet. Die Symbole der Schaltflächen nennen sich »Icons«.

Schritt 4

Unten rechts befinden sich systemrelevante Elemente, die ebenfalls
durch einen Mausklick zugänglich
gemacht werden können. Hier erhalten Sie z. B. Zugriff auf Netzwerkverbindungen oder die Systemuhr.

Schritt 5

Ein auf die zuvor beschriebene
Weise geöffnetes Fenster schließen
Sie wieder, indem Sie einen Maus-
klick auf einen freien Bereich des
Desktops setzen.

Schritt 6

Die Charms-Leiste haben Sie ja bereits kennengelernt. Sie erreichen sie
auch auf dem Desktop, indem Sie in
die obere oder untere rechte Ecke
fahren und die Maus anschließend
vertikal verschieben.

Taskleiste

Die horizontale Leiste, die sich auf
dem Desktop ganz unten befindet,
wird *Taskleiste* genannt. Wenn Sie
weitere Programme oder Ordner
öffnen, finden Sie deren Miniaturen ebenfalls in dieser Leiste.
Schließen Sie eine App oder einen
Ordner, verschwindet auch das
Symbol wieder.

Programme und Fenster auf dem Desktop öffnen

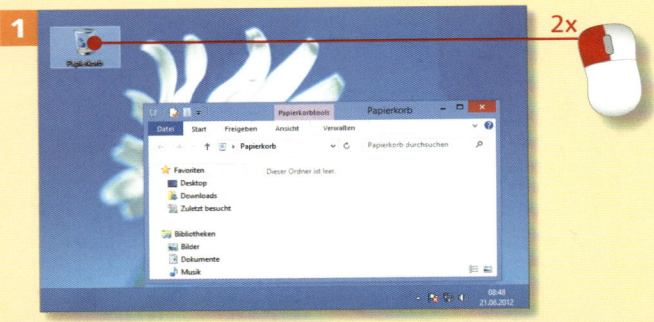

Windows macht seinem Namen alle Ehre. Denn alles spielt sich hier irgendwie in Fenstern ab. Das ist zumindest dann der Fall, wenn Sie über den Desktop hinaus weitere Bereiche öffnen.

Schritt 1

Auf dem Desktop befindliche Elemente (aktuell ist das nur der Papierkorb) lassen sich öffnen, indem Sie einen Doppelklick auf das Symbol ausführen. Öffnen Sie ihn einmal.

Schritt 2

Öffnen Sie ein weiteres Fenster, indem Sie unten in der Taskleiste einmal auf das Internet-Explorer-Icon klicken. Dieses Fenster legt sich nun über das des Papierkorbs.

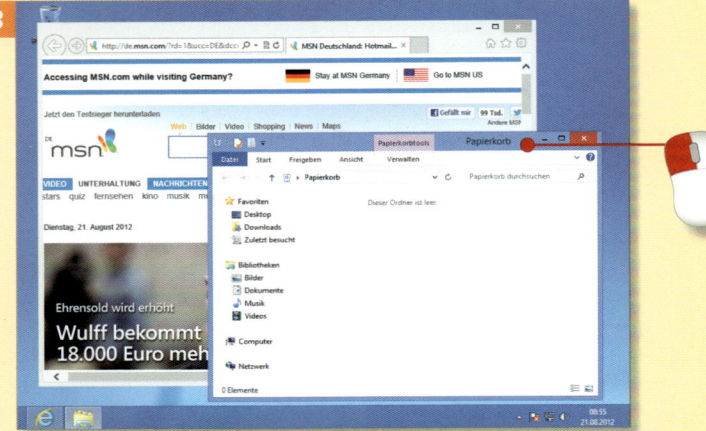

Schritt 3

Um das Papierkorb-Fenster nach vorne zu stellen, klicken Sie einmal an einer freien Stelle auf dessen Kopfleiste.

Schritt 4

Ein geöffnetes Fenster kann minimiert werden. Das bedeutet: Es bleibt aktiv, wird aber lediglich noch als Symbol in der Taskleiste angezeigt. Klicken Sie dazu auf die **Minimieren**-Schaltfläche oben rechts im Fenster.

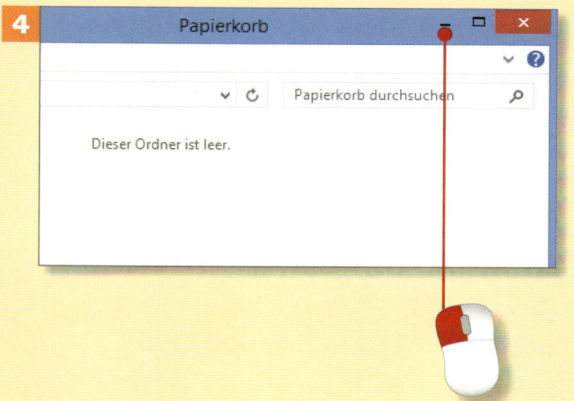

Schritt 5

Um ein minimiertes Fenster wiederherzustellen, klicken Sie auf sein Symbol in der Taskleiste. Der Papierkorb wird hier durch das Explorer-Symbol repräsentiert.

Schritt 6

Schließen Sie das Fenster, indem Sie den roten Button oben rechts anklicken. Mit der links daneben befindlichen Schaltfläche ❶ lässt sich das Fenster übrigens bildschirmfüllend darstellen bzw. wieder auf die ursprüngliche Größe reduzieren.

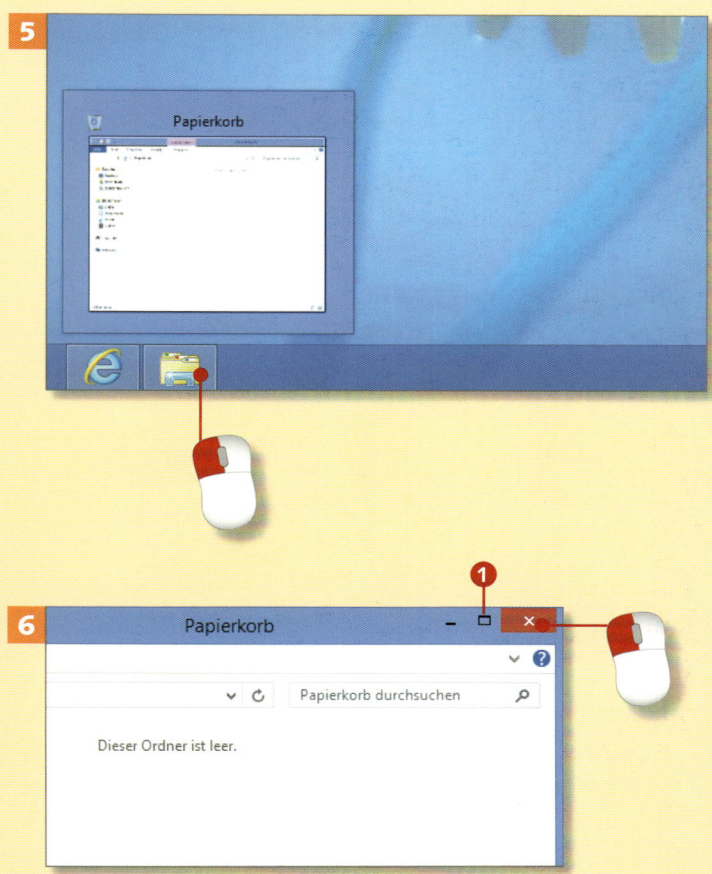

Vorschau des Fensters ansehen

Sollten später viele Fenster geöffnet sein, lässt sich anhand des Icons nicht immer zweifelsfrei erkennen, um welches Fenster es sich handelt. In diesem Fall verweilen Sie mit der Maus einen Moment auf dem Icon und warten, bis die entsprechende Miniatur sichtbar wird (siehe Schritt 5).

Fenster auf dem Desktop anordnen

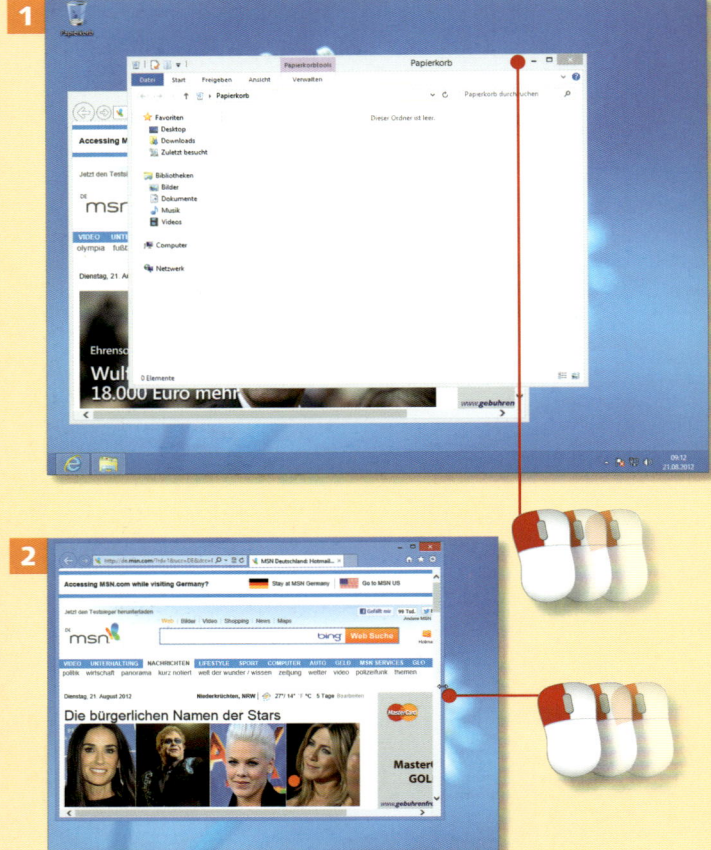

Bestimmen Sie selbst, wo das Fenster positioniert wird, und legen Sie auch seine Größe fest.

Schritt 1

Das Fenster lässt sich ganz einfach verschieben. Klicken Sie dazu auf die Kopfleiste (nicht auf eine Schaltfläche!), halten Sie die Maustaste gedrückt, und verschieben Sie das Fenster. Danach lassen Sie die Maustaste los.

Schritt 2

Um das Fenster breiter zu ziehen, fahren Sie mit der Maus zu einem der beiden Stege links oder rechts. Der Mauszeiger wird zum Doppelpfeil. Halten Sie die Maustaste gedrückt, und ziehen Sie den Rahmen nach links oder rechts.

Schritt 3

Auf die gleiche Weise lässt sich ein Fenster auch in der Höhe verändern. Dazu ziehen Sie jedoch am unteren oder oberen Rand des Fensters.

Drag & Drop
Das Ziehen und Fallenlassen eines Elements zur Änderung seiner Position nennt sich »Drag & Drop«.

Schritt 4

Die in den Schritten 2 und 3 beschriebenen Skalierungen eines Fensters können auch in einem einzelnen Arbeitsgang erledigt werden. Dazu müssen Sie dann die untere rechte Ecke wie beschrieben verschieben. Der Mauszeiger mutiert in diesem Fall zum diagonalen Doppelpfeil.

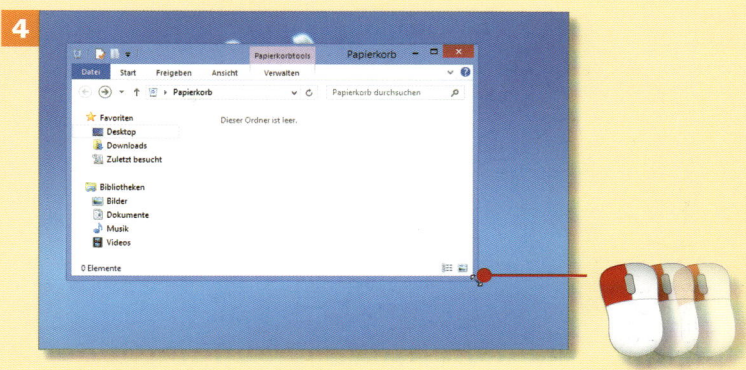

Schritt 5

Sie können ein Fenster prima maximieren, indem Sie es an der Kopfleiste anfassen und mit gedrückter Maustaste an den oberen Bildrand ziehen. Wenn Sie es dort fallenlassen, wird es automatisch vergrößert.

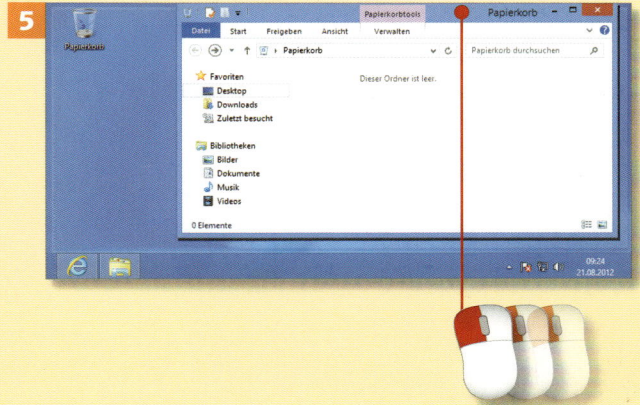

Schritt 6

Um zwei geöffnete Fenster nebeneinander anzuordnen, ziehen Sie eines der Fenster an den linken, das andere an den rechten Bildrand. Beide Fenster nehmen dann automatisch eine Hälfte des Bildschirms ein.

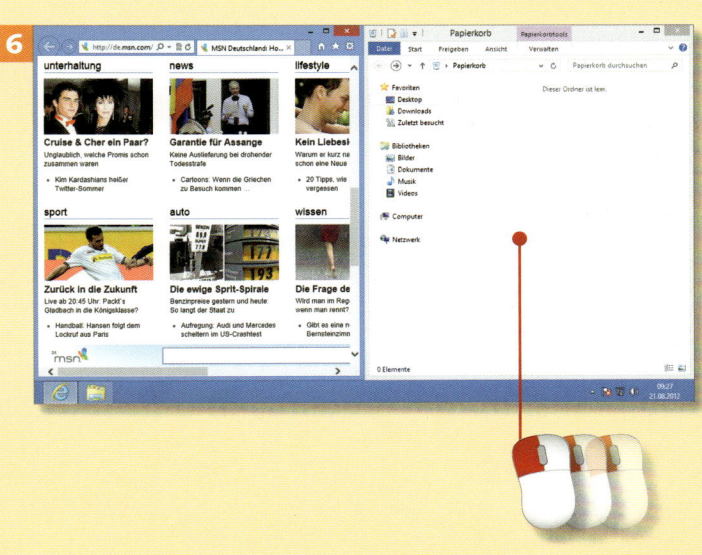

Fenster wiederherstellen

Sobald Sie ein Fenster an seiner Kopfleiste wieder in die Mitte des Desktops ziehen und es dort fallenlassen, wird die zuvor eingestellte Größe wiederhergestellt.

Die Systemsteuerung öffnen

In dieser Anleitung erfahren Sie, wie Sie in die Systemsteuerung gelangen und zudem wichtige Symbole auf den Desktop bringen.

Schritt 1

Öffnen Sie den Startbildschirm mit ⊞. Geben Sie »sys« ein (für »Systemsteuerung«). Sie können einfach drauflostippen, der Suchbildschirm öffnet sich dann.

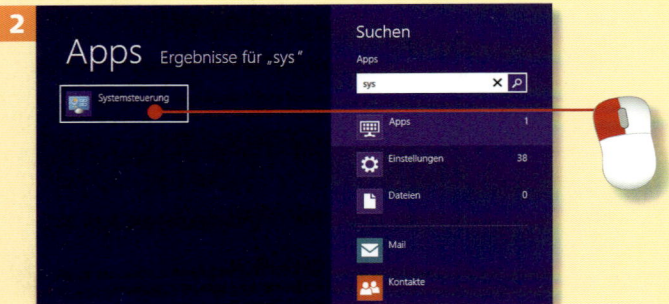

Schritt 2

Daraufhin wird oben links die Systemsteuerung angezeigt, und Sie wählen sie mit einem Klick aus.

Schritt 3

Wenn im Fenster **Systemsteuerung** im Feld **Anzeige** oben rechts **Kategorie** steht, schalten Sie um auf **Große Symbole**. Die Darstellung zeigt nun alle Optionen an. Schließen Sie das Fenster mit einem Klick auf das Kreuz ❶.

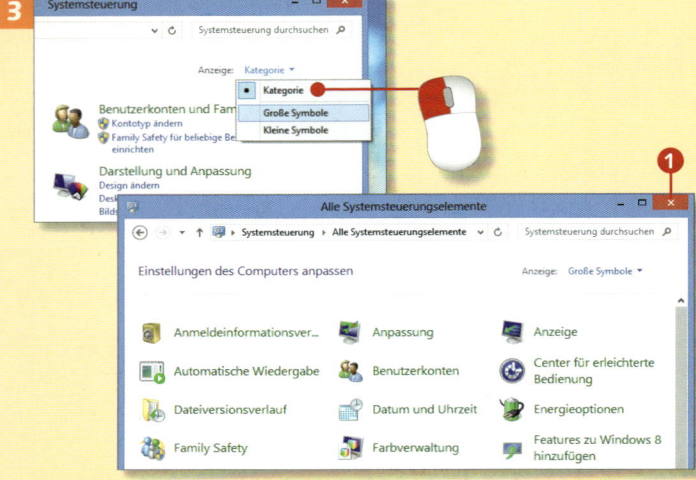

Tastenkombination

Wenn Sie gerne mit Tastaturkürzeln arbeiten, verwenden Sie doch vom Desktop aus die Tastenkombination ⊞ + I , gefolgt von einem Klick auf **Systemsteuerung**.

Schritt 4

Jetzt bringen Sie zwei Icons für den schnellen Zugriff auf den Desktop. Führen Sie einen Rechtsklick auf dem Desktop aus (weder auf einem Icon noch auf der Taskleiste!), und klicken Sie im Kontextmenü mit links auf **Anpassen**.

Schritt 5

In der linken Spalte des Dialogs **Anpassung** der Systemsteuerung sehen Sie den Eintrag **Desktopsymbole ändern**. Klicken Sie darauf.

Schritt 6

Klicken Sie die Einträge **Computer** ❷ und **Systemsteuerung** an, und setzen Sie so jeweils ein Häkchen davor. Bestätigen Sie mit **OK**, und schauen Sie sich die neuen Icons auf dem Desktop an.

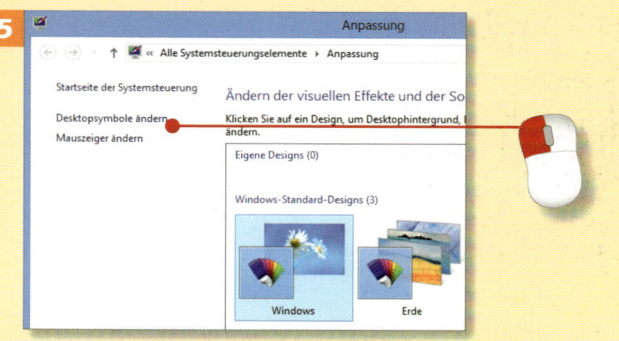

Fenster schließen

Da das Fenster **Anpassung** nicht mehr benötigt wird, sollten Sie es mit einem Klick auf das rote Kreuz ❸ wieder schließen.

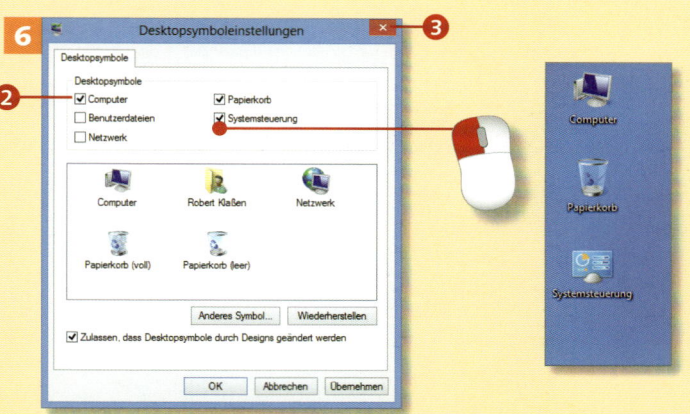

45

Energieoptionen festlegen

Computer verbrauchen viel Energie. Daher sollten Sie das System auch in puncto Verbrauch an Ihre Gewohnheiten anpassen. Mit wenigen Handgriffen lässt sich so aufs Jahr gesehen der eine oder andere Euro sparen.

Schritt 1

Zunächst müssen Sie einen Doppelklick auf das im letzten Workshop neu erzeugte Icon **Systemsteuerung** ❶ setzen. Den nächsten Mausklick setzen Sie auf **Energieoptionen**.

Schritt 2

Hier werden zwei Modi angeboten. **Ausbalanciert** ❷ stellt einen guten Kompromiss zwischen Computerleistung und Verbrauch dar. Klicken Sie anschließend auf die Zeile **Energiesparplaneinstellungen ändern**.

Schritt 3

Im nächsten Dialog klicken Sie zunächst auf die Zeitangabe neben **Bildschirm ausschalten**. Warum sollte der Monitor nicht z. B. nach drei Minuten in den Ruhezustand versetzt werden? Das spart jede Menge Energie.

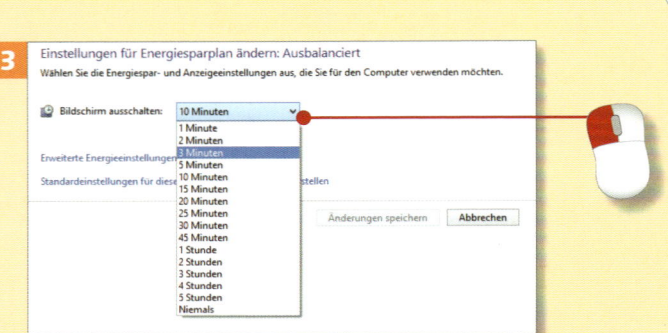

Schritt 4

Falls Sie daran interessiert sind, Energieoptionen zielgerichtet für einzelne Elemente des Computers einzustellen, klicken Sie auf **Erweiterte Energieeinstellungen ändern**. Anderenfalls wählen Sie **Änderungen speichern ❸** und lassen die folgenden Schritte aus.

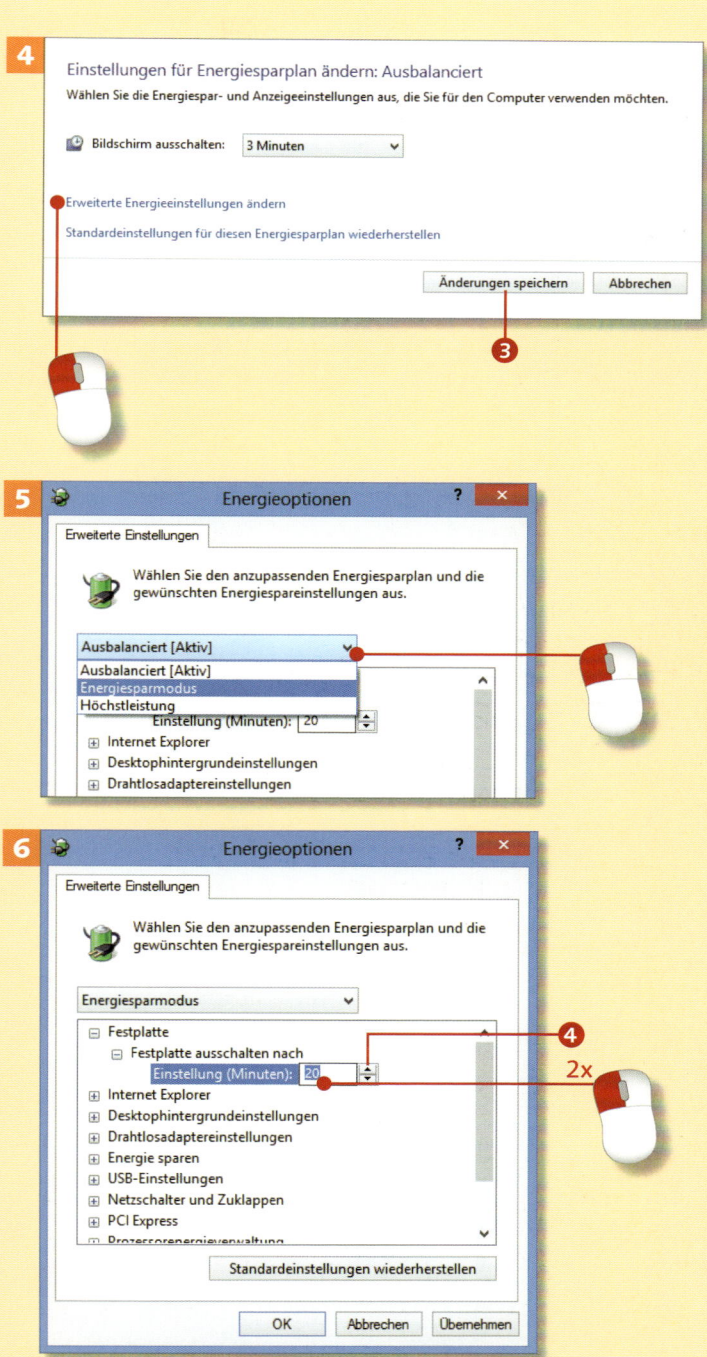

Schritt 5

Klicken Sie auf das oberste Menü **Ausbalanciert [Aktiv]**, und wählen Sie hier bei Bedarf die Option **Energiesparmodus**.

Schritt 6

Im gleichen Dialog können Sie z. B. auch die Zeit bis zum Abschalten der Festplatte festlegen. Dazu setzen Sie einen Doppelklick auf die »20« und geben den neuen Wert über die Tastatur ein. Alternativ verwenden Sie die beiden dreieckigen Schaltflächen ❹ neben dem Eingabefeld. Klicken Sie zum Abschluss auf **OK**.

> **! Festplatten deaktivieren**
>
> Das Deaktivieren von Festplatten ist nicht unproblematisch. Es dauert einen Moment, bis eine Festplatte nach dem Ruhezustand wieder »aufwacht«. Prüfen Sie daher genau, ob Sie diese Art der Einsparung wirklich nutzen wollen.

Die Systemleistung prüfen

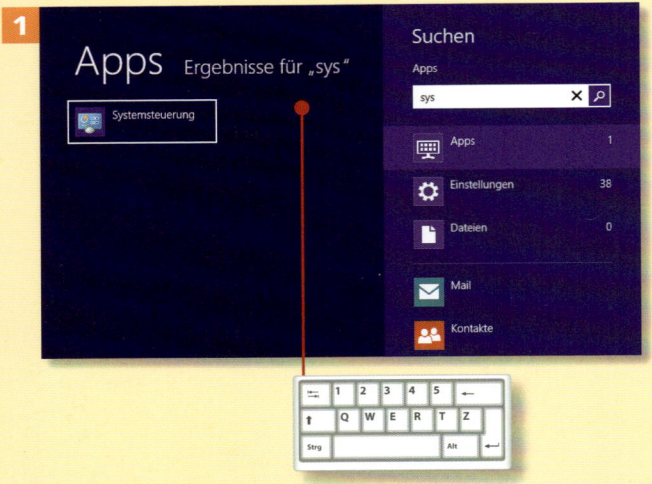

Sie wollen wissen, wie leistungsfähig Ihr Computersystem ist? Dann schauen Sie in der Systemsteuerung nach. Die Funktion ist ein bisschen versteckt, aber das Ergebnis sehr aufschlussreich.

Schritt 1

Geben Sie auf dem Startbildschirm »sys« ein. Damit wechseln Sie in die Apps-Anzeige. Da ausschließlich die Systemsteuerung angeboten wird (links), können Sie gleich auf ⏎ drücken.

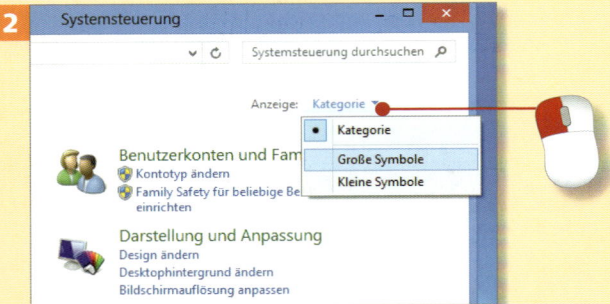

Schritt 2

Sollte im Fenster **Systemsteuerung** im Feld **Anzeige** die Option **Kategorie** ausgewählt sein, schalten Sie auf **Große Symbole** um, um alle Einstellungsmöglichkeiten zu sehen.

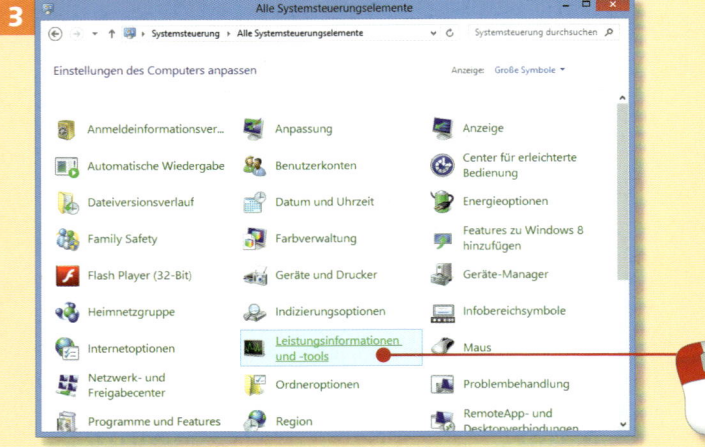

Schritt 3

Klicken Sie mit der Maus auf **Leistungsinformationen und -tools**. Das bringt Sie zum Bewertungszentrum Ihres Rechners.

Übergang zum Desktop

Durch die Anwahl der Systemsteuerung vom Startbildschirm aus werden Sie automatisch in den Desktop-Bereich geleitet.

Schritt 4

Sollten Sie den Computer noch nie zuvor geprüft haben, wird dies durch **(nicht bewertet)** ❶ angezeigt. Klicken Sie in diesem Fall auf die Schaltfläche **Diesen Computer bewerten**.

Schritt 5

Nun müssen Sie sich eine Weile gedulden. Windows 8 erstellt einen Leistungsindex. Sie sollten in dieser Zeit keine weiteren Arbeiten am PC erledigen.

Schritt 6

Kurz darauf werden Werte angezeigt, die Rückschlüsse auf die Leistungsfähigkeit der einzelnen Computer-Komponenten zulassen. Das stärkste Element ist hier z. B. **Primäre Festplatte** ❷ mit einer Bewertung von 7,8.

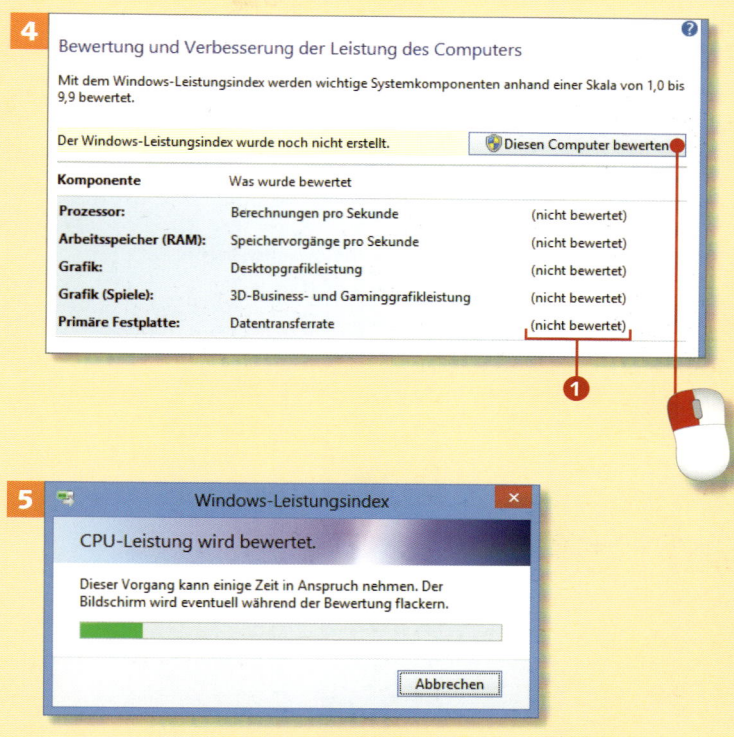

Werte interpretieren

Der bestmögliche Wert ist 9,0. Alles oberhalb von 6,0 ist jedoch schon sehr gut für einen PC. Auf anderen Ausgabegeräten (z. B. Tablets) werden Sie weniger gute Resultate erzielen.

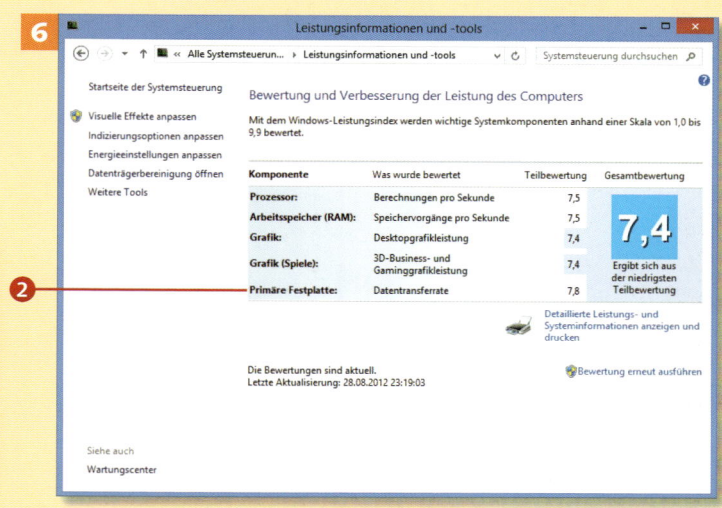

Die Hilfe aufrufen

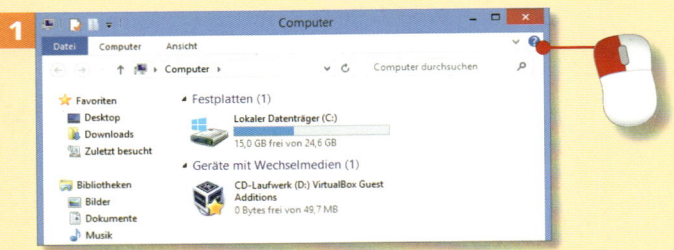

Wenn Sie Unterstützung benötigen, können Sie jederzeit auf die Windows-Hilfe zugreifen. Hier finden Sie Tipps und Tricks sowie weiterführende Informationen.

Schritt 1

In einem geöffneten Fenster (nicht aus der Systemsteuerung!), können Sie das kleine Fragezeichen oben rechts anklicken. Vom Startbildschirm aus geben Sie »hil« ein und klicken dann auf **Hilfe und Support**.

Schritt 2

Eine Alternative zu Schritt 1 ist (vom Desktop aus) das Drücken von F1. (Vorsicht! Wenn Sie F1 drücken, während Sie sich innerhalb einer App befinden, wird meist die Hilfe der betreffenden App aktiviert – nicht die von Windows 8.)

Schritt 3

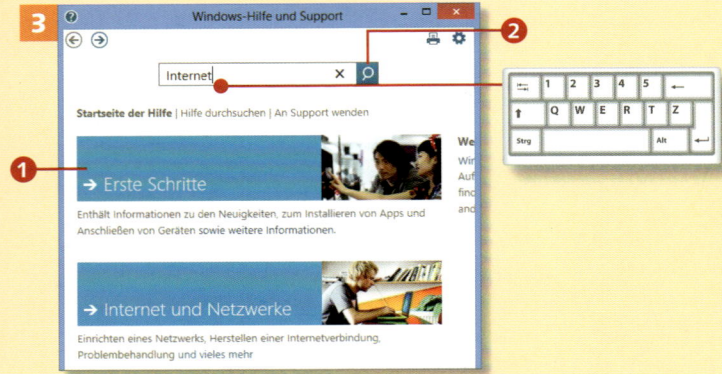

In der Windows-Hilfe haben Sie zwei Möglichkeiten: Entweder Sie klicken auf eine der eingefärbten Aufzählungen ❶, oder Sie geben oben ein Stichwort ein. Am Ende klicken Sie auf das Lupen-Symbol ❷ oder drücken ↵ auf Ihrer Tastatur.

Den Computer herunterfahren

Nach getaner Arbeit haben nicht nur Sie, sondern auch Ihr PC ein bisschen Ruhe verdient. Das Herausziehen des Steckers wäre allerdings ein fataler Fehler! Fahren Sie den Computer lieber ordnungsgemäß herunter.

Schritt 1

Schließen Sie alle Fenster und Programme. Danach fahren Sie in die rechte obere oder untere Ecke des Bildschirms (sowohl Desktop als auch Startbildschirm), um die Charms-Leiste zu öffnen. Klicken Sie dort auf das Zahnrad-Symbol **Einstellungen**.

Schritt 2

Alternativ zu Schritt 1 drücken Sie die Tastenkombination ⊞+I. Das hat ebenfalls zur Folge, dass das **Einstellungen**-Menü sichtbar wird.

Schritt 3

Klicken Sie dann auf die Schaltfläche **Ein/Aus**. Im Menü wählen Sie **Herunterfahren**. Kurze Zeit später ist dann Ruhe im Karton, und der Computer ist aus.

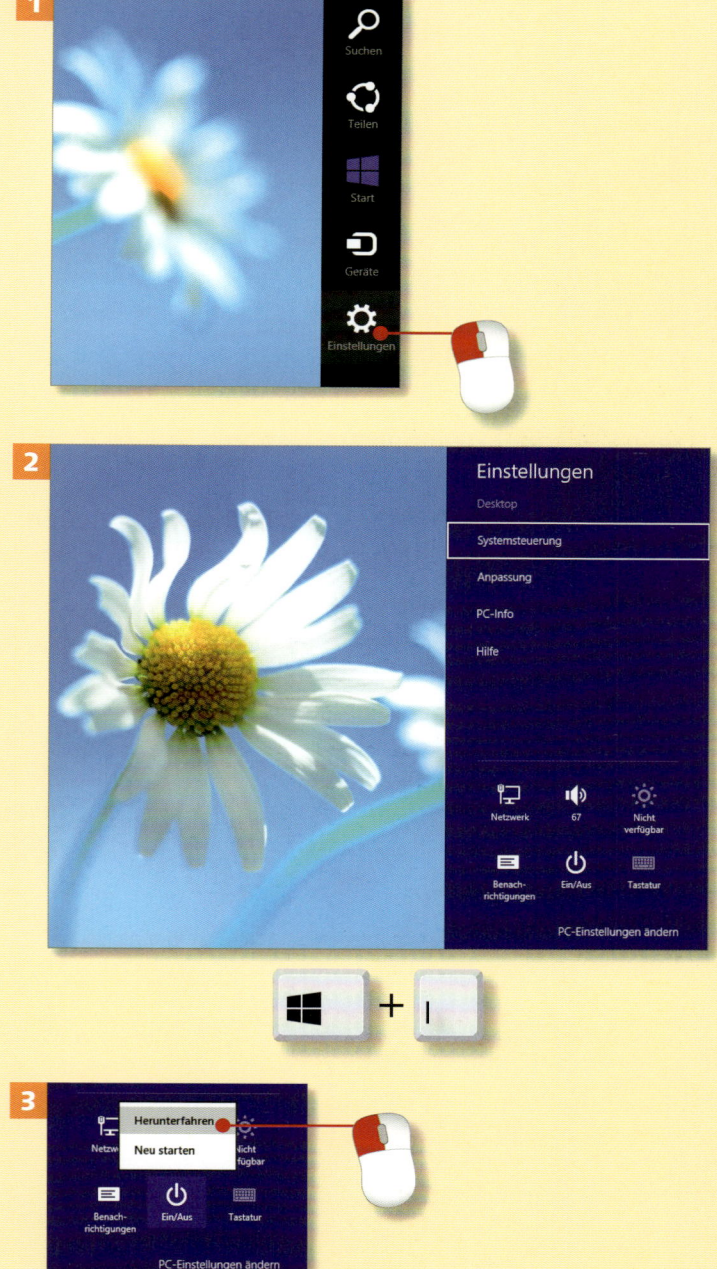

Kapitel 3
Windows 8 Tag für Tag

Nun geht es richtig in die Praxis. Viele Aufgaben und Arbeiten mit einem Betriebssystem wiederholen sich regelmäßig. Was Sie unbedingt wissen sollten, erfahren Sie in den folgenden Abschnitten.

Apps suchen, öffnen und schließen
Für Ihre täglichen Aufgaben werden Sie gern und oft auf die vorhandenen Apps ❶ zugreifen. Doch wo sind diese zu finden? Wie werden sie gestartet und beendet? Fragen über Fragen – die hier beantwortet werden.

Umgang mit Dateien: öffnen, speichern, schließen, löschen
Sie werden häufig Dateien öffnen, bearbeiten, schließen oder auch löschen: Briefe, Fotos, E-Mails und vieles mehr wollen verwaltet werden. Hier erfahren Sie, wie Sie durch den Einsatz von digitalen Ordnern ❷ die Übersicht behalten.

Tipps und Tricks
Zusätzlich zum Umgang mit Apps und Ordnern werden hier auch noch weitere Möglichkeiten vorgestellt, die Ihnen die tägliche Arbeit erleichtern. Lernen Sie die Zwischenablage kennen, blenden Sie Dateiendungen ein oder aus ❸, und reagieren Sie, wenn eine App vielleicht doch einmal abstürzt.

① Bei der Menge an Apps kann man schon mal den Überblick verlieren, doch die Suche hilft zuverlässig.

Sie werden viel mit Dateien und Ordnern arbeiten. Hier lernen Sie, sie gut zu organisieren und den Überblick zu behalten.

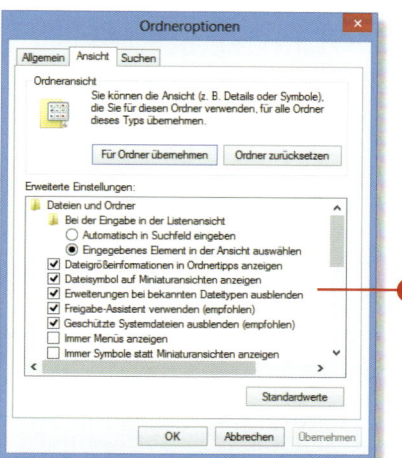

③ Wenn Ihnen das noch nicht reicht, finden Sie in diesem Kapitel noch einige Tipps und Tricks zur Arbeit mit Dateien und Ordnern.

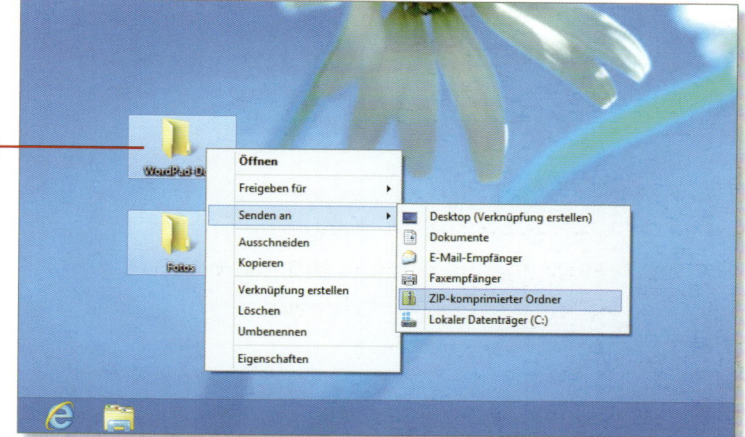

Apps über den Startbildschirm finden

*Der Startbildschirm ist viel leistungs-
fähiger, als es auf den ersten Blick
scheint. Hierüber lässt sich nämlich
jedes installierte Programm (jede
App) ruck, zuck aufspüren.*

Schritt 1

Wir halten beispielhaft Ausschau
nach dem *Windows Media Player*
und geben daher ⊞M (für Media
Player) ein. Sie können einfach
drauflosschreiben; mit der Eingabe
des ersten Buchstabens verändert
sich der Bildschirm.

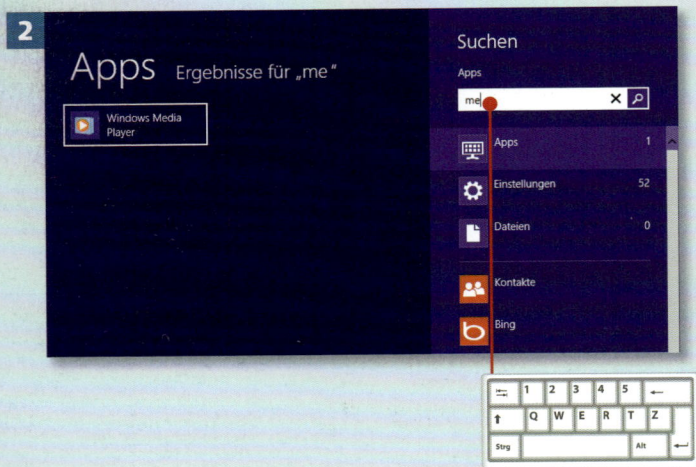

Schritt 2

Da der eine Buchstabe allein noch
nicht reicht (links erscheinen noch
zu viele Apps), tippen Sie auch ⊞E.

Schritt 3

Die Suche ist beendet – klicken Sie
auf **Windows Media Player**. Wenn
Sie weitere ähnlich benannte Programme installiert haben, müssten
Sie eben weitere Buchstaben eingeben.

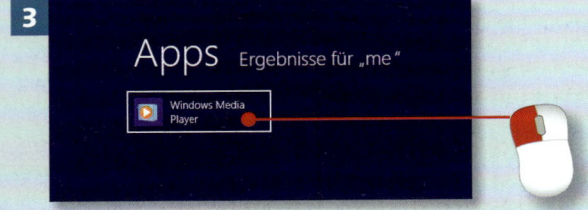

Groß- und Kleinschreibung
Bei der Suche nach Apps können
Sie die Großschreibung missach-
ten. Auch mit Kleinbuchstaben
werden die Apps gefunden.

Eigene Kacheln auf dem Startbildschirm anlegen

Die Suche nach Apps ist zwar komfortabel, aber auf Dauer doch lästig. Deshalb sollten Ihnen häufig verwendete Apps eine eigene Kachel auf dem Startbildschirm wert sein.

Schritt 1

Diesmal suchen wir das *Windows-Journal*. Geben Sie daher den oder die ersten Buchstaben des zweiten Wortes ein (»Windows« allein würde zu viele Treffer ergeben). Standardmäßig werden Sie schon nach J fündig.

Schritt 2

Nun klicken Sie mit rechts auf das angebotene Icon **Windows-Journal**. Das hat zur Folge, dass sich die App-Leiste am unteren Bildrand zeigt. Hier klicken Sie auf **An „Start" anheften** ❶.

Schritt 3

Kehren Sie zum Startfenster zurück (siehe Kasten). Mit einem Klick auf die neue Kachel können Sie das Journal nun jederzeit öffnen. (Wie Sie Kacheln wieder entfernen, lesen Sie auf Seite 28.)

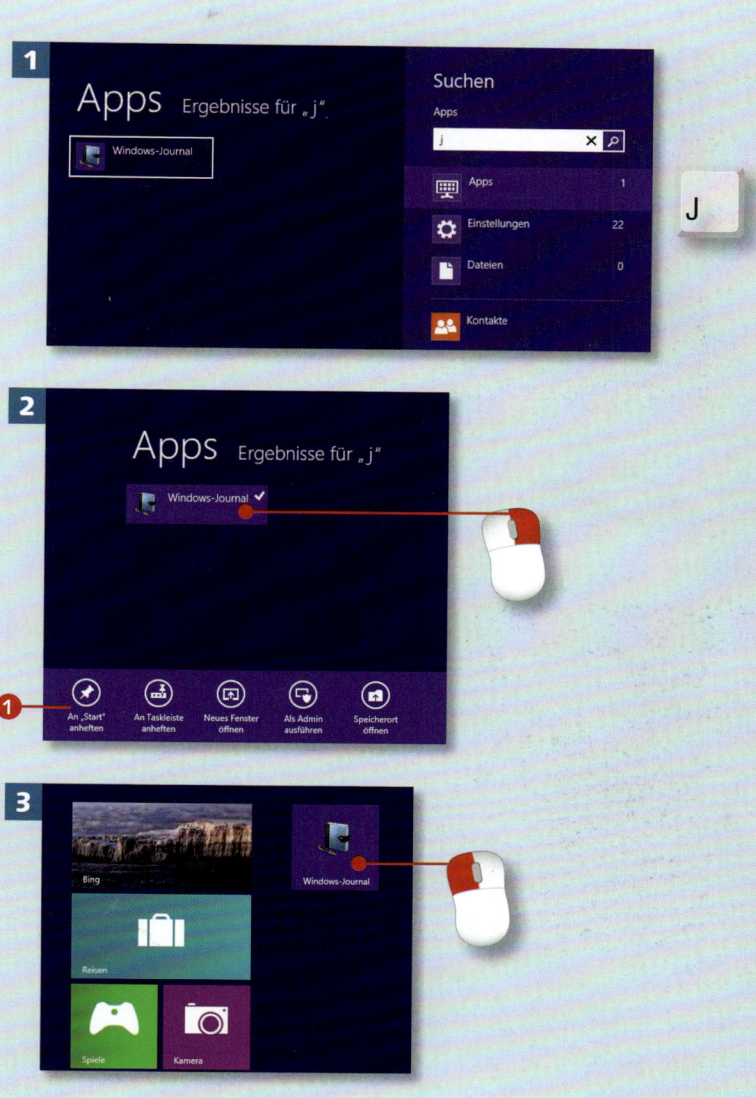

Zurück zum Startfenster

Wissen Sie noch, wie Sie vom Suchfenster aus wieder zum Startbildschirm kommen? Genau – einfach mit der Maus in die untere linke Ecke fahren und auf die daraufhin erscheinende Miniatur klicken.

Verknüpfungen auf dem Desktop erstellen

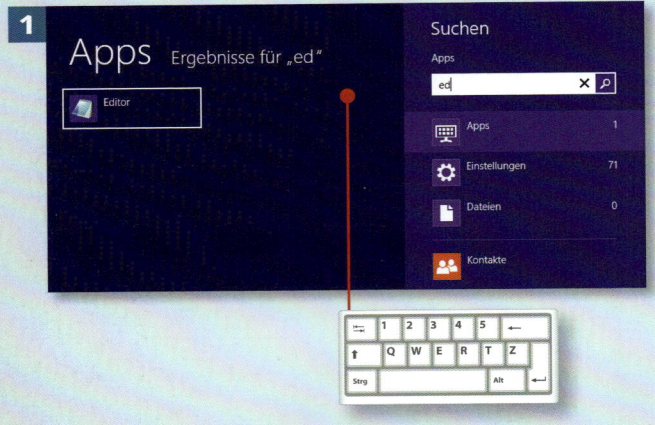

Auf dem Startbildschirm werden neue Apps ganz automatisch mit einer Kachel versehen. Wenn Sie jedoch auch auf dem Desktop Verknüpfungen zu Apps herstellen wollen, folgen Sie den hier aufgeführten Schritten. Beispielhaft stellen wir eine Desktop-Verknüpfung zum Editor her.

Schritt 1

Desktop-Verknüpfungen lassen sich direkt aus dem Startbildschirm heraus hinzufügen. Dazu müssen Sie zunächst wieder die Suche bemühen. Tippen Sie »ed« ein (für *Editor*).

Schritt 2

Ein Klick mit der linken Maustaste würde die App nun starten. Klicken Sie deshalb mit rechts auf die gefundene App (hier: **Editor**). Unten in der App-Leiste wählen Sie **Speicherort öffnen ❶**.

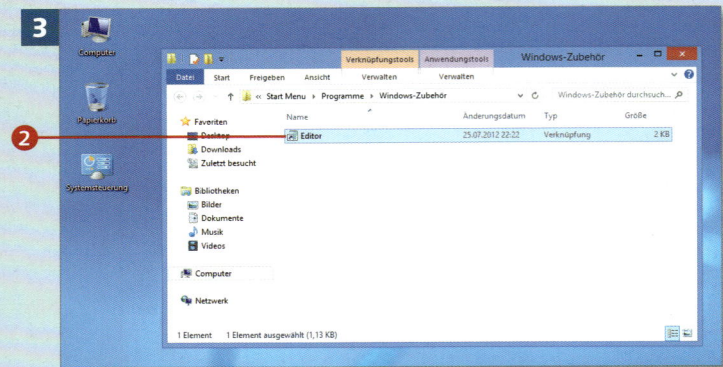

Schritt 3

Der Wechsel zum Desktop erfolgt automatisch. Außerdem ist ein Ordner geöffnet, in dem Sie eine passende Editor-Verknüpfung ❷ finden.

Schritt 4

Jetzt bitte volle Konzentration: Klicken Sie auf **Editor**, halten Sie die Maustaste und zusätzlich noch `Alt` gedrückt. Ziehen Sie die Verknüpfung auf einen freien Bereich des Desktops. Danach lassen Sie zunächst die Maustaste und erst danach `Alt` los.

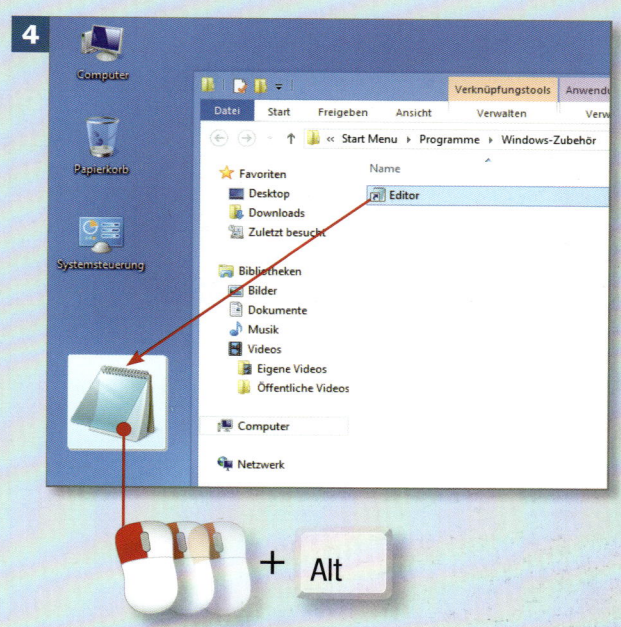

Schritt 5

Sie finden das Editor-Icon jetzt auf dem Desktop. Wenn Sie das Programm starten wollen, müssen Sie einen Doppelklick darauf setzen.

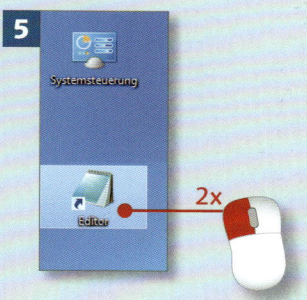

Schritt 6

Falls Sie von hier aus direkt eine Verknüpfung zum Startbildschirm erzeugen wollen, klicken Sie mit rechts auf **Editor** im Ordner und wählen **An „Start" anheften**. Bitte vergessen Sie nicht, das Fenster noch zu schließen.

Ordner verknüpfen

So, wie sich Programme verknüpfen lassen, können Sie auch Ordner verknüpfen. Dazu ziehen Sie den Ordner, den Sie verknüpfen wollen, ebenfalls mit gedrückter `Alt`-Taste auf den Desktop oder in einen anderen Ordner.

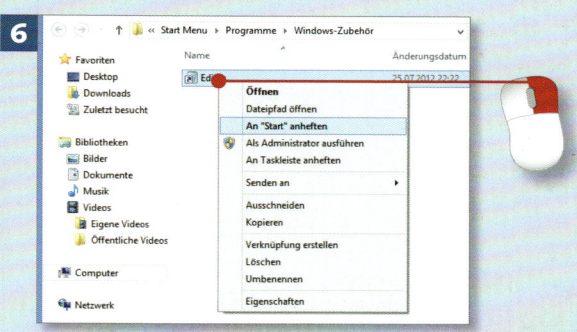

Der Explorer

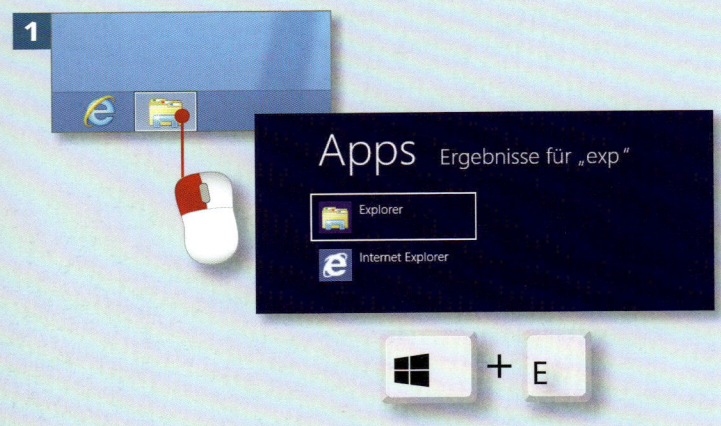

Der Explorer von Windows 8 ist gewissermaßen das Herzstück der Ordnerverwaltung. Hier finden Sie wirklich alles.

Schritt 1

Vom Desktop aus klicken Sie auf das Explorer-Symbol in der Taskleiste. Bei geöffnetem Startbildschirm drücken Sie ⊞+ E .

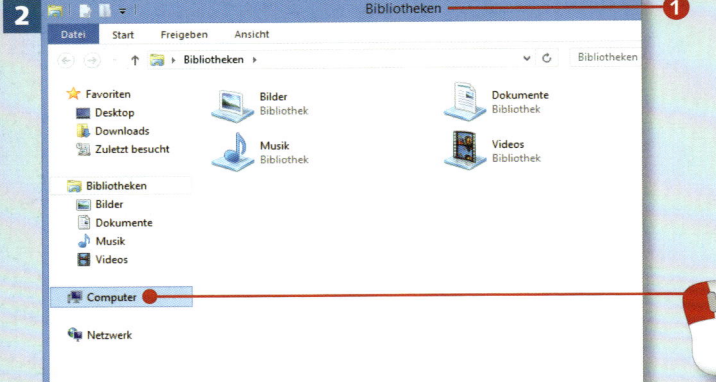

Schritt 2

Je nachdem, für welchen Weg Sie sich entschieden haben, ist jetzt der Ordner **Computer** oder **Bibliotheken** geöffnet. Sie sehen das an der Kopfleiste ❶. Ist **Bibliotheken** geöffnet, klicken Sie in der linken Spalte auf **Computer**.

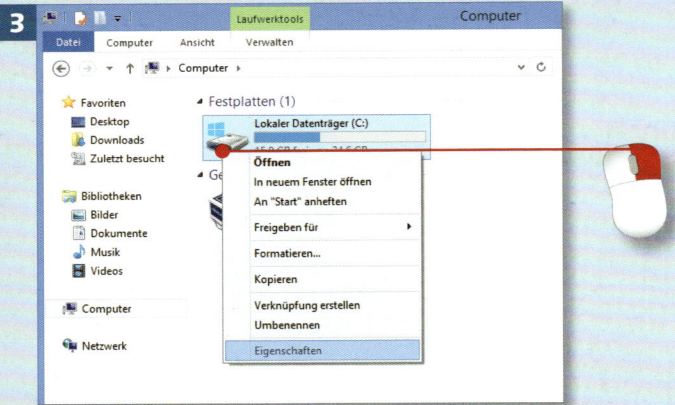

Schritt 3

Wenn Sie einen beliebigen Eintrag mit der rechten Maustaste anklicken (hier: die Festplatte **Lokaler Datenträger (C:)**), lassen sich unter anderem die im Kontextmenü befindlichen **Eigenschaften** anwählen.

Kontextmenü

Beachten Sie, dass der Inhalt des Kontextmenüs je nach angeklicktem Objekt unterschiedlich aussieht.

Schritt 4

Anhand der rosa markierten Fläche ❷ können Sie gut erkennen, wie viel Platz noch auf einer Festplatte zur Verfügung steht. In der Zeile **Freier Speicher** ❸ können Sie die Größe außerdem exakt ablesen. Klicken Sie am Ende auf **Abbrechen**.

Schritt 5

Das Verzeichnis, das Sie auf der linken Seite markieren (hier: **Computer** ❹), lässt sich durchsuchen. Dazu geben Sie den gewünschten Begriff oben rechts ein, nachdem Sie in das Feld hineingeklickt haben. Gedulden Sie sich einen Moment, denn das Ergebnis wird laufend aktualisiert.

Schritt 6

Wenn Sie den gesuchten Eintrag ausfindig gemacht haben, können Sie darauf in der Fenstermitte mit einem Doppelklick zugreifen.

i Markierungen

Die gelben Markierungen zeigen alle relevanten Stellen in den Suchergebnissen an. Grundsätzlich fände Windows den Begriff auch dann, wenn er in der Wortmitte oder am Wortende stünde.

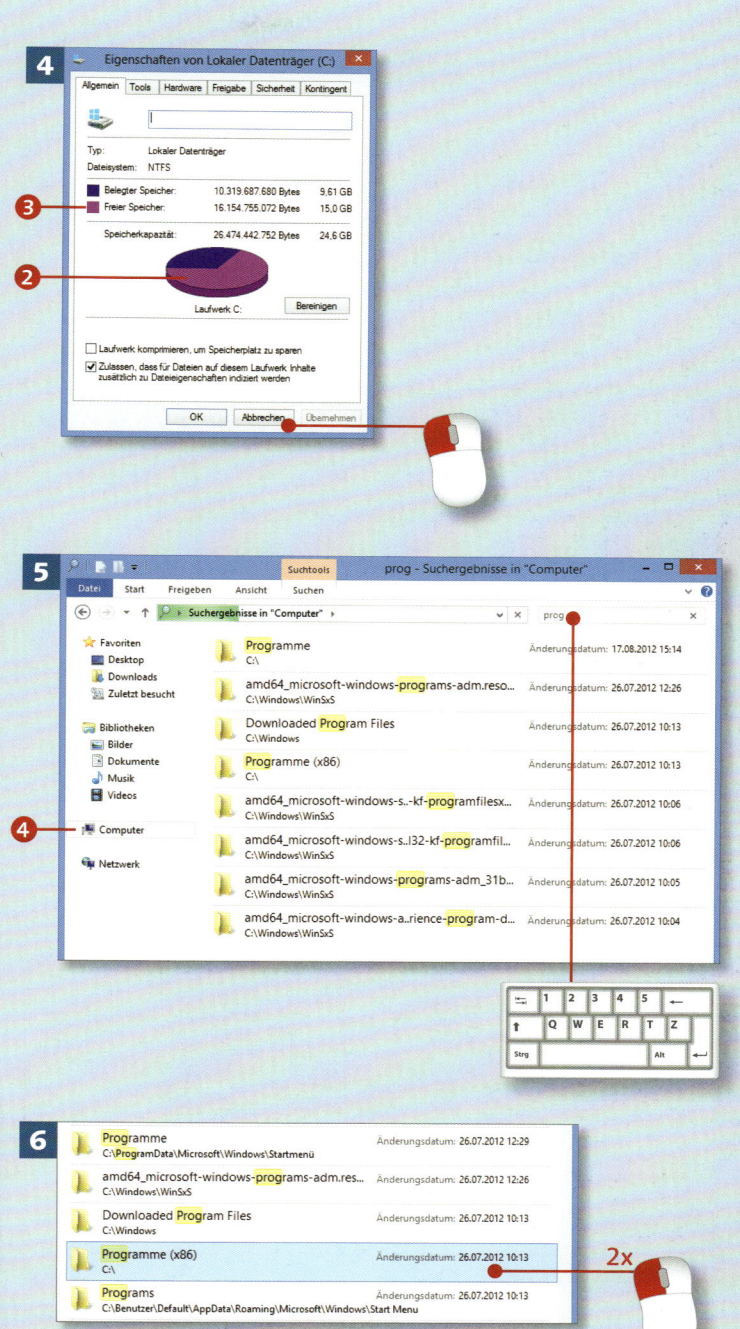

Der Explorer (Forts.)

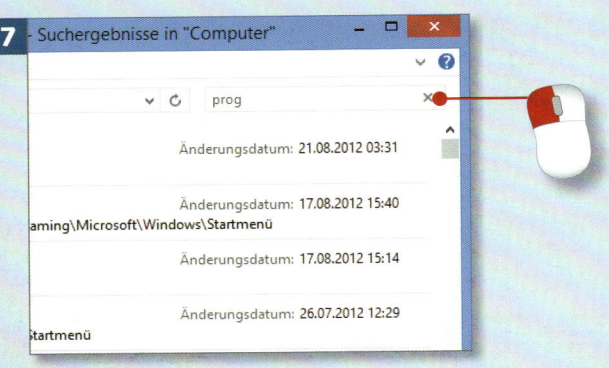

Schritt 7

Denken Sie daran, den Suchbegriff am Schluss wieder zu löschen, indem Sie auf das X im Eingabefeld klicken.

Schritt 8

Mit den beiden Pfeiltasten oben links können Sie jederzeit eine Seite zurück bzw. anschließend wieder eine Seite nach vorne springen. Der Explorer »merkt« sich gewissermaßen, wo Sie gewesen sind.

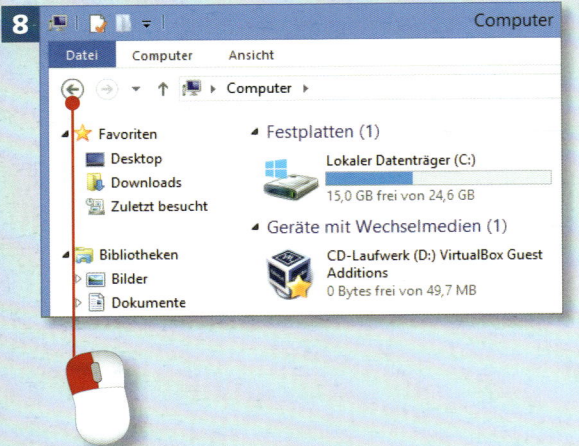

Schritt 9

Zusätzliche Funktionen bietet das sogenannte *Menüband* ❶, das sich durch einen Mausklick auf das Symbol links neben dem Fragezeichen öffnen und auch wieder schließen lässt. Das geht auch mit `Strg` + `F1`.

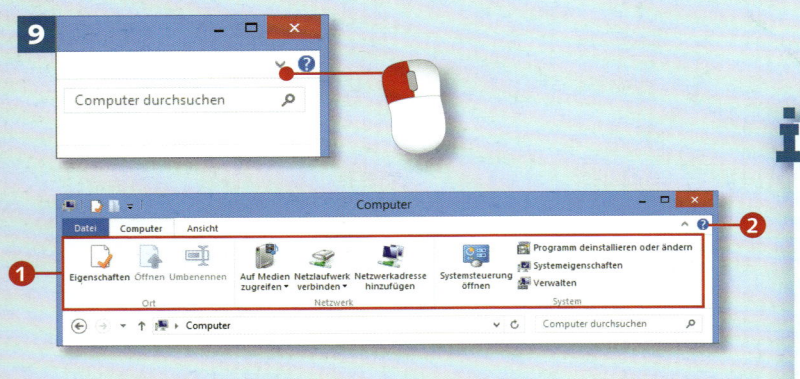

Windows-Hilfe

Über das Fragezeichen ❷ im Explorer können Sie die Windows-Hilfe aufrufen. Mehr dazu erfahren Sie im Abschnitt »Die Hilfe aufrufen« auf Seite 50.

Schritt 10

So gelangen Sie zu den Inhalten eines Verzeichnisses: Markieren Sie in der linken Spalte das Verzeichnis, das Sie einsehen wollen (hier: **Desktop** ❸). Setzen Sie in der Fenstermitte einen Doppelklick auf das Unterverzeichnis (hier: **Robert Klaßen**).

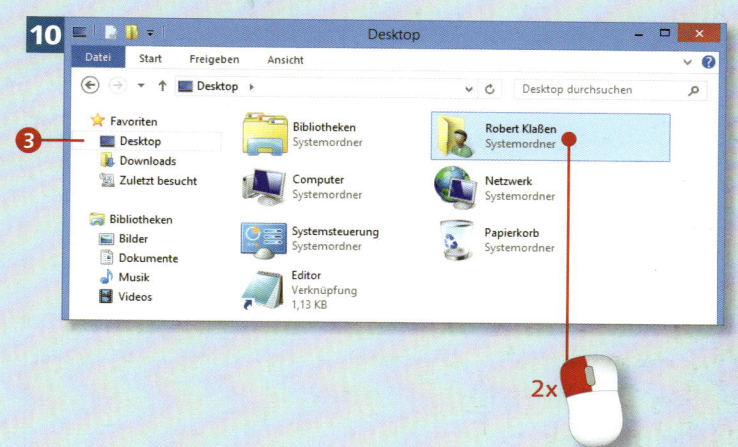

Schritt 11

Darin lässt sich jetzt auf weitere Unterordner (Ordner im Ordner) zugreifen, die ihrerseits ebenfalls wieder Objekte und Unterordner enthalten können. Eine Ebene höher (also zurück) geht es mit dem senkrechten Pfeil oben links.

Schritt 12

Alternativ schließen Sie den Explorer einfach mit einem Klick auf das Kreuz. Sie wissen ja, wie Sie ihn jederzeit wieder erreichen können (siehe Schritt 1).

Fenster maximieren

Um den Explorer komfortabel durchsuchen zu können, empfiehlt es sich, ihn zwischenzeitlich zu maximieren. Klicken Sie dazu auf die Schaltfläche ❹ neben dem **Schließen**-Button. Ein erneuter Klick darauf stellt die ursprüngliche Fenstergröße wieder her.

Der Explorer (Forts.)

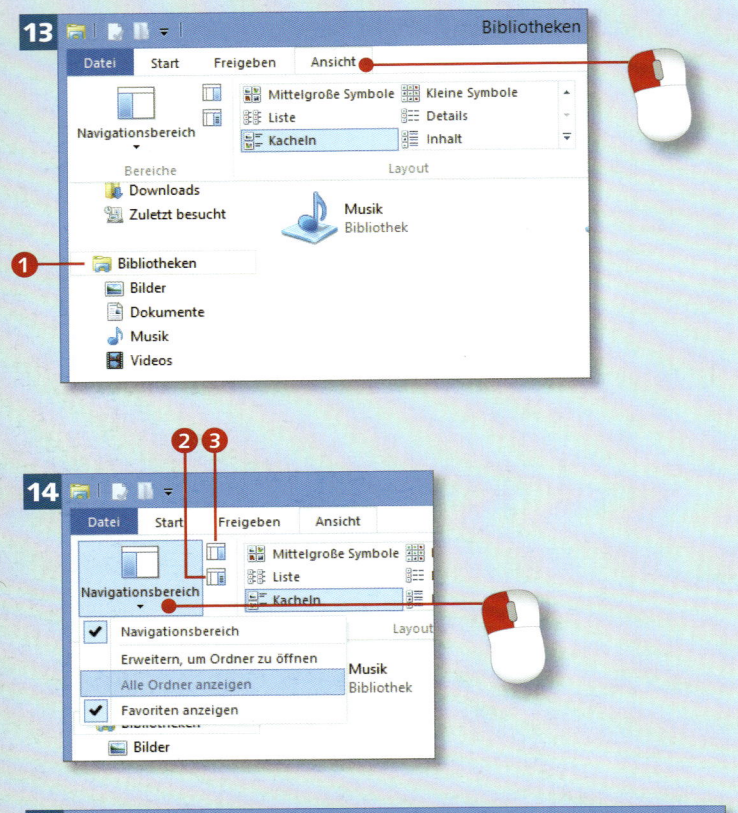

Schritt 13

Die Darstellung des Explorers lässt sich beeinflussen, indem Sie auf **Ansicht** klicken. Zuvor haben wir uns in der linken Spalte für **Bibliotheken** ❶ entschieden.

Schritt 14

Klicken Sie auf den Eintrag **Navigationsbereich**. Im darunter erscheinenden Menü selektieren Sie daraufhin **Alle Ordner anzeigen**.

Schritt 15

Sie sehen, dass jetzt eine nicht unbeträchtliche Erweiterung der Einträge in der linken Spalte stattgefunden hat. Wollen Sie wieder in die ursprüngliche Ansicht zurück, wiederholen Sie die Schritte 13 und 14.

Weitere Bereiche anzeigen

Interessant sind auch die beiden rechts neben dem Navigationsbereich gezeigten kleineren Symbole. Mit dem unteren ❷ lässt sich ein Detailfenster für zusätzliche Optionen anzeigen, während das obere ❸ Vorschauen (z. B. von markierten Bilddateien) liefert.

Schritt 16

Die Darstellungsform der Symbole können Sie ändern. Dazu klicken Sie noch einmal auf **Ansicht** ❹ und platzieren die Maus über einem der sechs Einträge. Sie sehen dann eine Vorschau. Wenn Ihnen ein Stil gefällt, klicken Sie ihn an (hier: **Inhalt**).

Schritt 17

Mitunter ist es sinnvoll, ein Verzeichnis nicht im aktuellen, sondern in einem neuen Fenster zu öffnen. Um das zu erreichen, halten Sie Strg gedrückt, während Sie den Doppelklick ausführen.

Schritt 18

Nach besagtem Doppelklick wird über dem ursprünglichen Fenster ein weiteres angezeigt. Für manche Arbeiten kann das von großem Vorteil sein.

ℹ **Warum mehrere Fenster öffnen?**

Wie Sie Ihre Dateien am besten mithilfe von zwei geöffneten Fenstern sortieren, erfahren Sie im Abschnitt »Fenster auf dem Desktop anordnen« auf Seite 42.

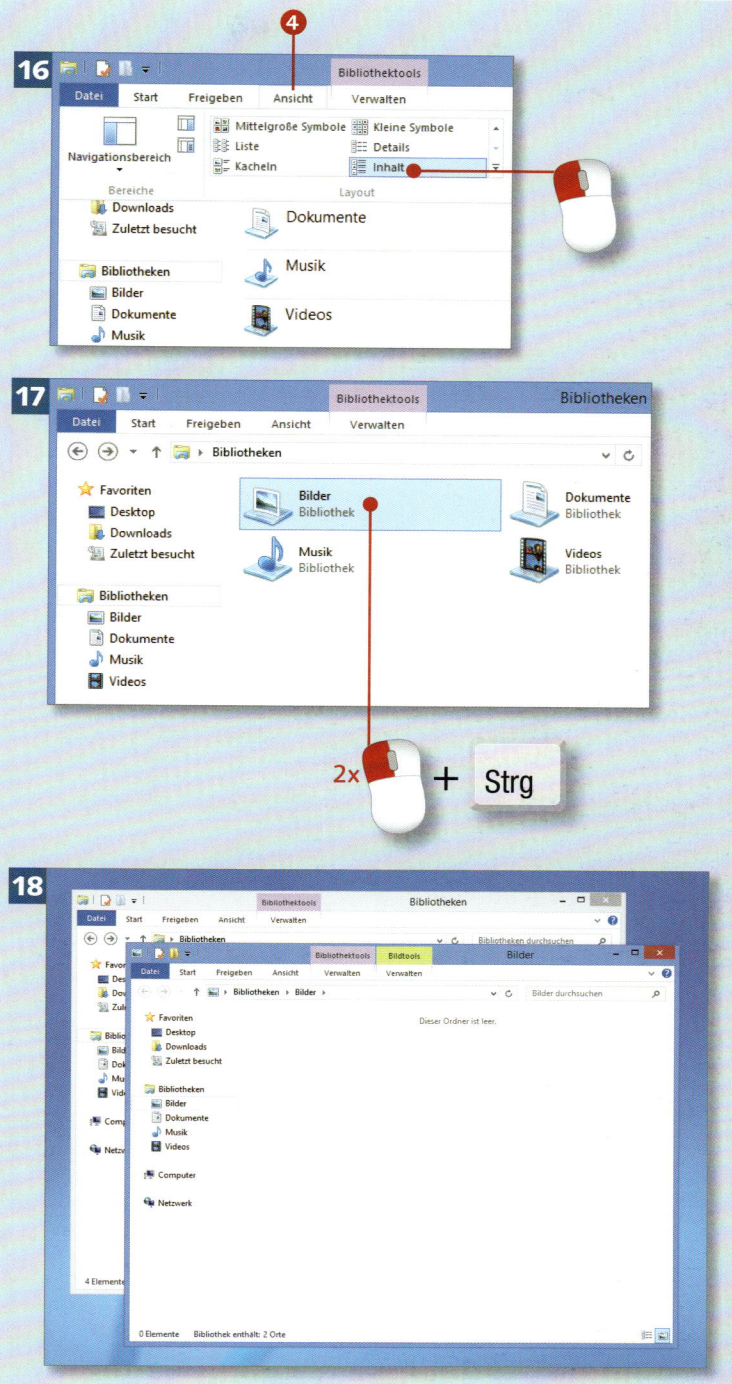

Dateien öffnen, speichern und schließen

Sie haben verschiedene Möglichkeiten, ein Programm zu öffnen. Das Anklicken der Kachel im Startbildschirm ist die einfachste. Wenn es ein Icon auf dem Desktop gibt, reicht ein Doppelklick darauf. Doch was tun Sie, wenn sich die Software, die Sie starten möchten, derzeit noch im Verborgenen hält?

Schritt 1

Um Programme zu finden (egal, in welcher Umgebung Sie sich gerade befinden), aktivieren Sie die Charms-Leiste mit einem Klick in die obere oder untere Bildschirmecke. Noch einfacher geht es mit ⊞ + C.

Schritt 2

Klicken Sie auf den **Suchen**-Button. Stattdessen können Sie auch die Tasten ↑ oder ↓ benutzen und anschließend ↵ drücken.

Schritt 3

Geben Sie »word« (für WordPad) ein, und bestätigen Sie mit ↵. Sie sehen: Es geht auch komplett ohne Maus. Nun können Sie in WordPad sofort mit der Texteingabe beginnen.

Schritt 4

Wenn der Text fertig ist, setzen Sie einen Mausklick auf **Datei** oben links ❶. Im zugehörigen Menü klicken Sie anschließend auf **Speichern**.

Schritt 5

Als Speicherort wollen wir für dieses Beispiel den Desktop ❷ nutzen. Klicken Sie auf **Speichern**. Danach schließen Sie WordPad mit einem Klick auf das Kreuz oben rechts ❸.

Schritt 6

Auf dem Desktop werden Sie jetzt Ihr soeben erzeugtes Dokument finden. Wann immer Sie daran weiterarbeiten wollen, platzieren Sie einen Doppelklick darauf, dann öffnet es sich mitsamt dem zugehörigen Programm.

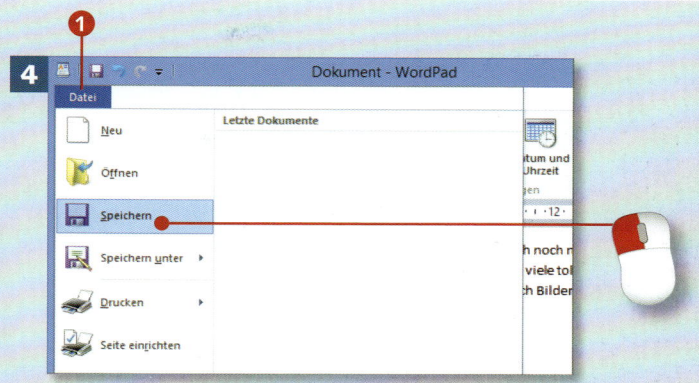

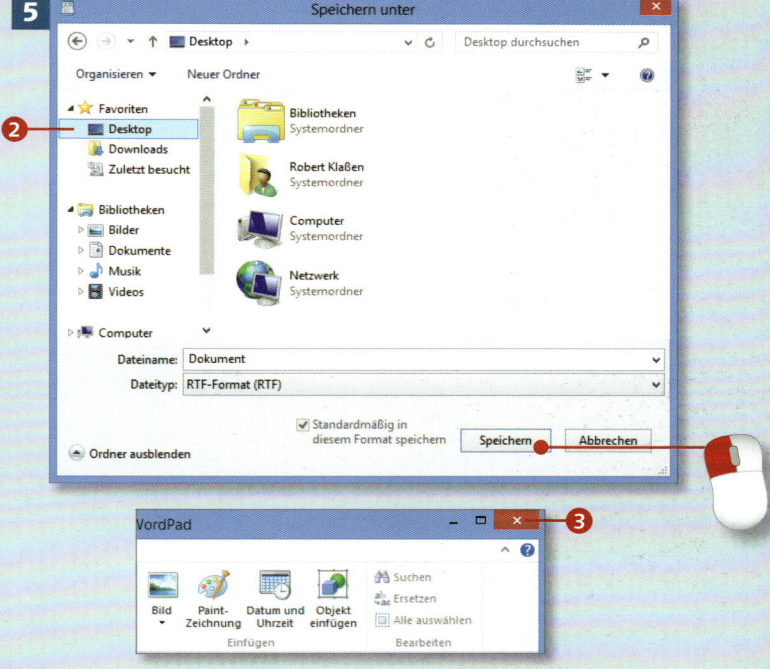

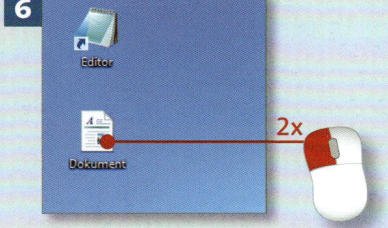

Programm suchen

Sie können Apps und Programme auch suchen, indem Sie auf dem Startbildschirm einfach drauflosschreiben. Auch so öffnet sich der Suchbereich aus Schritt 3.

Einen neuen Ordner erstellen und umbenennen

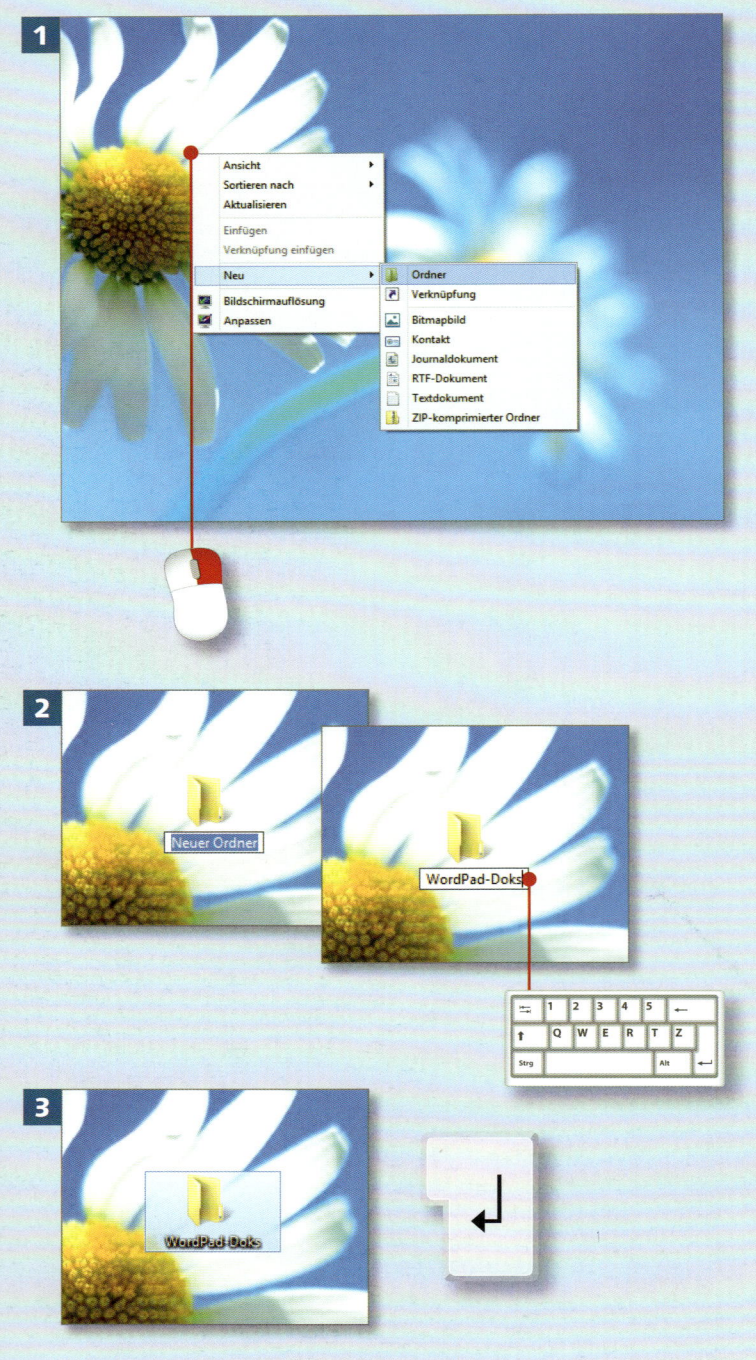

Damit Sie die Übersicht nicht verlieren, sollten Sie von Anfang an Ordner verwenden. Dabei handelt es sich gewissermaßen um Behälter für Ihre Dateien.

Schritt 1

Wenn Sie einen neuen Ordner auf dem Desktop einrichten wollen, klicken Sie mit der rechten Maustaste in einen freien Bereich und dann auf **Neu ▸ Ordner**.

Schritt 2

Der Ordner trägt den Namen **Neuer Ordner**, was natürlich nicht besonders aussagekräftig ist. Da der Name aber markiert ist, können Sie über die Tastatur gleich eine neue Bezeichnung eingeben.

Schritt 3

Wenn das erledigt ist, drücken Sie ↵ . Mit zwei Mausklicks hintereinander (kein Doppelklick) auf den Ordnernamen können Sie den Ordner jederzeit umbenennen.

Unterordner erzeugen
Um einen Unterordner anzulegen, klicken Sie nicht auf den Desktop, sondern in einen freien Bereich des geöffneten Ordners.

Dateien in Ordner verschieben

Sie haben nun ein WordPad-Dokument und einen Ordner erzeugt. Also nichts wie hinein mit dem Schriftstück in den Ordner.

Schritt 1

Zunächst einmal wollen wir den Ordner an eine andere Position verschieben. Dazu klicken Sie ihn an, halten die Maustaste gedrückt und ziehen ihn neben das vorhandene Dokument. Dort angekommen, lassen Sie die Maustaste los.

Schritt 2

Klicken Sie jetzt auf das Dokument, und ziehen Sie es hinüber. Sobald Sie sich auf dem Ordner befinden (dieser wird dann hell hinterlegt angezeigt), lassen Sie los. Dieses Vorgehen nennt man *Drag & Drop*.

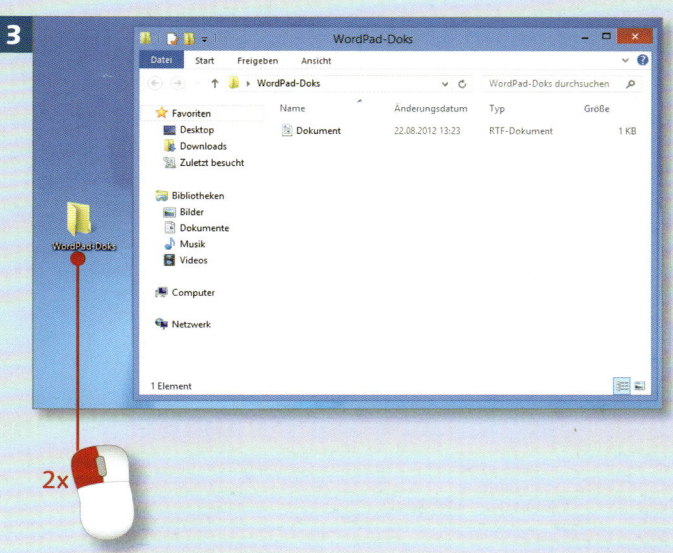

Schritt 3

Um an das Dokument zu gelangen, öffnen Sie den Ordner nun mit einem Doppelklick auf das Ordner-Symbol.

✚✚ Dokument öffnen

Wenn Sie das WordPad-Dokument ebenfalls öffnen wollten, müssten Sie das im Ordner befindliche Objekt (**Dokument**) mit einem Doppelklick versehen.

Ausschneiden, kopieren, einfügen

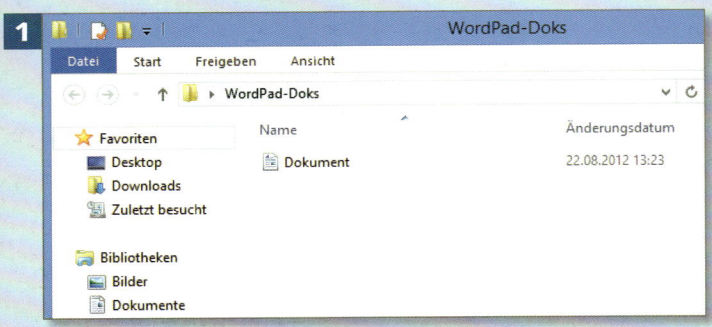

Windows verfügt von Haus aus über eine interessante Verschiebe-Funktion. Damit werden Objekte schnell von A nach B befördert. Zudem gibt es eine ausgesprochen nützliche Zwischenablage.

Schritt 1

Lassen Sie uns das Dokument wieder aus dem Ordner herausholen. Diesmal machen wir das aber nicht per Drag & Drop, sondern über die Zwischenablage. Falls noch nicht geschehen, öffnen Sie den Ordner.

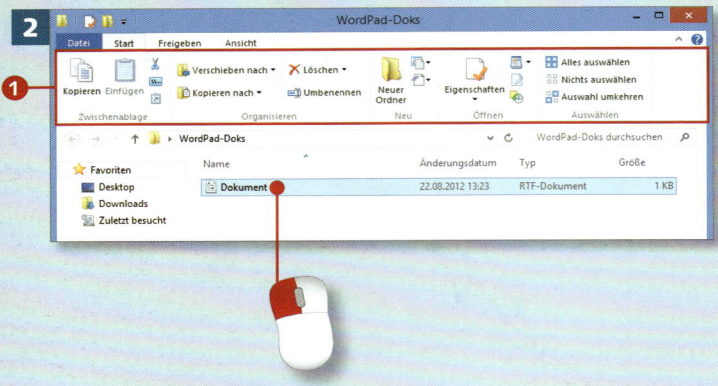

Schritt 2

Markieren Sie das Dokument mit einem Mausklick. Öffnen Sie zudem das Menüband ❶ (⌨ Strg + F1).

Schritt 3

Nun gibt es zwei Möglichkeiten. Erstens: Sie klicken im Menüband auf **Verschieben nach** und entscheiden sich dort für **Desktop**. Zweitens: Sie drücken Strg + X .

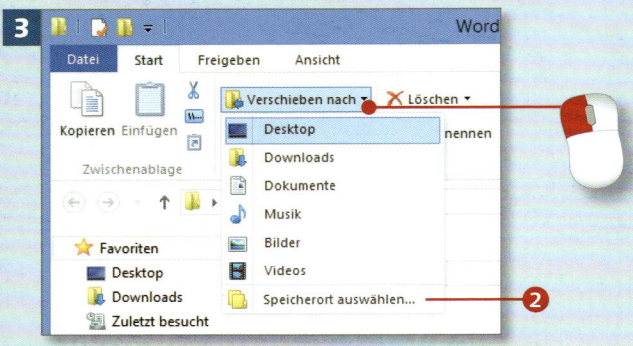

Objekte verschieben

Wenn Sie sich in der Liste für **Speicherort auswählen** ❷ entscheiden, können Sie ein beliebiges Verzeichnis auswählen.

Schritt 4

Sollten Sie sich für Lösung 2 entschieden haben, müssen Sie jetzt noch auf eine freie Stelle des Desktops klicken und Strg + V drücken. Das Dokument ist im Ordner nun nicht mehr vorhanden.

Schritt 5

Sie können das gute Stück aber auch duplizieren (kopieren), damit es an beiden Orten erscheint. Dazu markieren Sie das Dokument auf dem Desktop und drücken Strg + C. Alternativ geht es auch mittels Rechtsklick und **Kopieren**.

Schritt 6

Um nun ein Duplikat des Dokuments im Ordner zu platzieren, müssen Sie mit rechts dort hineinklicken und **Einfügen** anwählen. Oder aber Sie klicken mit links hinein und drücken Strg + V. **Einfügen ❸** im Menüband geht natürlich auch.

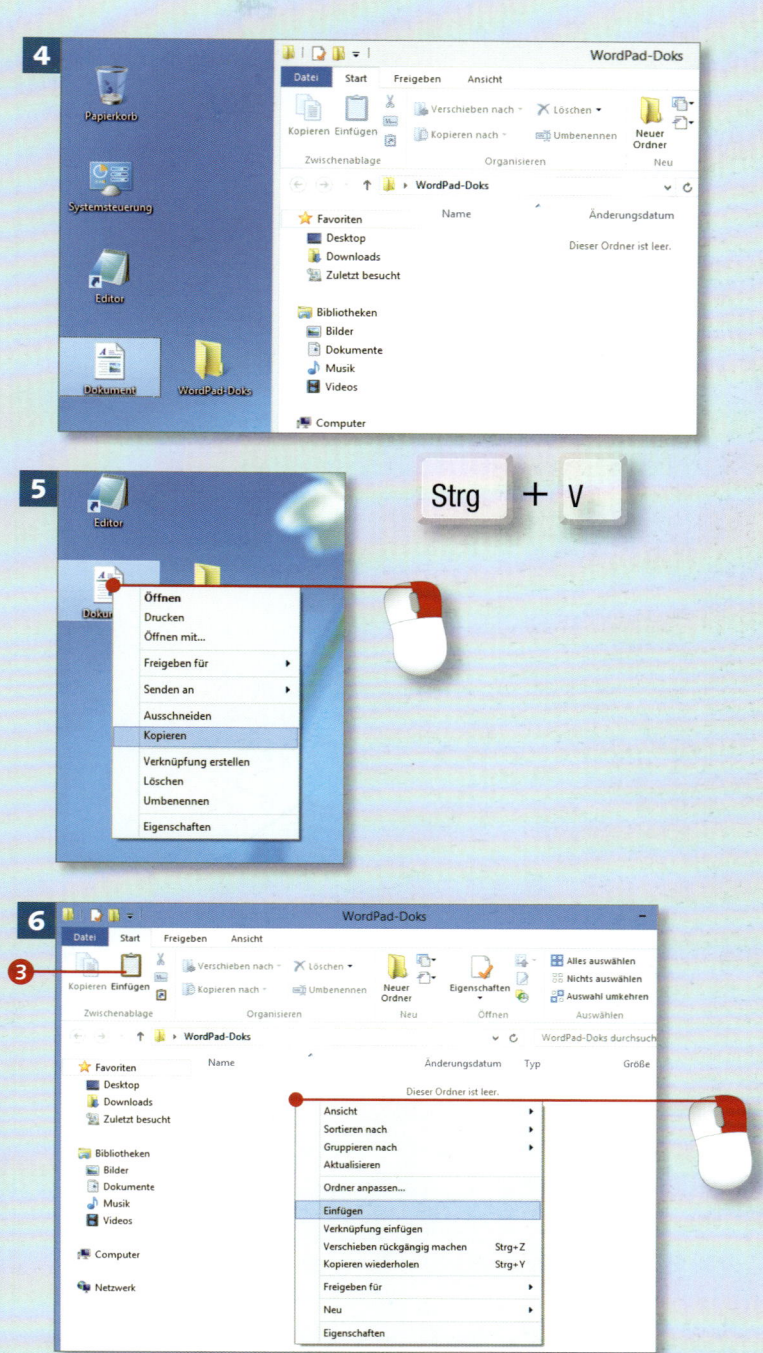

ℹ Tastaturbefehle

Um ein Objekt zu kopieren, drücken Sie Strg + C. Mit Strg + X schneiden Sie es aus. Es wird dabei keine Kopie erzeugt. Und mithilfe von Strg + V wird das zuvor kopierte oder ausgeschnittene Objekt wieder eingefügt.

Die Ordnerdarstellung ändern

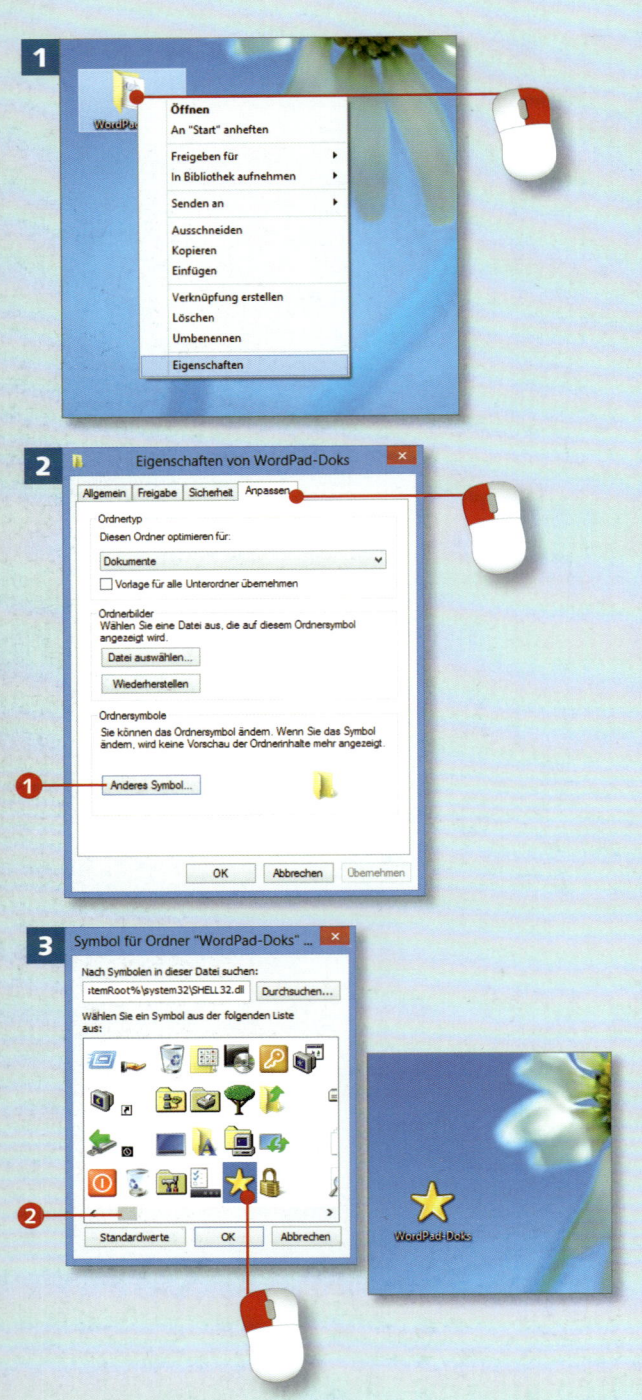

Wenn Sie mit vielen unterschiedlichen Dateien arbeiten, kann es sinnvoll sein, wenn sich die Ordner optisch voneinander unterscheiden. Hier erfahren Sie, wie Sie ein Ordner-Symbol ändern können.

Schritt 1

Setzen Sie einen rechten Mausklick auf den zu verändernden Ordner, und klicken Sie im daraufhin erscheinenden Kontextmenü auf **Eigenschaften**.

Schritt 2

Öffnen Sie nun das Register **Anpassen**. Dadurch wird die Schaltfläche **Anderes Symbol** ❶ zugänglich, die Sie ebenfalls anklicken.

Schritt 3

Zuletzt verschieben Sie die *Scrollleiste* ❷ mit gedrückter Maustaste und suchen nach einem neuen Ordner-Symbol. Wenn Sie es gefunden haben, markieren Sie es und schließen beide Fenster mit einem Klick auf **OK**. Auf dem Desktop erscheint nun das neue Symbol.

Wenn sich zahlreiche Dokumente auf Ihrem Rechner befinden und Sie nicht mehr jeden Speicherort kennen, können Sie Dateien und Ordner suchen.

Schritt 1

Drücken Sie ⊞ + F (für engl. *find* oder dt. *finden*). Dadurch »weiß« Windows, dass es Ihnen jetzt nicht um die Suche nach Apps oder Charms, sondern um Dateien geht.

Schritt 2

Geben Sie den Begriff ein, nach dem Sie suchen lassen wollen (hier der Ordner **WordPad-Doks**). Sobald Sie »word« eingegeben haben, erscheinen die Suchergebnisse in der Liste unterhalb des Eingabefeldes.

Schritt 3

Wenn Sie von hier aus gleich in den Ordner wechseln wollen, müssen Sie nichts weiter tun, als den unteren Listeneintrag (**Dokument**) mit einem Mausklick zu versehen.

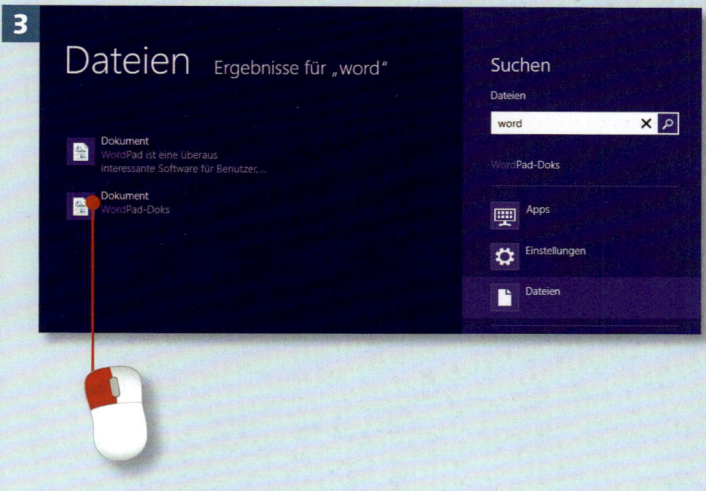

Bedeutung der Symbole

Obwohl beide Suchergebnisse fast gleich aussehen, sind sie doch unterschiedlich. Das obere repräsentiert das WordPad-Dokument, während das untere zum Dokumentordner verzweigt.

Dateien löschen und den Papierkorb leeren

Glücklicherweise können Ordner und Dateien auch gelöscht werden. Ansonsten ist es ja nur eine Frage der Zeit, bis Ihre Festplatte randvoll ist.

Schritt 1

Das zu löschende Objekt müssen Sie zunächst mit einem Mausklick markieren. Dabei spielt es keine Rolle, ob es sich auf dem Desktop oder in einem Ordner befindet. Wenn Sie nur eine einzelne Datei löschen wollen, machen Sie jetzt mit Schritt 4 weiter.

Schritt 2

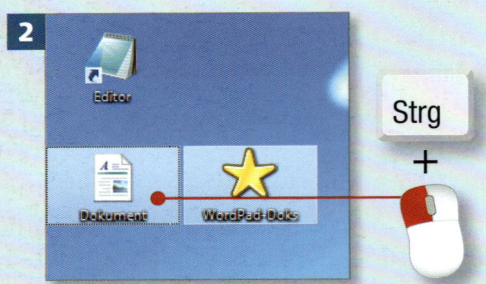

Sie möchten dem bereits markierten Objekt ein weiteres hinzufügen, das ebenfalls gelöscht werden soll? Dann halten Sie Strg gedrückt und klicken auch auf das zweite Objekt. Danach können Sie Strg wieder loslassen.

Schritt 3

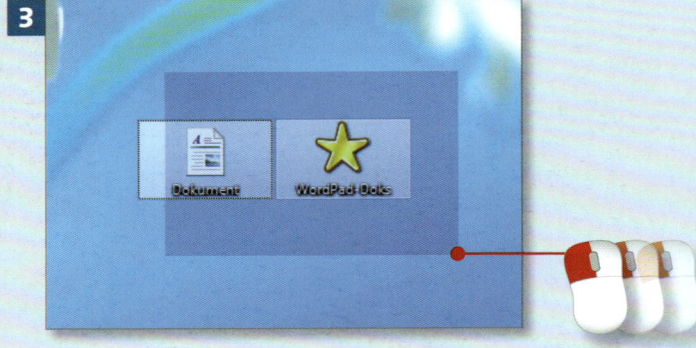

Alternativ zu den Schritten 1 und 2 können Sie die zu löschenden Objekte auch per Drag & Drop markieren. Klicken Sie dazu außerhalb eines Symbols, halten Sie die Maustaste gedrückt, ziehen Sie einen Rahmen über die Objekte, und lassen Sie erst los, wenn alle markiert sind.

Schritt 4

Jetzt klicken Sie auf eine der markierten Dateien, lassen die Maustaste nicht mehr los und ziehen sie zum Papierkorb. Sobald die Quick-Info **Nach Papierkorb verschieben** sichtbar wird, können Sie loslassen.

Schritt 5

Der Papierkorb wird jetzt als gefüllt angezeigt. Wenn Sie ihn leeren und die Dateien unwiderruflich löschen wollen, klicken Sie ihn mit rechts an und markieren **Papierkorb leeren**. Die anschließende Kontrollabfrage bestätigen Sie mit **Ja** ❶.

Schritt 6

Achtung: Dieser Schritt funktioniert nur, solange Schritt 5 noch nicht vollzogen ist! Sie haben eine Datei unbeabsichtigt gelöscht? Dann klicken Sie doppelt auf den Papierkorb, setzen einen Rechtsklick auf die Datei und wählen **Wiederherstellen**.

Keine Sicherheit beim Löschen

Bedenken Sie immer, dass Dateien niemals wirklich rückstandsfrei vom Rechner entfernt werden, auch wenn Sie diese aus dem Papierkorb gelöscht haben. Gelöschte Dateien können mit einer entsprechenden Software oft wiederhergestellt werden.

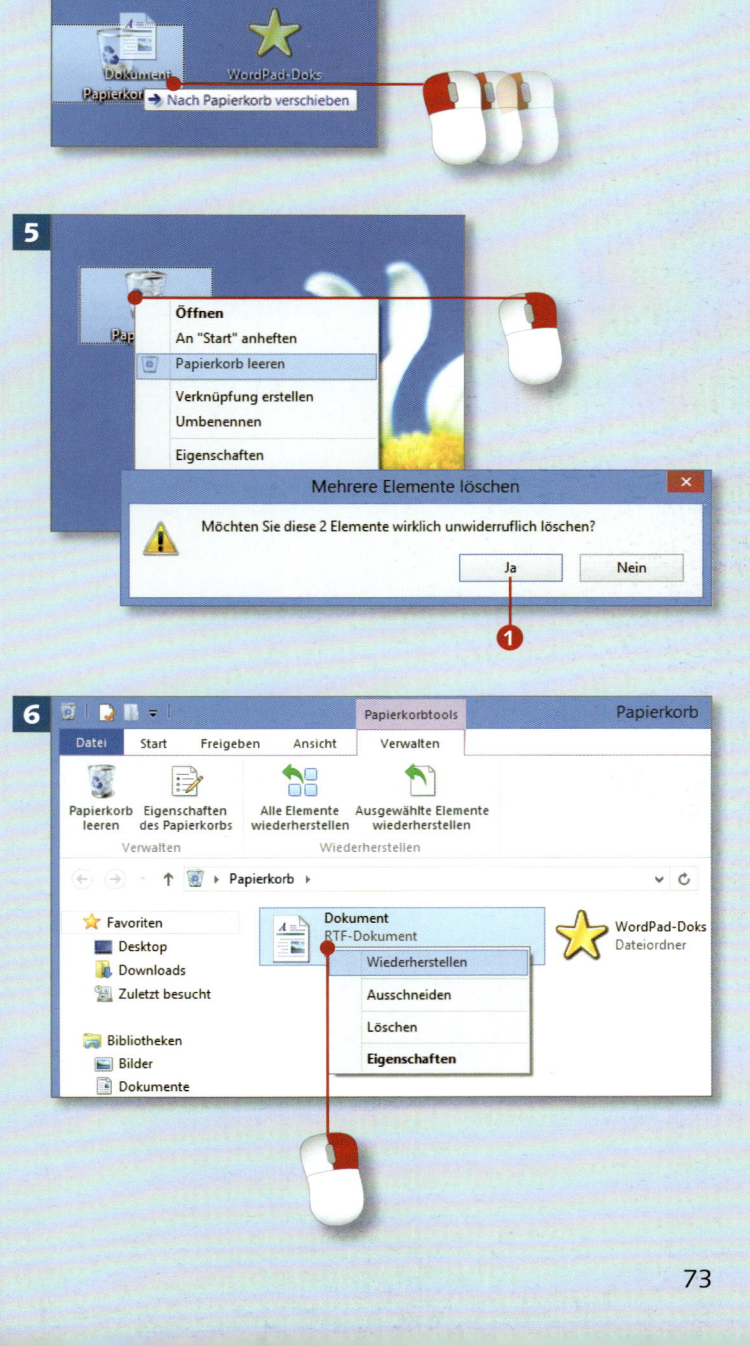

Eigenschaften von Dateien und Ordnern anzeigen

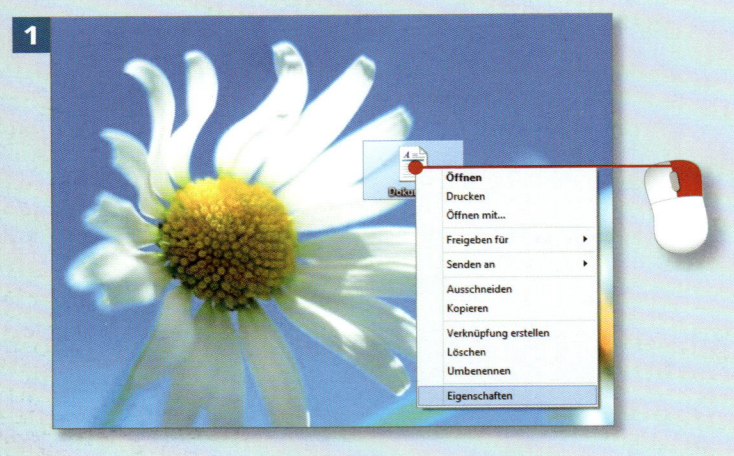

Sie haben mehrere Versionen eines Dokuments gespeichert und wollen nun wissen, welche Datei zuletzt erzeugt worden ist? Das und noch vieles mehr können Sie in den Eigenschaften nachsehen.

Schritt 1

Klicken Sie ein beliebiges Dokument mit rechts an, und entscheiden Sie sich im Kontextmenü für **Eigenschaften**. Ob sich das Dokument auf dem Desktop oder in einem Ordner befindet, spielt keine Rolle.

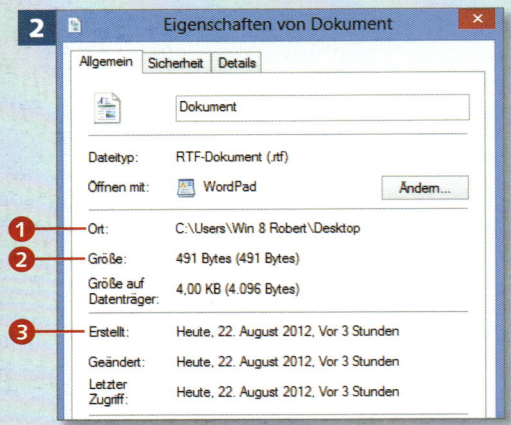

Schritt 2

Etwa in der Mitte des Eigenschaftenfensters lassen sich Speicherort ❶ des Dokuments (in diesem Fall der Desktop), Größe ❷, Erstellungsdatum ❸ etc. ablesen.

Schritt 3

Sie können das Dokument umbenennen, indem Sie in das Eingabefeld klicken. Setzen Sie einen Doppelklick in das Feld, wenn Sie den Namen komplett neu eingeben wollen. Danach beginnen Sie mit der Eingabe.

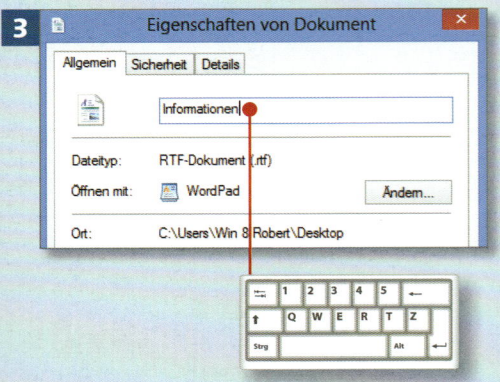

Schritt 4

Wenn Sie das Dokument schützen wollen, klicken Sie das Feld **Schreibgeschützt** an. Das Häkchen signalisiert: Die Datei kann zwar noch geöffnet und bearbeitet, nicht jedoch unter demselben Namen und am selben Ort gesichert werden.

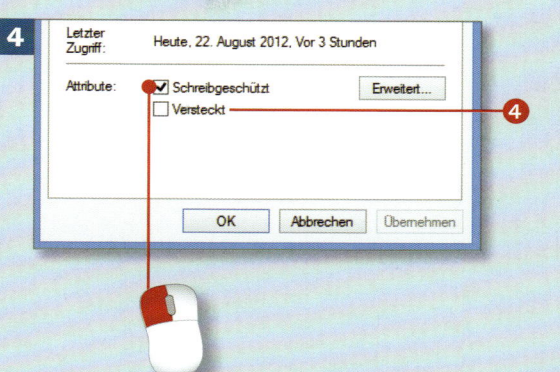

Schritt 5

Entfernen Sie das Häkchen wieder mit einem Klick, und wählen Sie das Register **Details**.

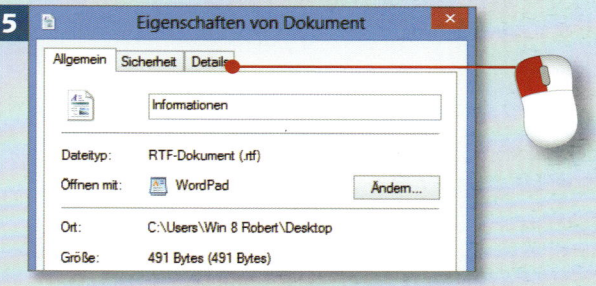

Schritt 6

Hier finden Sie weitere wichtige Informationen wie z. B. Erstellungs- und Änderungsdatum sowie Besitzer und Computer. Am Ende klicken Sie auf **OK**. Möchten Sie die Änderungen verwerfen, klicken Sie auf **Abbrechen**.

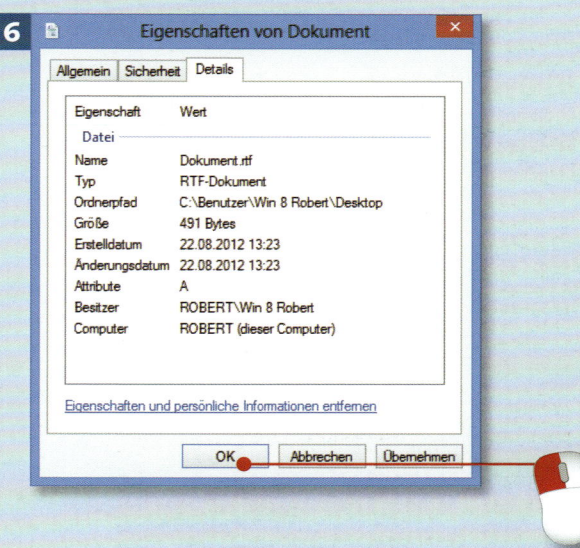

▌ Dateien verstecken

Gehen Sie behutsam mit der Funktion **Versteckt** ❹ um. Damit lassen sich die Objekte nämlich ausblenden. Um sie wieder sichtbar zu machen, müssen Sie tief ins System gehen. Außerdem ist das Verstecken ohnehin keine sichere Methode, um den Inhalt vor neugierigen Blicken zu verbergen.

Dateien komprimieren und dekomprimieren

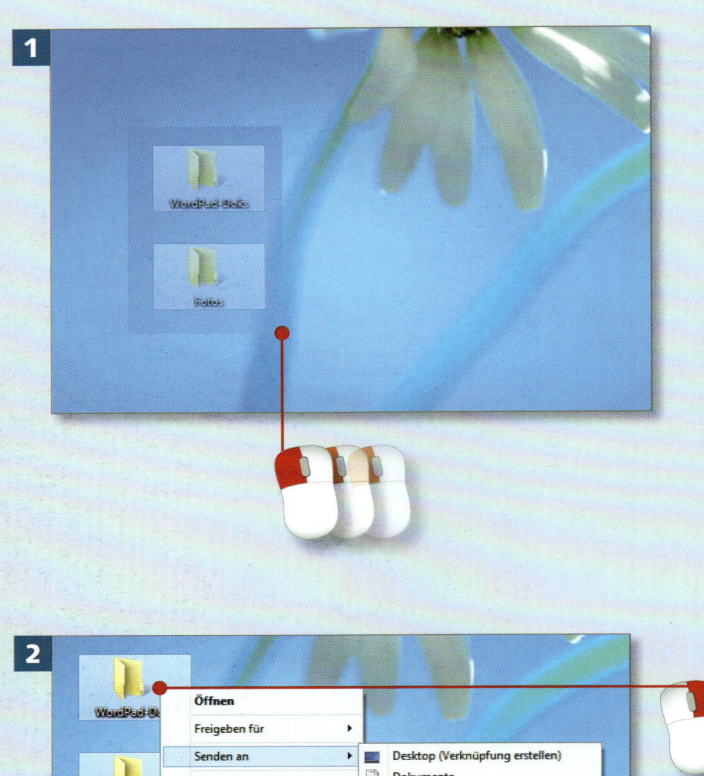

Wenn Sie beabsichtigen, Dateien zu archivieren oder per E-Mail zu versenden, ist es sinnvoll, diese vorab zu komprimieren. Dabei werden die Dateien gewissermaßen zusammengepresst, und die Dateigröße verringert sich zum Teil beträchtlich. Umgangssprachlich nennt man diese Technik »zippen«.

Schritt 1

Setzen Sie einen Mausklick auf das Objekt, das Sie komprimieren wollen. Sie dürfen auch mehrere Objekte anklicken, während Sie $\boxed{\text{Strg}}$ gedrückt halten, oder mit gedrückter Maustaste einen Rahmen um die zu »zippenden« Dateien ziehen.

Schritt 2

Danach erfolgt der mittlerweile wohl bestens bekannte Rechtsklick auf eine der markierten Dateien. Wählen Sie **Senden an ▸ ZIP-komprimierter Ordner**.

Schritt 3

Kurz darauf finden Sie einen weiteren Ordner vor, der mit einem Reißverschluss versehen ist. Wenn Sie keinen neuen Namen eingeben wollen, drücken Sie $\boxed{\hookleftarrow}$.

Schritt 4

Öffnen Sie den ZIP-Ordner per Doppelklick. Sie können die darin enthaltenen Dateien zwar ansehen und auch darauf zugreifen, jedoch lässt sich damit nicht arbeiten.

Schritt 5

Um die »gezippten« Dateien wieder verwenden zu können, muss ihr Empfänger mit der rechten Maustaste daraufklicken und **Alle extrahieren** auswählen.

Schritt 6

Im nächsten Dialog müssen Sie noch einmal auf **Extrahieren** klicken. Jetzt wird am selben Ort, wo sich der ZIP-Ordner befindet, ein dekomprimierter Ordner erzeugt. Die darin enthaltenen Dateien können bearbeitet werden.

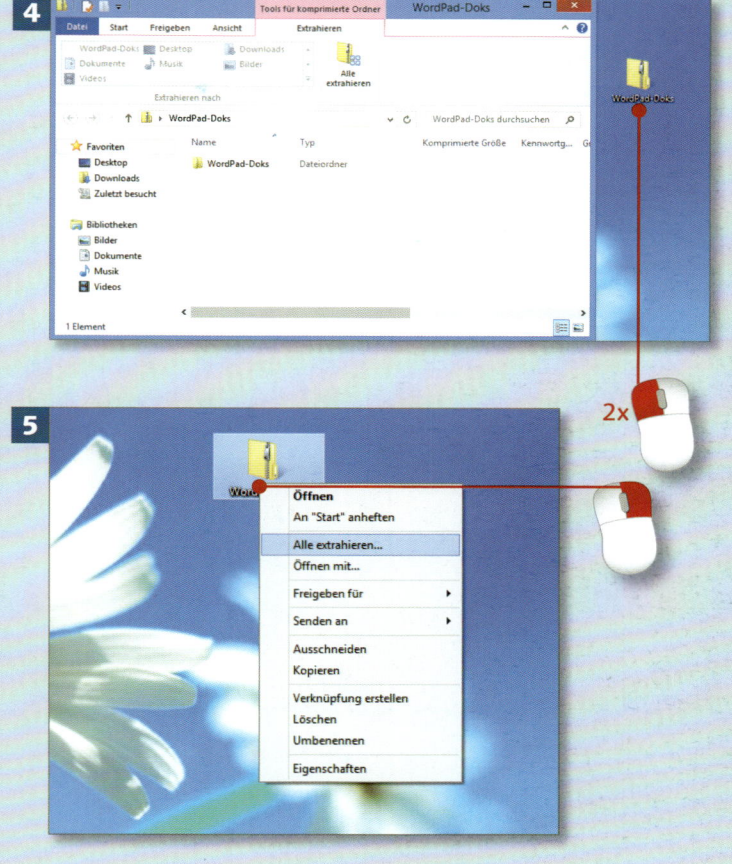

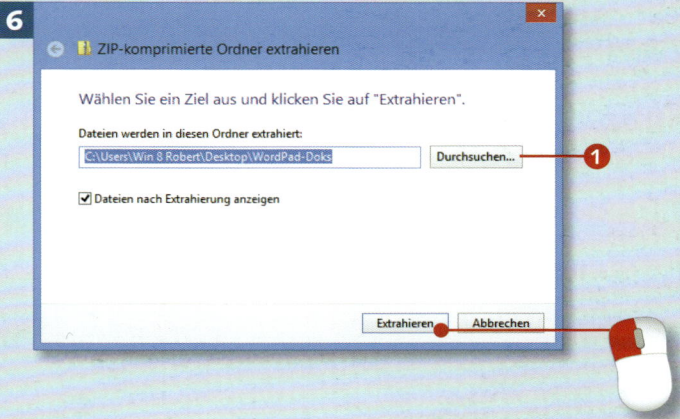

Speicherort ändern

Klicken Sie auf **Durchsuchen** ❶, falls Sie beabsichtigen, einen neuen Speicherort für die entpackten Dateien anzugeben.

Dateitypen anzeigen

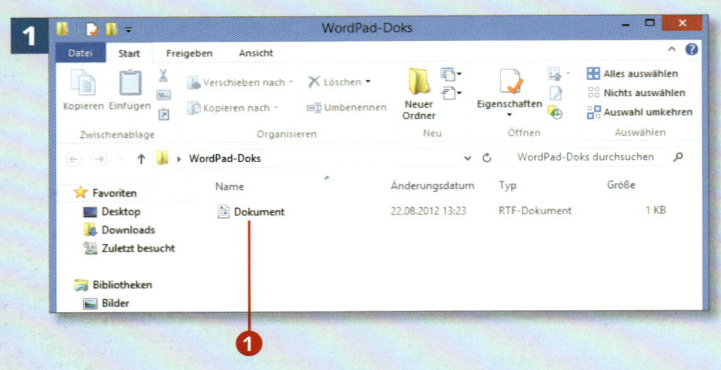

Wenn Sie mit vielen verschiedenen Arten von Dateien zu tun haben, ist es sinnvoll, sich die Dateiendungen anzeigen zu lassen. Daran ist nämlich zu erkennen, in welchem Format die Dokumente vorliegen.

Schritt 1

Öffnen Sie einen Ordner, in dem sich mindestens eine Datei befindet (hier: *WordPad-Doks*). Sie sehen darin lediglich Namen ①, jedoch keine Dateiendungen.

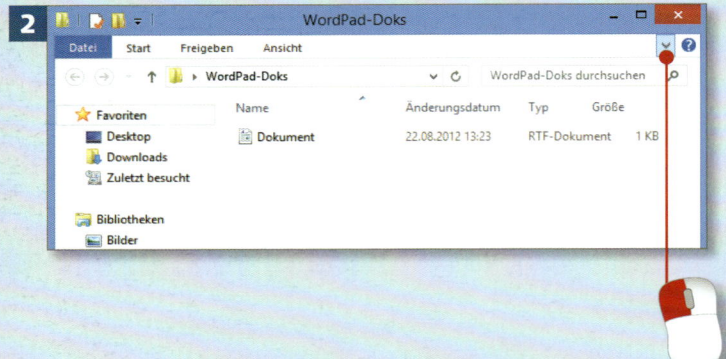

Schritt 2

Zunächst müssen Sie dafür sorgen, dass das Menüband geöffnet wird. (Falls es bereits angezeigt wird, wie in Schritt 1 dargestellt, können Sie sich diesen Schritt natürlich sparen.)

Schritt 3

Klicken Sie auf den Schalter **Optionen**. Achten Sie aber darauf, nicht den Namen oder das darunter befindliche Dreieck, sondern tatsächlich das Symbol zu treffen.

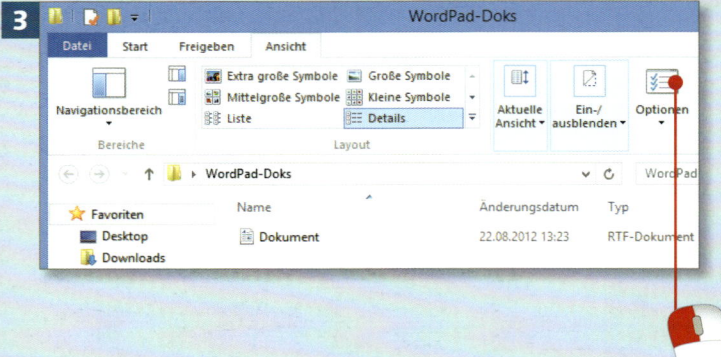

Systemsteuerung
Wenn Sie lieber den klassischen Weg nehmen, können Sie den Dialog **Ordneroptionen** auch in der Systemsteuerung zugänglich machen.

Schritt 4

Im folgenden Dialog finden Sie die Ordneroptionen von Windows 8. Holen Sie hier zunächst einmal mit einem Klick die Registerkarte **Ansicht** nach vorne.

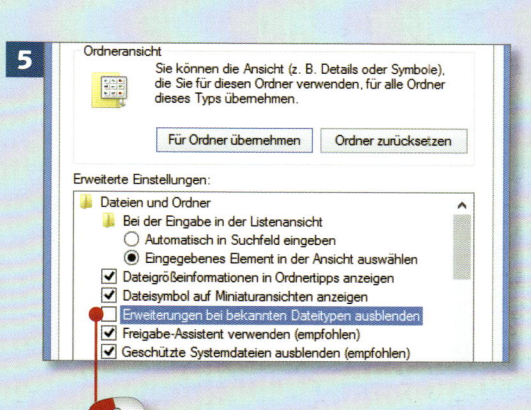

Schritt 5

In der Liste des Bereichs **Erweiterte Einstellungen** suchen Sie nach dem Eintrag **Erweiterungen bei bekannten Dateitypen ausblenden**. Klicken Sie die Zeile an, damit das vorangestellte Häkchen verschwindet.

Schritt 6

Bestätigen Sie mit **OK**. Wenn Sie sich jetzt den Ordner noch einmal anschauen, sehen Sie, dass hinter dem Dateinamen die Endung *.rtf* ❷ auftaucht. Sie steht für *Rich Text Format*.

Weitere Dateiendungen

Von nun an werden Ihnen sämtliche Dateiendungen angezeigt. So wird ein Foto z. B. mit der Endung *.jpg*, *.png* oder *.tif* ausgezeichnet, während Apps (also ausführbaren Programmen) die Endung *.exe* angehängt ist.

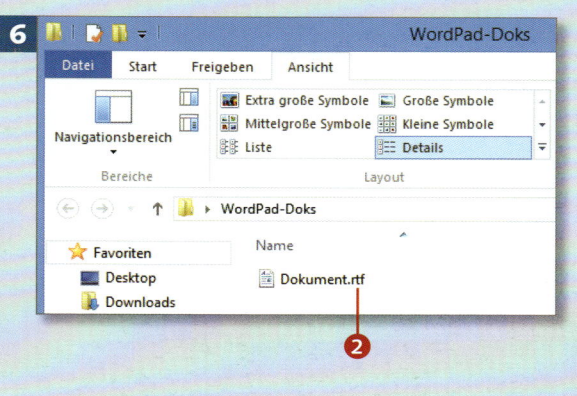

Abgestürzte Programme schließen

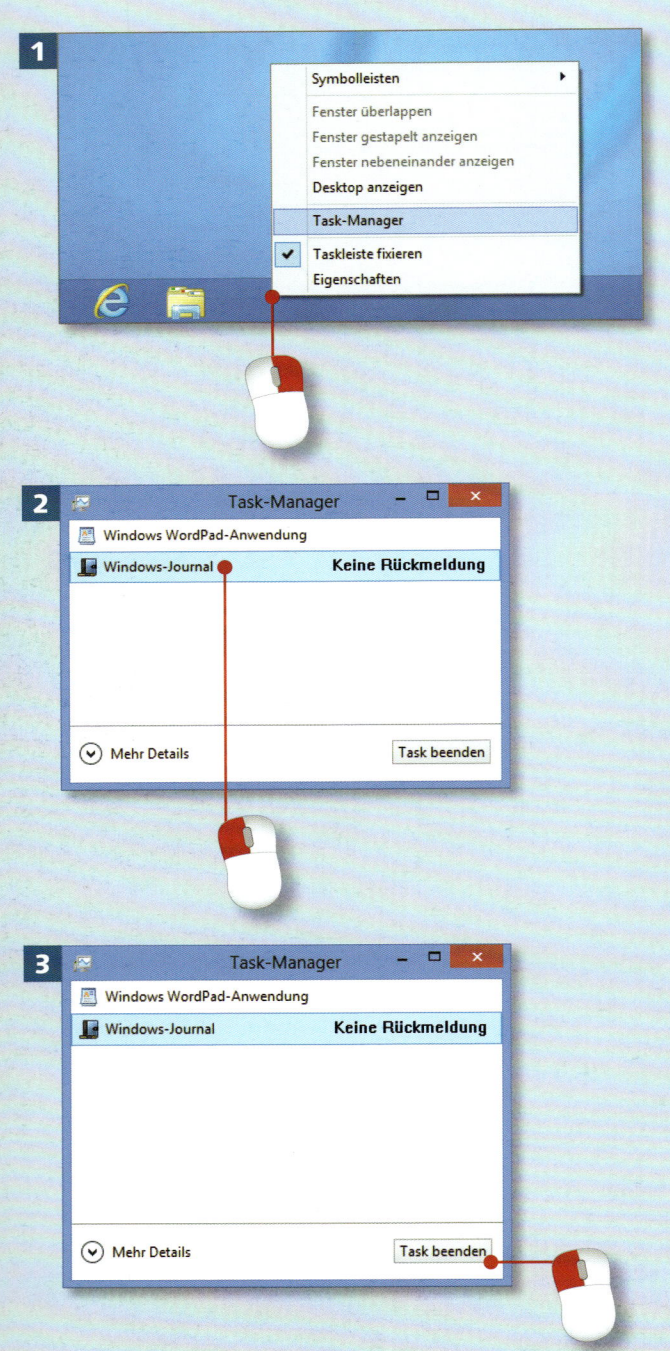

Auch wenn es äußerst selten ist, kann es auch unter Windows 8 einmal passieren, dass ein Programm abstürzt. In diesem Fall lässt es sich nicht mehr wie gewohnt schließen, und Sie müssen es über die Systemsteuerung abschalten.

Schritt 1

Klicken Sie mit rechts auf einen freien Bereich in der Taskleiste, und wählen Sie im Kontextmenü **Task-Manager** aus.

Schritt 2

Das Programm, das nicht mehr ordnungsgemäß ausgeführt werden kann, wird im Task-Manager mit dem Status **Keine Rückmeldung** ausgezeichnet. Markieren Sie diese Zeile mit einem Mausklick.

Schritt 3

Klicken Sie jetzt auf den Schalter **Task beenden** unten rechts im Fenster. Sollten Sie nun noch gefragt werden, ob Sie das Programm wirklich schließen wollen, müssen Sie dies mit **Ja** bestätigen.

Schritt 4

Die Zeile mit dem gestörten Programm ist verschwunden. Zuletzt schließen Sie das Fenster mit einem Klick auf das rote Kreuzchen ❶. Da Sie aber schon einmal hier sind: Klicken Sie kurz noch auf **Mehr Details**.

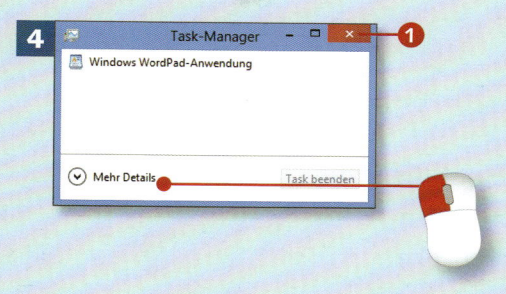

Schritt 5

Die beeindruckende Liste, die sich daraufhin öffnet, offenbart sämtliche Prozesse, die derzeit auf Ihrem PC betrieben werden. Auch hier könnten Sie eine Zeile markieren und dann auf **Task beenden** ❷ klicken.

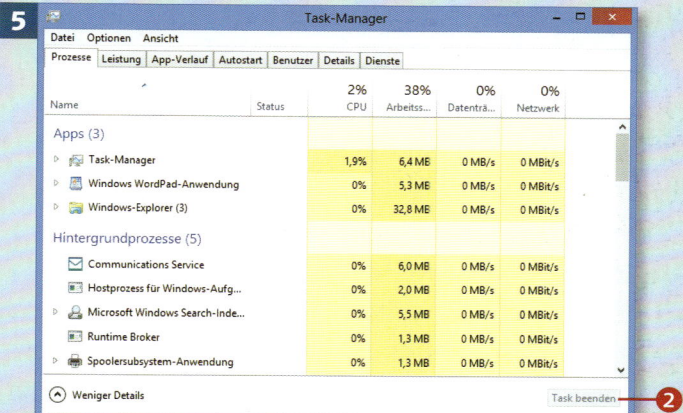

Schritt 6

Wollen Sie einmal sehen, wie Ihre Prozessoren mit der Arbeit zurechtkommen? Dann klicken Sie auf **Leistung**. Zur Task-Manager-Ansicht kommen Sie mit **Weniger Details** ❸ zurück.

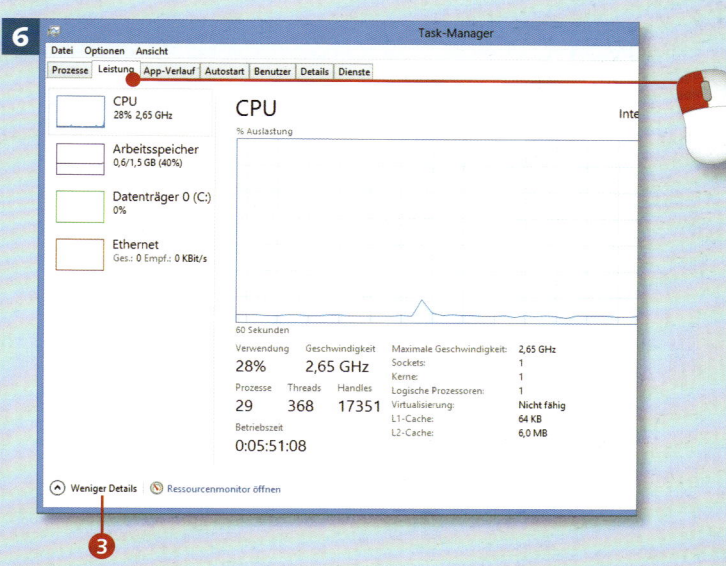

Weniger Details

Da die Ansicht **Weniger Details** intuitiver ist, sollten Sie vor dem Schließen des Fensters daraufklicken. Tun Sie das nicht, wird der Task-Manager künftig im Modus **Mehr Details** geöffnet.

Kapitel 4
Im Internet surfen

Das Internet eröffnet Ihnen zahlreiche Möglichkeiten. Was Sie tun müssen, falls noch keine Internetverbindung besteht, wie Sie »surfen«, nach bestimmten Inhalten suchen und den Internet Explorer konfigurieren, lernen Sie in diesem Kapitel.

Die Internetverbindung einrichten

Windows 8 ist in der Regel so vorkonfiguriert, dass eine Internetverbindung »steht«, noch bevor Sie den Internet Explorer das erste Mal öffnen. Dennoch kann es vorkommen (z. B. bei technischen Problemen oder bei der Übernahme eines bestehenden Computersystems), dass Sie selbst noch einmal Hand anlegen müssen ❶.

Surfen und suchen im Internet

Bei der Suche ❷ im weltweiten Netz, der Anwahl verschiedener Homepages sowie dem Speichern und Drucken von Webinhalten helfen Ihnen die Anleitungen in diesem Kapitel zuverlässig weiter.

Konfigurationen und Add-ons

Mit der Zeit werden Sie Surfgewohnheiten entwickeln, besonderen Wert auf bestimmte Funktionen legen und vielleicht auch einmal die eine oder andere Zusatzfunktion ❸ integrieren wollen. Auch hier steht Ihnen der Internet Explorer als zuverlässige Arbeitsumgebung zur Verfügung.

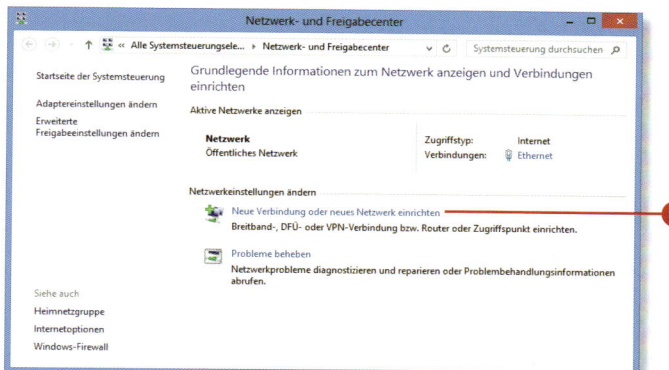

① Zunächst müssen Sie Ihre Internet-verbindung einrichten.

Surfen Sie im World Wide Web, stellen Sie den Internet Explorer passend ein oder drucken Sie Webseiten aus.

②

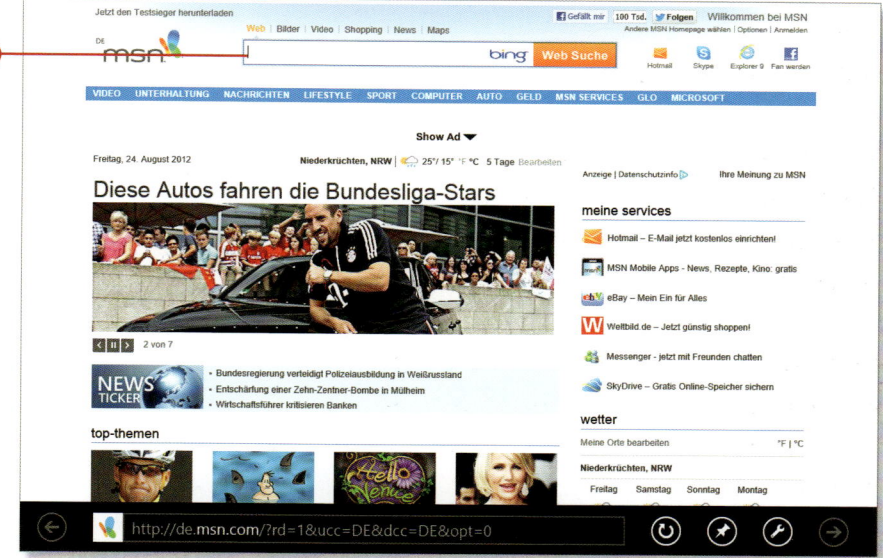

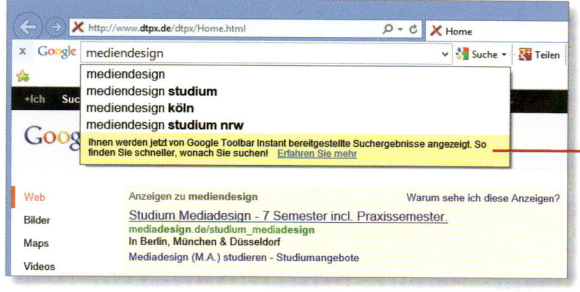

③ Konfigurationen und Add-ons erleichtern Ihnen die Arbeit mit dem Internet Explorer noch mehr.

Eine Internetverbindung einrichten

In Windows 8 ist prinzipiell bereits alles vorbereitet, um ins Internet zu gelangen. Sollten Sie jedoch noch keine Internetverbindung haben, durchlaufen Sie die folgenden Schritte.

Schritt 1

Öffnen Sie zunächst die Desktop-Ansicht (mit ⊞ + D oder indem Sie auf dem Startbildschirm auf die **Desktop**-Kachel klicken).

Schritt 2

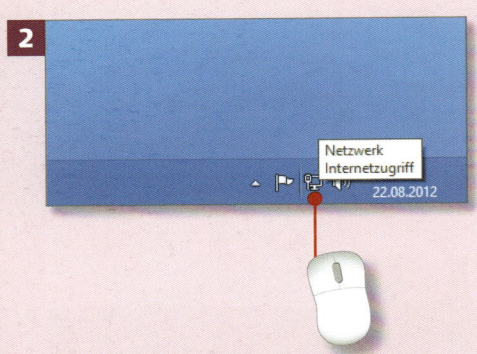

Zeigen Sie auf das Netzwerk-Symbol (es befindet sich standardmäßig links neben dem Lautsprecher). Wenn ein kleiner Text (die sogenannte *Quick-Info*) erscheint, der **Netzwerk Internetzugriff** lautet, können Sie diesen Workshop jetzt schon abschließen.

Schritt 3

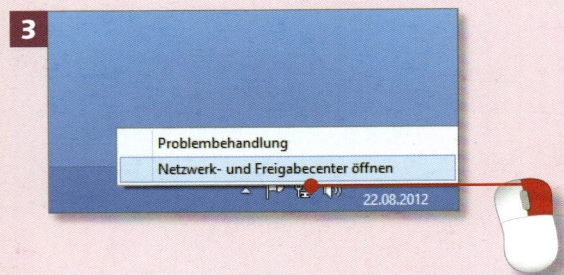

Ist das nicht der Fall, klicken Sie mit rechts auf das Symbol und wählen mit der linken Maustaste **Netzwerk- und Freigabecenter öffnen**.

Kein Symbol zu sehen?

Wenn kein derartiges Symbol zu sehen ist, können Sie auch doppelt auf das Desktop-Symbol **Systemsteuerung** klicken und im nächsten Fenster auf **Netzwerk- und Freigabecenter**.

Schritt 4

Im nächsten Dialogfenster entscheiden Sie sich per Mausklick für **Neue Verbindung oder neues Netzwerk einrichten**.

Schritt 5

Klicken Sie auf **Verbindung mit dem Internet herstellen**. Nachdem die Zeile blau markiert worden ist, bestätigen Sie mit **Weiter**.

Schritt 6

Klicken Sie **Breitband PPPoE ❶** an, und geben Sie im darauffolgenden Fenster Ihre Zugangsdaten ein. Zuletzt klicken Sie auf **Verbinden**.

i

Anleitung Ihres Providers

Vermutlich haben Sie von Ihrem Internetanbieter (*Provider*) zusätzlich zu Ihrem Router oder Modem eine Anleitung erhalten. Sehen Sie nach, ob dort besondere Anweisungen zur Einrichtung der Internetverbindung gegeben werden.

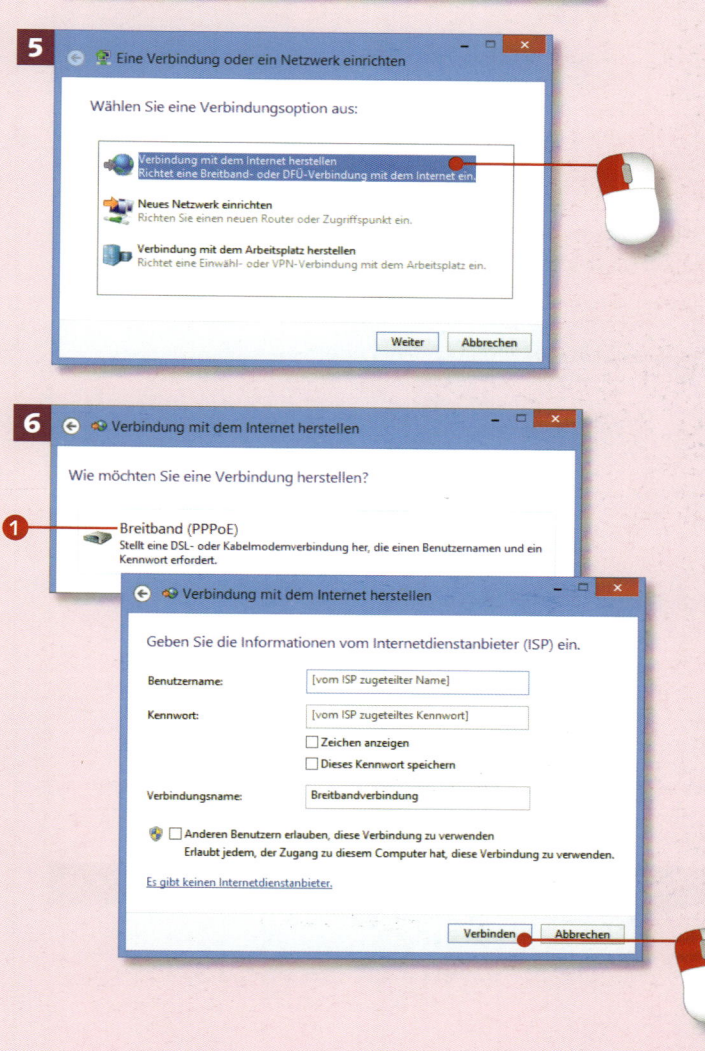

Den Internet Explorer kennenlernen

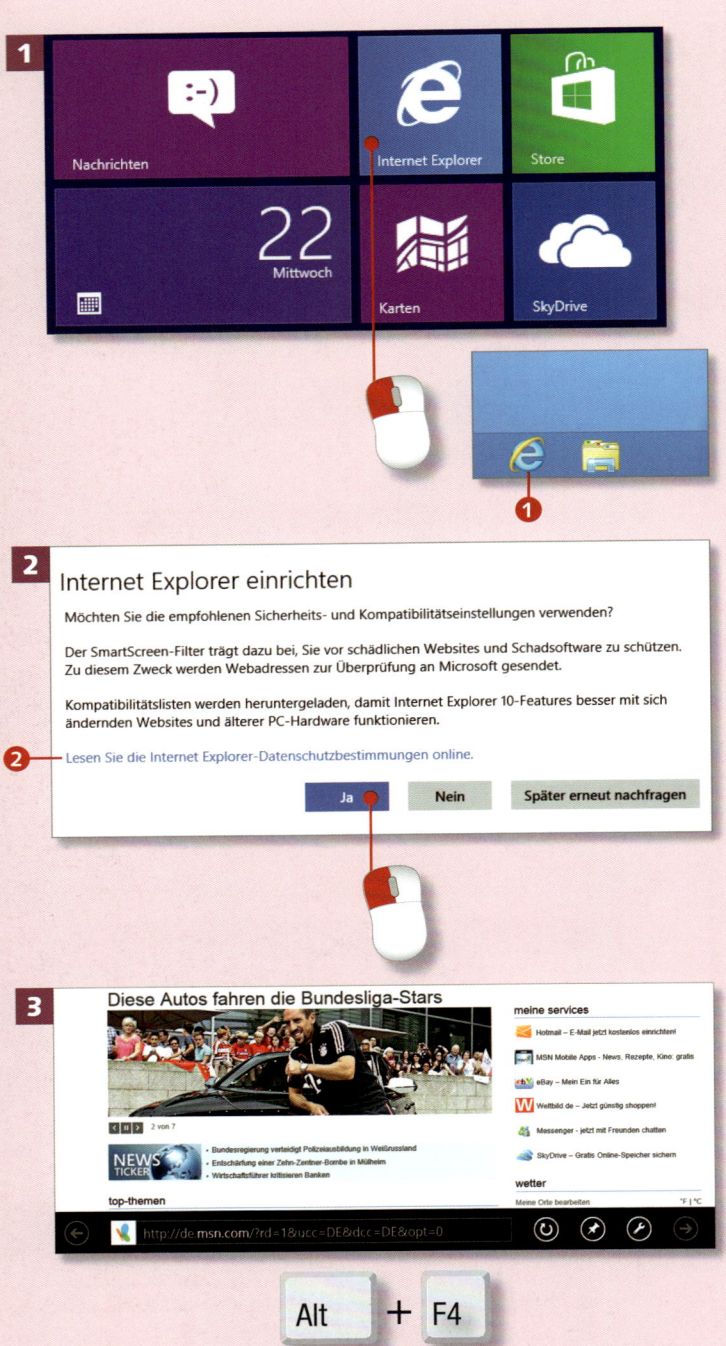

Je nachdem, an welcher Stelle Ihres Betriebssystems Sie den Internet Explorer (IE) öffnen, werden Sie unterschiedliche Darstellungsoptionen ausmachen können.

Schritt 1

Klicken Sie auf die Kachel **Internet Explorer**. Von hier aus geht es dann geradewegs in Richtung Internet. (Vom Desktop aus müssen Sie auf das Symbol »e« ❶ in der Taskleiste klicken.)

Schritt 2

Beim ersten Aufruf entscheiden Sie, ob die empfohlenen Sicherheitseinstellungen übernommen werden sollen. Bestätigen Sie mit **Ja**, wenn Sie damit einverstanden sind.

Schritt 3

Sie befinden sich nun auf der Website *http://www.msn.com*, die als Standard definiert ist. Schließen Sie den Internet Explorer mit Alt + F4.

Datenschutzbestimmungen

Es ist zu empfehlen, vor dem Klick auf **Ja** die Datenschutzbestimmungen zu lesen ❷.

Schritt 4

Nachdem Sie wieder am Startbildschirm angekommen sind, wechseln
Sie auf den Desktop. Klicken Sie
dazu auf die Kachel **Desktop**, oder
drücken Sie ⊞ + D .

Schritt 5

Klicken Sie jetzt auf das Internet-
Explorer-Symbol unten links in der
Taskleiste, um den Internet Explorer
von hier aus zu öffnen.

Schritt 6

Sie sehen, dass sich der Internet
Explorer hier ganz anders darstellt,
als wenn Sie ihn vom Startbildschirm
aus öffnen.

i

Schreibweise für Webseiten

Eine Webseitenadresse beginnt mit
der Angabe des Internetprotokolls
http://, gefolgt von *www.*, dann
dem Namen der Seite sowie dem
Kürzel der Länderkennung (z. B. *.de*
für deutsche Websites).

Den Internet Explorer konfigurieren

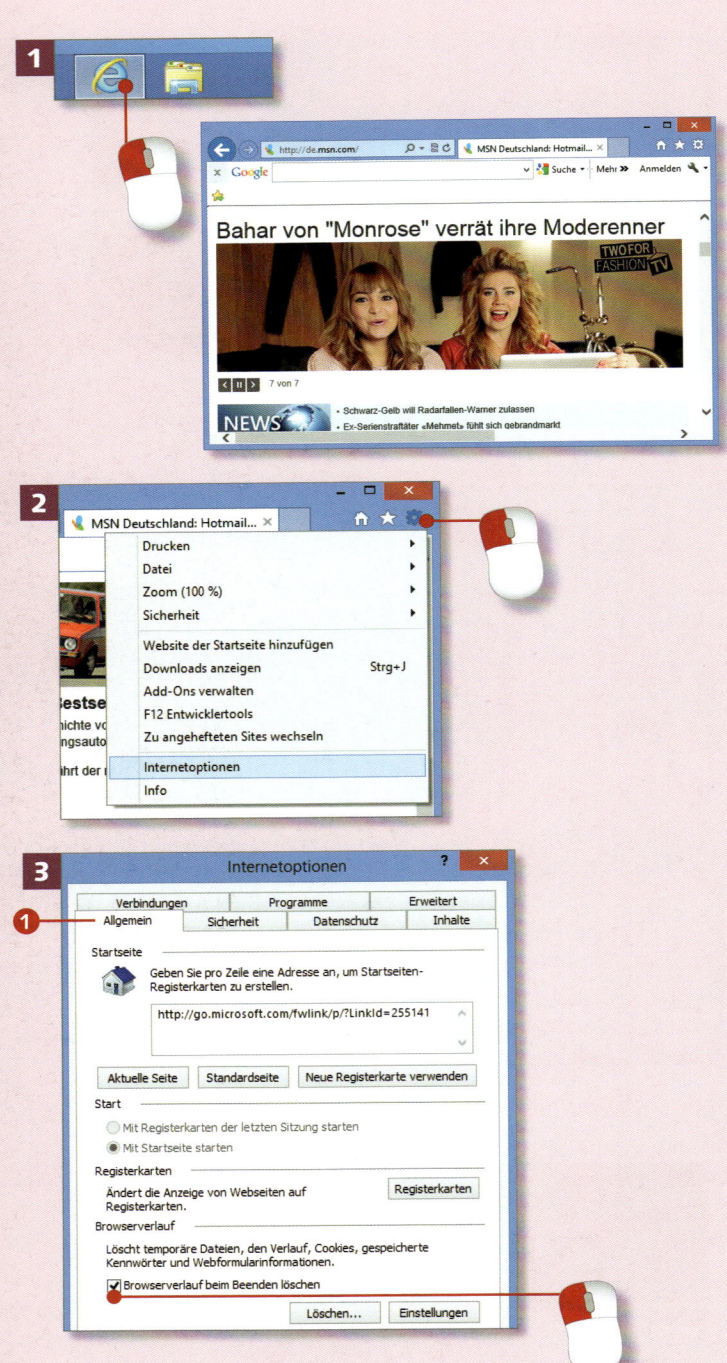

Nachdem der Zugang zum Internet nun hergestellt ist, sollten Sie den Internet Explorer nach Ihren Wünschen konfigurieren. Wir tun das in der Desktop-Variante, weil sie mehr Möglichkeiten bietet.

Schritt 1

Falls nicht bereits geschehen, wechseln Sie zum Desktop. Öffnen Sie dort den Internet Explorer mithilfe des Symbols unten links.

Schritt 2

Klicken Sie auf das kleine Zahnrad oben rechts, und entscheiden Sie sich im Anschluss für den Eintrag **Internetoptionen**.

Schritt 3

Legen Sie fest, ob die von Ihnen besuchten Webseiten auch nach dem Schließen des Internet Explorers in einer Liste gespeichert werden sollen. Wenn Sie das nicht wünschen, aktivieren Sie die Checkbox **Browserverlauf beim Beenden löschen**.

Register »Allgemein«
Standardmäßig ist das Register **Allgemein** aktiviert. Falls nicht, klicken Sie oben links zunächst auf **Allgemein** ❶.

Schritt 4

Gehen Sie auf das Register **Sicherheit ❷**. Über den vertikalen Schieber lässt sich jetzt die Sicherheitsabstufung für das Internet festlegen. Die mittlere Einstellung ist in der Regel in Ordnung.

Schritt 5

Im Register **Datenschutz ❸** veranlassen Sie am besten, dass unliebsame Werbefenster deaktiviert bleiben, indem Sie das Häkchen vor **Popupblocker einschalten** setzen.

Schritt 6

Nun sollten Sie noch in das Register **Inhalte ❹** wechseln und dort auf **Family Safety** klicken, falls auch Minderjährige Ihren Computer benutzen.

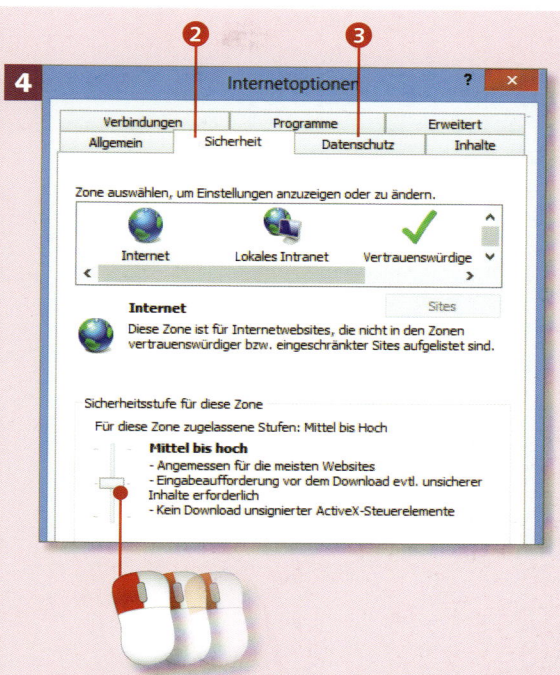

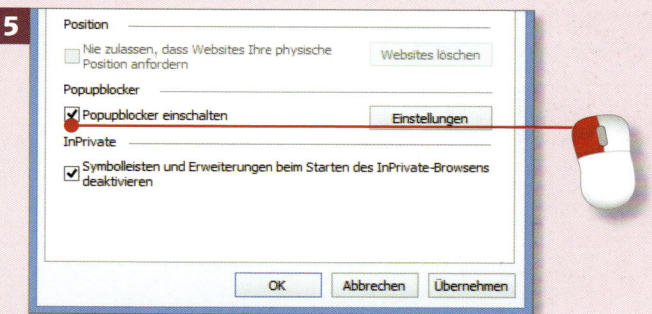

Sicherheit macht langsam
Möglicherweise denken Sie darüber nach, die Sicherheitsregler ganz nach oben zu stellen. Bedenken Sie jedoch, dass das Surfen dann aufgrund zusätzlicher Dialoge und Hinweistafeln weit weniger komfortabel wird.

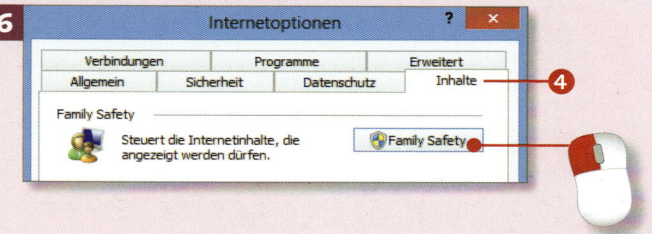

Den Internet Explorer konfigurieren (Forts.)

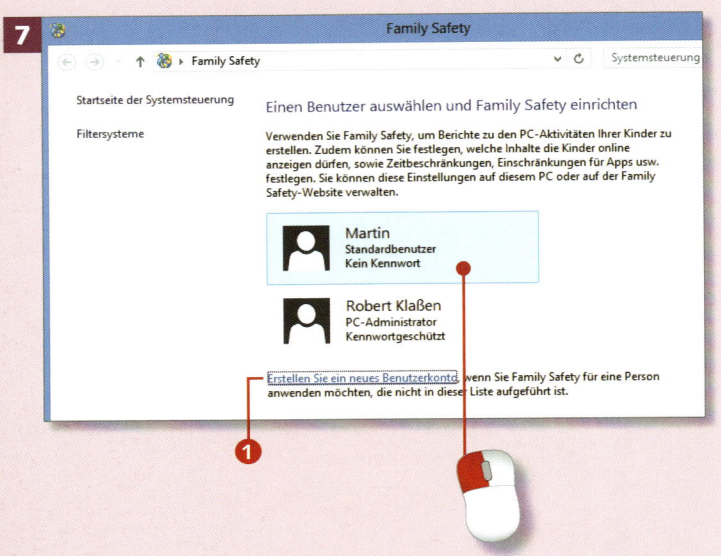

Schritt 7

Klicken Sie auf den Benutzer, für den Sie als Administrator den Jugendschutz aktivieren wollen (hier: **Martin**). Wenn nur ein Benutzer aktiv ist, wählen Sie **Erstellen Sie ein neues Benutzerkonto** ❶.

Schritt 8

Falls der Jugendschutz inaktiv ist, müssen Sie unter **Family Safety** zunächst die Option **Ein – Einstellungen erzwingen** aktivieren. Sie sollten das immer beachten, wenn eine schützenswerte Person den Rechner nutzt. Zudem können Sie die Aktivitäten des Benutzers protokollieren lassen ❷.

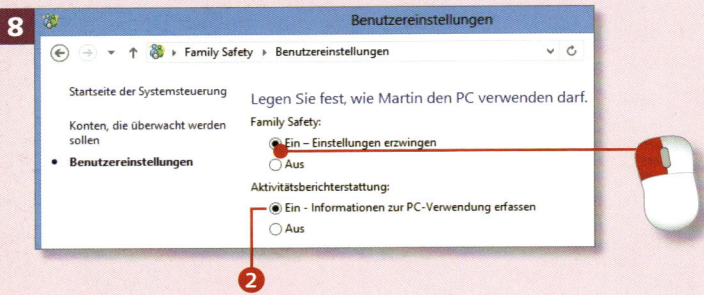

Schritt 9

Nun könnten Sie z. B. festlegen, dass über Martins Benutzerkonto nur für Kinder geeignete Websites erreichbar sind. Dazu müssten Sie zunächst auf **Webfilterung** klicken.

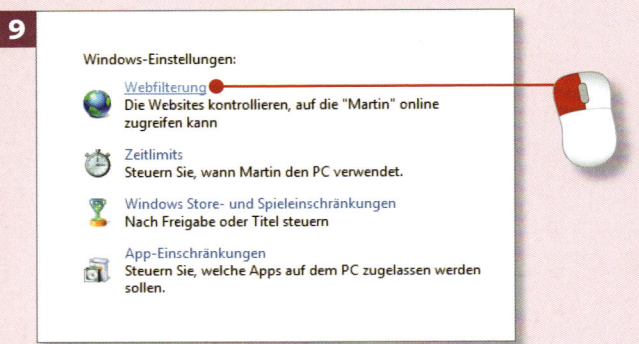

i

Weitere Einstellungen

Die übrigen Felder des Dialogfensters **Webeinschränkungen** sind intuitiv und verständlich formuliert. Das Festlegen einer Regel sollte daher keinerlei Probleme bereiten.

Schritt 10

Wenn Sie mit den Einstellungen fertig sind, klicken Sie so oft auf den senkrechten Pfeil oben links, bis Sie wieder auf der zuvor beschriebenen Ebene angelangt sind.

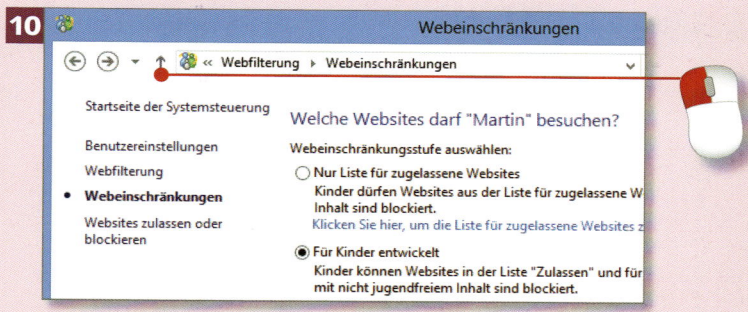

Schritt 11

In diesem Fenster ließen sich weitere Einstellungen vornehmen; diese sind im Prinzip selbsterklärend. Wenn Sie mit allen Einstellungen fertig sind, schließen Sie das Fenster mit einem Klick auf das rote Kreuz.

Schritt 12

Wenn Sie Ihre Einstellungen »zwischenspeichern« und anschließend weitere Änderungen vornehmen möchten, klicken Sie auf **Übernehmen**. Das Dialogfeld verlassen Sie mit einem Klick auf **OK**.

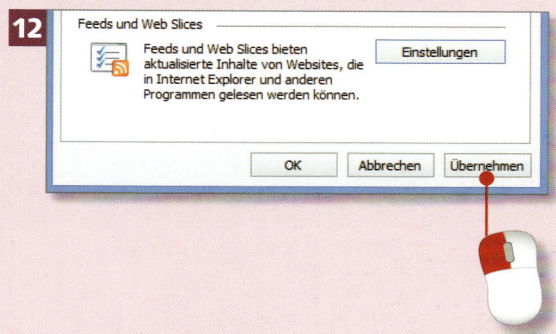

i

»OK« oder »Übernehmen«?

Grundsätzlich werden die Einstellungen auch dann wirksam, wenn Sie den Dialog mit **OK** verlassen. Das Gleiche gilt auch für **Übernehmen** – mit dem Unterschied, dass dann der Dialog geöffnet bleibt.

Webseiten besuchen

Im Internet »surfen« ist nichts anderes, als Webseiten zu besuchen. In diesem Abschnitt lernen Sie die Arbeit mit dem Internet Explorer sowohl in der Startbildschirm- als auch in der Desktop-Variante kennen.

Schritt 1

Vom Desktop-IE aus klicken Sie in das Eingabefeld oben links und tippen die Adresse ein. Im Startbildschirm-IE benutzen Sie das Feld ganz unten ❶. Dann drücken Sie jeweils ⏎ .

Schritt 2

Nun verschwindet die erste Seite, und die zweite »legt sich darüber« – es sei denn, Sie öffnen einen neuen *Tab*. Im Desktop-IE klicken Sie dazu auf das leere graue Quadrat neben dem vorhandenen Tab. Im Startbildschirm-IE klicken Sie mit rechts auf die Bildmitte und dann auf das Plus ❷ oben rechts.

Schritt 3

Schließen Sie geöffnete Tabs mit einem Klick auf das Kreuz ❸ oder mit Strg + W . Da das Eingabefeld für die Adressen immer noch aktiv ist, können Sie direkt mit einer neuen Eingabe beginnen.

Schritt 4

In beiden IE-Varianten werden Miniaturen der zuletzt aufgerufenen bzw. häufig besuchten Seiten angezeigt, sobald Sie sich für ein neues Register entscheiden.

Schritt 5

Wenn Sie eine Seite aktivieren möchten, die sich auf einem anderen Tab befindet, klicken Sie einfach auf diesen Tab.

Schritt 6

Mithilfe des nach links weisenden Pfeils können Sie eine Seite zurückspringen (alternativ: `Alt` + `←`). Klicken Sie den Button rechts daneben **4** an, oder drücken Sie `Alt` + `→`, um eine Seite nach vorne zu springen. Im Startbildschirm-IE blättern Sie mit den gleichen Tasten. Oder Sie fahren mit der Maus an den Bildrand. Wenn dort eine Pfeilspitze auf grauem Grund **5** auftaucht, klicken Sie darauf.

> **i**
>
> **IE**
>
> IE ist das Kürzel für »Internet Explorer«. Wenn hier also z. B. vom »Desktop-IE« die Rede ist, ist damit der Internet Explorer gemeint, der über die Desktop-Oberfläche aufgerufen wird.

Eine Startseite festlegen

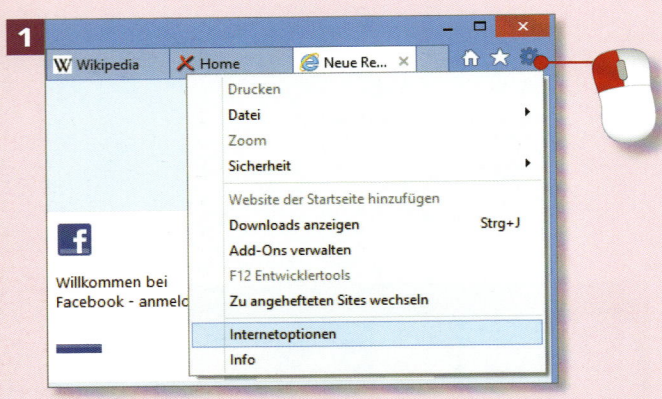

Soll Ihre Lieblingsseite immer dann erscheinen, wenn Sie den Internet Explorer öffnen? Da Sie die Startseite häufig sehen werden, hat es Vorteile, sie nach Ihren Wünschen anzupassen. Dafür wenden Sie die folgenden Schritte an.

Schritt 1

Klicken Sie im Desktop-IE auf das Zahnrad und dann auf **Internetoptionen**.

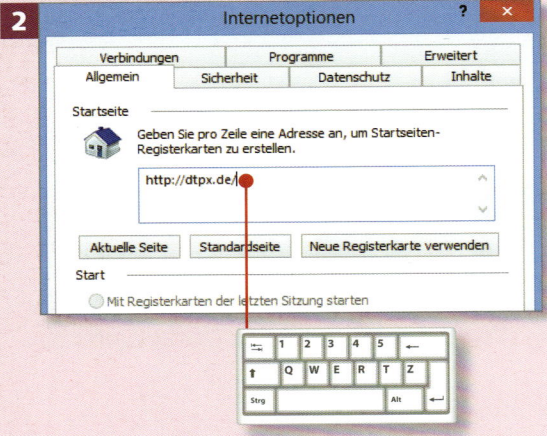

Schritt 2

Da das Eingabefeld ganz oben bereits blau markiert ist, können Sie die gewünschte Adresse sofort eintippen. Zum Schluss klicken Sie ganz unten auf **OK**.

Schritt 3

Wenn Sie die gewünschte Seite sowieso gerade aufgerufen haben, können Sie alternativ auch auf **Aktuelle Seite** klicken, um diese Seite als Startseite festzulegen.

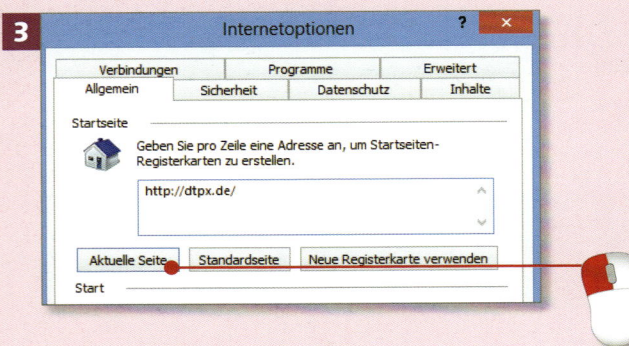

Schritt 4

Wenn Sie auf **Standardseite** klicken, kehren Sie gewissermaßen zurück zur Werkseinstellung. Hier wird nämlich eine Seite von Microsoft angeboten.

Schritt 5

Und nun noch die letzte Möglichkeit: Beim Öffnen des Internet Explorers soll überhaupt keine spezielle, sondern eine leere Seite erscheinen. Wenn Sie das wünschen, klicken Sie auf **Neue Registerkarte verwenden**. Zum Abschluss bestätigen Sie ganz unten mit **OK**.

Schritt 6

Wann immer Sie von irgendeiner Webseite aus ruck, zuck zu Ihrer Startseite wechseln wollen, klicken Sie einfach auf den Button mit dem Häuschen.

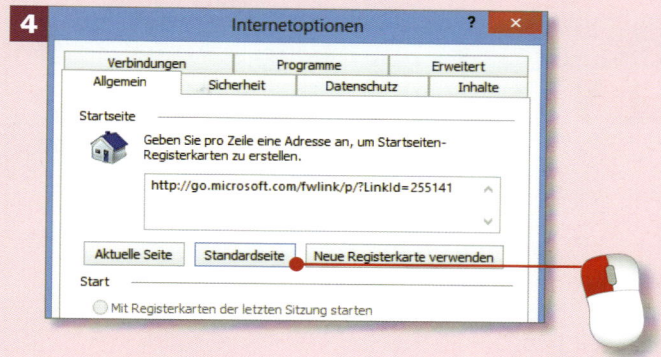

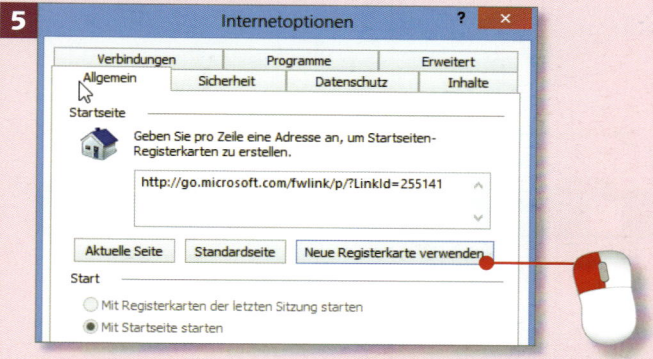

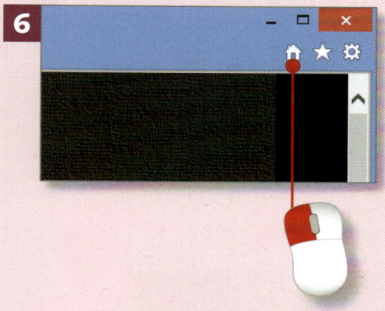

Favoriten speichern

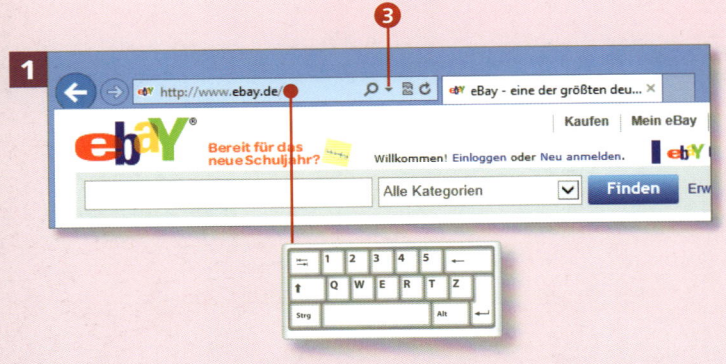

Wenn Sie Webseiten immer wieder besuchen, sollten Sie diese als Favoriten speichern. Das erspart Ihnen die Neueingabe der Webadresse.

Schritt 1

Besuchen Sie die Seite, die Sie als Favorit speichern wollen (hier: *www.ebay.de*).

Schritt 2

Dann klicken Sie auf den Stern oben rechts oder drücken Alt + C. Im Startbildschirm-IE klicken Sie zunächst auf den Pin ❶ in der Fußzeile.

Schritt 3

Zum Speichern des Favoriten klicken Sie in beiden Umgebungen auf **Zu Favoriten hinzufügen**.

Verlauf

Wenn Sie im Desktop-IE auf das Register **Verlauf** ❷ klicken, können Sie auf bereits besuchte Seiten zugreifen. Klicken Sie dort auf **Heute**, werden alle besuchten Seiten des Tages angezeigt. Entsprechend wirkt auch die kleine Dreiecksschaltfläche im Adressfeld des Browsers (❸ in Schritt 1).

Schritt 4

In der Desktop-Umgebung öffnet sich nun ein Dialog, mit dessen Hilfe Sie einen einprägsameren (kürzeren) Namen ❹ vergeben können (z. B. »eBay«). Klicken Sie dann auf **Hinzufügen**. Beim Startbildschirm-IE wird der Favorit automatisch benannt.

Schritt 5

Alle Favoriten sehen Sie, wenn Sie im Desktop-IE auf das Sternchen klicken. In der Startbildschirm-Variante klicken Sie einfach unten in das schwarze Adressfeld. Ist dieses verborgen, müssen Sie zuvor mit rechts auf die Bildschirmmitte klicken.

Schritt 6

In beiden Umgebungen ist es zudem möglich, einen Eintrag mit rechts anzuklicken und ihn zu löschen, wenn er nicht mehr benötigt wird (Desktop-IE: **Löschen**, Startbildschirm-IE: **Entfernen**).

✚ Adressleiste hinzufügen

Wenn Sie Ihre Favoriten für den Schnellzugriff in einer Leiste unterhalb der Adresszeile unterbringen möchten, wählen Sie im Menüfeld **Erstellen in** den Eintrag **Favoritenleiste** und klicken erst danach auf **Hinzufügen** (siehe Schritt 4).

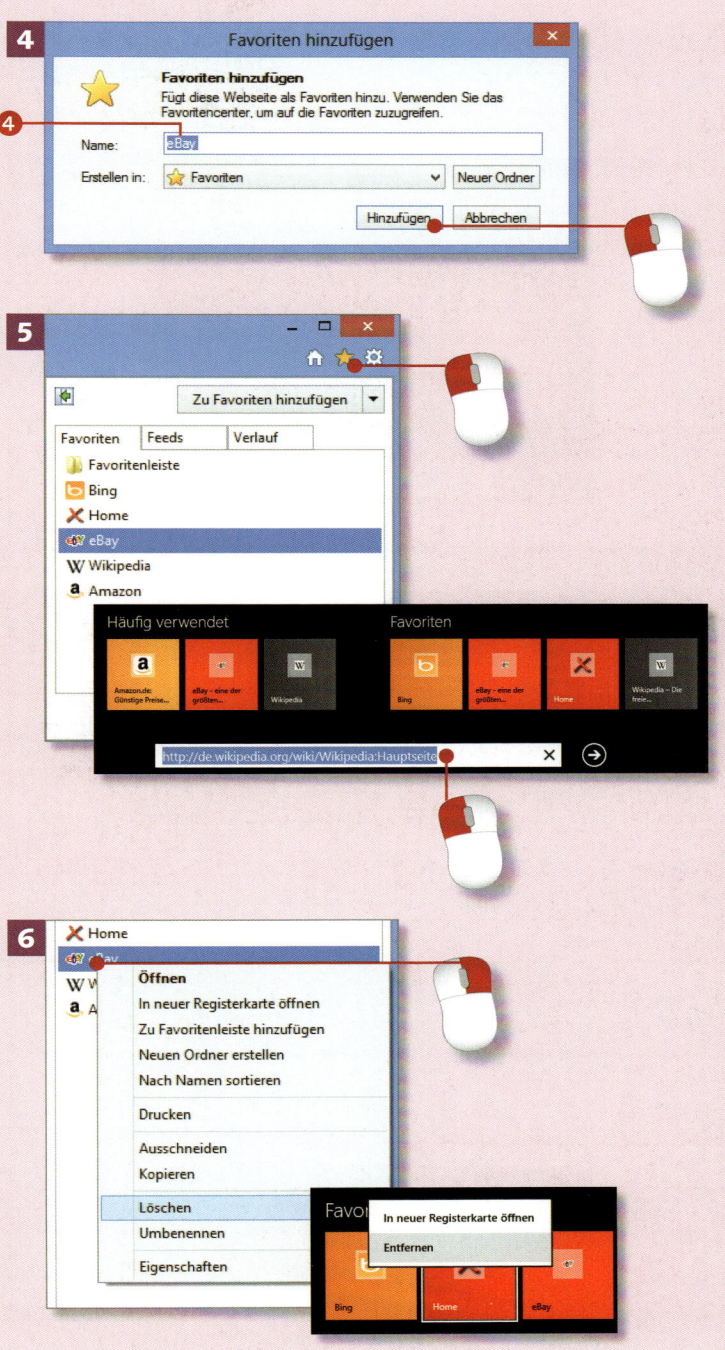

Suchen im Internet

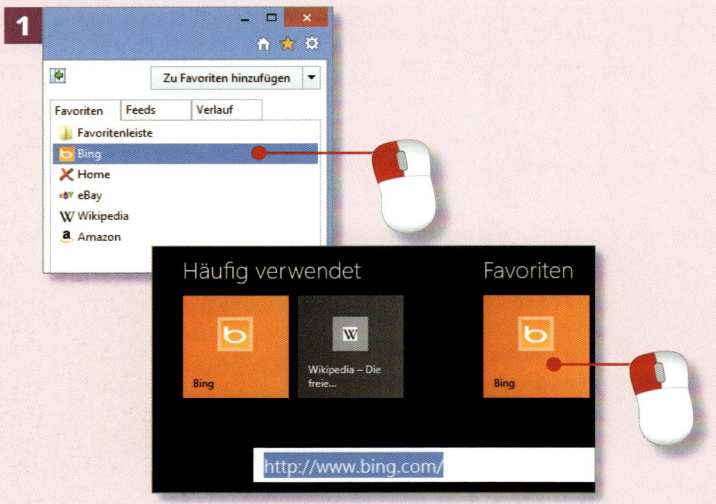

Wenn Sie noch nicht genau wissen, wo die Reise hingehen soll, lassen Sie sich doch vom Microsoft-Suchdienst »Bing« helfen.

Schritt 1

Öffnen Sie die Favoriten (siehe dazu die Anleitung »Favoriten speichern« ab Seite 96), und entscheiden Sie sich für **Bing**. Alternativ geben Sie *bing.com* in die Adresszeile ein und drücken ⏎.

Schritt 2

Klicken Sie in das Eingabefeld, und geben Sie einen oder mehrere Suchbegriffe ein. Auf Groß- und Kleinschreibung müssen Sie nicht achten. Drücken Sie am Schluss ⏎.

Schritt 3

Die Ergebnisse werden sogleich angezeigt. Die blauen Zeilen sind sogenannte *Links*, die grünen ❶ zeigen die dazugehörigen Webadressen. Klicken Sie auf einen Link, um die Webseite zu besuchen.

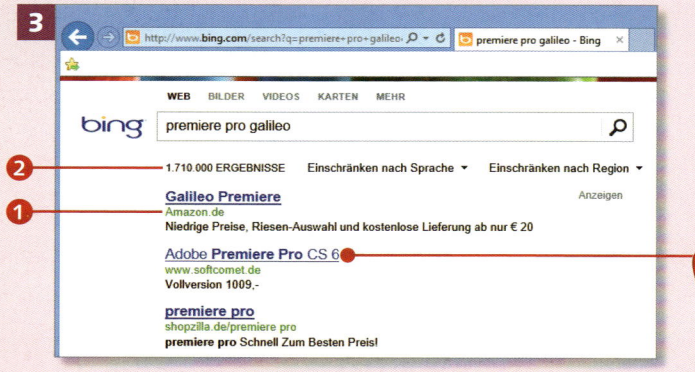

➜ Anzahl der Suchergebnisse

Wenn Sie wissen wollen, wie viele Treffer Bing gefunden hat, beachten Sie die Angabe ❷ unterhalb des Bing-Eingabefelds.

Schritt 4

Sollten Sie nicht nach Webseiten, sondern z. B. nach Bildern suchen, können Sie das der Suchmaschine mitteilen. Klicken Sie dazu auf **Bilder**.

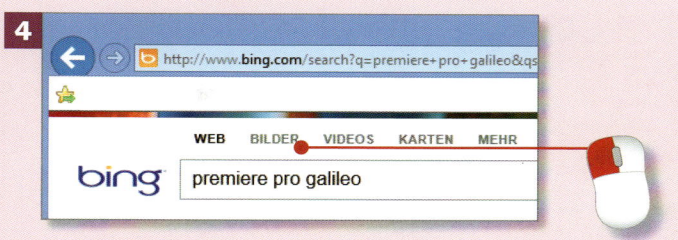

Schritt 5

Das Suchergebnis lässt sich mithilfe der Buttons auf der linken Seite noch präzisieren. Klicken Sie z. B. auf **Stil**, um eine Liste potenzieller Suchfilter zugänglich zu machen.

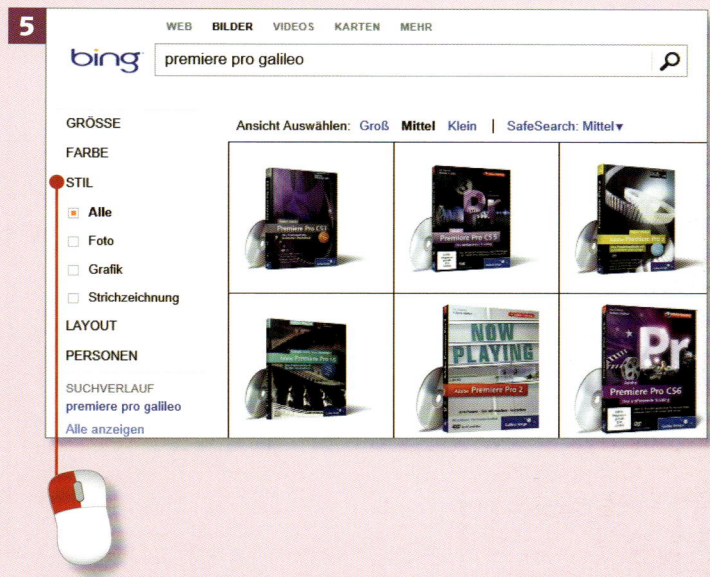

Schritt 6

Starten Sie eine neue Suche, indem Sie einen Dreifachklick in das Eingabefeld oben links setzen. Damit markieren Sie das bereits Eingetragene und können sofort die neuen Begriffe eintippen. Am Ende drücken Sie ⏎.

---

i

Websuche aktivieren

Soll die nächste Suche nicht in **Bilder**, sondern wieder ganz allgemein im Internet stattfinden, wählen Sie das Register **Web** ❸ aus.

Webseiten herunterladen und drucken

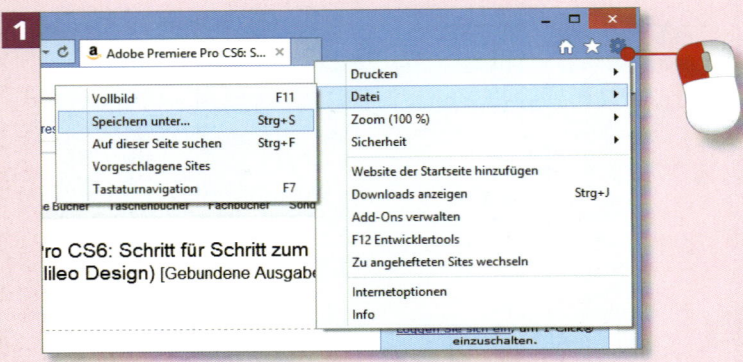

Was ist, wenn Sie eine Website zu Papier bringen wollen? Dann sollten Sie in der Lage sein, die unterschiedlichen Druckoptionen einzusetzen. Hier zeigen wir Ihnen die Vorgehensweise vom Desktop aus, weil diese mehr Optionen bietet.

Schritt 1

Es ist möglich, einzelne Webseiten auf Ihren Computer zu übertragen, damit Sie auch offline darauf zugreifen können. Klicken Sie auf das Zahnrad und dann auf **Datei ▸ Speichern unter** (Alternative: `Strg` + `S`).

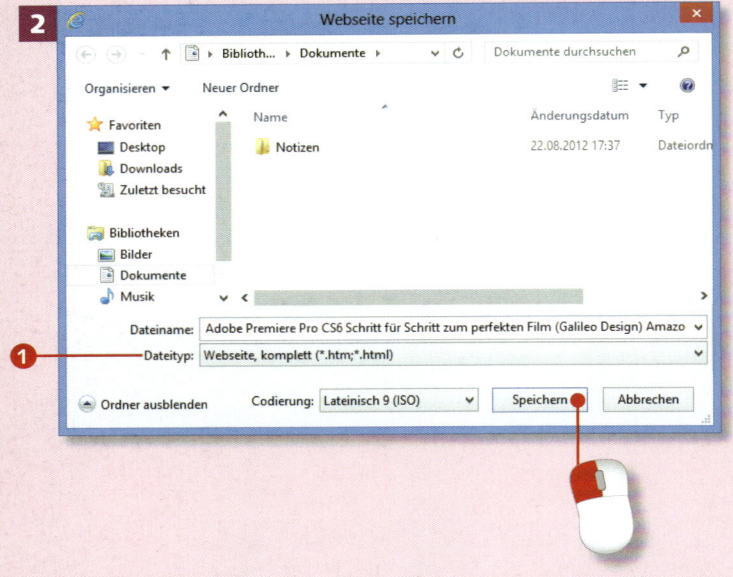

Schritt 2

Standardmäßig wird der Dateityp **Webseite, komplett (*.htm;*.html)** ❶ angeboten. Das ist die Garantie dafür, dass die Seite später korrekt dargestellt wird. Zuletzt müssen Sie auf **Speichern** klicken.

Schritt 3

Am Speicherort (**Dokumente** ❷) befinden sich jetzt zwei neue Dateien: die HTM- oder HTML-Datei ❸ (= Webseite), die Sie mit einem Doppelklick öffnen können, und ein Ordner gleichen Namens ❹ mit den auf der Seite verwendeten Bildern.

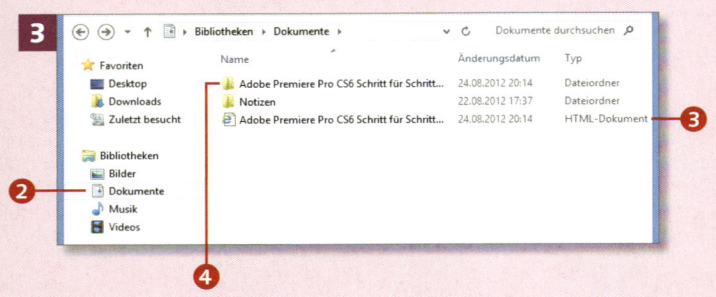

Schritt 4

Eine Webseite kann auch direkt zu Papier gebracht werden. Klicken Sie dazu auf das Zahnrad, und zeigen Sie anschließend auf **Drucken**.

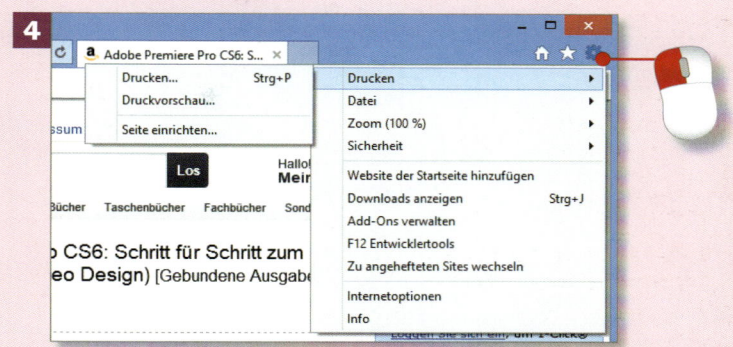

Schritt 5

Klicken Sie jetzt nicht auf den Listeneintrag **Drucken**, sondern entscheiden Sie sich für **Druckvorschau**.

Schritt 6

Im nächsten Fenster können Sie unten ❺ zunächst ablesen, wie viele Seiten die Webseite ausgedruckt umfassen würde. Lassen Sie sich über das Menü alle Seiten anzeigen, damit Sie in Schritt 9 entscheiden können, ob sie alle gedruckt werden müssen.

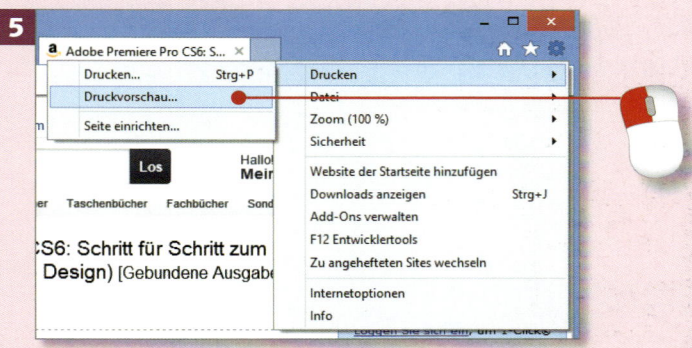

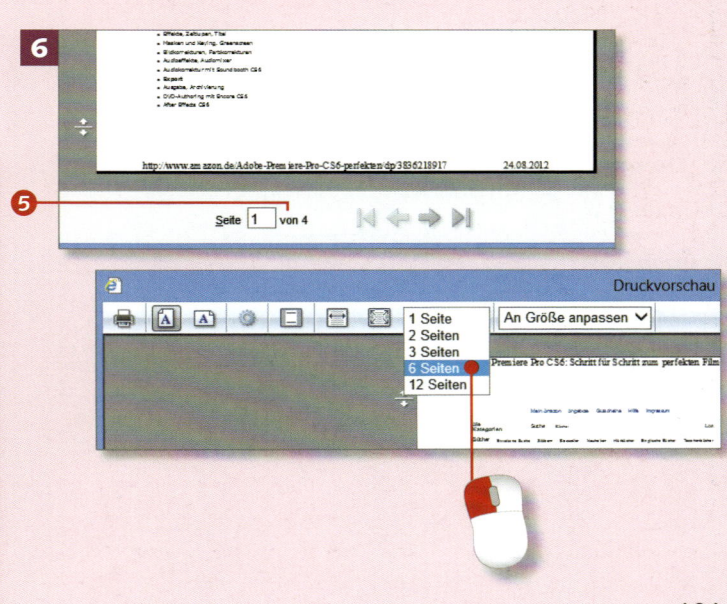

Urheber- und Verwertungsrecht

Beachten Sie unbedingt die Rechtshinweise sowie das Impressum der Anbieter! Nicht selten sind Downloads untersagt. Außerdem sollten Sie sich hüten, Elemente aus einer fremden Webseite für sich zu nutzen, weil das gegen geltendes Recht verstößt und empfindliche Strafen nach sich ziehen kann!

Webseiten herunterladen und drucken (Forts.)

Schritt 7

Bevor es an den Druck geht, klicken Sie oben auf **Kopf und Fußzeilen ein- oder ausschalten**. Damit erreichen Sie, dass Webadressen, Links etc., die sich am oberen und unteren Bildrand befinden, ausgeblendet und nicht mitgedruckt werden. Alternativ drücken Sie ⎡Alt⎤ + ⎡K⎤.

Schritt 8

Zuletzt klicken Sie auf das Drucker-Symbol oben links (**Dokument drucken**) oder drücken ⎡Alt⎤ + ⎡D⎤.

Schritt 9

Nun wird der Druckdialog angezeigt. Beachten Sie das Eingabefeld bei **Seiten**. Klicken Sie hinein, um festzulegen, dass z. B. nur Seite 2 ausgedruckt werden soll oder – wie hier – die Seiten 1 bis 2.

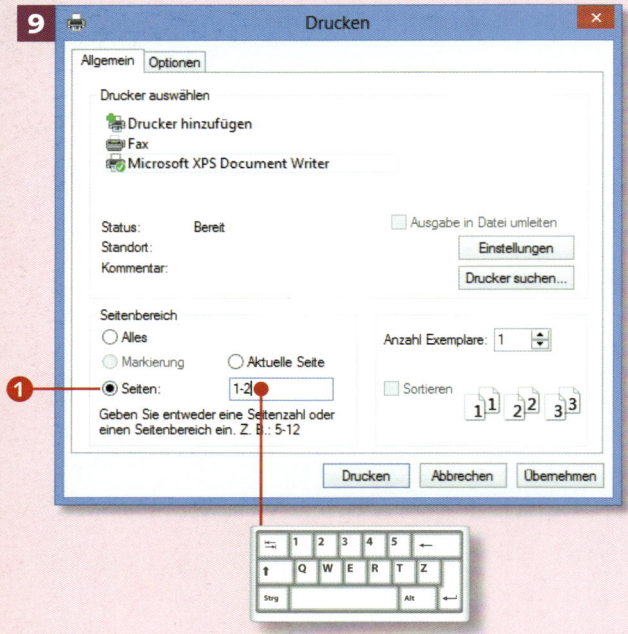

i Auto-Aktivierung

Sobald Sie einen Wert in das Eingabefeld eintragen, wird der Radio-Button ❶ vor **Seiten** automatisch aktiviert (und konsequenterweise natürlich auch der Button **Alles** darüber deaktiviert). Darum müssen Sie sich also nicht selbst kümmern.

Schritt 10

Im oberen Bereich **Drucker auswäh-len** können Sie festlegen, welchen Drucker Sie benutzen wollen. Falls noch kein Drucker installiert ist, ent-scheiden Sie sich für **Microsoft XPS Document Writer** ➋ und klicken auf **Drucken**. Wie Sie einen Drucker installieren, erfahren Sie im Ab-schnitt »Einen Drucker anschließen« auf Seite 202.

Schritt 11

Jetzt müssen Sie noch einen Speicherort angeben, z. B. **Desktop**. Wählen Sie den Eintrag ➌ auf der linken Seite aus, bevor Sie einen Na-men ➍ für die Datei vergeben und zuletzt auf **Speichern** klicken.

Schritt 12

Jetzt finden Sie die Datei mit der Endung *.oxps* auf Ihrem Rechner, d. h., die Webseite ist gespeichert und kann vom Desktop aus mit einem Doppelklick geöffnet werden – Sie müssen die Seite nicht mehr im Internet suchen, und Sie brauchen keine Internetverbindung.

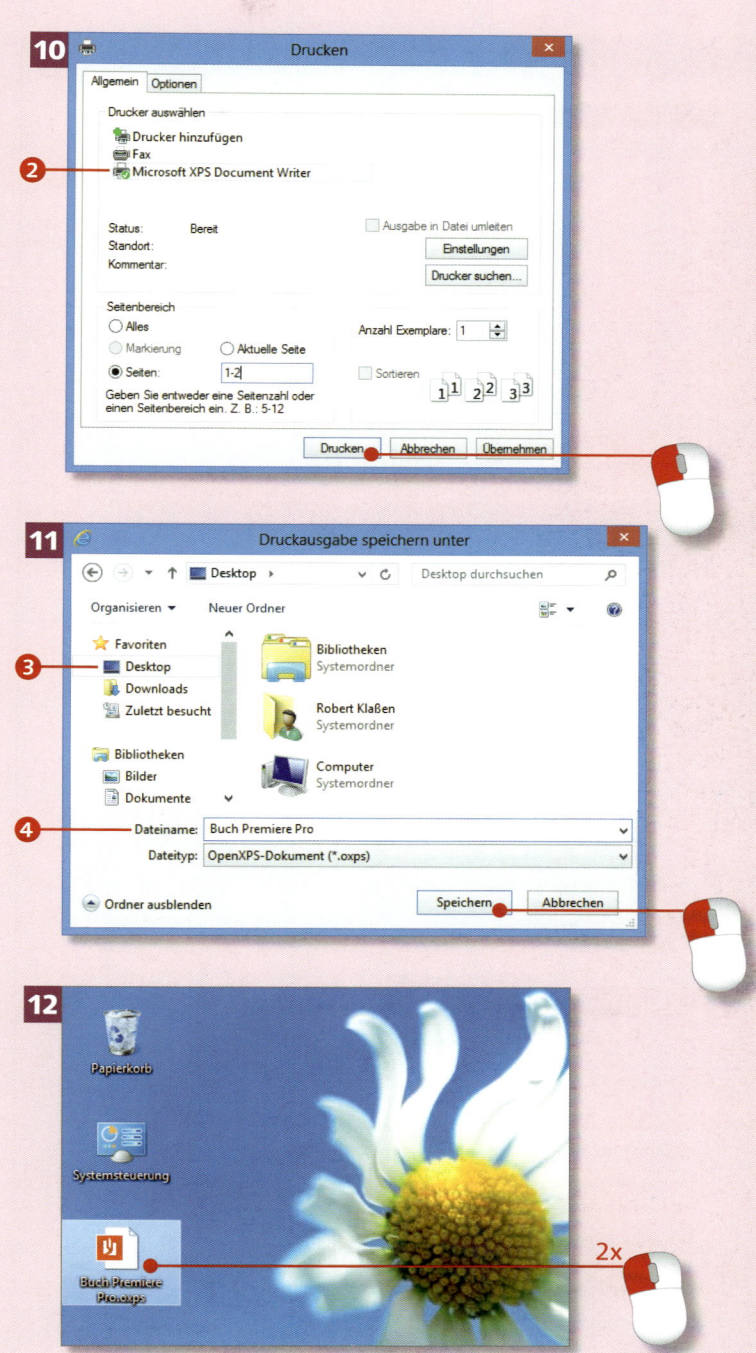

Add-ons installieren

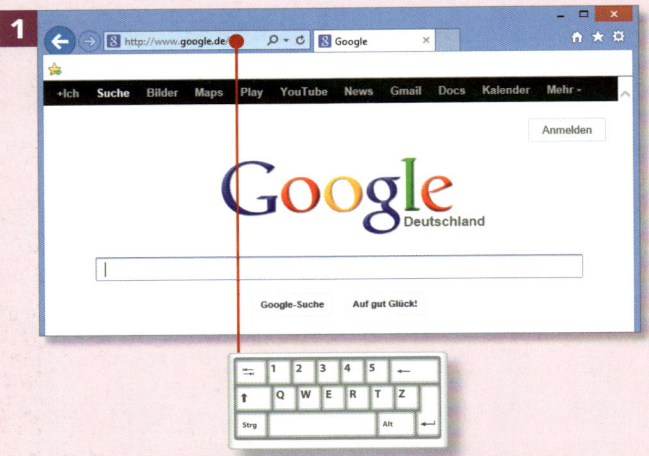

Für den Internet Explorer gibt es Zusatzfunktionen (Add-ons), die sich großer Beliebtheit erfreuen. Das trifft z. B. auf die Google Toolbar zu, eine zusätzliche Funktionsleiste.

Schritt 1

Öffnen Sie den Internet Explorer vom Desktop aus, und wechseln Sie mithilfe des Adressfeldes auf die Seite *google.com*.

Schritt 2

Geben Sie »toolbar« in das Suchfeld ein, und entscheiden Sie sich für die blaue Zeile **Google Toolbar – Google** ❶. Lesen Sie zuvor unbedingt die Hinweise im Kasten!

Schritt 3

Im nächsten Fenster erhalten Sie Infos zur Toolbar, denen Sie einen Moment Aufmerksamkeit schenken sollten. Danach klicken Sie auf **Google Toolbar herunterladen**.

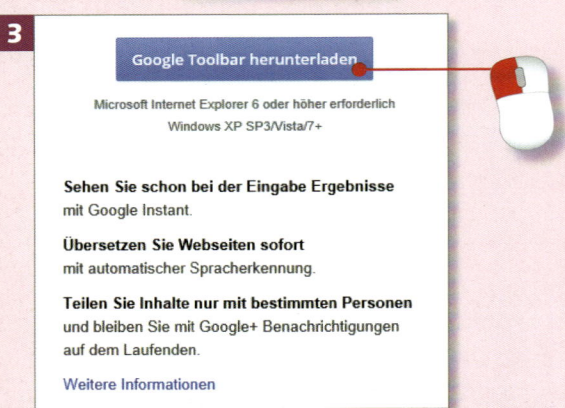

! Adresse kontrollieren!

Achten Sie darauf, dass es sich tatsächlich um eine Google-Website handelt (grüne Zeile darunter). Die richtige Adresse lautet: *www.google.com/intl/de/toolbar*. Ansonsten besteht eventuell Betrugsgefahr!

Schritt 4

Falls Sie Google nicht als neue Startseite festlegen wollen, deaktivieren
Sie das unterste Häkchen ➋. Verlassen Sie den Dialog mit einem Klick
auf **Akzeptieren und installieren**.

Schritt 5

Unten im Fenster erscheint nun eine
kleine Leiste, in der Sie den Button
Ausführen benutzen sollten.

Schritt 6

Jetzt meldet sich die Benutzerkontensteuerung des Betriebssystems,
denn für derartige Programmerwei-
terungen wird Ihre explizite Zustim-
mung benötigt. Stellen Sie sicher,
dass Google Inc. bei **Verifizierter
Herausgeber** ➌ angegeben ist, und
bestätigen Sie mit **Ja**.

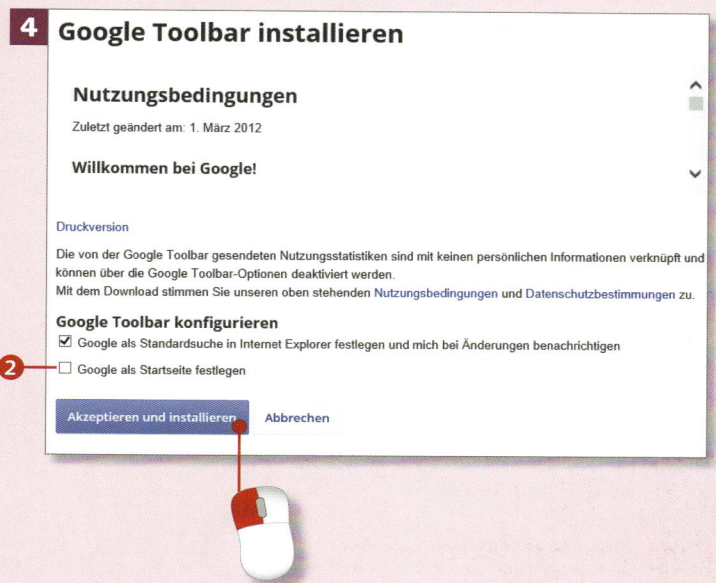

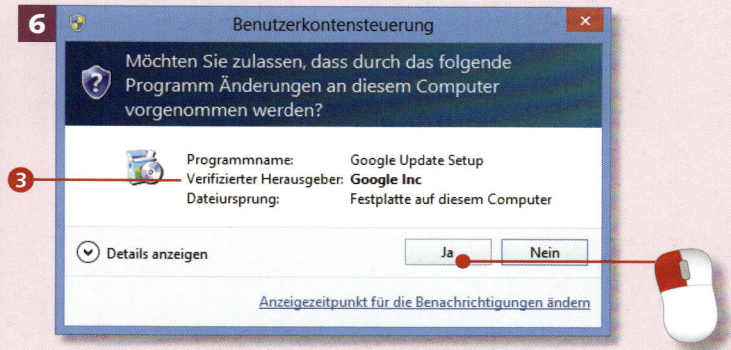

Skepsis ist angebracht

Renommierten Internetseiten
können Sie in der Regel vertrauen.
Werden Sie allerdings skeptisch,
wenn ein unbekannter oder gar
kein verifizierter Herausgeber ausgewiesen wird. Im Zweifel klicken
Sie lieber auf **Nein** und installieren
die Software nicht!

Add-ons installieren (Forts.)

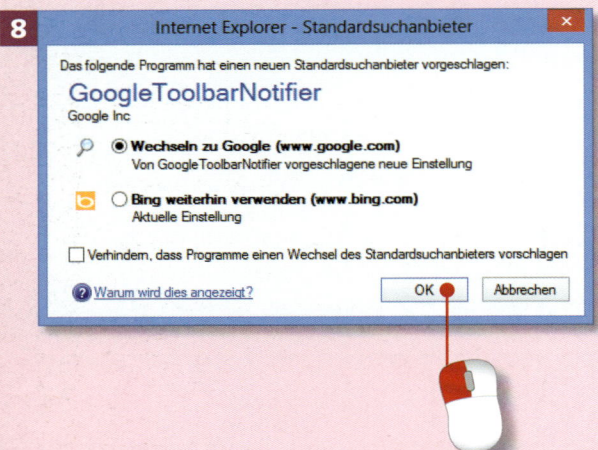

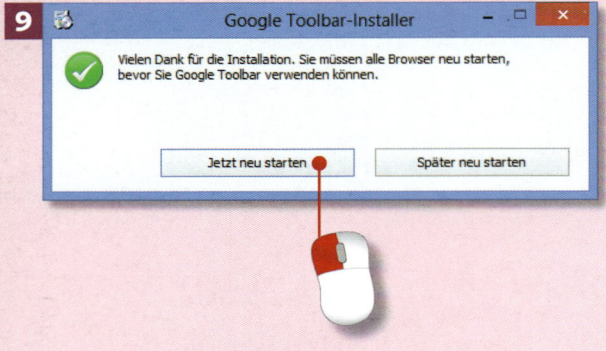

Schritt 7

Google schlägt sich selbst nun als Standardsuchanbieter vor. Entscheiden Sie mit einem Mausklick auf einen der beiden Radio-Buttons, ob Sie das wollen **1** oder doch lieber Bing **2** den Vorzug geben.

Schritt 8

Erst nachdem Sie einen der beiden Radio-Buttons aktiviert haben, steht auch die Taste **OK** zum Anklicken zur Verfügung. Klicken Sie darauf.

Schritt 9

Damit die Toolbar (Werkzeugleiste) ausgeführt werden kann, muss der Internet Explorer neu gestartet werden. Das erreichen Sie mit einem Klick auf **Jetzt neu starten**.

Neustart erforderlich

Viele neu installierte Programme (Apps) und Add-ons sind erst verfügbar, nachdem Sie Ihren PC herunter- und wieder hochgefahren oder das Programm geschlossen haben. Sie sind zwar schon installiert, können aber erst nach dem Neustart der Anwendung (oder des Betriebssystems) ihre Dienste verrichten.

Schritt 10

Warten Sie den Neustart ab. Das kann einen Augenblick dauern. Der Internet Explorer öffnet sich mit einem zusätzlichen Balken im Fußbereich. Klicken Sie darin auf **Aktivieren**.

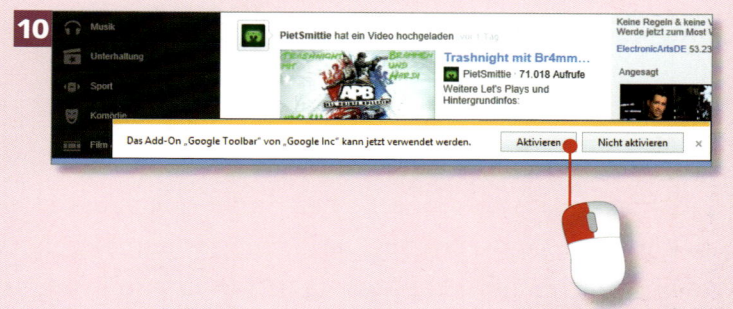

Schritt 11

Wenn Sie nicht möchten, dass von Ihnen besuchte Internetadressen an Google übermittelt werden, klicken Sie im nächsten Fenster noch auf **Kein Interesse**.

Schritt 12

Unterhalb der Adresszeile sehen Sie nun die frisch installierte Toolbar. Sie steht für weitere Suchanfragen bereit und bietet erweiterte Funktionen.

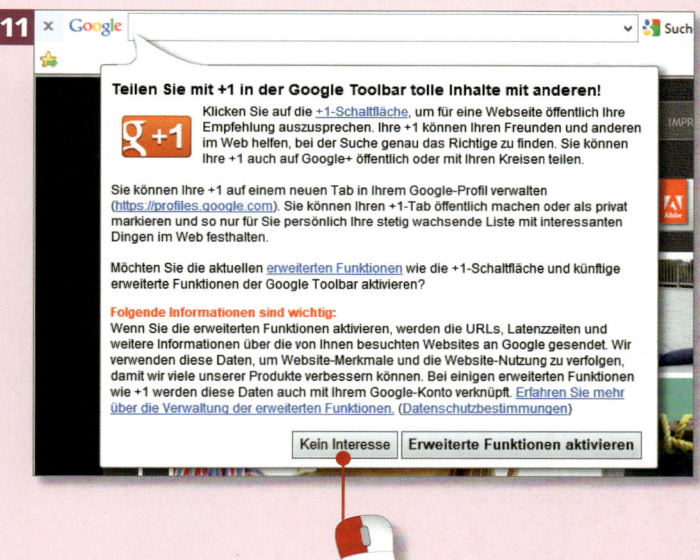

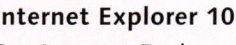

Internet Explorer 10

Der Internet Explorer ist umfangreich ausgestattet. Heutzutage sind kaum zusätzliche Add-ons erforderlich. Und wenn doch einmal etwas nicht funktioniert, erscheint meist ein Hinweis, der auf das fehlende Add-on (auch *Plug-in*) hinweist und eine Installationsroutine zur Verfügung stellt.

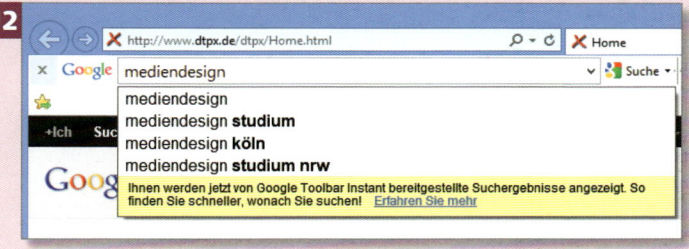

Kapitel 5
E-Mails, Kontakte und Nachrichten

Wie leicht und nützlich ist es doch, per E-Mail in Kontakt zu bleiben. Windows 8 lässt sich einfacher als je zuvor mit E-Mail-Funktionen ausstatten, die ganz auf Ihre persönlichen Bedürfnisse zugeschnitten sind – mit der neuartigen Mail-App. Die Anwendungen Kontakte und Nachrichten knüpfen da nahtlos an und sorgen für einen innovativen Kommunikationsaustausch – direkt aus Windows 8 heraus.

E-Mails schreiben, senden und löschen

Wie Sie Windows Mail ❶ konfigurieren und damit dann Ihre E-Mails schreiben, versenden und verwalten können, erfahren Sie in diesem Kapitel. Ebenso erhalten Sie Infos zur Kontaktpflege mit Windows 8.

Mail, Kontakte und Nachrichten im Team

Die E-Mail ist nur eine von vielen Möglichkeiten, in Kontakt zu treten. Mit der Kontakte-App holen Sie ganz schnell Ihre Facebook-Freunde mit ins Boot ❷. Oder schicken Sie ihnen Nachrichten über die gleichnamige App, direkt aus Windows 8 heraus. Das alles ist kinderleicht. Man muss nur wissen, wo sich die Funktionen verstecken.

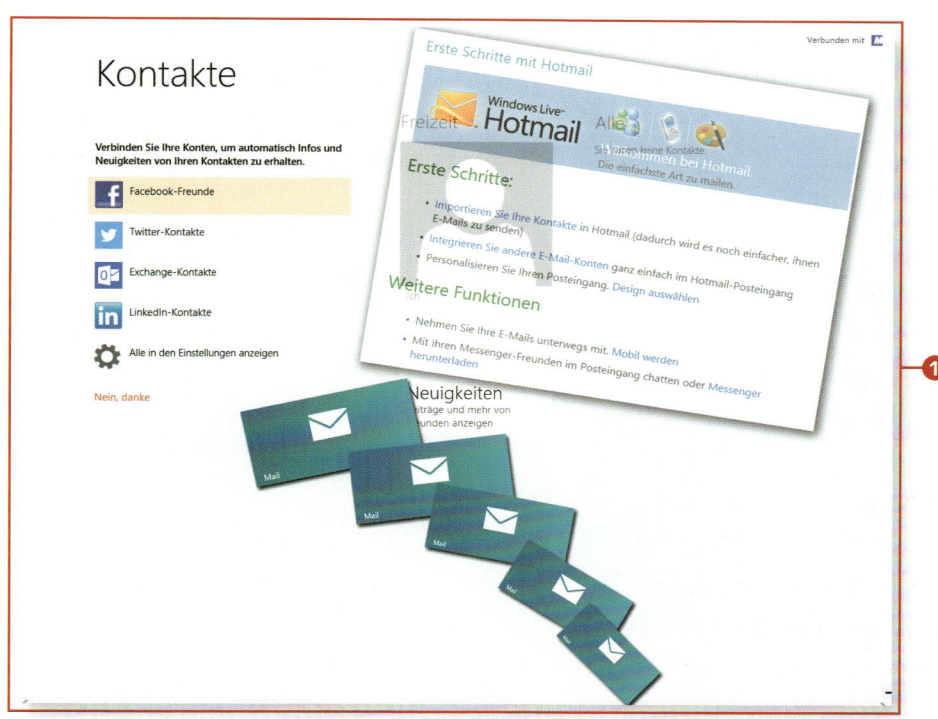

① Mit Windows Mail können Sie E-Mails schreiben und versenden.

Sehen Sie, wie perfekt sich die Apps Mail, Kontakte und Nachrichten ergänzen. ②

Ein E-Mail-Konto einrichten

Sollten Sie noch kein E-Mail-Konto eingerichtet haben (das ist zur Arbeit mit Mail dringend erforderlich), lesen Sie diesen Abschnitt. Microsoft bietet den Dienst Hotmail an, aber Sie können auch andere Anbieter nutzen.

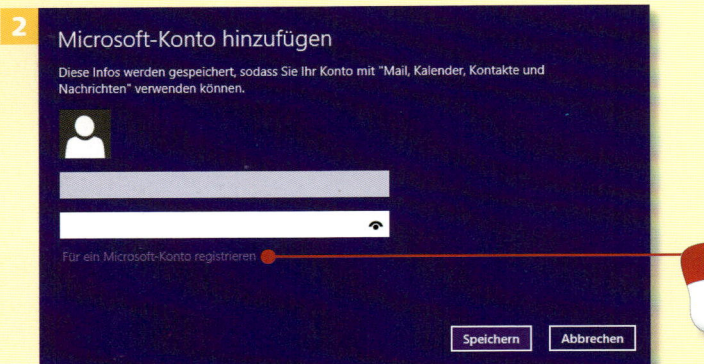

Schritt 1

Klicken Sie zunächst auf dem Startbildschirm auf die Kachel **Mail**.

Schritt 2

Da Sie noch kein Konto haben, zu dem Sie Ihre Kontodaten eingeben könnten, klicken Sie unterhalb der Eingabefelder auf **Für ein Microsoft-Konto registrieren**.

Schritt 3

Füllen Sie nun das Formular aus, und scrollen Sie dann ganz nach unten. Zuletzt bestätigen Sie Ihre Angaben mit **Ich stimme zu**.

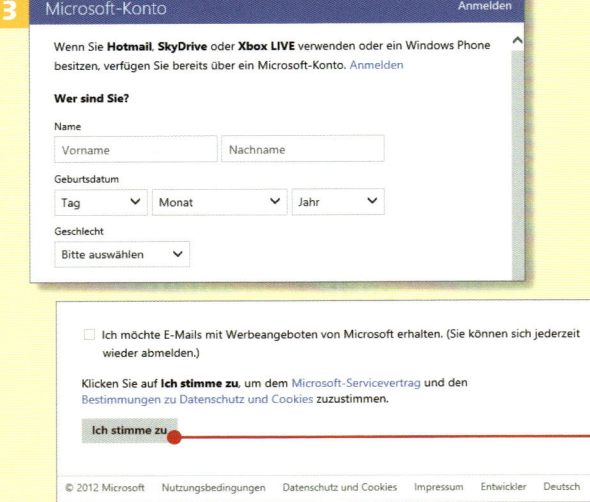

Alternative Adressen

Sollte die gewünschte Hotmail-Adresse nicht mehr frei sein, wird dies angezeigt. Zudem haben Sie die Möglichkeit, über das Auswahlfeld rechts neben dem Kontonamen eine alternative Adressendung einzustellen; *hotmail.de* ist Standard.

Schritt 4

Größtmögliche Sicherheit erhalten Sie, indem Sie auf **HTTPS-Einstellungen immer verwenden (empfohlen)** klicken. Wenn Sie das nicht wollen, klicken Sie rechts daneben auf **Weiter zu Hotmail** ❶.

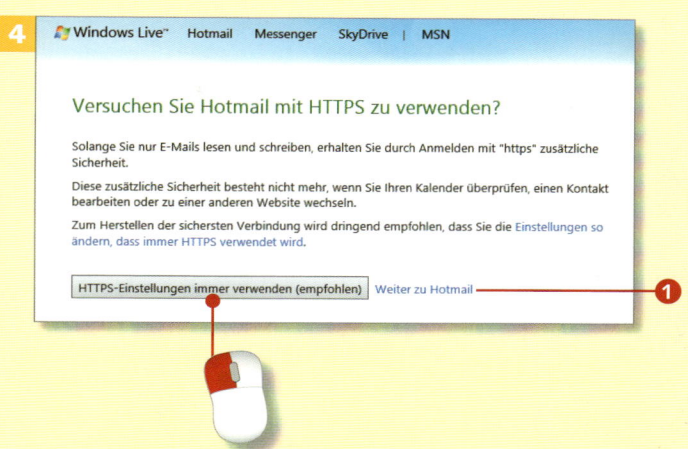

Schritt 5

Auf der nächsten Seite müssen Sie ebenfalls nichts ändern. Klicken Sie hier einfach auf die Schaltfläche **Speichern**.

Schritt 6

Voilà – Sie sind verbunden. Ihr Hotmail-Konto liegt vor Ihnen. Da die Ansicht hier (im Internet Explorer) etwas von der abweicht, die Sie über die Mail-Kachel erreichen, klicken Sie nun zunächst oben rechts auf **Abmelden**, um sich über die Mail-Kachel neu anzumelden (nächster Workshop auf Seite 112).

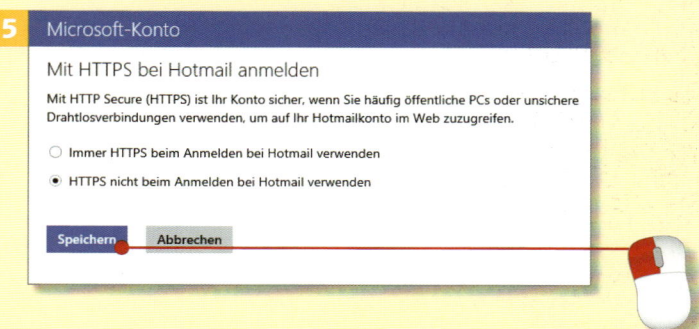

Ab- und Anmelden
Durch die Abmeldung in Schritt 6 können Sie auch gleich überprüfen, ob die Anmeldung (im nächsten Workshop) reibungslos vonstattengeht.

Die E-Mail-App in der Übersicht

Nachdem Sie Ihr Hotmail-Konto eingerichtet haben, sollten Sie sich einen ersten Überblick über die Software verschaffen. Prüfen Sie, ob die Anmeldung klappt, und lernen Sie die Oberfläche kennen.

Schritt 1

Stellen Sie die Verbindung zu Ihrem E-Mail-Konto her, indem Sie zunächst die Kachel **Mail** auf der Oberfläche des Startbildschirms anklicken.

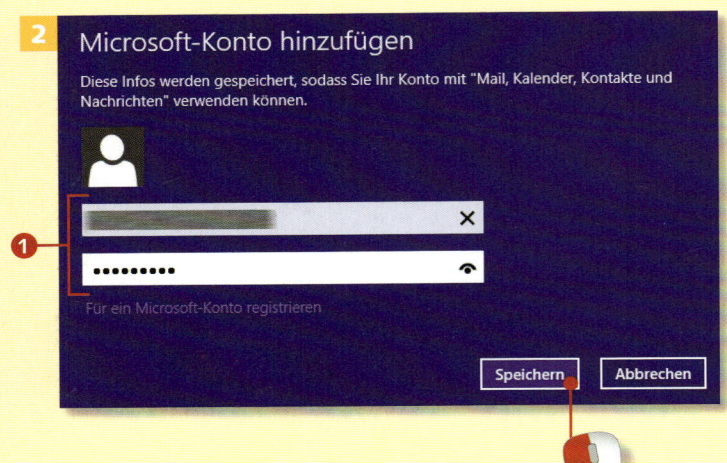

Schritt 2

Windows fragt nun nach den Zugangsdaten ❶, die Sie im letzten Workshop eingerichtet haben. Tragen Sie E-Mail-Adresse und Passwort ein, und klicken Sie auf **Speichern**.

Schritt 3

Sie sehen, dass die Oberfläche in drei Bereiche gegliedert ist. In der linken Spalte öffnen Sie verschiedene Ordner, in der Mitte werden die E-Mails aufgelistet (hier die Begrüßung durch Microsoft). Rechts wird der Inhalt der ausgewählten Mail angezeigt.

Schritt 4

Wenn Sie einen der Einträge auf der linken Seite anklicken, wird die Oberfläche verändert und der entsprechende Ordner angezeigt (hier: **Entwürfe**). Da Sie noch keine Mail-Entwürfe gespeichert haben, ist die Seite natürlich leer.

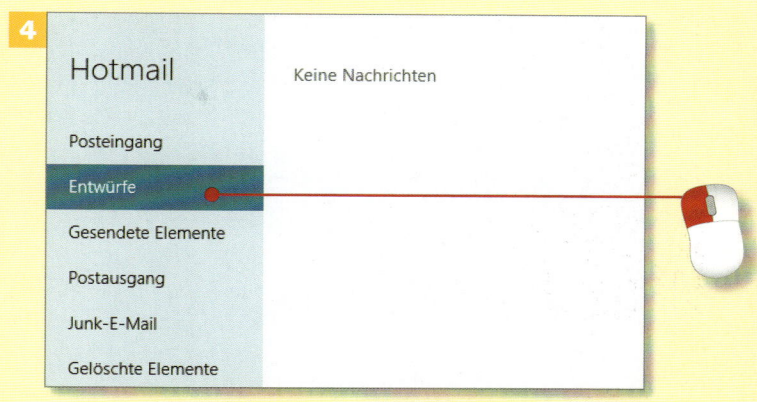

Schritt 5

Kehren Sie zurück zum **Posteingang**. Unten links finden Sie einen Hinweis dazu, wie Sie Konten hinzufügen können. Darum kümmern wir uns im Abschnitt »Die E-Mail-App einrichten« auf Seite 114. Klicken Sie auf **OK**.

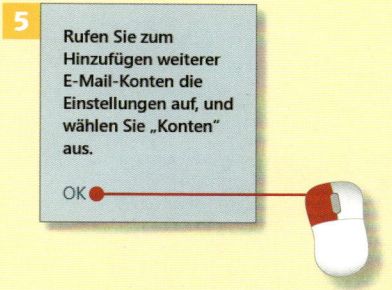

Schritt 6

Schauen Sie sich die E-Mail von Microsoft genauer an. Darin sehen Sie blau ausgezeichnete Textstellen ❷, die als Links fungieren. Der Name im Feld **An** ist interaktiv. Wenn Sie mit der Maus daraufzeigen, wird die Empfänger-Adresse sichtbar.

Links

Links sind interaktive Textstellen, Grafiken oder Bilder. Klicken Sie darauf, wird eine Funktion ausgelöst (meist eine Internetseite geöffnet).

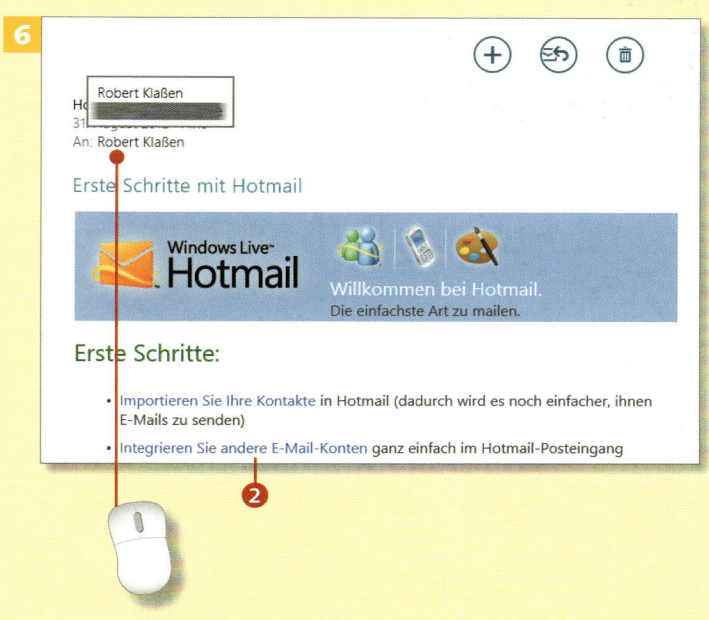

Die E-Mail-App einrichten

Nun sollten Sie die Mail-App an Ihre Bedürfnisse anpassen. Wollen Sie weitere E-Mail-Adressen oder z. B. Google-Kontakte hinzufügen, gehen Sie vor, wie hier beschrieben.

Schritt 1

Öffnen Sie die Charms-Leiste, indem Sie innerhalb der Mail-App mit der Maus in die obere rechte Ecke des Bildschirms fahren. In der Charms-Leiste klicken Sie auf **Einstellungen**.

Schritt 2

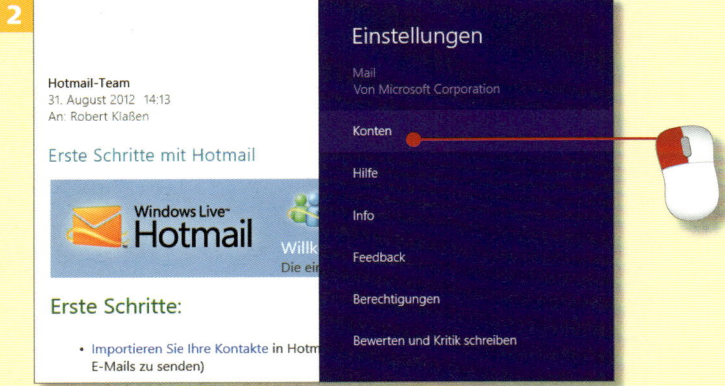

Daraufhin erscheint ein weiteres Menü auf der rechten Seite. Entscheiden Sie sich darin für den Eintrag **Konten**.

Schritt 3

Auf der nächsten Seite klicken Sie auf **Konto hinzufügen**. Das hat zur Folge, dass sich der Inhalt der rechten Spalte abermals verändert.

Online-Variante

Bedenken Sie, dass Hotmail nur dann konfiguriert werden kann, wenn eine Internetverbindung besteht. Das ist bei einer fest installierten App anders (siehe z. B. Thunderbird in Kapitel 14).

Schritt 4

Sie haben nun verschiedene Möglichkeiten. Klicken Sie z. B. den Eintrag **Anderes Konto** an, können entsprechende E-Mail-Konten hinzugefügt werden. Deren Mails landen dann ebenfalls in der Mail-App.

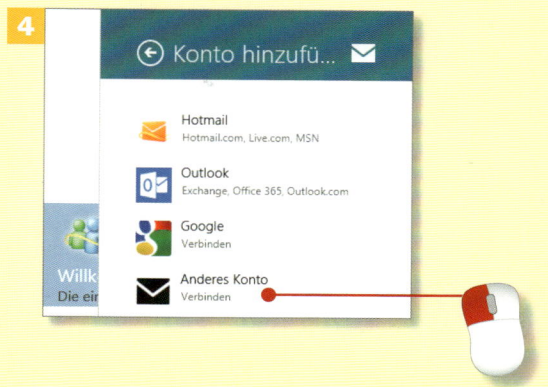

Schritt 5

Im nächsten Schritt werden Sie nach der zusätzlichen E-Mail-Adresse und deren Kennwort gefragt. Füllen Sie die Felder aus, klicken Sie dabei jedoch noch nicht auf **Verbinden**.

Schritt 6

Insbesondere externe Konten verlangen weitere Eingaben, damit die Zusammenarbeit mit Ihrem Mail-Konto funktioniert. Klicken Sie daher zunächst auf **Mehr Details anzeigen**.

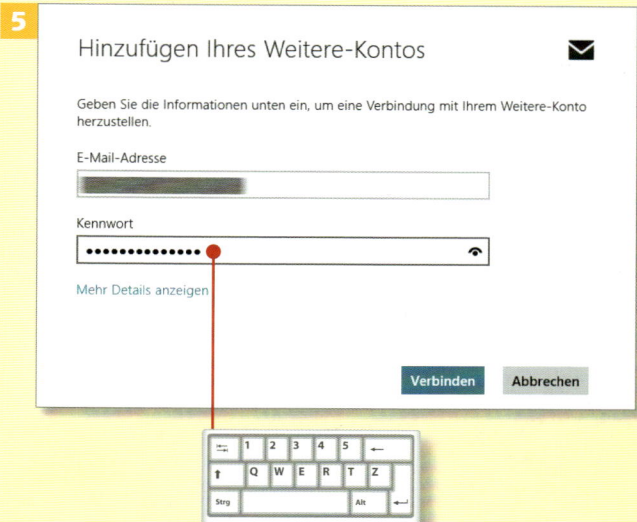

Outlook-Konto

Während Hotmail ein herkömmliches Microsoft-Konto darstellt, ist Outlook Bestandteil des Microsoft-Office-Pakets. Dabei handelt es sich um ein professionelles E-Mail-Programm, das auch oft beruflich eingesetzt wird. Weitere Infos dazu finden Sie unter *www.office.microsoft.com/de-de/outlook*.

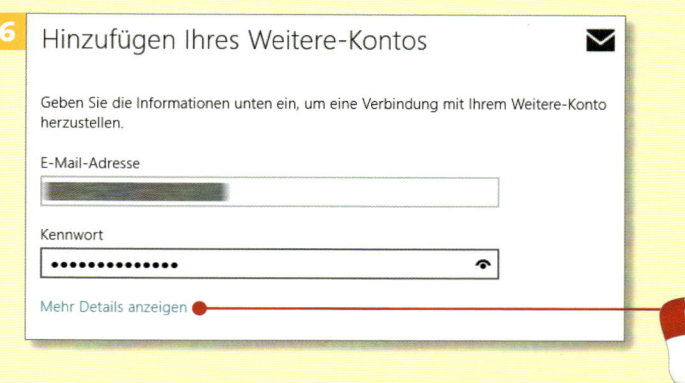

Die E-Mail-App einrichten (Forts.)

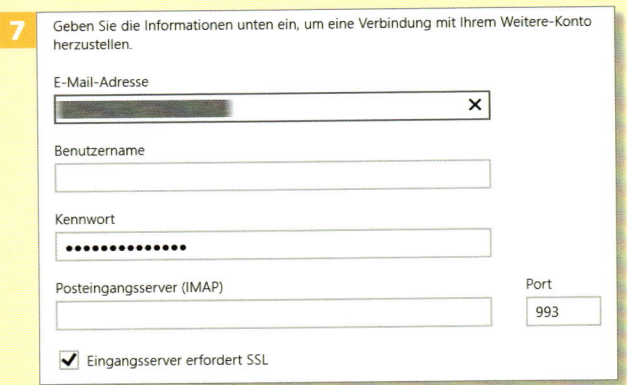

Schritt 7

Legen Sie hier die technischen Details fest. Leider kann nicht pauschal gesagt werden, wie die korrekten Einstellungen lauten, da Sie dazu auf Informationen Ihres Mail-Dienstanbieters angewiesen sind.

Schritt 8

Es spielt keine Rolle, ob Sie sich nun in den Detaileinstellungen oder in der Standard-Ansicht befinden – zum Schluss bestätigen Sie Ihre Angaben mit einem Klick auf die Schaltfläche **Verbinden**.

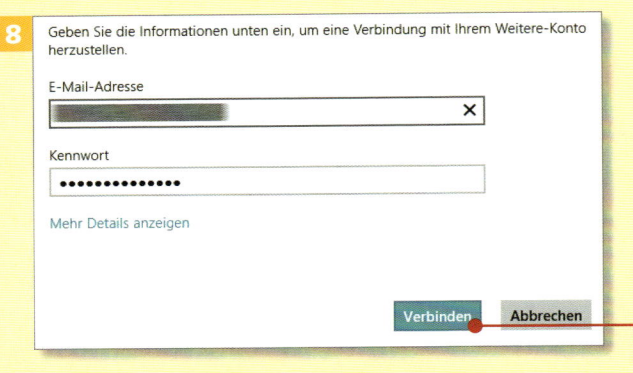

Schritt 9

Wollen Sie anschließend weitere Konten hinzufügen, z. B. ein Google-Konto? Dann wiederholen Sie einfach die Schritte 1 bis 3 und klicken dann auf **Google**.

Homepage-Weiterleitung

Insbesondere bei der Verwaltung von Homepage-Adressen und deren Weiterleitungsoptionen werden unterschiedliche Einstellungen erforderlich. Bei Problemen informieren Sie sich auf den Hilfeseiten Ihres Providers.

Schritt 10

Nachdem Sie die Google-Adresse und das Kennwort eingetippt haben, liegt es bei Ihnen, ob Sie auch Google-Kontakte und den Google-Kalender hinzufügen möchten. Aktivieren Sie dazu die Checkbox **1**, bevor Sie auf **Verbinden** klicken.

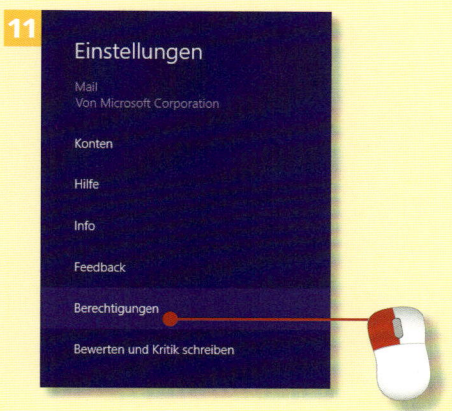

Schritt 11

Nun geht es darum, ob und wann Sie Ihrer Mail-App Benachrichtigungen bei eingehenden Mails gestatten wollen. Wiederholen Sie Schritt 1, und klicken Sie ganz unten im Menü **Einstellungen** auf **Berechtigungen**.

Schritt 12

Standardmäßig sind beide Optionen, **Benachrichtigungen** und **Sperrbildschirm**, aktiviert (**Ein 2**). Wenn Sie das nicht wollen, klicken Sie auf den Schalter, und deaktivieren Sie so die Funktion (**Aus**).

ℹ Benachrichtigungen

Wenn Sie **Benachrichtigungen** aktiv lassen, informieren Sie kleine Hinweistafeln über den Eingang einer Mail. Sie erscheinen in der oberen rechten Ecke – unabhängig davon, in welcher App Sie sich gerade befinden.

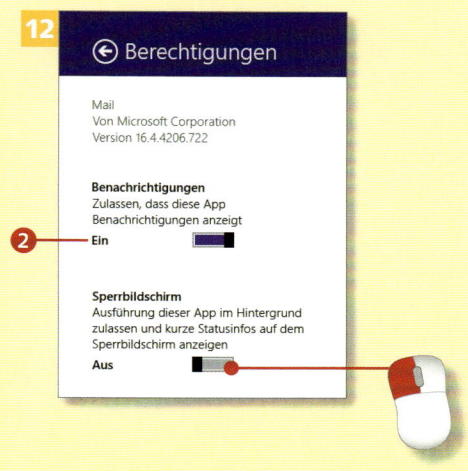

117

E-Mails schreiben, senden und löschen

Sie wollen Mails schreiben und versenden. Und bestimmt wollen Sie auch wissen, wie sich gelesene und nicht mehr benötigte Mails löschen lassen, oder?

Schritt 1

In der geöffneten Mail-App klicken Sie auf das Plus-Symbol **Neu** oben rechts oder drücken `Strg` + `N`, um eine neue E-Mail zu verfassen.

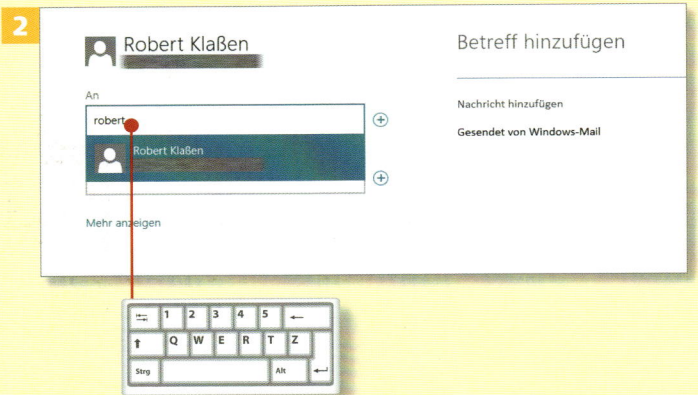

Schritt 2

Tragen Sie die E-Mail-Adresse des Empfängers oben links ein. Sobald Sie einen Buchstaben antippen, werden dazu passende Kontakte vorgeschlagen.

Schritt 3

Rechts sehen Sie die Zeile **Betreff hinzufügen**. Klicken Sie darauf, um eine »Überschrift« für die Mail zu verfassen. Mit einem Klick auf **Nachricht hinzufügen** ❶ wird der eigentliche Text eingesetzt.

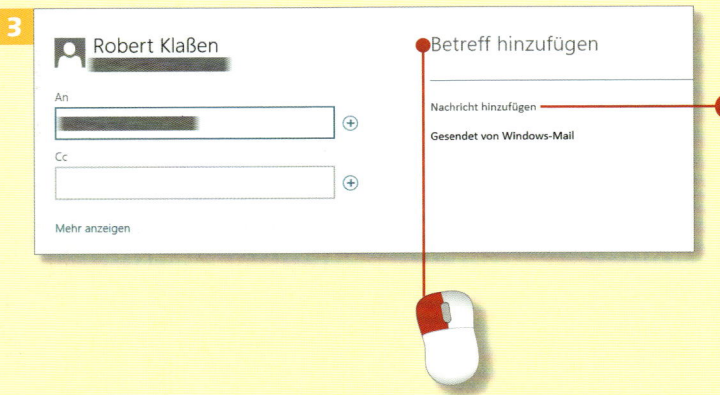

Kein Betreff erforderlich

Sie müssen keinen Betreff angeben. Allerdings empfiehlt es sich, dem Empfänger bereits vor dem Öffnen der Mail anzuzeigen, worum es in Ihrer Nachricht geht.

Schritt 4

Geben Sie den Text ein. Die Zeilenumbrüche (also der Neubeginn einer Zeile) werden dabei ganz automatisch erzeugt. Sie können nach Herzenslust drauflostippen.

Schritt 5

Wenn alles erledigt ist, haben Sie nichts weiter zu tun, als oben rechts auf **Senden** zu klicken. Oder Sie speichern den Entwurf ❷.

Schritt 6

Eingehende Mails tauchen in der Hierarchie der mittleren Spalte ❸ stets ganz oben auf. Wenn Sie eine E-Mail löschen wollen, markieren Sie sie und klicken auf die **Löschen**-Taste.

Papierkorb

Nach dem Löschen sind die Mails noch immer vorhanden, sie wurden schlicht in den Papierkorb verschoben. Um sie unwiderruflich zu entfernen, klicken Sie auf **Gelöschte Elemente** ❹, markieren die E-Mail erneut und klicken noch einmal auf den **Löschen**-Button. Um alle Mails zu löschen, markieren Sie zunächst eine Mail und drücken anschließend `Strg` + `A`, gefolgt von `Entf`.

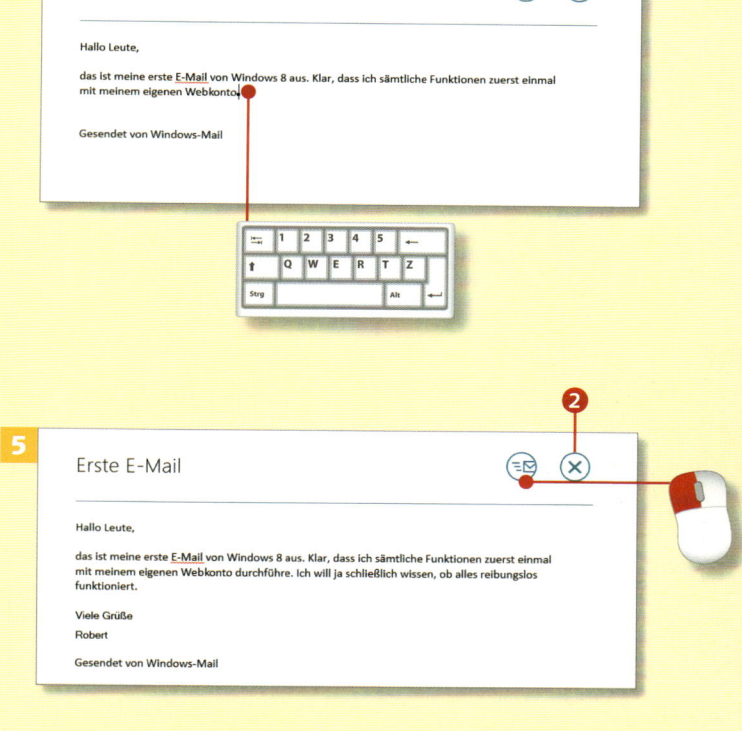

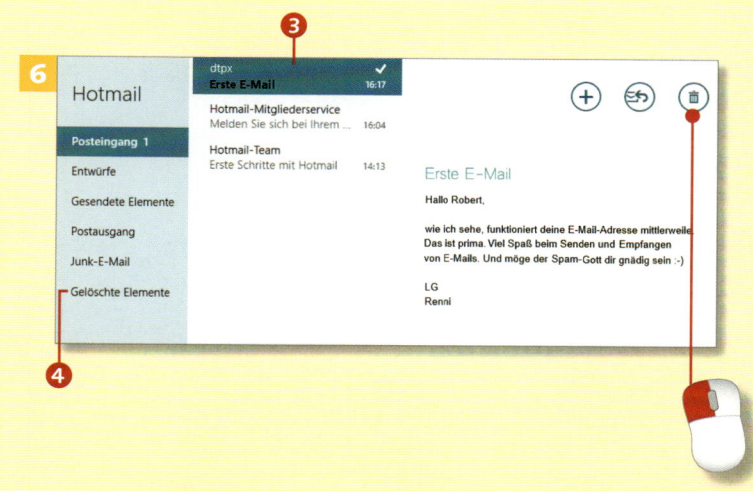

Fotos per E-Mail senden

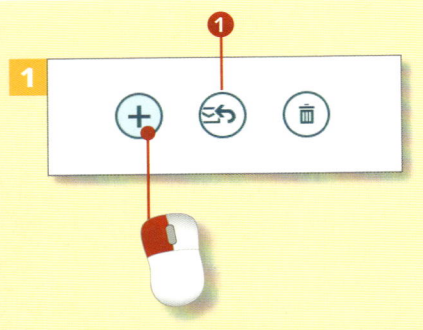

Die Mail-App von Windows 8 eignet sich nicht nur zur Übermittlung von Textnachrichten. Wenn Sie z. B. Fotos versenden möchten, finden Sie hier ebenfalls Unterstützung.

Schritt 1

Zunächst einmal muss die E-Mail erzeugt werden. Dazu klicken Sie auf das Plus-Symbol (**Neu**) oben rechts oder auf **Antworten** ❶.

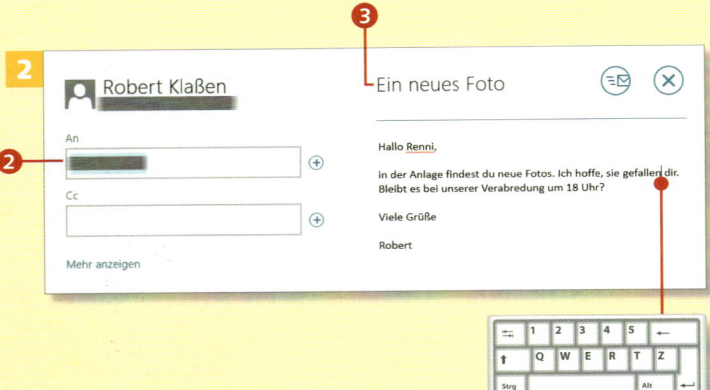

Schritt 2

Geben Sie die E-Mail-Adresse des Empfängers ❷ ein, verfassen Sie einen Betreff ❸, und formulieren Sie den Textinhalt der Mail.

Schritt 3

Führen Sie einen Rechtsklick an einer beliebigen Stelle auf der Mail-App aus, und wählen Sie in der Befehlsleiste am Fuß des Fensters die Schaltfläche **Anlagen**.

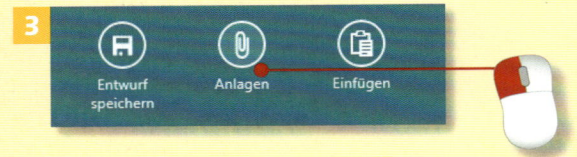

Weitere Optionen

Die Fußleiste beinhaltet noch weitere interessante Funktionen zum Bearbeiten und Gestalten Ihrer E-Mail. Wenn Sie mehr darüber wissen wollen, lesen Sie den nächsten Abschnitt »Tipps und Tricks für E-Mails« auf Seite 122.

Schritt 4

Damit gelangen Sie ins Dateiver-
zeichnis des Computers – genauer
gesagt, in den Ordner **Eigene Bilder**.
Zeigen Sie auf ein Foto, ohne zu
klicken, erscheint ein Hinweis, der
Ihnen mehr Informationen über die
Bilddatei liefert.

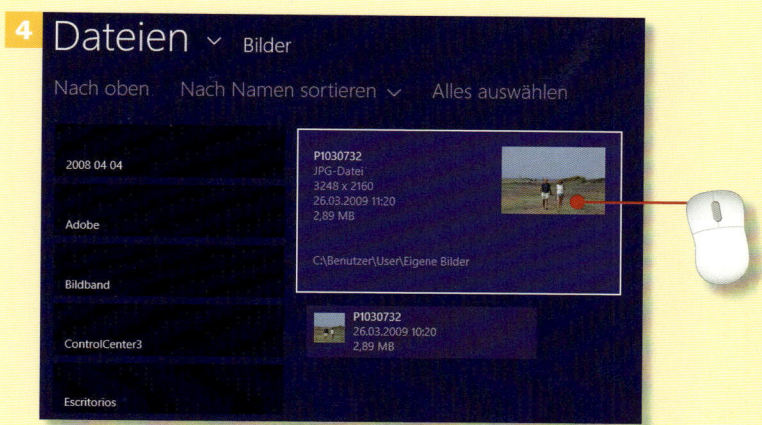

Schritt 5

Um ein Foto auszuwählen, müssen
Sie es anklicken. Sie können übrigens auch mehrere Fotos auswählen, indem Sie beim Klicken Strg
gedrückt halten. Schließen Sie die
Aktion mit einem Klick auf **Anfügen**
ab.

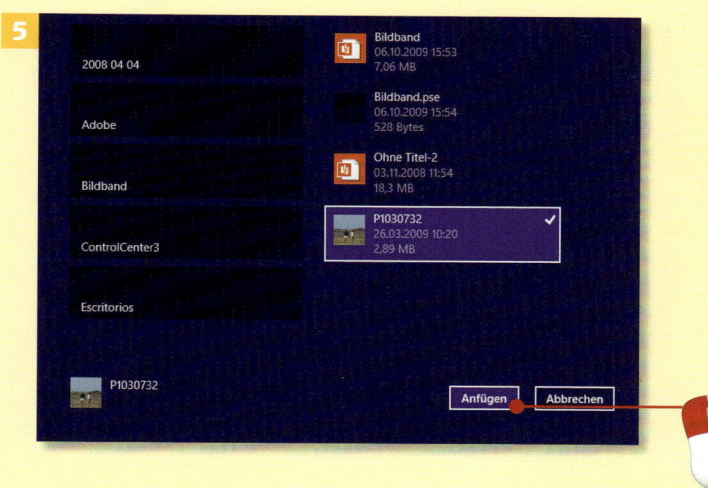

Schritt 6

Jetzt gelangen Sie zurück in die
Standardumgebung der Mail-App.
Hier klicken Sie, wenn Sie mit der
E-Mail fertig sind, auf die Schalt-
fläche **Senden**.

Dateigröße beachten

Verschicken Sie nicht zu viele
Fotos auf einmal. Die meisten
E-Mail-Dienste können nur bis zu
10 MB empfangen, andere eventuell sogar nur 5 MB. Achten Sie also
auf die Dateigrößen, die an den
Bildminiaturen ausgewiesen sind
(siehe Schritt 4).

Tipps und Tricks für E-Mails

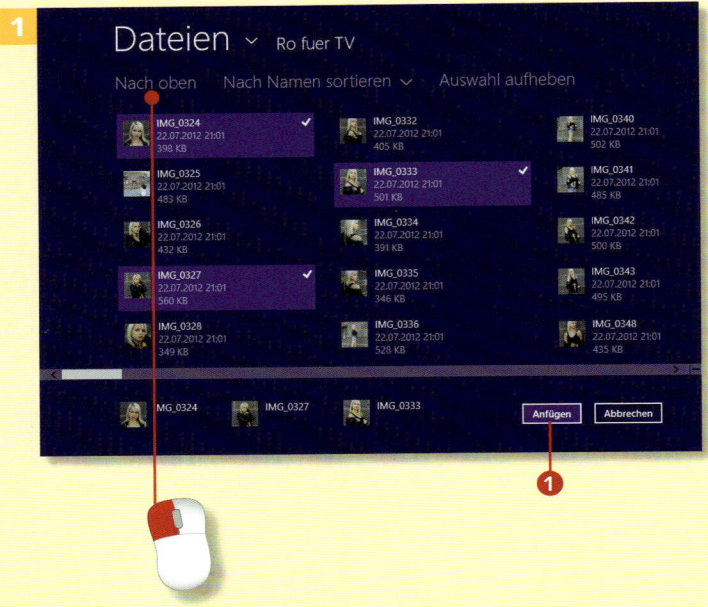

Nachdem Sie erfahren haben, wie Mail mit Fotos umgehen kann, folgen nun noch ein paar spezielle Tipps und Tricks. Hier erfahren Sie auch, wie Sie Texte auszeichnen und gestalten.

Schritt 1

Um den Ordner **Eigene Bilder** zu verlassen und andere Fotos auf Ihrer Festplatte auszuwählen, klicken Sie auf **Nach oben**. Per Mausklick markieren Sie die Fotos, dann klicken Sie auf **Anfügen ❶**.

Schritt 2

Fotos können jederzeit wieder aus der E-Mail entfernt werden. Innerhalb der Ordneransicht (Schritt 1) klicken Sie ein markiertes Foto einfach noch einmal an. Sind Sie schon zurück in Mail? Dann setzen Sie einen Rechtsklick auf das Foto und wählen **Entfernen**.

Schritt 3

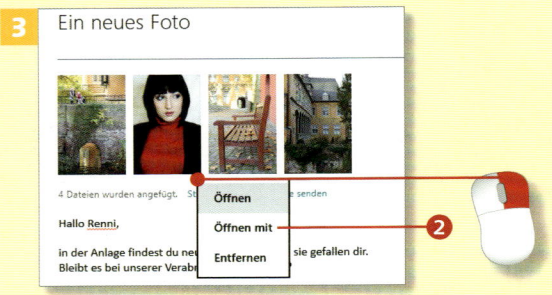

Von hier aus könnten Sie das Foto sogar nachbearbeiten. Nach dem Rechtsklick auf die Miniatur wählen Sie **Öffnen** oder **Öffnen mit ❷**, um das Foto z. B. in einem Bildbearbeitungsprogramm zu öffnen.

Schritt 4

Mit der Anwendung Paint können Sie z. B. leicht die Größe eines Fotos verändern (es also zuschneiden). Klicken Sie auf den Eintrag **Paint**, wenn das Ihr Anliegen ist.

Schritt 5

Noch ein Tipp zur Schriftgestaltung: Ziehen Sie den Cursor mit gedrückter Maustaste über einen Textabschnitt, um diesen zu markieren. Das hat auch zur Folge, dass sich die Fußleiste ❸ öffnet. Darin finden Sie verschiedene Befehle, um Ihren Text zu verschönern.

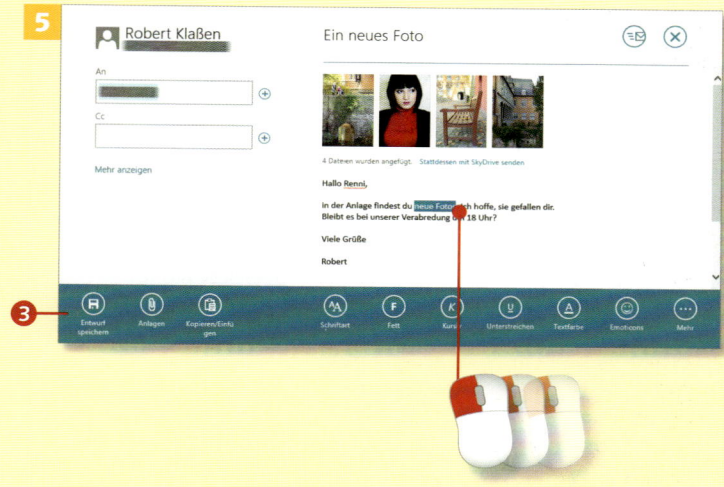

Schritt 6

Suchen Sie in der Fußleiste die Funktion, die Ihnen zusagt. Wenn Sie z. B. auf **Fett** klicken, wird der in Schritt 5 markierte Text hervorgehoben.

Emoticons

Wollen sie Smileys (*Emoticons*) verwenden? Sorgen Sie zunächst dafür, dass kein Text markiert ist. Dann klicken Sie innerhalb des Textes an die Stelle, an der ein Smiley erscheinen soll, und klicken dann auf **Emoticons** ❹. Daraufhin erscheint eine riesige Auswahl. Das passende Symbol wird per Mausklick in den Text integriert.

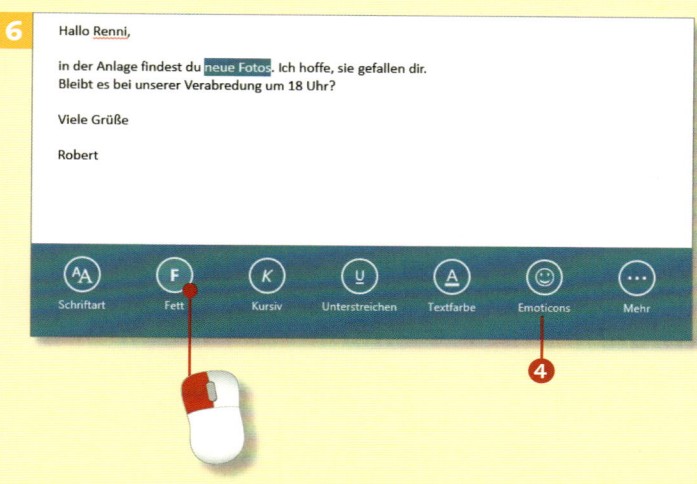

Eine E-Mail-Signatur anlegen

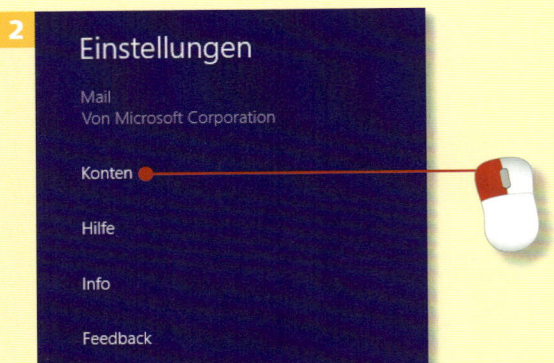

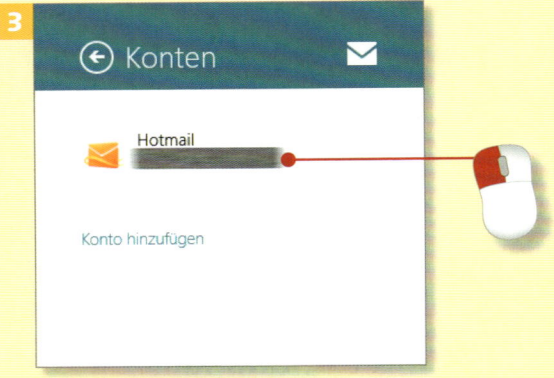

Sicher haben Sie überhaupt keine Lust, persönliche Informationen wie Name, Anschrift, Telefon etc. bei jeder E-Mail erneut von Hand einzutragen. Müssen Sie auch nicht – denn dafür gibt es Signaturen.

Schritt 1

Öffnen Sie zunächst die Charms-Leiste in der Mail-App, indem Sie mit dem Mauszeiger in die obere rechte Ecke des Bildschirms fahren. Wählen Sie in der Leiste die Schaltfläche **Einstellungen** aus.

Schritt 2

In der farbigen Spalte auf der rechten Seite entscheiden Sie sich daraufhin mit einem Klick für den Eintrag **Konten**.

Schritt 3

Klicken Sie auf den Eintrag, der Ihr persönliches E-Mail-Konto repräsentiert (im Beispiel das Hotmail-Konto mit dem vorangestellten Briefumschlag).

Zeile anklicken

Es ist nicht zwingend erforderlich, genau auf den Briefumschlag zu klicken. Sie kommen auch weiter, wenn Sie die Textzeile mit einem Mausklick versehen.

Schritt 4

Im zugehörigen Menü sehen Sie etwa in der Mitte das Eingabefeld, in dem **Gesendet von Windows-Mail** steht. Dieser Text stand bisher unter jeder Ihrer E-Mails. Um ihn zu ändern, müssen Sie zunächst einen Dreifachklick in das Feld setzen, um den ursprünglichen Text komplett zu markieren.

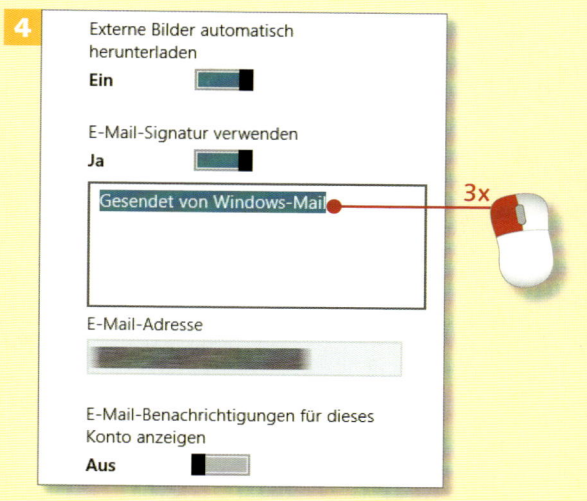

Schritt 5

Nun geben Sie einfach den neuen Text ein. Wenn Sie fertig sind, klicken Sie mit der Maus an eine beliebige Stelle außerhalb der rechten Spalte.

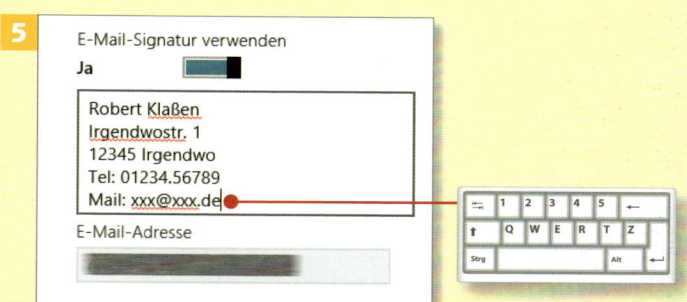

Schritt 6

Wenn Sie jetzt eine neue E-Mail erzeugen, erscheint der gerade festgelegte Text immer automatisch ganz unten in der Nachricht. Gut, oder?

Text immer präsent

Denken Sie daran, dass der Text automatisch in jeder Mail verwendet wird, die Sie versenden. Wenn Sie das bei einzelnen E-Mails nicht wollen, müssen Sie diesen Text markieren, indem Sie den Cursor mit gedrückter Maustaste darüberziehen und dann z. B. die `Entf`-oder die `←`-Taste drücken, bevor Sie die Nachricht abschicken.

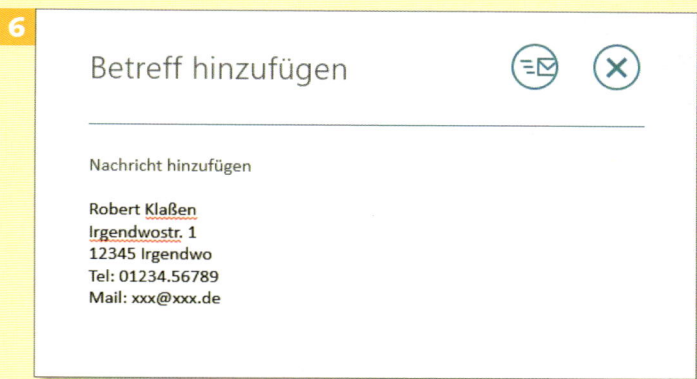

Kontakte anlegen und verwalten

Auf dieser und den folgenden Seiten schauen wir uns das Zusammenspiel zwischen den Apps Mail, Kontakte und Nachrichten an. Wir beginnen damit, die Facebook-Freunde in Windows 8 zu integrieren.

Schritt 1

Um die Kontakte-App von Windows 8 zu öffnen, klicken Sie auf die Kachel **Kontakte** auf dem Startbildschirm.

Schritt 2

Im günstigsten Fall finden Sie auf dieser Seite die Taste **Facebook-Freunde**, die Sie nun anklicken sollten. Im Anschluss daran fahren Sie mit Schritt 6 fort. Wer keine derartige Leiste vorfindet, macht mit Schritt 3 weiter.

Schritt 3

Öffnen Sie die Charms-Leiste (z. B. mit ⊞ + Ⓒ), und klicken Sie darin auf **Einstellungen** ❶. Im Anschluss daran klicken Sie noch auf **Konten**.

Schritt 4

In der Spalte oben rechts sehen Sie bereits hinzugefügte Konten (hier das Microsoft-Benutzerkonto). Damit Sie nun aber auch Facebook mit einbeziehen können, müssen Sie zunächst auf **Konto hinzufügen** klicken.

Schritt 5

Jetzt werden alle Konten aufgelistet, die in irgendeiner Form verbunden werden können. Entscheiden Sie sich, wie besprochen, für **Facebook**.

Schritt 6

Dieser Schritt besteht lediglich darin, auf **Verbinden** zu klicken.

Was geschieht noch, …

…wenn Sie eine Verbindung herstellen? Dieser bedeutungs-volle Link ❷ versorgt Sie mit Informationen zur Bedienung von Facebook aus der Kontakte-App heraus. Und das ist wirklich eine feine Sache. Denn Sie bleiben innerhalb der App und bekommen dort nur die »echten« Facebook-Daten angezeigt. Werbung u. Ä. gehören der Vergangenheit an; eine wunderbare Neuerung in Windows 8.

Kontakte anlegen und verwalten (Forts.)

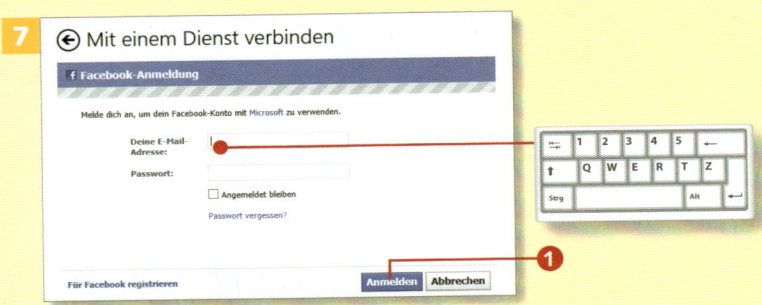

Schritt 7

Jetzt müssen Sie die Facebook-Anmeldung durchlaufen, indem Sie Ihre dort hinterlegte E-Mail-Adresse und das dazugehörige Passwort eingeben. Mit einem Klick auf **Anmelden** ❶ geht es dann weiter.

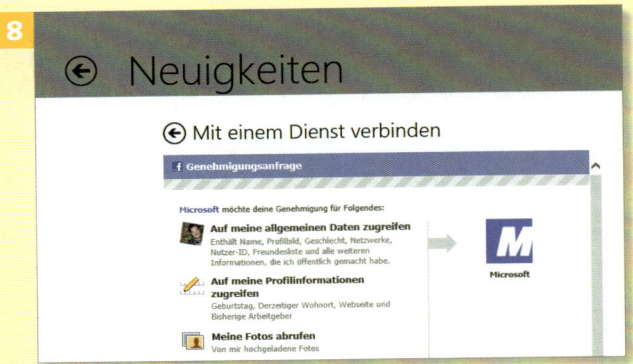

Schritt 8

So, jetzt noch eben auf **Zulassen** geklickt, einen Augenblick warten – na ja, es kann durchaus etwas länger dauern (bis hin zu mehreren Minuten, siehe Kasten) –, und schon befinden Sie sich mitten in der schönen bunten Facebook-Welt.

Schritt 9

Unten links sehen Sie nach einiger Zeit dann ein kleines Feld namens **Neuigkeiten**. Mit einem Klick darauf gelangen Sie zu Ihrem persönlichen Facebook-Inhalt in der Windows-8-Arbeitsumgebung. Ist das cool?

> **Wird synchronisiert ...**
> Solange die Kontakte noch nicht eingepflegt sind (die rechte Bildschirmseite ist noch leer), wird oben links die Meldung **Wird synchronisiert...** ❷ angezeigt. In diesem Zeitraum stehen entsprechend noch keine Kontakte zur Verfügung.

Schritt 10

In diesem Workshop geht es aber um die Kontakte, nicht um Facebook. Warten Sie, bis die Synchronisation beendet ist. Die Kontakte erscheinen nun in der Fenstermitte und können dort angeklickt und entsprechend bearbeitet werden.

Schritt 11

Zuletzt folgt die Konfiguration. Schließlich entscheiden Sie selbst, welche Funktionen Sie freigeben möchten. Wiederholen Sie daher Schritt 3, wählen Sie das Facebook-Konto aus, und klicken Sie auf **Dieses Konto online verwalten**.

Schritt 12

Loggen Sie sich mit Ihren Microsoft-Daten ein, und (de-)aktivieren Sie die Checkboxen ❸ nach Ihren Wünschen, dann klicken Sie auf **Speichern**.

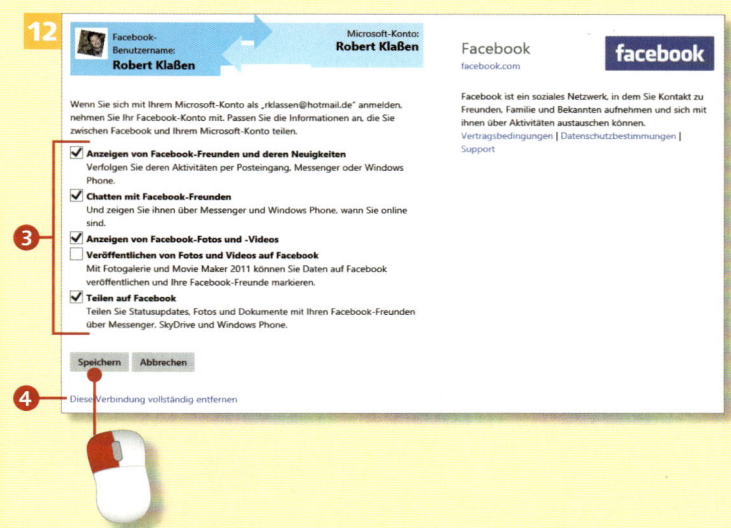

ℹ️

Facebook-Verbindung aufheben

Ganz unten links finden Sie den Link **Diese Verbindung vollständig entfernen** ❹. Klicken Sie darauf, und beantworten Sie die Kontrollabfrage mit **Entfernen**, dann sind sämtliche Verbindungen zwischen Windows 8 und Facebook gekappt.

Facebook-Kontakte verwalten

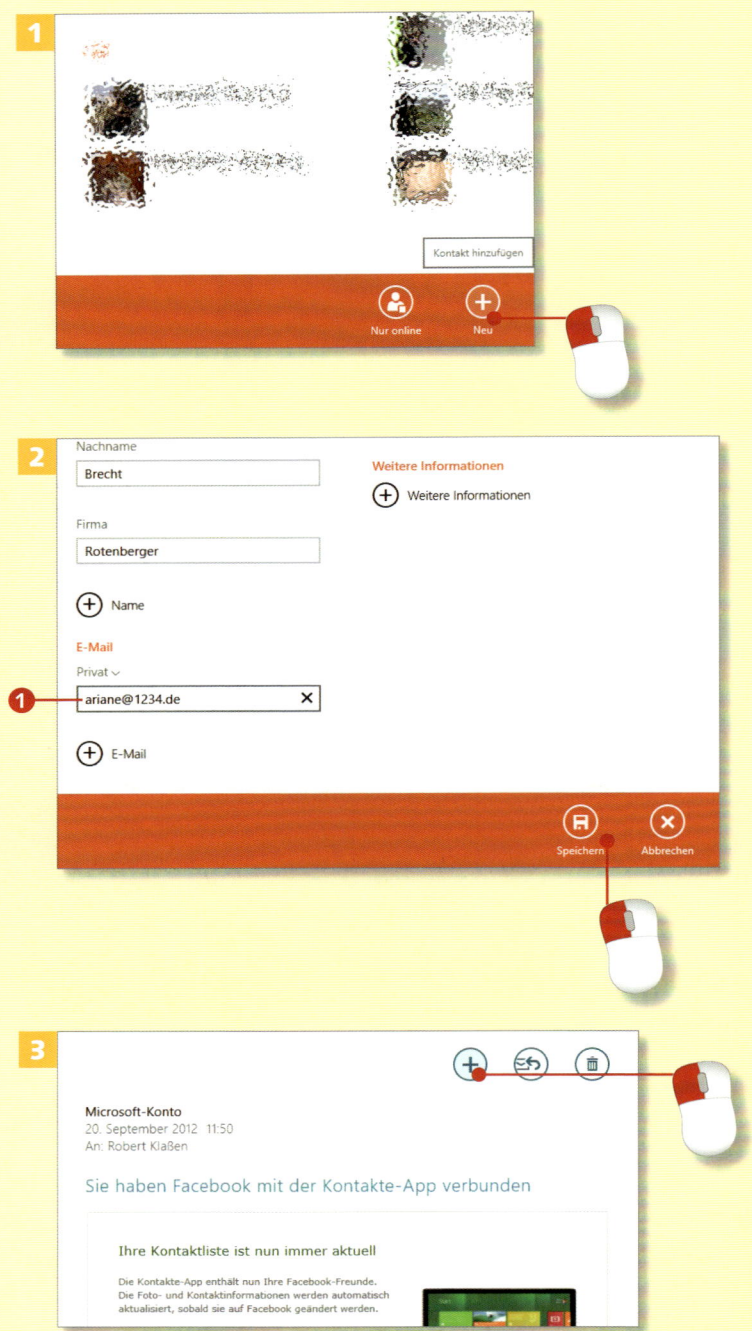

Mit Ihren Facebook-Freunden werden Sie am ehesten Kurznachrichten austauschen. Falls der eine oder andere Kontakt aber auch für den E-Mail-Versand vorgesehen werden soll, müssen Sie Folgendes tun.

Schritt 1

Die im letzten Abschnitt angelegten Kontakte sind nur mit Facebook verknüpft. Um einen solchen Kontakt für die Mail-App zu nutzen, müssen Sie mit rechts darauf und anschließend auf das Plus klicken.

Schritt 2

Ergänzen Sie nun die fehlenden Angaben (z. B. müssen Sie die E-Mail-Adresse ❶ manuell eintragen, weil sie von der Facebook-Seite nicht mitgeliefert wird). Klicken Sie dann unten rechts auf **Speichern**.

Schritt 3

Wechseln Sie anschließend zur Mail-App. Um eine neue E-Mail zu verfassen, klicken Sie auf den Plus-Button oben rechts.

Schritt 4

Sie wollen jetzt aus Mail heraus auf die Kontakte-App zugreifen? Kein Problem. Dazu reicht ein Mausklick auf das Plus neben dem Empfänger-Eingabefeld **An**.

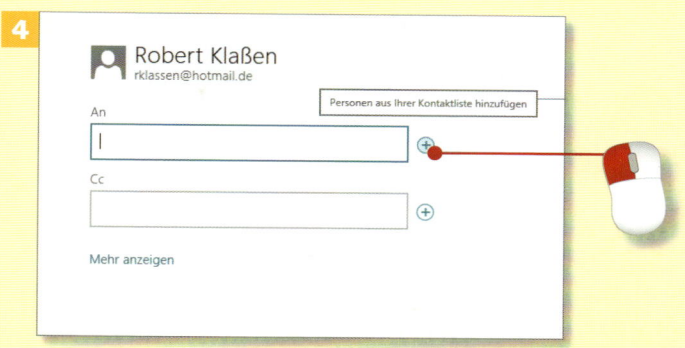

Schritt 5

Um ihn auszuwählen, klicken Sie den in Schritt 2 angelegten Kontakt (hier: Ariane Brecht) nun an ❷. Danach klicken Sie noch auf die Schaltfläche **Hinzufügen** unten rechts.

Schritt 6

Schon wird die E-Mail-Adresse der Kontaktperson in das Eingabefeld eingetragen, und Sie können die E-Mail verfassen. Wie das geht, ist ja mittlerweile ein alter Hut, oder? Falls nicht, lesen Sie einfach noch einmal den Abschnitt »E-Mails schreiben, senden und löschen« auf Seite 118.

Weitere Empfänger hinzufügen

Die Plus-Schaltfläche ❸ neben dem Empfängerfeld bleibt aktiv. Das bedeutet, Sie können noch weitere Empfänger hinzufügen, die dann dieselbe Mail bekommen. Klicken Sie einfach auf das Plus, und machen Sie mit Schritt 5 weiter.

Kurznachrichten versenden

Wenn Sie lieber eine Kurznachricht verschicken wollen, müssen Sie dafür nicht zu Facebook wechseln. Denn nicht nur Kontakte und Mail, sondern auch Kontakte und Nachrichten ergänzen sich in Windows 8 ganz hervorragend.

Schritt 1

Wir beginnen in der Nachrichten-App. So wird deutlich, wie der Austausch mit der App Kontakte gelingt. Klicken Sie auf dem Startbildschirm auf **Nachrichten**.

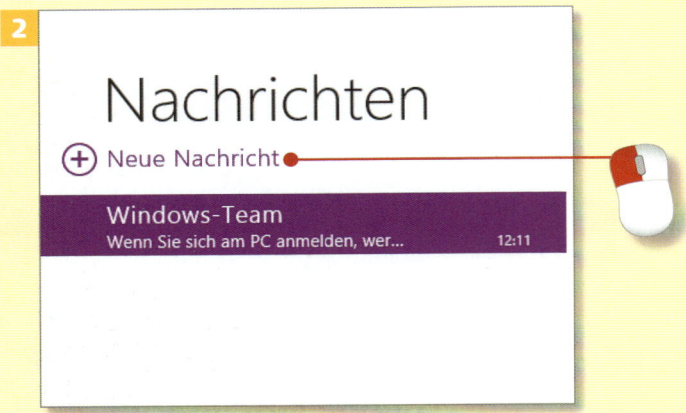

Schritt 2

Zunächst einmal klicken Sie auf die Schaltfläche **Neue Nachricht**.

Schritt 3

In der App Kontakte klicken Sie auf die Person, der Sie eine Nachricht zukommen lassen möchten ❶. Danach bestätigen Sie das mit **Auswählen**.

Schritt 4

Klicken Sie auf **Nachricht senden**.
Rechts können Sie im Bereich
Neuigkeiten ❷ übrigens neue
Postings der ausgewählten Person
einsehen.

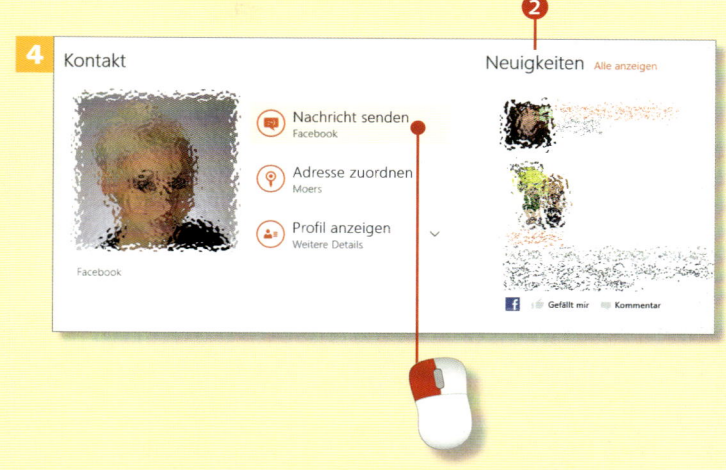

Schritt 5

Klicken Sie in das Eingabefeld unten
rechts, um Ihre Nachricht zu verfassen. Diese wird (ganz Facebook-like)
am Ende abgeschickt, indem Sie
⏎ drücken.

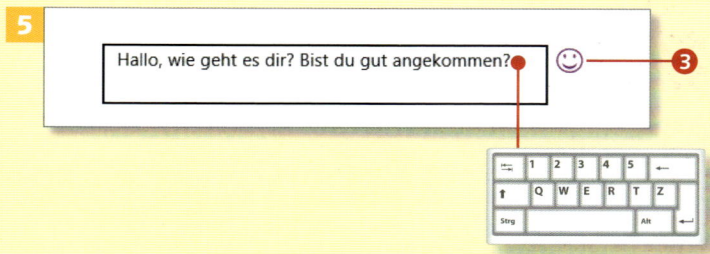

Schritt 6

Nach und nach wird sich die linke
Spalte füllen. Hier werden nämlich
alle Nachrichten gesammelt. Klicken
Sie auf eine Zeile, um den Inhalt der
jeweiligen Nachricht anzuzeigen.

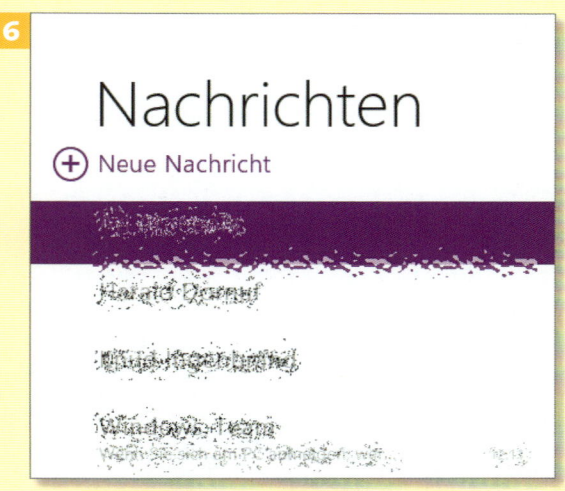

Emoticon gefällig?

Wer gerne Smileys in seinen
Nachrichten verwendet, sollte auf
das freundliche Gesicht ❸ neben
dem Eingabefeld klicken. Darüber
wird eine Palette voller Emoticons
zugänglich.

Kapitel 6
Fotos sortieren und bearbeiten

Falls Sie digital fotografieren, möchten Sie Ihre Bilder natürlich auch auf den eigenen PC übertragen, um sie zu archivieren oder nachzubearbeiten. Windows 8 vereinfacht diese Arbeit enorm, indem es die wichtigsten Werkzeuge bereits mitbringt.

Fotos auf den Rechner übertragen
Zunächst müssen die Bilder von der Kamera auf den Rechner gelangen ❶. So können Sie sie archivieren und später auch leicht bearbeiten, wenn Sie möchten.

Fotos ansehen
Windows 8 bringt eine neuartige Fotos-App ❷ mit, die interessante Darstellungsmöglichkeiten für Sie bereithält. Jetzt ist es z. B. einfacher als je zuvor, ein Foto auch mal bildschirmfüllend zu betrachten.

Fotos verbessern
Kleinere Bildverbesserungen ❸ und -veränderungen sind mit dem in Windows 8 enthaltenen Programm Paint leicht möglich. Erfahren Sie hier, wie das geht.

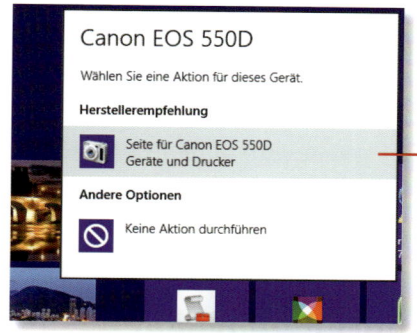

Zuerst einmal müssen Sie Ihre Fotos auf den Rechner übertragen.

Mit der Fotos-App können Sie sich Ihre Bilder anschauen und darin Ordnung halten.

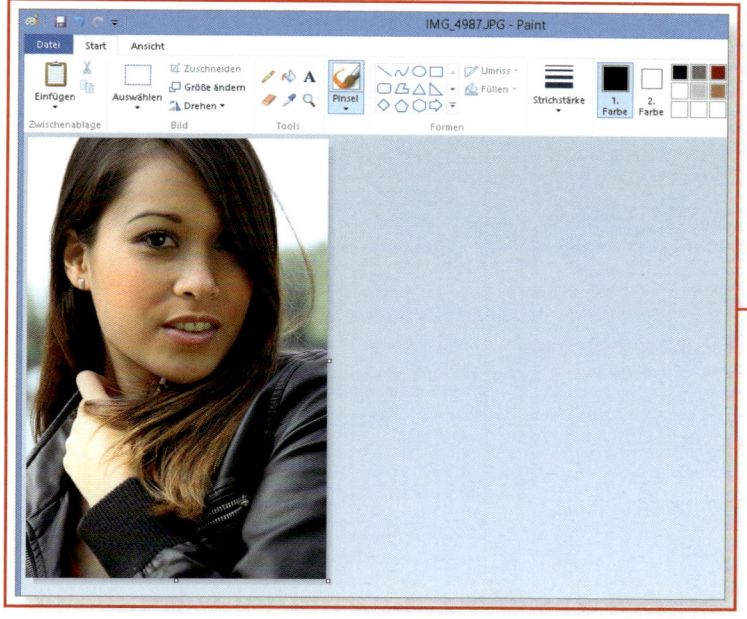

Mit der Fotos-App und Paint können Sie Ihre Bilder ganz einfach verbessern.

Fotos auf den Rechner übertragen

Ihr Computer versteht sich ausgezeichnet mit Digitalkameras und deren Speicherkarten. Wenn Sie Ihre Schnappschüsse auf dem PC sichern wollen, müssen Sie Ihrem Betriebssystem lediglich beim allerersten Mal die Kamera »vorstellen«.

Schritt 1

Einige Sekunden, nachdem die Kamera mit dem PC verbunden worden ist (z. B. über ein USB-Kabel), erscheint in der oberen rechten Ecke des Startbildschirms ein entsprechender Hinweis. Klicken Sie mit der Maus darauf.

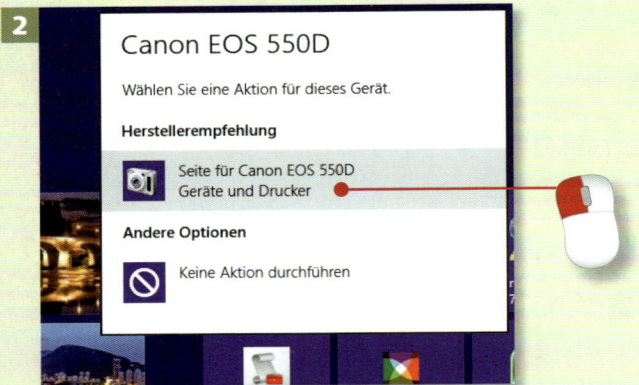

Schritt 2

In der Regel erkennt Windows selbstständig, um welches Gerät es sich handelt. Bestätigen Sie also die Herstellerempfehlung (hier: Canon EOS 550D) mit einem Klick.

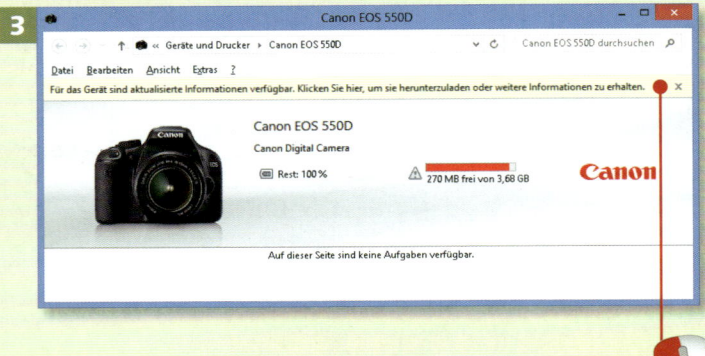

Schritt 3

Sie werden zum Desktop weitergeleitet, und ein Dialogfenster öffnet sich. Wenn unterhalb der Menüleiste ein gelber Balken erscheint, setzen Sie einen Mausklick darauf.

Schritt 4

Jetzt öffnet sich ein kleines Menü. Klicken Sie darin auf den Eintrag **Aktualisierte Informationen herunterladen**.

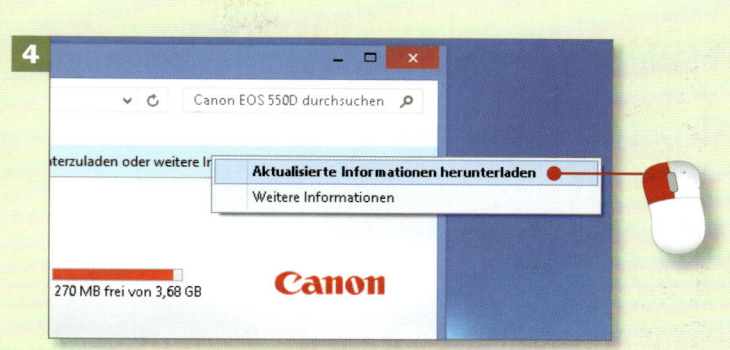

Schritt 5

Danach können Sie das Fenster mit einem Klick auf das rote Kreuzchen wieder schließen. Schalten Sie die Kamera kurz aus und wieder ein.

Schritt 6

Daraufhin werden Sie automatisch zum Desktop weitergeleitet, wo sich dasselbe Fenster wie in Schritt 3 wieder öffnet. Durch die Aktualisierung bringt es nun mehrere Schaltflächen mit. Klicken Sie auf den Link **Programm ändern**.

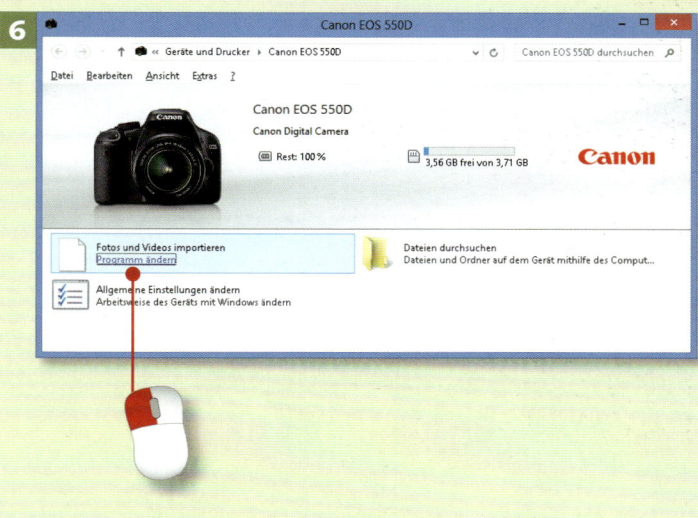

Kamera-Software installieren

Digitalkameras liegt meist mehr oder weniger umfangreiche Software bei. In den meisten Fällen sind auch Apps dabei, mit denen sich Fotos herunterladen lassen. Wenn Sie lieber mit dieser Hersteller-Software arbeiten, die auf das jeweilige Gerät zugeschnitten ist, müssen Sie sie zuvor unter Windows 8 installieren.

Fotos auf den Rechner übertragen (Forts.)

Schritt 7

Einsteiger klicken jetzt am besten auf **Fotos und Videos importieren** und dann auf **OK**. (Fortgeschrittene Benutzer, die mehr Individualität beim Import wünschen, könnten sich hier auch für **Bilder und Videos importieren** ❶ entscheiden.)

Schritt 8

Um den ersten Import in die Wege zu leiten, klicken Sie nun doppelt auf die Schaltfläche **Fotos und Videos importieren**. (Später reicht ein Klick auf **Kamera** im Startbildschirm.)

Schritt 9

Standardmäßig sind alle Fotos für den Import aktiviert (zu erkennen an dem Häkchen ❷ oben rechts). Wollen Sie zunächst alle deaktivieren, um anschließend nur einzelne Fotos zu selektieren, klicken Sie auf **Auswahl aufheben**.

Mehr Fotos vorhanden?
Standardmäßig werden nur die ersten Fotos auf Ihrer Speicherkarte angezeigt. Die übrigen Fotos machen Sie zugänglich, indem Sie mit der Maus an den unteren Bildrand fahren. Daraufhin erscheint ein Scrollbalken, den Sie mit gedrückter Maustaste nach rechts schieben.

Schritt 10

Wählen Sie nun die zu importieren-
den Bilder per Mausklick aus. (Ein
Klick auf **Alle auswählen** ❸ hätte
hingegen zur Folge, dass sämtliche
Fotos wieder mit einem Häkchen
versehen würden.)

Schritt 11

Sobald die Auswahl getroffen ist,
klicken Sie auf die Schaltfläche
Importieren unten rechts. Wenn
Sie unten links keinen neuen
Ordnernamen ❹ vergeben, wird
das aktuelle Datum als Bezeichnung
verwendet.

Schritt 12

Nach dem Import erscheint die
Schaltfläche **Ordner öffnen**. Klicken
Sie darauf, um sich die soeben im-
portierten Fotos anzeigen zu lassen.
(Künftig erreichen Sie den Ordner
über die Kachel **Fotos**.)

Ordner finden

Ihre importierten Fotos werden
standardmäßig im Bereich **Bibliotheken** abgelegt – und zwar im
Ordner **Bilder**. Darin gibt es dann
einen Unterordner mit der entsprechenden Bezeichnung (siehe
Schritt 11).

Fotos aus dem Internet laden

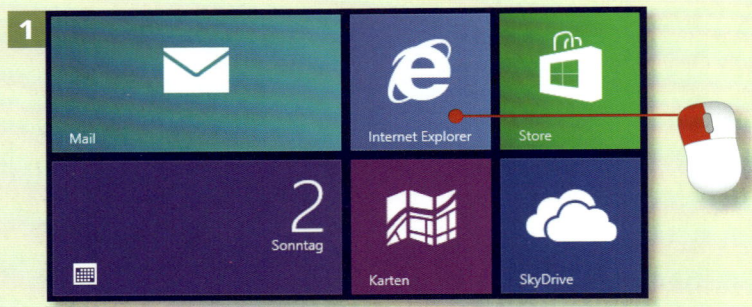

Vielleicht soll es ja mal ein Foto aus dem World Wide Web sein, das Sie auf Ihre Festplatte bringen wollen? Prüfen Sie unbedingt vorher, ob Sie das auch dürfen.

Schritt 1

Starten Sie den Internet Explorer, indem Sie das entsprechende Symbol auf dem Startbildschirm anklicken.

Schritt 2

Geben Sie im unteren Eingabefeld z. B. »www.google.de« ein (oder eine Seite Ihrer Wahl, von der Sie ein Foto herunterladen wollen). Schließen Sie die Eingabe mit ⏎ ab.

Schritt 3

Falls Sie wie in diesem Beispiel die Google-Seite aufgerufen haben, klicken Sie jetzt oben links auf die Rubrik **Bilder**.

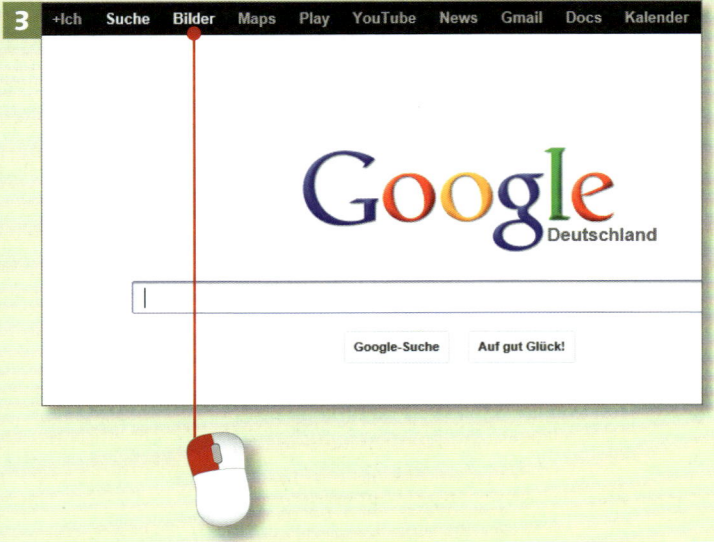

! Urheber- und Verwertungsrechte

Beachten Sie geltende Urheber- und Verwertungsrechte! Es kann immense Abmahnkosten und weitere empfindliche Strafen bis hin zur Strafverfolgung nach sich ziehen, wenn Sie Bildmaterial verwenden, für das Sie nicht die erforderlichen Lizenzen haben!

Schritt 4

Geben Sie einen Suchbegriff in das Suchfeld ein, z. B. »hochhaus« (die Großschreibung können Sie ignorieren). Schließen Sie die Eingabe auch hier mit ⏎ ab.

Schritt 5

Klicken Sie jetzt ein Bild mit der rechten Maustaste an, und entscheiden Sie sich im Kontextmenü für **In Bildbibliothek speichern**.

Schritt 6

Das Foto wird nun im Ordner **Bilder** ❶ (**Bibliotheken**) abgelegt und trägt den wenig klangvollen Namen *Unbenannt* ❷. Wie Sie diesen Namen ändern können, erfahren Sie im Abschnitt »Bildeigenschaften abrufen« ab Seite 148.

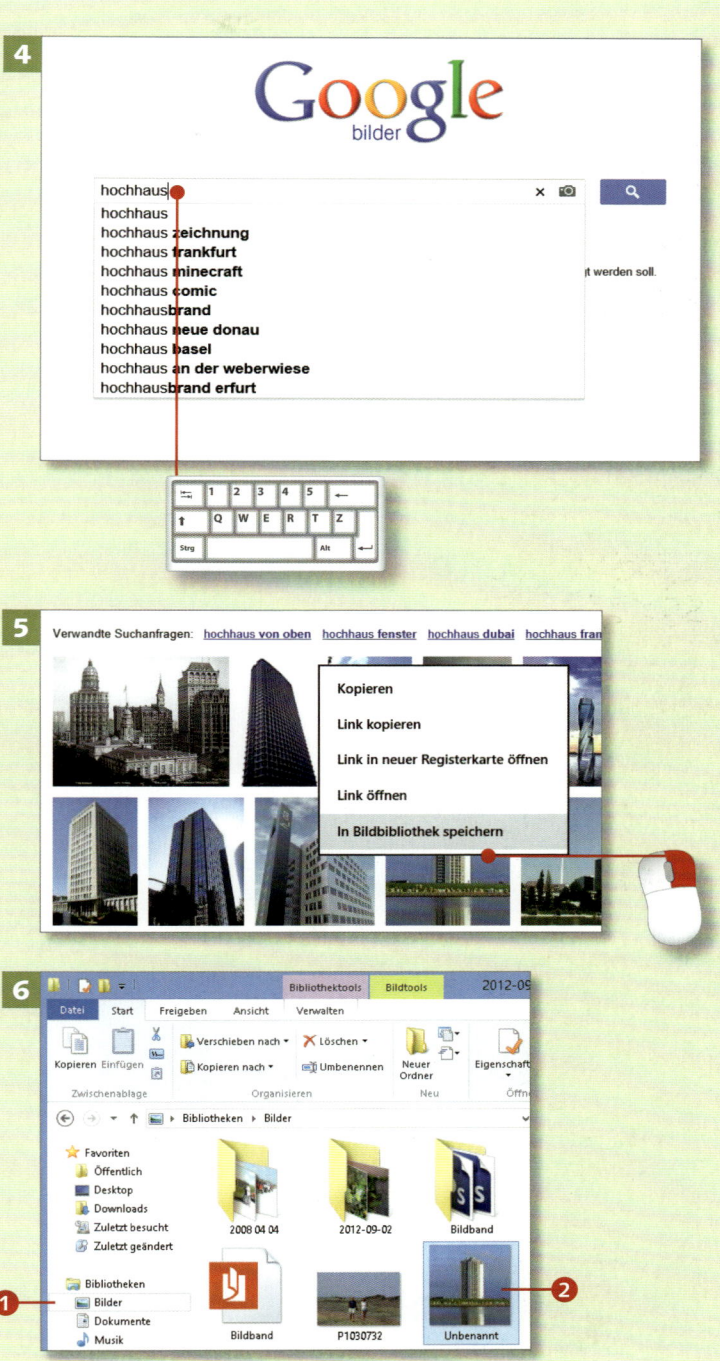

Originalfoto herunterladen

In diesem Beispiel wird eine Bildminiatur heruntergeladen. Um an das Originalfoto zu gelangen, sind meist weitere Schritte erforderlich: Klicken Sie auf die Miniatur und dann auf **Bild in Vollgröße**. Danach machen Sie mit Schritt 5 weiter.

Fotos ansehen mit der Fotos-App

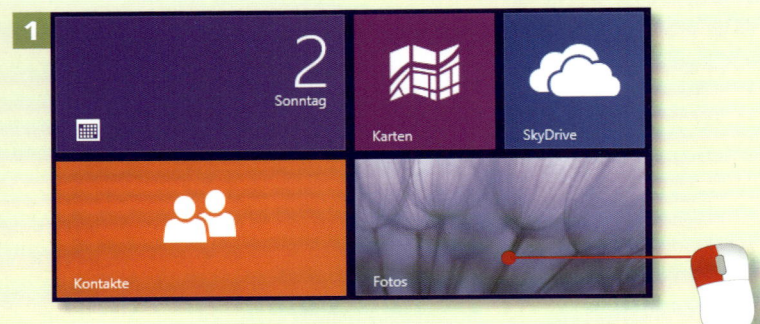

Die in Windows 8 neu integrierte Fotos-App ermöglicht es Ihnen, Fotos mit einfachen Mitteln komfortabel darzustellen. Wenn Sie wollen, können Sie die Bilder sogar bildschirmfüllend präsentieren.

Schritt 1

Zunächst einmal muss der Bereich aktiviert werden, der in Windows zur Darstellung von Bildern vorgesehen ist. Klicken Sie dazu auf die Kachel **Fotos**.

Schritt 2

Im nächsten Fenster klicken Sie auf **Bildbibliothek**. (Beachten Sie dabei, dass weitere Schaltflächen über den Scrollbalken ❶ erreichbar sind, der eingeblendet wird, wenn sich der Mauszeiger im unteren Bereich des Fensters befindet.)

Schritt 3

Die einzelnen Bildausschnitte, die nun zu sehen sind (hier nur einer zwischen den grauen Flächen), weisen auf Ordner hin. Um einen Ordner zu öffnen, müssen Sie einen Mausklick darauf platzieren.

Schritt 4

Sollten sich in Ihrem Ordner **Biblio-theken/Bilder** nicht nur verschie-denen Unterordner, sondern auch einzelne Fotos ❷ befinden, werden diese in der Fotos-App in der Regel ganz rechts (neben den Ordnern) angezeigt. Sie erreichen sie mithilfe des Scrollbalkens. Oben ❸ sehen Sie sofort, wie viele Ordner und Dateien Ihr Bilderordner insgesamt enthält.

Schritt 5

Nachdem Sie den Ordner geöffnet haben, wie in Schritt 3 beschrieben, fahren Sie mit der Maus nach unten, bis auch hier ein Scrollbalken auf-taucht. Indem Sie ihn mit gedrückter Maustaste verschieben, können Sie auch die anderen Bilder im ausge-wählten Ordner ansteuern. Mithilfe der Pfeilschaltfläche ❹ kehren Sie zum übergeordneten Verzeichnis zurück.

Schritt 6

Die Darstellungsgröße verändern Sie per Klick auf die kleinen Symbole (Plus und Minus) unten rechts. Wenn sich dabei die Charms-Leiste ❺ zeigt, können Sie diese getrost ignorieren.

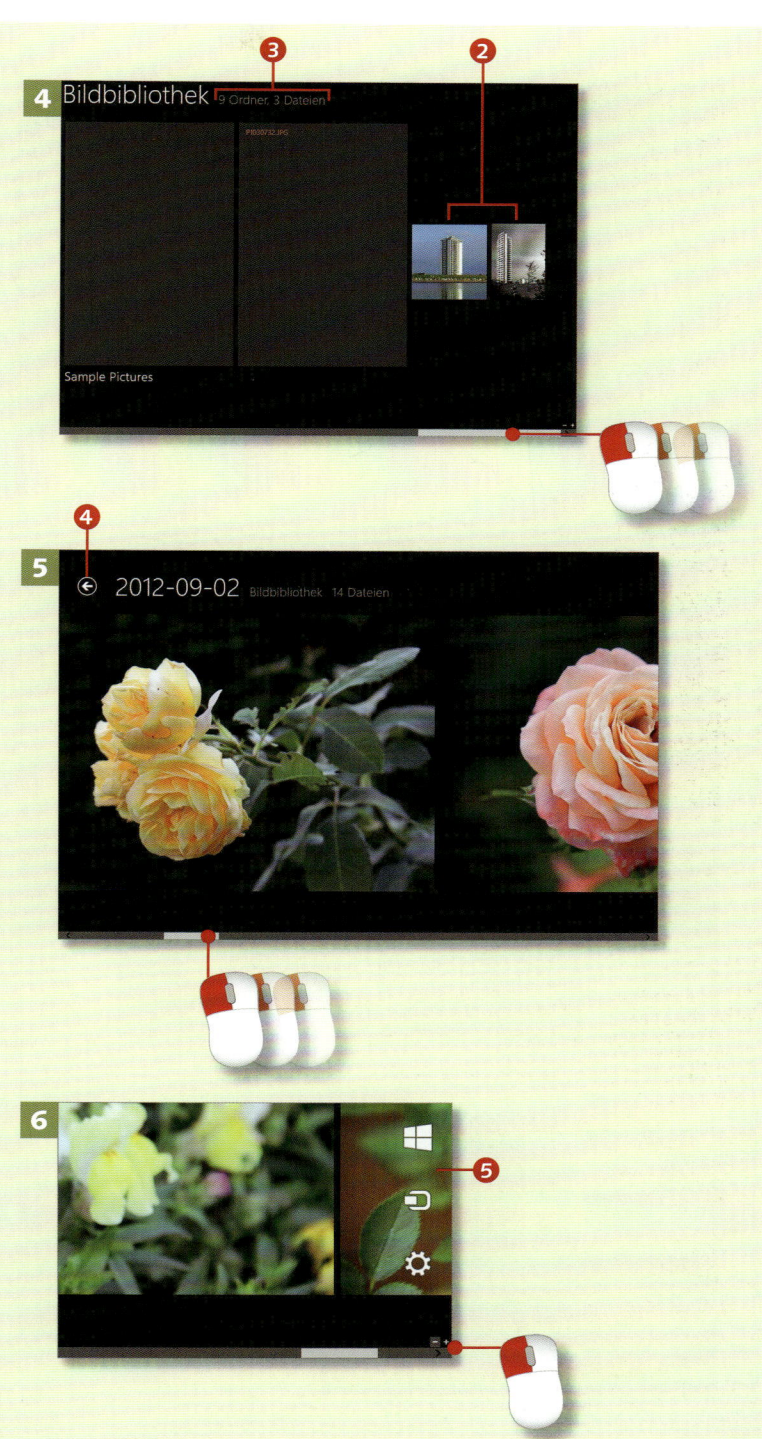

Fotos ansehen mit der Fotos-App (Forts.)

Schritt 7

Sie möchten eines der Fotos einmal bildschirmfüllend darstellen? Dann klicken Sie im Ordner einfach auf das entsprechende Foto. Mit `Esc` kommen Sie zurück zur vorherigen Ansicht.

Schritt 8

Wenn Sie Fotos nicht länger behalten möchten, müssen Sie sie zunächst mit einem Rechtsklick auswählen (das geht auch mit mehreren gleichzeitig).

Schritt 9

Stellen Sie sich vor, Sie hätten Tante Inges Foto versehentlich zum Löschen markiert. Dann wählen Sie es einfach schnell wieder ab, indem Sie noch einmal mit rechts daraufklicken – und sagen Sie Tante Inge nichts davon.

Darstellung verkleinern

Wenn man aus zahlreichen Fotos auswählen muss, empfiehlt es sich, die Darstellung vorab zu verkleinern. Das geht nämlich nicht nur mit einzelnen Fotos, sondern auch mit der ganzen Liste. Benutzen Sie dazu einfach die Minus-Schaltfläche unten rechts (siehe Schritt 6).

Schritt 10

Durch den Rechtsklick wird eine Fußleiste geöffnet. Darin sehen Sie die Schaltfläche **Löschen**. Ein Klick darauf befördert die mit einem Häkchen versehenen Bilder in den Windows-Papierkorb.

Schritt 11

Auch in der Großansicht lassen sich einzelne Fotos entfernen. Auch hier platzieren Sie zunächst einen Rechtsklick auf dem Foto und klicken dann auf die Schaltfläche **Löschen** ganz unten.

Schritt 12

Übrigens ließen sich direkt von hier aus auch weitere Fotos importieren (z. B. von einer angeschlossenen Festplatte). Dazu öffnen Sie die Fußleiste und klicken anschließend auf **Importieren**. Danach wählen Sie die Festplatte aus.

Befehlsleiste öffnen

Ein Foto wird markiert, wenn Sie es mit rechts anklicken. Wenn Sie nur die Leiste öffnen wollen, sollten Sie den Rechtsklick also immer auf einem freien Bereich (z. B. unterhalb der Bilder) ausführen.

Fotos als Diashow ansehen

Wenn Sie sich einmal entspannt zurücklehnen und den Inhalt eines Ordners komfortabel als Diashow betrachten wollen, sollten Sie dazu folgende Schritte ausführen.

Schritt 1

Klicken Sie auf die Kachel **Fotos**. Sobald Sie Bilder auf Ihren Rechner importiert haben, ist die Kachel animiert, d.h., sie zeigt eines Ihrer Fotos.

Schritt 2

Nun öffnen Sie den Bilderordner, indem Sie auf **Bildbibliothek** und dann auf den entsprechenden Ordnerplatzhalter ❶ klicken.

Schritt 3

Führen Sie nun an einer beliebigen Stelle einen Rechtsklick aus. Wenn Sie dabei ein Foto treffen, wird dieses markiert. Macht aber nichts, das hat keine Auswirkungen auf die Diashow.

Bilder präsentieren

Sie können Ihre Fotos natürlich auch per E-Mail verschicken. Wie das geht, erfahren Sie im Abschnitt »Fotos per E-Mail senden« auf Seite 120.

Schritt 4

Nachdem die Befehlsleiste über den Rechtsklick sichtbar geworden ist, klicken Sie auf das Icon **Diashow**. Die Diashow wird nun abgespielt, und zwar besteht sie aus allen Bildern im ausgewählten Ordner.

Schritt 5

Sie möchten eines der Fotos etwas genauer und vor allem länger betrachten? Dann klicken Sie einfach auf dieses Foto. Die Diashow wird an dieser Position angehalten. Zum Fortsetzen der Diashow wiederholen Sie die Schritte 3 und 4.

Schritt 6

In der Einzelansicht gelangen Sie ein Foto vor oder zurück, indem Sie mit der Maus an den linken oder rechten Bildrand fahren und auf den daraufhin erscheinenden Pfeil klicken.

Fotos-App beenden

Wie jedes andere Programm lässt sich auch die Fotos-App jederzeit schließen, indem Sie ⎡Alt⎤ + ⎡F4⎤ drücken. Sie gelangen daraufhin zurück zum Startbildschirm.

147

Bildeigenschaften abrufen

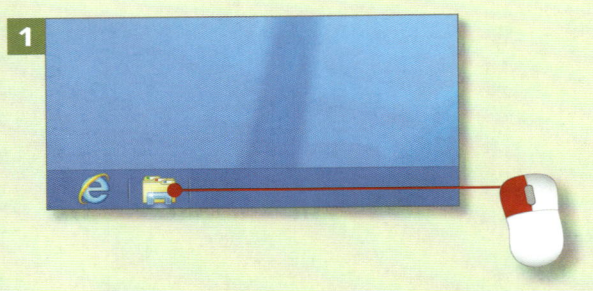

Mitunter ist es wichtig, zu wissen, wie groß ein Bild ist oder mit welcher Kamera es gemacht wurde. Das und vieles mehr können Sie in den Eigenschaften in Erfahrung bringen.

Schritt 1

Öffnen Sie vom Startbildschirm aus den Desktop mit einem Klick auf die entsprechende Kachel, und öffnen Sie den Explorer. Dazu klicken Sie auf das Symbol in der Taskleiste.

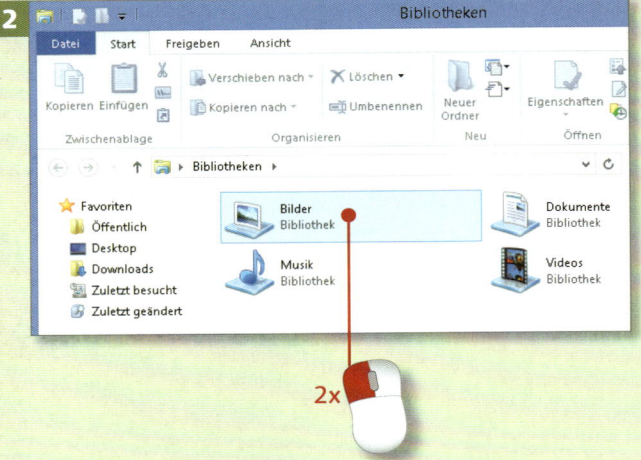

Schritt 2

Mit einem Doppelklick auf **Bilder** gelangen Sie nun in den bereits häufiger angesprochenen Bilderordner.

Schritt 3

Klicken Sie mit der rechten Maustaste auf eine der Bildminiaturen, und entscheiden Sie sich im Kontextmenü für **Eigenschaften**.

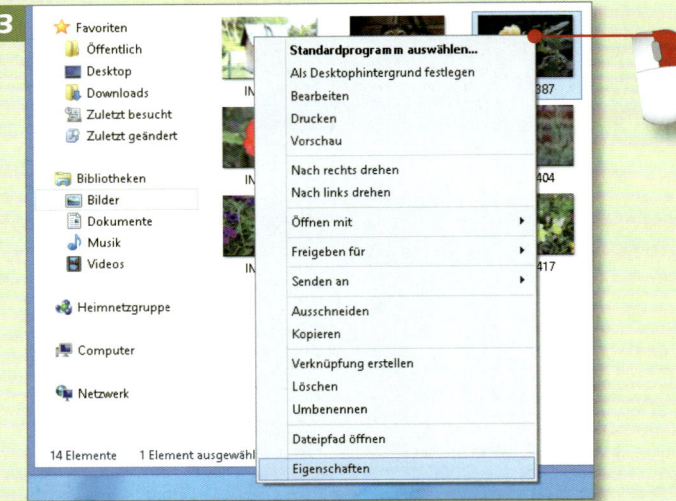

In den Unterordner springen
Falls Sie Ihre Fotos im Verzeichnis **Bilder** bereits in Unterordner sortiert haben, müssen Sie einen Doppelklick auf den gewünschten Unterordner setzen, um ihn zu öffnen.

Schritt 4

Falls Ihnen die kryptischen Bezeichnungen, die die Kamera automatisch für die Fotos anlegt, nicht zusagen, klicken Sie doppelt auf das oberste Eingabefeld und vergeben einen neuen Namen.

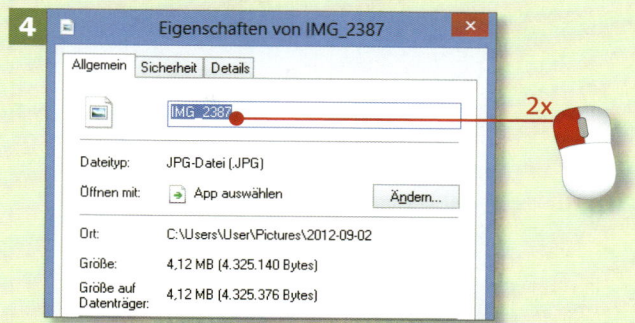

Schritt 5

Bevor Sie den Dialog mit **OK** verlassen, sollten Sie noch auf das Register **Details** gehen. Dahinter verbergen sich interessante Informationen.

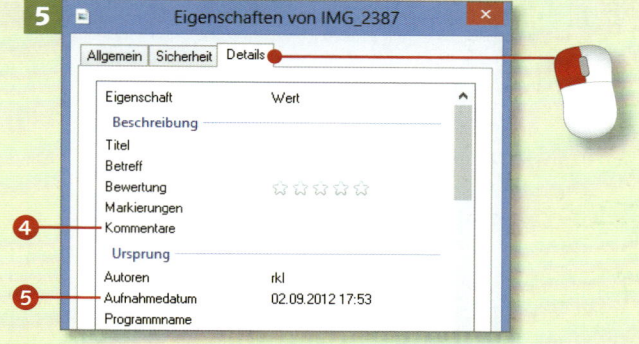

Schritt 6

Scrollen Sie ein wenig nach unten, um auch die Infos im Bereich **Kamera** zu sehen. Hier lassen sich z. B. der **Kamerahersteller ❶**, die **Belichtungszeit ❷** und vieles mehr ablesen. Die Größe des Fotos in Pixeln finden Sie unter **Abmessungen ❸**.

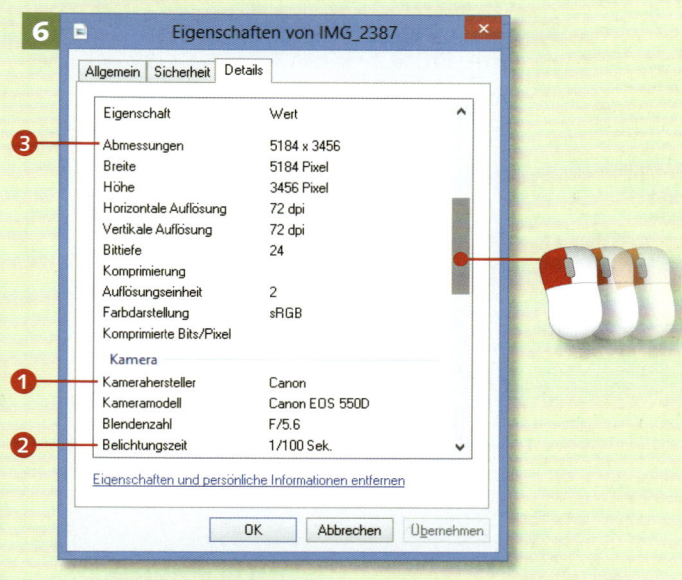

Veränderliche Daten

Einige der hier aufgeführten Daten können geändert werden. Klicken Sie z. B. ins Feld **Kommentare ❹**, um weitere Infos zum Foto einzutragen. Feste Daten (wie z. B. das Erstellungsdatum ❺) sind hingegen unveränderlich.

Ein Foto als Kopie speichern

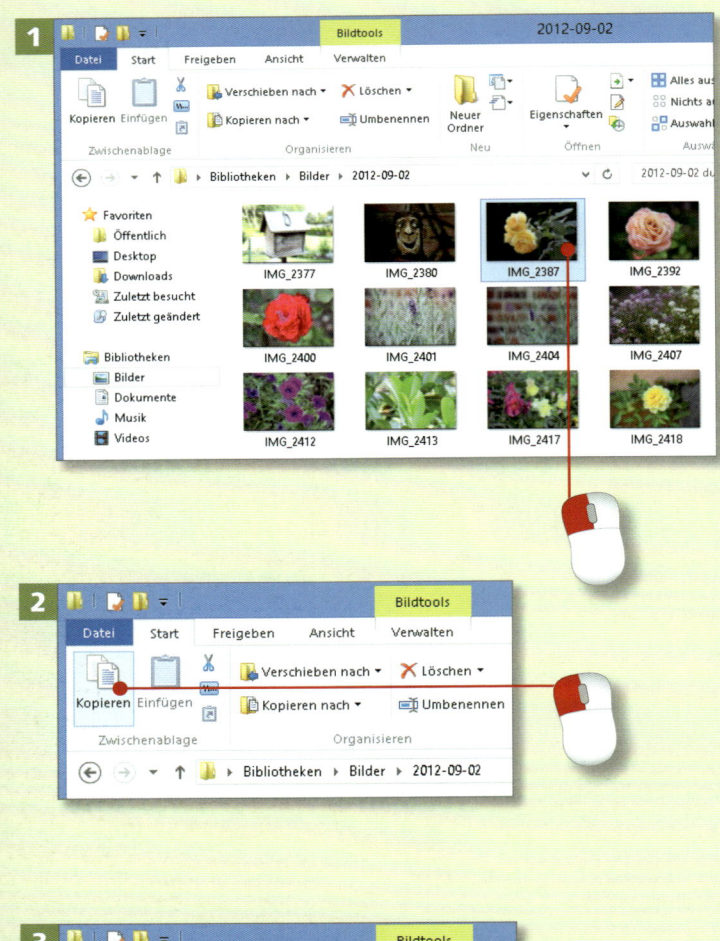

Falls Sie beabsichtigen, Fotos zu bearbeiten, sollten Sie vorab eine Kopie des Bildes anfertigen. Dann bleibt das Original unverändert.

Schritt 1

Zunächst einmal markieren Sie das gewünschte Bild mit einem Klick.

Schritt 2

Danach klicken Sie auf **Kopieren**. Sollte die Schaltfläche nicht sichtbar sein, lesen Sie den Kasten. (Alternativ können Sie auch das Bild anklicken und Strg + C drücken.)

Schritt 3

Nachdem das Foto nun kopiert wurde und in der Zwischenablage liegt (auf dem Bildschirm passiert dabei gar nichts), klicken Sie auf **Einfügen**. Das sorgt dafür, dass eine Kopie des Bildes in den gleichen Ordner gelegt wird. Sie können links auch einen anderen Ordner auswählen.

Menüband öffnen

Wenn das Menüband geschlossen ist, klicken Sie auf die nach unten zeigende Pfeilspitze ganz rechts neben dem Fragezeichen. Sie klappt daraufhin das Menüband aus und zeigt entsprechend nach oben.

Schritt 4

Die Kopie ist im Ordner automatisch markiert. Das ist auch in Ordnung so. Klicken Sie nun einmal auf den Namen der Bildkopie, um ihn gesondert zu markieren und ihn dann überschreiben zu können.

Schritt 5

Tippen Sie den neuen Namen ein (hier: *Blumen_Korrektur*), und bestätigen Sie den Vorgang mit ⏎ .

Schritt 6

Auf den ersten Blick scheint es, als wäre das Bild verschwunden. Das ist aber nicht der Fall. Es ist lediglich alphabetisch einsortiert worden. (Und es ist übrigens noch immer markiert.)

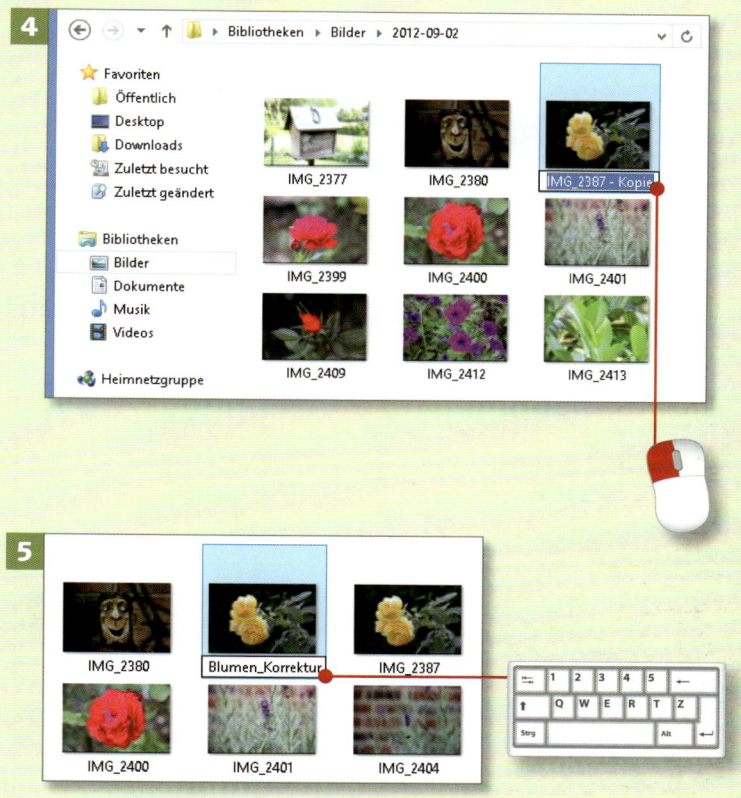

Bild und Titel markieren

Sollten Sie ein Foto umbenennen wollen, das noch nicht markiert ist, müssen Sie zwei Mausklicks hintereinander auf den Namen setzen. Lassen Sie sich zwischen den beiden Klicks etwas Zeit, damit kein Doppelklick entsteht (damit würden Sie das Foto öffnen). Mit dem ersten Klick wählen Sie quasi das Foto an, mit dem zweiten den Namen.

Fotos mit Paint zuschneiden

Paint ist ein kleines Grafikprogramm, mit dem Sie auch Bilder bearbeiten können. Wie das geht, sehen wir uns auf den nächsten Seiten an.

Schritt 1

Öffnen Sie Paint, indem Sie auf dem Startbildschirm »paint« (oder zumindest den ersten Teil dieses Suchbegriffs) eingeben. Bestätigen Sie Ihre Eingabe mit ⏎, dann wird die App sofort geöffnet.

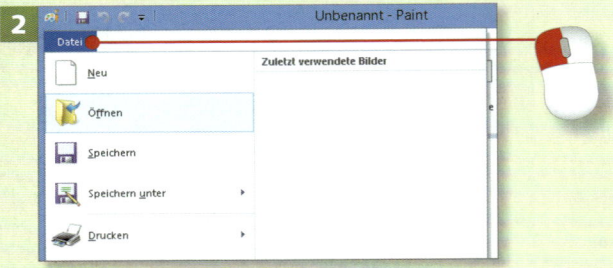

Schritt 2

Zunächst soll ein Foto in Paint geöffnet werden. Setzen Sie daher einen Mausklick auf **Datei**. In der Liste entscheiden Sie sich für **Öffnen**.

Schritt 3

Suchen Sie nach Möglichkeit ein Bild aus, das am Rand etwas eher Unbedeutendes zeigt. Markieren Sie es mit einem Mausklick ❶, und klicken Sie auf **Öffnen**.

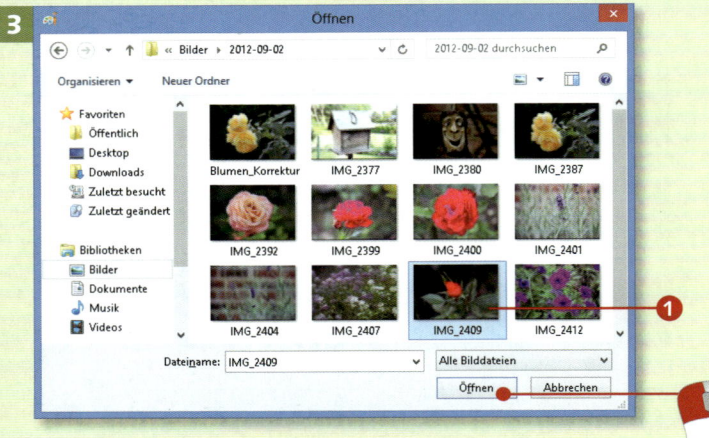

Originale

Hier können Sie ruhigen Gewissens ein Originalfoto verwenden. Sie erfahren am Ende dieses Workshops, wie Sie nachträglich eine Kopie erzeugen und das Original unverändert erhalten können.

Schritt 4

Alternativ zu den Schritten 2 und 3 können Sie auch eine Bildminiatur mit rechts anklicken und im Kontextmenü **Öffnen mit ▸ Paint** wählen.

Schritt 5

Wenn es in Paint geöffnet ist, können Sie das Bild unten rechts größer oder kleiner zoomen. Dazu ziehen Sie entweder mit gedrückter Maustaste am Schieberegler oder klicken auf die Plus- ❷ bzw. Minustaste ❸.

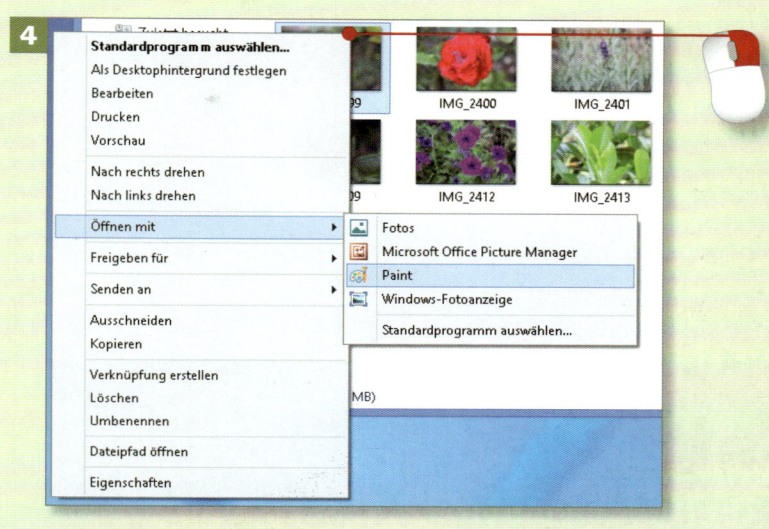

Schritt 6

Um die Größe einzustellen, können Sie auch die Schaltflächen **Vergrößern** ❹ und **Verkleinern** ❺ nutzen. Dazu müssen Sie das Register **Ansicht** mit einem Klick nach vorne stellen.

Vollbild-Darstellung

Die Ansicht lässt sich bildschirmfüllend vergrößern. Wählen Sie dazu **Vollbild** ❻. Drücken Sie `Esc`, um zur herkömmlichen Ansicht zurückzukehren.

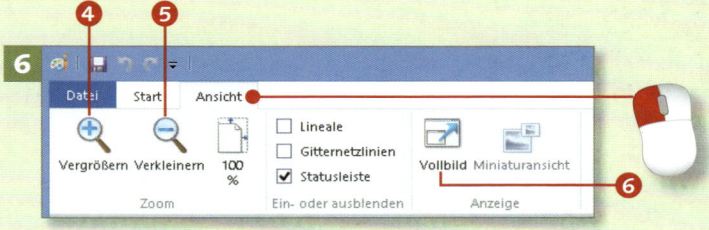

Fotos mit Paint zuschneiden (Forts.)

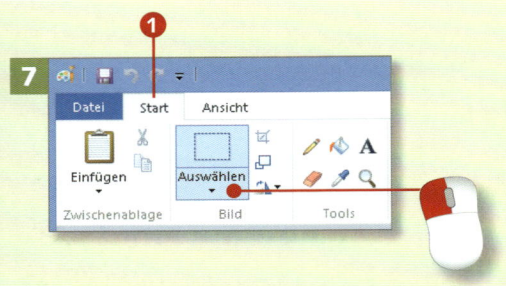

Schritt 7

Öffnen Sie jetzt das Register **Start** ❶, und klicken Sie dort auf **Auswählen**.

Schritt 8

Jetzt klicken Sie auf das Foto – in etwa dort, wo Sie den äußeren Teil des Bildes abschneiden möchten ❷. Halten Sie die Maustaste gedrückt, und ziehen Sie die Maus diagonal nach unten, um einen Rahmen um den neuen Ausschnitt aufzuziehen. Lassen Sie die Maustaste dann los.

Schritt 9

Rechts neben der Schaltfläche **Auswählen** sehen Sie die Taste **Zuschneiden**. Auch wenn Sie den Namen nicht sehen, sondern nur das Symbol, funktioniert der Befehl. Klicken Sie also darauf.

> **Zuschneiden in der Fotos-App**
> Auch in der Fotos-App lässt sich ein Bild auf die beschriebene Weise zurechtschneiden. Wir haben uns hier aber für die Beschreibung des Programms Paint entschieden, um Ihnen den Umgang mit dieser Software präsentieren zu können.

Schritt 10

Nun werden alle Bereiche jenseits des Rahmens, den Sie in Schritt 8 erzeugt haben, entfernt. Das Bild wird also entsprechend verkleinert (= beschnitten).

Schritt 11

Sie arbeiten derzeit mit dem Original (und haben keine Kopie erzeugt, wie im Abschnitt »Ein Foto als Kopie speichern« auf Seite 150 beschrieben). Deswegen sollten Sie *jetzt* eine Kopie speichern. Klicken Sie auf **Datei ▸ Speichern unter ▸ BMP-Bild**.

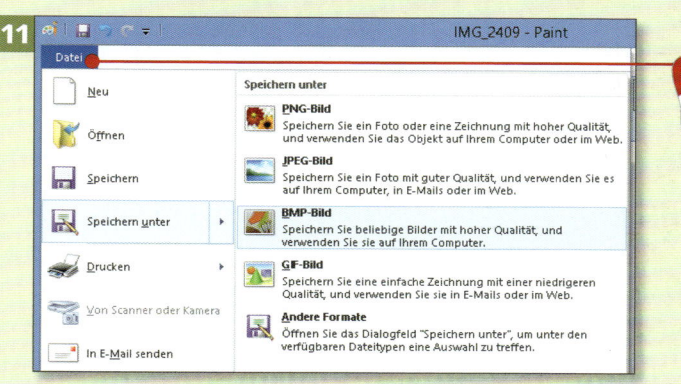

Schritt 12

Im Speicherdialog ergänzen Sie im Feld **Dateiname** z. B. »-zugeschnitten«, damit Sie auch später noch wissen, welches Foto das Original und welches das nachbearbeitete ist. Klicken Sie zum Schluss auf **Speichern ❸**.

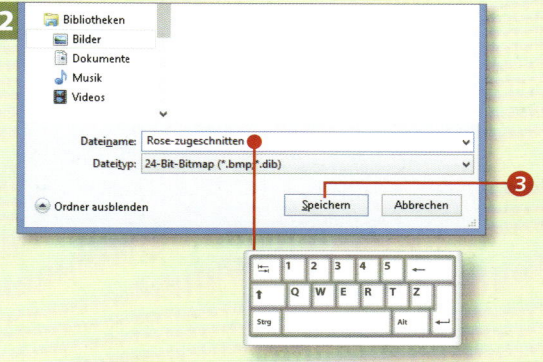

ℹ Warum BMP?

BMP ist ein qualitativ hochwertiges Dateiformat. Es benötigt allerdings sehr viel Speicherplatz. Lesen Sie in diesem Zusammenhang auch den Abschnitt »Fotos in anderen Formaten speichern« ab Seite 156.

Fotos in anderen Formaten speichern

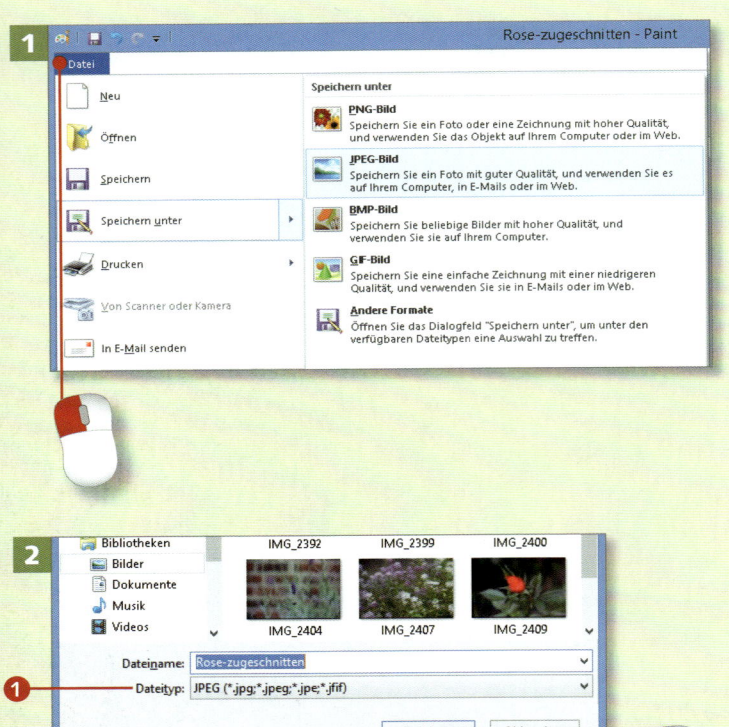

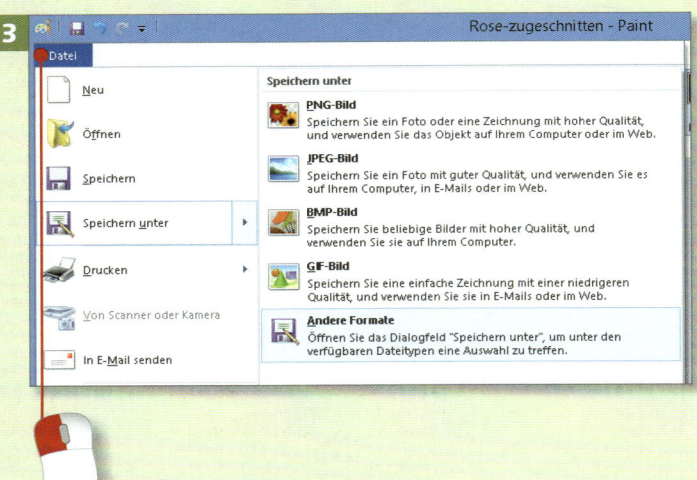

BMP-Dateien sind qualitativ optimal. Leider ist ihre Dateigröße recht umfangreich. Es gibt Alternativen …

Schritt 1

Wenn Sie in Paint auf **Datei ▸ Speichern unter ▸ JPEG-Bild** klicken, erzeugen Sie ein Foto, dessen Datenmenge kleiner als BMP ist und das sich optimal für die Veröffentlichung im Internet eignet.

Schritt 2

Bevor Sie auf **Speichern** klicken, achten Sie im Speicherdialog auf das Feld **Dateityp** ❶. Dort steht nun nicht wie zuvor **BMP**, sondern **JPEG**.

Schritt 3

Die dritte Variante ist TIFF. Dieses Dateiformat ist wie BMP verlustfrei, allerdings ist die Dateigröße ähnlich umfangreich. TIFF ist das bevorzugte Format für die professionelle Weiterverarbeitung. Um es auszuwählen, klicken Sie auf **Datei ▸ Speichern unter ▸ Andere Formate**.

Schritt 4

Jetzt stellen Sie das Format im Feld **Dateityp** manuell um. Klicken Sie auf den Pfeil am Listenfeld, und wählen Sie mit einem Klick den Eintrag **TIFF (*.tif; *.tiff)** aus dem Menü.

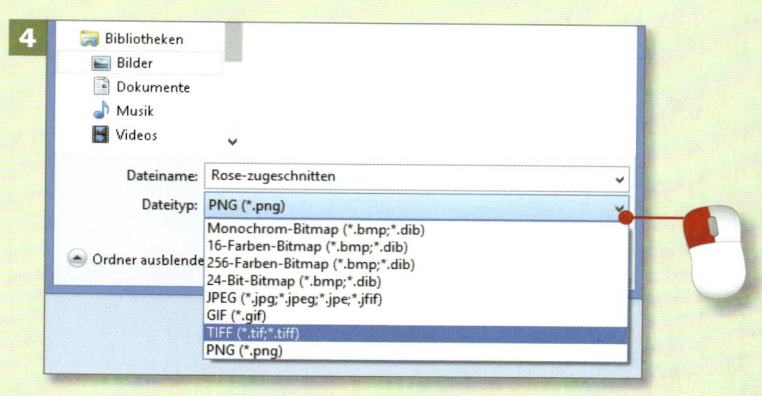

Schritt 5

Die Liste klappt daraufhin automatisch wieder zu, und Sie können den Vorgang mit einem Klick auf **Speichern** abschließen.

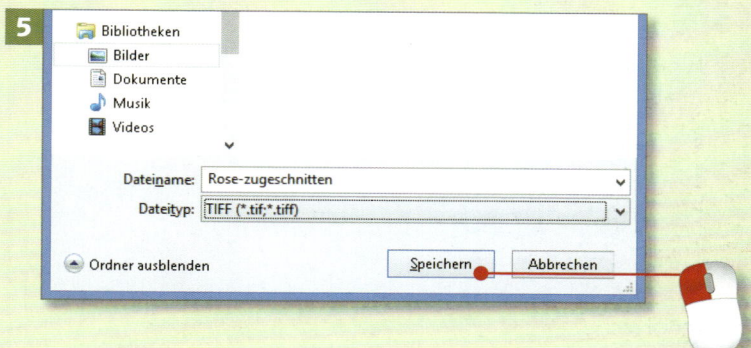

Schritt 6

Wenn Sie die Dateien auf der Festplatte im Verzeichnis **Bilder** des Explorers betrachten, sind keine Dateiformate erkennbar. Sie wissen also zunächst gar nicht, welche die BMP-, JPEG- oder TIFF-Version Ihres Fotos ist.

Fußleiste

Wenn Sie eine Miniatur anklicken, wird im Fuß des Explorer-Fensters angezeigt, welche Dateigröße ❷ das Foto hat. Das Format lässt sich hier nicht anzeigen, es sei denn, Sie wählen die linke der beiden Schaltflächen unten rechts ❸. Dann werden Details in einer Listenansicht präsentiert, was wiederum zulasten der Miniaturvorschau geht.

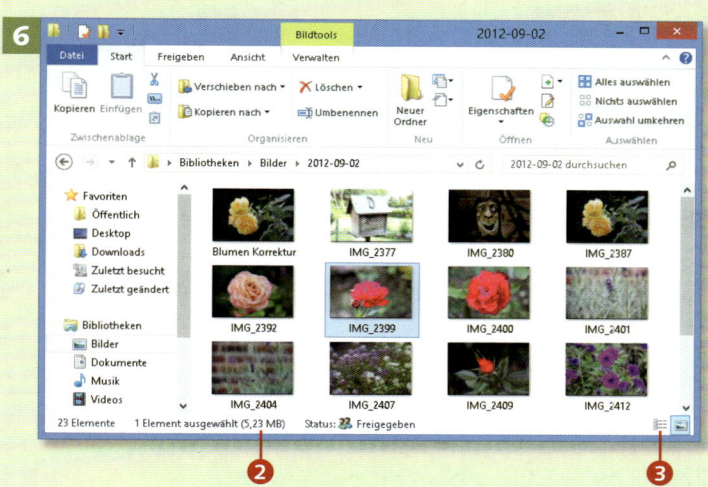

Fotos in anderen Formaten speichern (Forts.)

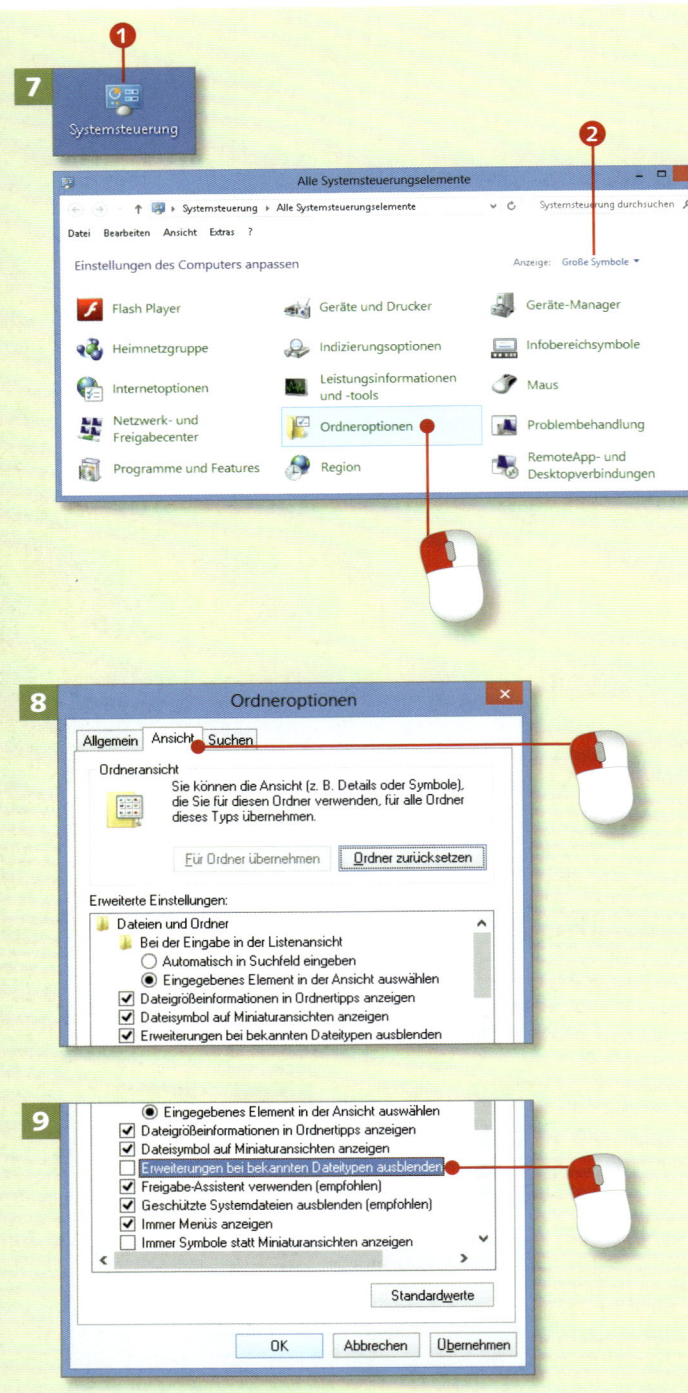

Schritt 7

Lassen Sie das Fenster geöffnet, und klicken Sie auf das Icon **Systemsteuerung** ❶ auf dem Desktop (wenn Sie sich auf dem Startbildschirm befinden, öffnen Sie alternativ die Charms-Leiste und klicken darin auf **Einstellungen ▸ Systemsteuerung**). In der Ansicht **Große Symbole** ❷ aktivieren Sie **Ordneroptionen**.

Schritt 8

Im Fenster **Ordneroptionen** wechseln Sie zuallererst auf das Register **Ansicht**. In diesem Register können Sie eine ganze Menge Einstellungen vornehmen, die sich fast alle auf die Darstellung der Dateien und Ordner im Explorer auswirken.

Schritt 9

Halten Sie Ausschau nach der Zeile **Erweiterungen bei bekannten Dateitypen ausblenden**. Klicken Sie die Zeile an, damit das vorangestellte Häkchen verschwindet, bevor Sie den Dialog mit **OK** verlassen.

Schritt 10

Kehren Sie zurück zum Ordner **Bilder**. Hier werden nun auch die Dateiendungen angezeigt, und Sie sehen sofort, welches Foto eine BMP- (*.bmp*), TIFF- (*.tif*) oder JPEG-Datei (*.jpg*) ist.

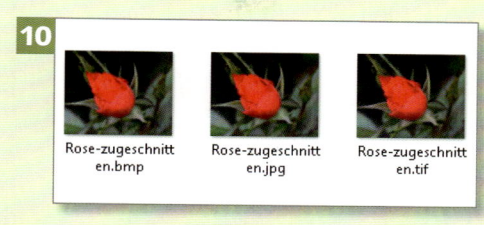

Schritt 11

Um die Dateigrößen Ihrer Fotos miteinander zu vergleichen, klicken Sie ein Foto mit rechts an und wählen **Eigenschaften**.

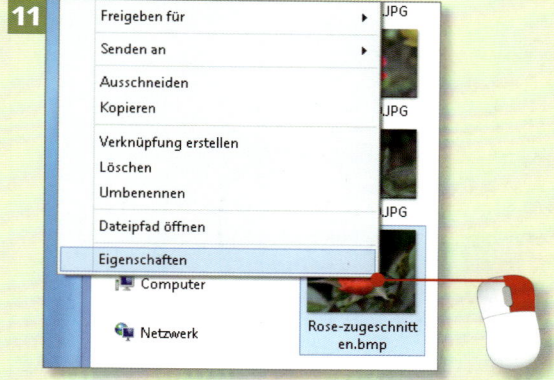

Schritt 12

Die Größe der ausgewählten BMP-Datei ❸ liegt im Beispiel bei 13 MB. (Die Werte variieren, denn sie hängen nicht nur vom Dateiformat, sondern auch von der Größe des zurechtgeschnittenen Fotos ab.)

!
Dateiendungen nie entfernen!
Die Dateiendungen dürfen niemals aus dem Dateinamen entfernt werden! Das Foto kann dann nämlich nicht mehr geöffnet und bearbeitet werden.

Die Dateigröße von Fotos ändern

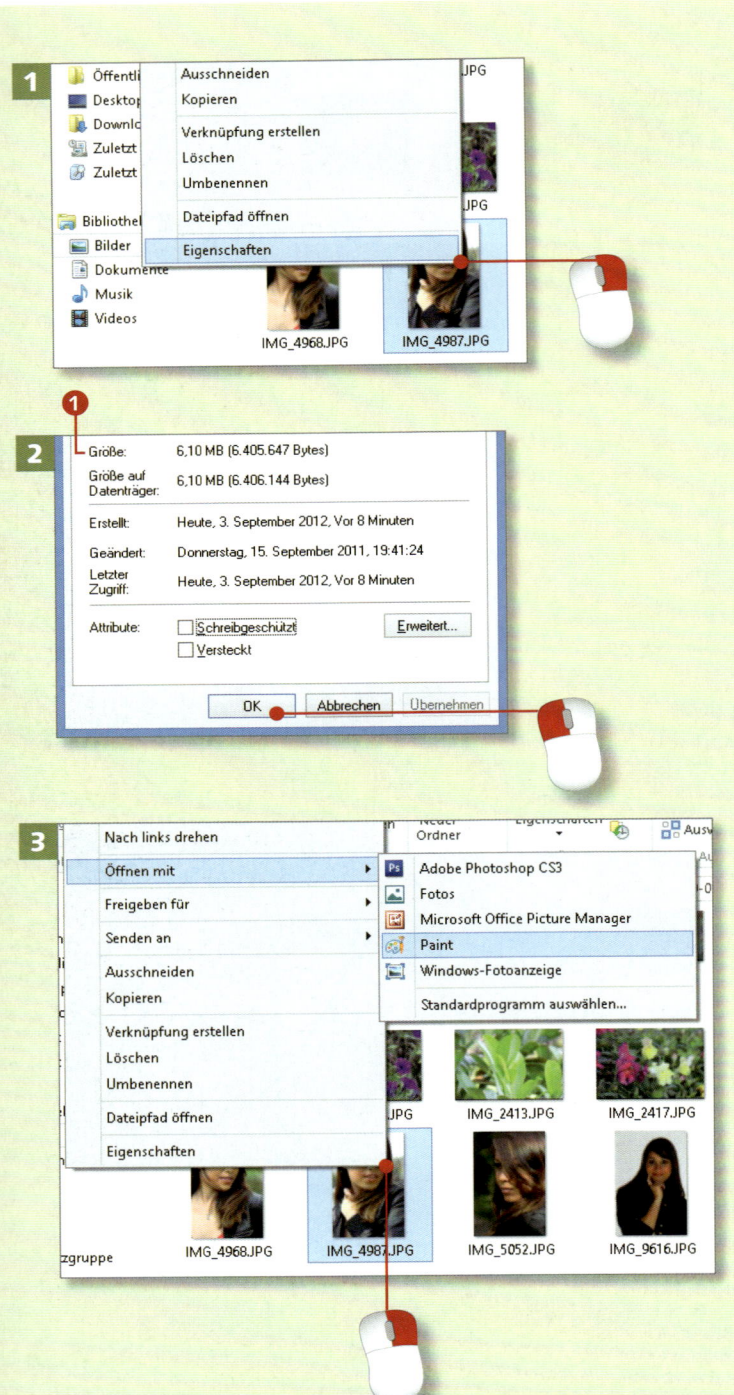

Wie Sie gesehen haben, spielt die Bildgröße eine ausschlaggebende Rolle. Deshalb ist es mitunter sinnvoll, ein Foto zu verkleinern. Besonders, wenn Sie es zur Ansicht per E-Mail versenden wollen.

Schritt 1

Setzen Sie einen Rechtsklick auf ein beliebiges Foto, und lassen Sie sich anschließend im Kontextmenü die **Eigenschaften** anzeigen.

Schritt 2

Lesen Sie im Dialogfenster **Eigenschaften** die Dateigröße des ausgewählten Fotos ab. Bei diesem Foto sind es 6,10 MB ❶, obwohl es eine JPEG-Datei ist. Das ist z. B. für die Verwendung im Internet viel zu viel. Klicken Sie auf **OK** oder **Abbrechen**.

Schritt 3

Danach klicken Sie erneut mit der rechten Maustaste auf die Miniatur und entscheiden sich im Kontextmenü für **Öffnen mit ▸ Paint**.

Schritt 4

Das Bild ist riesig. Ziehen Sie das Paint-Fenster an der unteren rechten Ecke mit gedrückter Maustaste etwas größer, damit auch die teilweise verdeckten Schaltflächen angezeigt werden. Danach klicken Sie auf **Größe ändern** ❷.

Schritt 5

Da **Seitenverhältnis beibehalten** ❸ standardmäßig aktiviert ist, müssen Sie nur einen Wert verändern (entweder die Höhe oder die Breite). Klicken Sie doppelt in das Feld **Horizontal**, und geben Sie die Größe ein (hier: 10 %). Dann drücken Sie ⏎ oder klicken auf **OK**.

Schritt 6

Das Bild ist entsprechend kleiner geworden. Vergessen Sie nicht, das Foto als JPEG zu speichern, und vergleichen Sie die Dateigrößen. Die Datenmenge ist auf 102 KB geschrumpft.

Verzerren

Wenn Sie **Seitenverhältnis beibehalten** abwählen (Schritt 5) und nur eine der beiden Maßangaben (Breite *oder* Höhe) verändern, wird das Foto verzerrt.

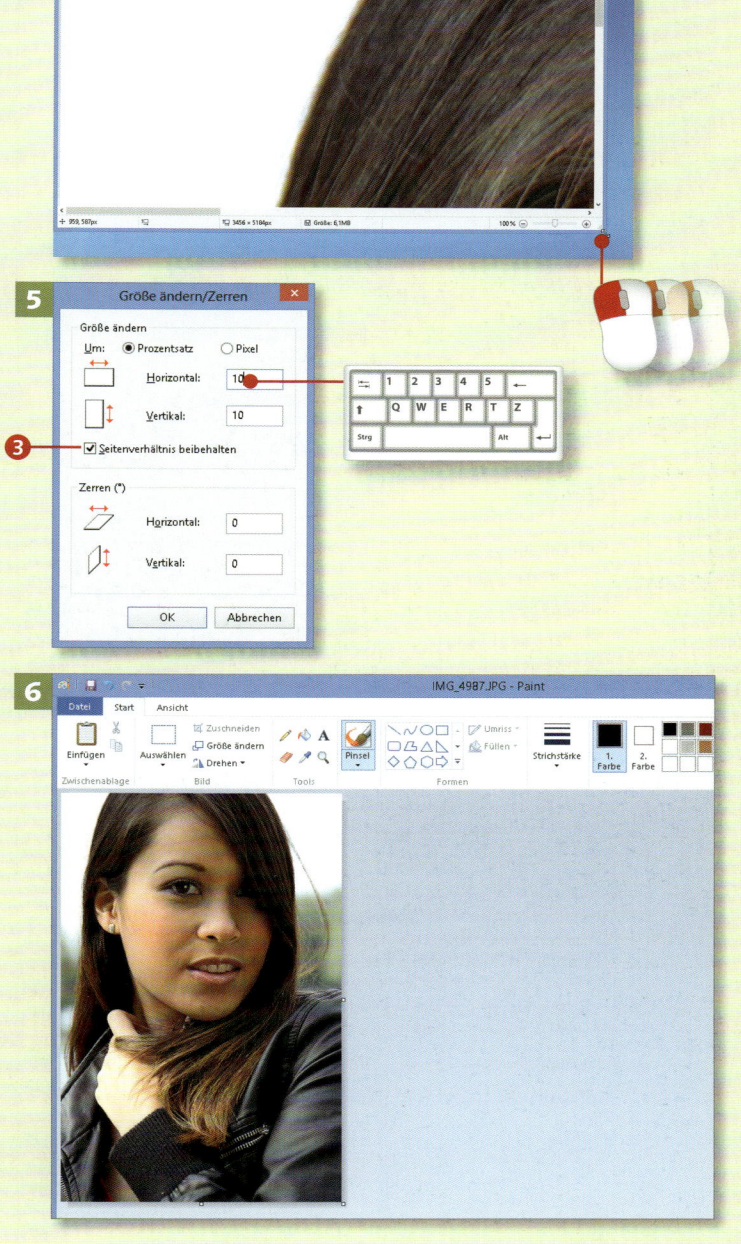

Ein Bildschirmfoto erzeugen

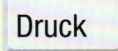

Bildschirmfotos sind, wie der Name schon sagt, Schnappschüsse dessen, was Sie auf dem Monitor sehen. Diese »Screenshots« können mithilfe einer Software, aber auch über die Tastatur angefertigt werden.

Schritt 1

Drücken Sie die Taste Druck auf Ihrer Tastatur. Dabei wird der komplette Bildschirm aufgenommen. Bitte wundern Sie sich nicht, dass Sie noch keinerlei Ergebnis sehen – dazu kommen wir in Schritt 4.

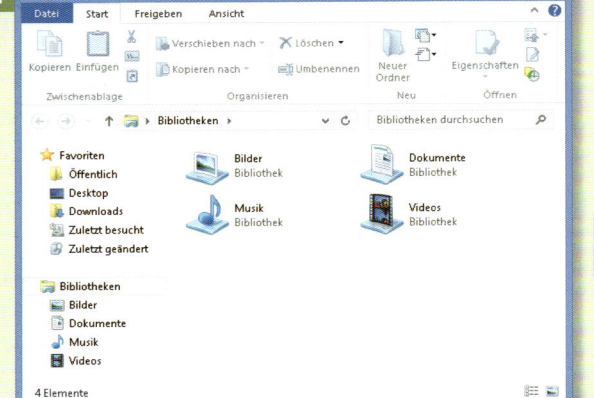

Schritt 2

Auch ein einzelnes aktives Fenster lässt sich abfotografieren. Dazu müssen Sie es zunächst mit einem Klick auf seine Kopfleiste markieren. Halten Sie Alt gedrückt, drücken Sie zusätzlich die Taste Druck, und lassen Sie danach Alt wieder los.

Schritt 3

Öffnen Sie ein Programm, das Screenshots verarbeiten kann (z. B. Paint). Wenn dort bereits ein Bild geöffnet ist, klicken Sie auf **Datei ▸ Neu**. Entscheiden Sie im nächsten Dialog, ob Sie das geöffnete Foto speichern wollen oder nicht.

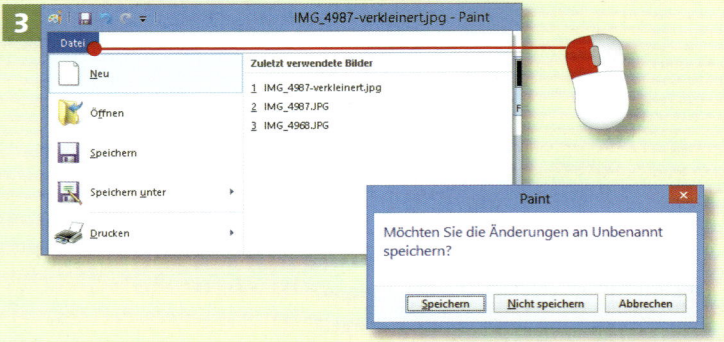

Schritt 4

Die Aufnahme aus Schritt 1 oder 2 ist in der virtuellen Zwischenablage des Betriebssystems gespeichert. Um das Bild in Paint sichtbar zu machen, klicken Sie auf **Einfügen** oder drücken ⌨Strg + ⌨V.

Schritt 5

Es gibt aber noch eine Alternative: In Windows 8 gibt es ein kleines, aber feines Programm, das ebenfalls Screenshots erstellen und verarbeiten kann: *Snipping Tool*. Es ist über die Suchfunktion auf dem Startbildschirm zu finden.

Schritt 6

Im Programm klicken Sie auf **Neu ❶**. Daraufhin erscheint der gesamte Bildschirm teiltransparent abgedeckt. Ziehen Sie mit gedrückter Maustaste einen Rahmen über dem Bereich auf, den Sie fotografieren möchten. Sobald Sie loslassen, ist das Foto fertig.

✚ Inhalt in Zwischenablage

Die Screenshots, die Sie mit dem Snipping Tool machen, sind nicht nur dort zu sehen, sondern befinden sich auch in der Zwischenablage. Sie könnten sie also direkt in Paint oder WordPad einfügen (siehe Schritt 4).

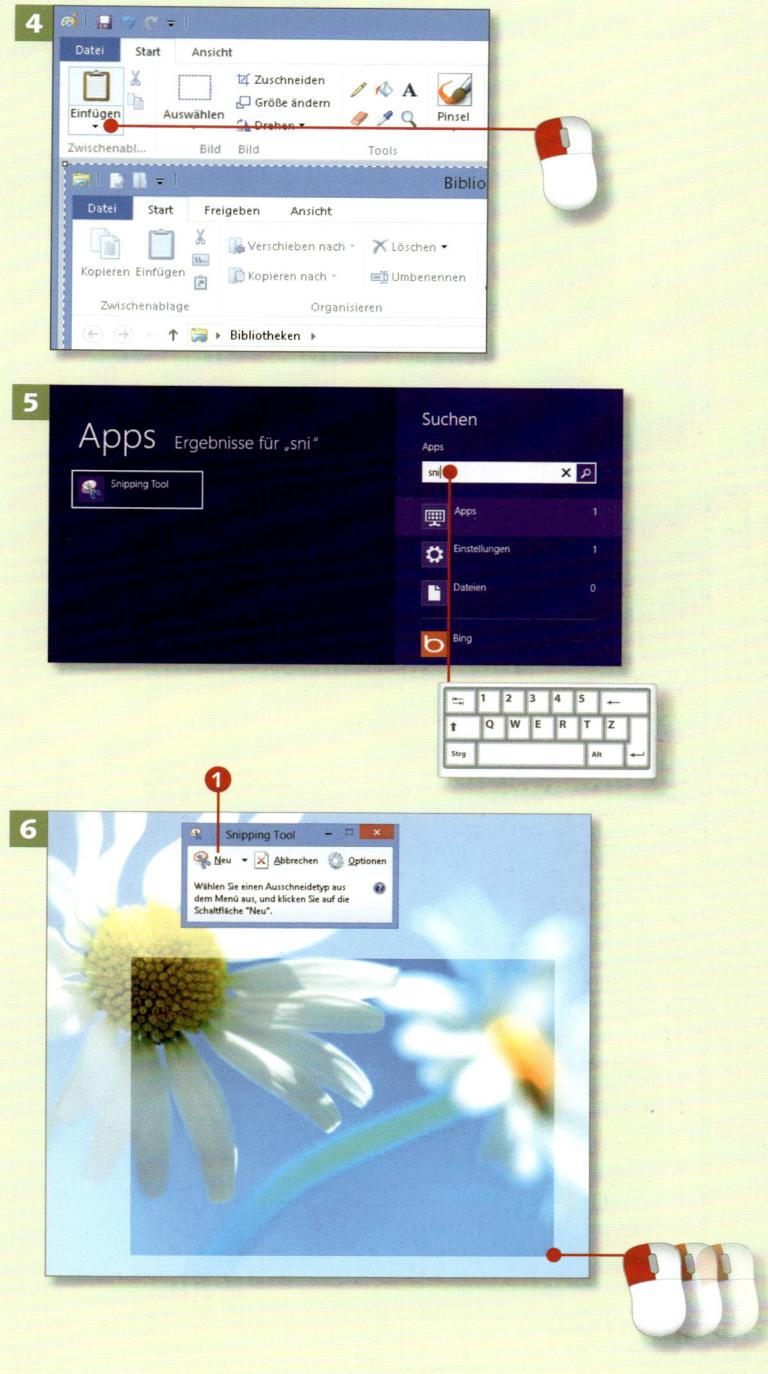

Ein Bildschirmfoto erzeugen (Forts.)

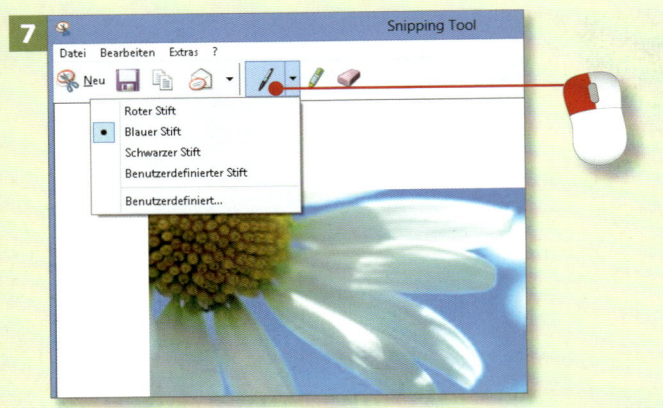

Schritt 7

Das Bearbeitungsfenster öffnet sich automatisch. Hier ist bereits ein Stift aktiviert, mit dem Sie Markierungen einzeichnen können. Wenn Sie den Stift vorab noch einstellen wollen, klicken Sie auf das kleine Dreieck daneben.

Schritt 8

Jetzt können Sie auf das Foto klicken, die Maus gedrückt halten und durch Verschieben der Maus die gewünschte Markierung anbringen. Danach lassen Sie die Maustaste wieder los.

Schritt 9

Das war noch nichts, sagen Sie? Na, dann klicken Sie zunächst auf den Radiergummi und danach auf den eingezeichneten Kringel – weg ist er.

Textmarker

Wie wäre es, wenn Sie bestimmte Stellen mit einem Textmarker auszeichnen könnten? Dazu klicken Sie auf den gelben Stift ❶ und fahren mit gedrückter Maustaste über den relevanten Bereich des Bildschirmfotos.

Schritt 10

Zuletzt müssen Sie das Foto noch speichern. Klicken Sie dazu auf **Datei ▸ Speichern unter**. Alternativ können Sie auch auf das kleine Disketten-Symbol ❷ klicken.

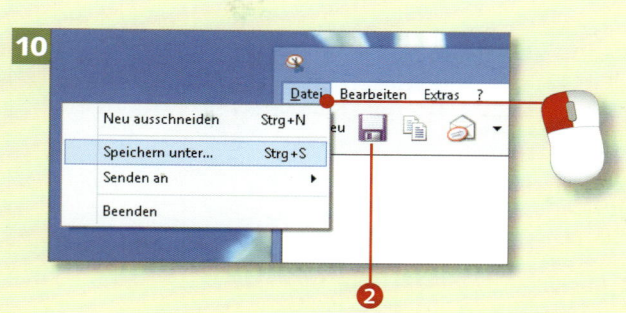

Schritt 11

Da der Eintrag im Feld **Dateiname** bereits markiert ist, können Sie gleich mit dem Eintippen einer neuen Bezeichnung beginnen. Schließen Sie die Aktion ab, indem Sie auf **Speichern** ❸ klicken.

Schritt 12

Das Foto finden Sie dann unter dem zuvor vergebenen Namen innerhalb des Ordners **Bilder** – und zwar alphabetisch einsortiert.

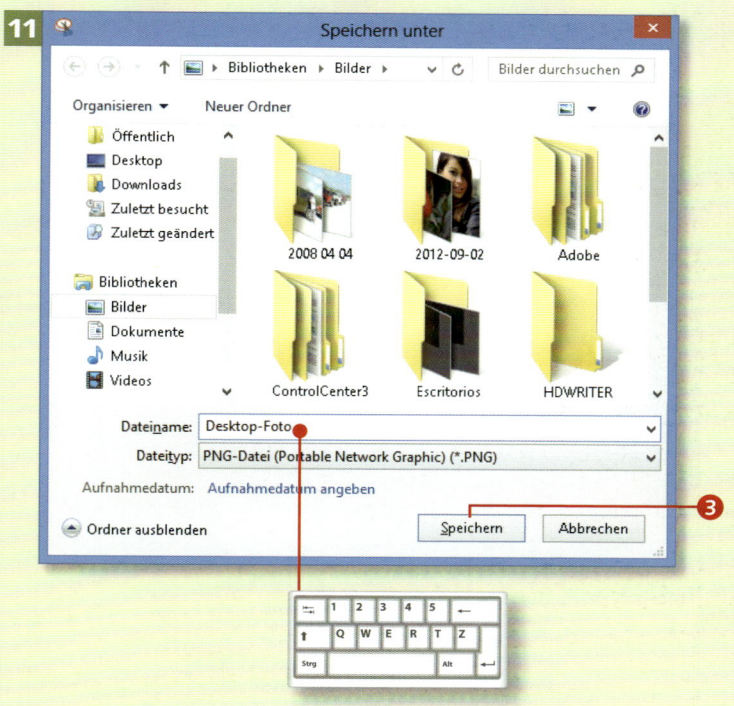

Dateiendung bleibt erhalten

Die Dateiendung bleibt übrigens auch dann erhalten, wenn Sie sie bei der Umbenennung des Bildes überschreiben. Windows 8 hängt sie automatisch wieder an, denn ohne Dateiendung ließe sich das Foto nicht mehr öffnen.

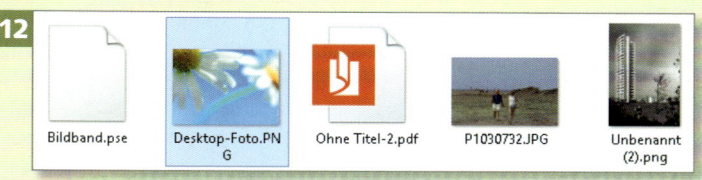

Ein eigenes Foto als Desktop-Hintergrund

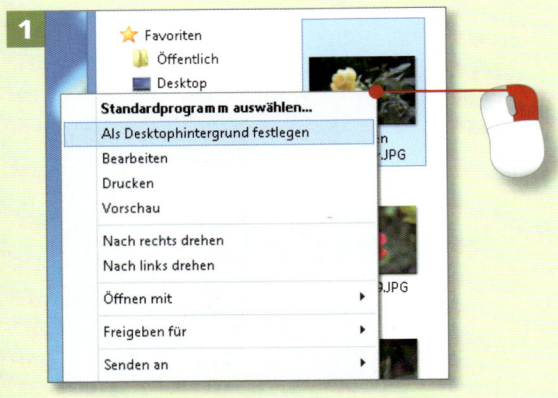

Hat es eines Ihrer Fotos verdient, ab sofort den Desktop zu zieren? In dieser Anleitung lernen Sie, wie Sie das mit zwei Mausklicks einrichten. Wie Sie das Ganze wieder rückgängig machen, erfahren Sie natürlich auch.

Schritt 1

Klicken Sie eine Bildminiatur mit rechts an, und wählen Sie im Kontextmenü **Als Desktophintergrund festlegen**. Das waren schon die beiden oben erwähnten Klicks.

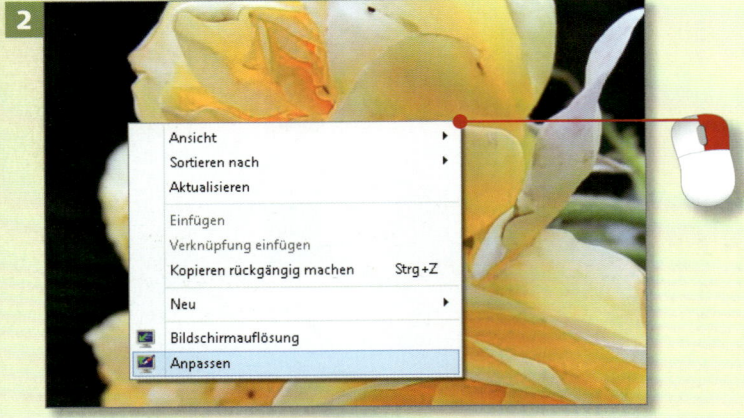

Schritt 2

Nun können Sie das Erscheinungsbild aber noch grundsätzlich anpassen. Dazu setzen Sie einen Rechtsklick auf den Desktop und entscheiden sich im Kontextmenü für **Anpassen**.

Schritt 3

Die Ausrichtung des Fotos können Sie ändern, indem Sie im geöffneten Dialogfenster **Anpassung** ganz unten auf **Desktophintergrund** klicken ...

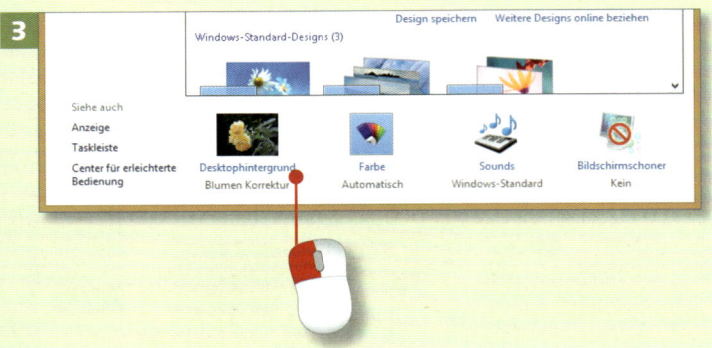

Fensterrahmen
Die Rahmen der Fenster nehmen automatisch eine zum verwendeten Bild passende Farbe an.

Schritt 4

…und dann die Liste **Bildposition** öffnen. Dazu klicken Sie auf das Pulldown-Menü (standardmäßig steht dort **Gefüllt**) und stellen es um auf **Nebeneinander**. Das Hintergrundbild wird dadurch »gekachelt« dargestellt.

Schritt 5

Verlassen Sie den Dialog mit einem Klick auf **Änderungen speichern**.

Schritt 6

Falls Sie doch lieber wieder den alten Hintergrund verwenden möchten, gehen Sie so vor, wie beschrieben, und klicken auf die Vorlage **Windows** in der zweiten Zeile **Windows-Standard-Designs** des Dialogs **Anpassung**. Dann schließen Sie das Fenster wieder.

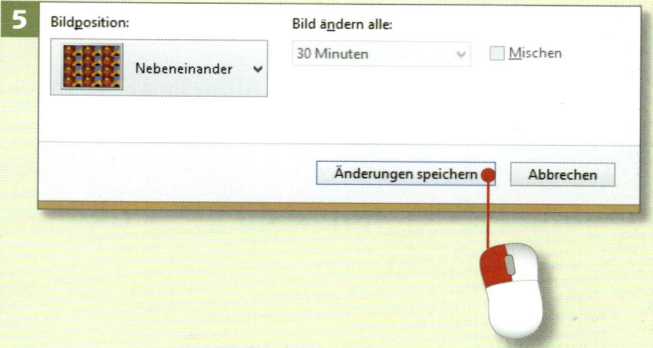

Bildpositionen

Testen Sie die unterschiedlichen Bildpositionen. Je nach Seitenverhältnis des Fotos sowie der Auflösung Ihres Monitors (z. B. 4:3 oder 16:9) kann es zu Verzerrungen kommen.

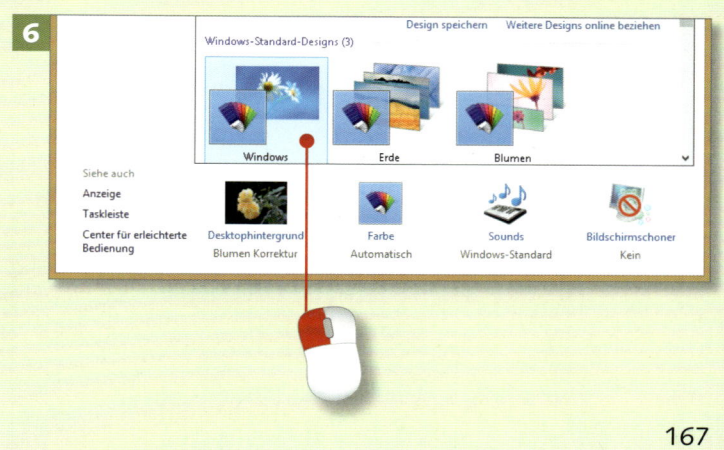

Kapitel 7
Musik und Videos

Sie besitzen eine umfangreiche Musiksammlung? Sie möchten Musik abspielen oder von CD hören, Wiedergabelisten erstellen und anderes mehr? All das ist kein Problem mit Windows 8, genauer gesagt, mit der Musik-App und dem Windows Media Player, die Sie in diesem Kapitel kennenlernen werden.

Die Musik-App

Die Musik-App ❶ ist neu in Windows 8. Sie verbindet gewissermaßen Ihr Musikarchiv mit Musik, die Sie direkt in einem Shop erstehen können – und zwar alles von einer einzigen Arbeitsumgebung aus.

Der Windows Media Player

Ein wahrer Alleskönner ist der Windows Media Player ❷. Das Programm wird Ihnen mit seinen wichtigsten Funktionen Bild für Bild vorgestellt. Auch das Übertragen Ihrer Musik von CD auf Festplatte ist damit möglich. Hier erfahren Sie, wie das geht.

1 Die Musik-App in Windows 8 bietet Ihnen ausgiebiges Musikvergnügen.

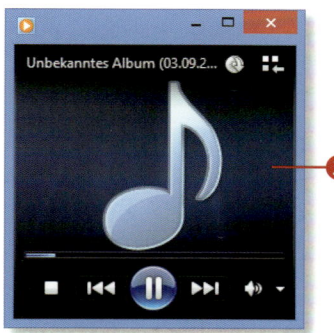

2 Der Mit dem Windows Media Player können Sie sich Ihre Musik auf jede erdenkliche Weise anhören.

Die Musik-App

Wenn es um die Wiedergabe von Musik und die Zusammenstellung unterschiedlicher Titel geht, sind Sie mit der Musik-App bestens bedient.

Schritt 1

Klicken Sie auf dem Startbildschirm zunächst auf die Kachel **Musik**. Standardmäßig ist diese orange und mit einem Kopfhörer versehen.

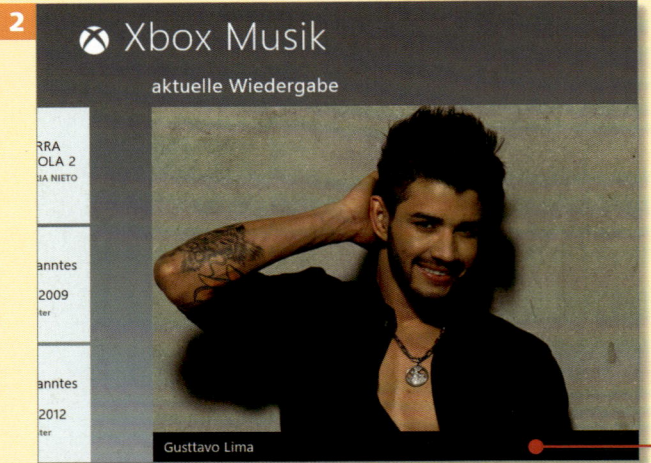

Schritt 2

Sie sind nun via Internet mit **Xbox Musik** verbunden. Ganz unten befindet sich ein Scrollbalken. Er wird erst sichtbar, wenn Sie mit der Maus nach unten fahren.

Schritt 3

Ziehen Sie den Scrollbalken einmal ganz nach rechts. Jetzt erreichen Sie den **Xbox Musik Marktplatz**, über den Sie beliebte Titel anspielen und Musik kaufen können.

Musik kaufen

Um Musik kaufen zu können, müssen Sie sich bei **Xbox Musik** anmelden. Was dabei zu tun ist, erfahren Sie, wenn Sie einen Titel auswählen und auf **Kaufen** klicken. Nähere Hinweise dazu finden Sie in der Anleitung »Musik online kaufen« auf Seite 184.

Schritt 4

Scrollen Sie in der Fußleiste hingegen nach links, erreichen Sie Ihr persönliches Musikarchiv, also alle Titel, die sich in den Systemordnern **Musik** der **Bibliotheken** befinden.

Schritt 5

Möchten Sie Infos über einen bestimmten Titel oder ein Album einholen, müssen Sie nur die entsprechende Kachel anklicken.

Schritt 6

Daraufhin erscheint ein kleines Fester und zeigt z. B. alle Lieder an, die auf dem Album sind. Je nach ihrer Anzahl können Sie darin ggf. scrollen. Den Schieber sehen Sie aber erst, wenn Sie den Mauszeiger ziemlich weit rechts im Programmfenster positionieren.

Kein Scrollbalken?

Wenn kein Scrollbalken auftaucht, liegt es daran, dass nicht mehr als die angezeigten Titel vorhanden sind.

Die Musik-App (Forts.)

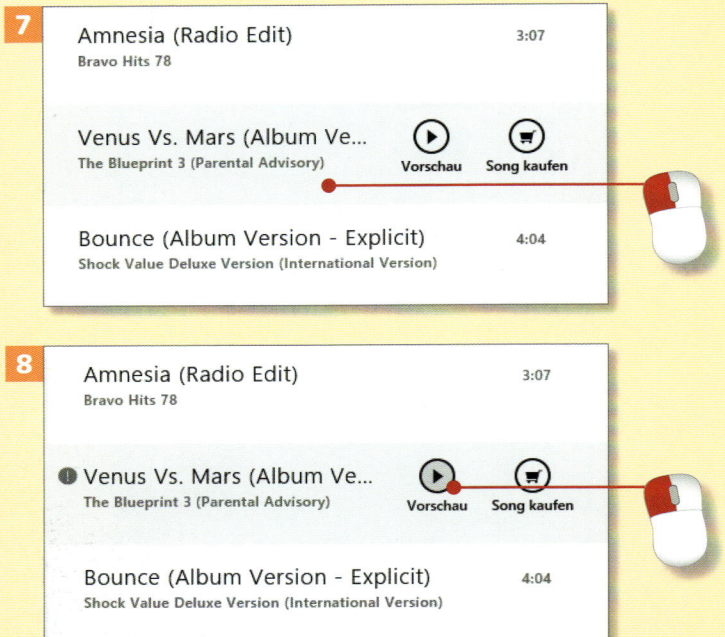

Schritt 7

Haben Sie das gesuchte Musikstück gefunden? Glückwunsch. Dann markieren Sie die betreffende Zeile mit einem Mausklick.

Schritt 8

Wenn Sie jetzt auf die Schaltfläche **Vorschau** klicken, wird ein kurzes Segment aus dem Titel als Hörprobe abgespielt. So können Sie sehen, ob es sich um das gesuchte Lied handelt. Wenn nicht, klicken Sie auf ein anderes in der Liste.

Schritt 9

Außerdem wird unten im Fenster noch eine Fußleiste eingeblendet, die u. a. die Option bereithält, die Wiedergabe zu unterbrechen.

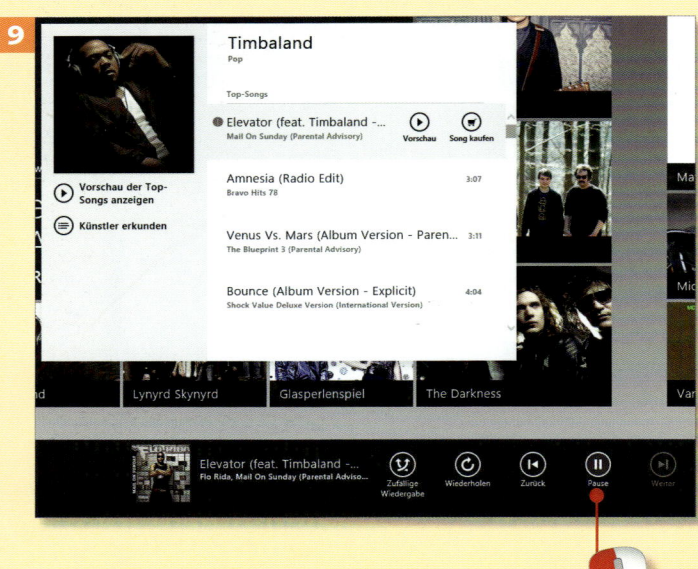

i Keine Vorschau?

Leider verfügen nicht alle Titel über eine Vorschau. Wird der Button nicht angezeigt, gibt es leider auch keine Möglichkeit, sich einen Titel kurz anzuhören.

Schritt 10

Die Schaltfläche **Künstler erkunden** hält weitere Informationen über den Star oder die Gruppe bereit. Es lohnt sich, einmal daraufzuklicken, um zu sehen, was Timbaland sonst noch so zu bieten hat.

Schritt 11

Es öffnet sich eine Künstlerseite, auf der Sie z. B. seine Diskographie ❶ sehen oder erfahren, wie das neueste Album heißt ❷. Auch hier lässt sich per Rechtsklick auf den Bildschirm eine Bedienleiste ❸ hervorbringen, die weitere Funktionen zum Abspielen zur Verfügung stellt.

Schritt 12

Wenn Sie sich umgesehen haben, klicken Sie auf den Pfeil oben links, um diese Ansicht wieder zu verlassen.

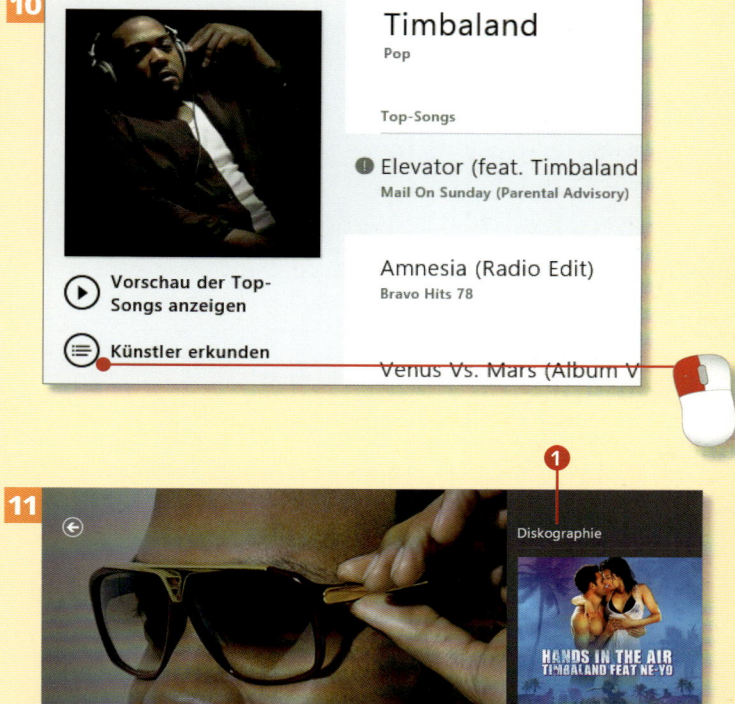

Keine Funktionen

Einige der Schaltflächen sind im Moment noch wirkungslos. Sie können erst eingesetzt werden, wenn Sie den Titel gekauft bzw. Ihre eigene Musiksammlung geöffnet haben.

Eigene Musik abspielen

Nachdem Sie erfahren haben, wie Sie das Xbox-Angebot durchstöbern können, geht es nun um Ihre eigene Musik – denn auch die können Sie von hier aus erreichen und abspielen.

Schritt 1

Starten Sie die Musik-App, und fahren Sie mit dem Mauszeiger so weit nach unten, dass sich der Scrollbalken zeigt. Schieben Sie ihn mit gedrückter Maustaste ganz nach links, bis sich der Bereich **meine Musik** öffnet.

Schritt 2

Hier suchen Sie jetzt das Album, das Sie hören wollen. Wenn Sie es gefunden haben, klicken Sie auf die entsprechende Kachel. Daraufhin öffnet sich ein kleineres Fenster.

Schritt 3

Hier dürfen Sie nun wählen, welches Stück Sie abspielen wollen. Dazu wählen Sie die Zeile mit einem Klick aus und klicken dann auf **Abspielen**.

Album abspielen

Wenn Sie sich anstelle eines einzelnen Stücks das gesamte Album anhören möchten, klicken Sie auf **Album abspielen** ❶ auf der linken Seite.

Schritt 4

In der Fußleiste finden sich unterschiedliche Buttons, mit denen die App gesteuert werden kann. Halten Sie die Musik an (**Pause**), oder wählen Sie z. B. **Zufällige Wiedergabe** ❷. Mit **Wiederholen** ❸ spielen Sie das gleiche Lied noch einmal ab; mit **Zurück** ❹ und **Weiter** ❺ navigieren Sie durch die Titelliste.

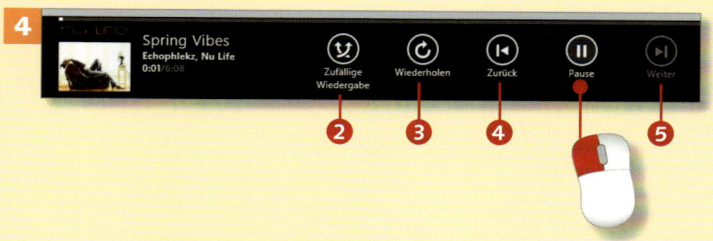

Schritt 5

Sie haben genug vom aktuellen Album? Dann sollten Sie es schließen. Das erreichen Sie einfach, indem Sie einen Mausklick auf den äußeren grauen Bereich setzen.

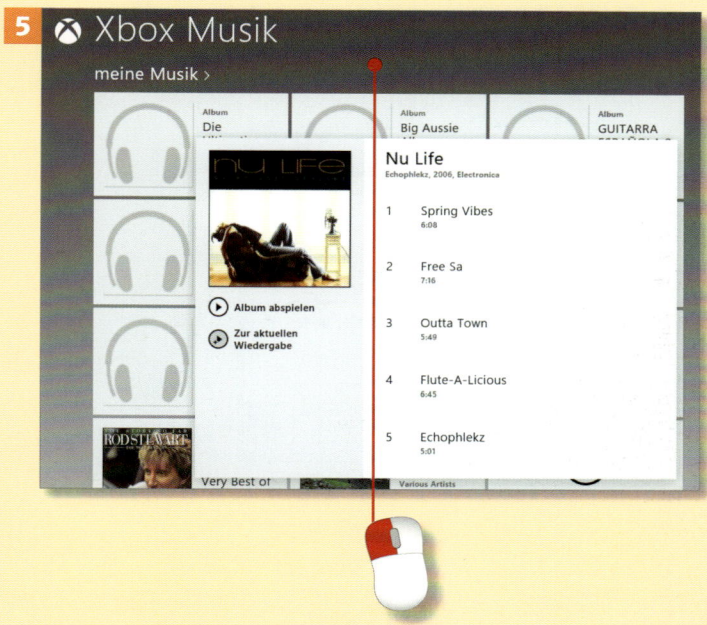

Schritt 6

Wenn Sie anstelle der Kachelansicht lieber eine Listenansicht hätten, klicken Sie ganz oben auf die Zeile **meine Musik**.

Keine Kacheln vorhanden?

Wenn ganz links keine Kacheln präsentiert werden, liegt das daran, dass in Ihrer Bibliothek noch keine Musik zur Verfügung steht. In diesem Fall zeigt die App den Hinweis **Es ist einsam hier** an. Darin gibt es die Schaltfläche **Etwas öffnen oder abspielen**, mit der Sie Zugriff auf den Bibliotheksordner **Musik** erhalten.

Eine Musik-CD wiedergeben

Nun beherbergt Windows 8 nicht nur die Musik-App, sondern auch den Windows Media Player. Mit ihm können (neben anderen Funktionen) auch CDs wiedergegeben werden.

Schritt 1

Legen Sie eine CD in Ihren PC ein. Kurz darauf wird oben rechts ein entsprechender Hinweis angezeigt, auf den Sie klicken müssen.

Schritt 2

In der sich daraufhin öffnenden Liste entscheiden Sie sich für **Audio-CD wiedergeben**.

Schritt 3

Wenn Sie den Player zum ersten Mal benutzen, müssen Sie zunächst die gewünschten Einstellungen wählen. Es ist zu empfehlen, hier auf **Benutzerdefinierte Einstellungen** zu klicken.

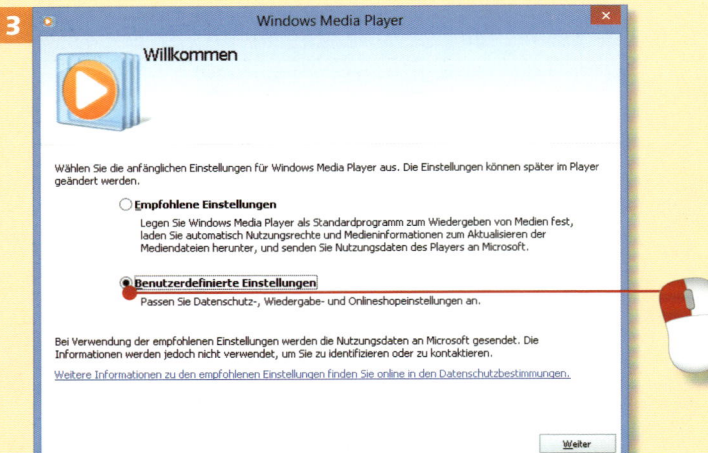

Hinweis verpasst?

Der in Schritt 1 erwähnte Hinweis bleibt nur einige Sekunden lang stehen. Sollten Sie ihn verpasst haben, geben Sie auf der Startseite »media« ein und bestätigen mit ⏎ , sobald der Eintrag **Windows Media Player** erscheint.

Schritt 4

Falls Sie nicht zulassen wollen, dass sich der Media Player Informationen zu Ihrer Musik aus dem Internet holt, müssen Sie die Checkboxen unter **Erweiterte Wiedergabefunktionen** ❶ deaktivieren. Klicken Sie anschließend unten auf **Weiter**, und wählen Sie den Player als Standard aus. Zum Schluss klicken Sie auf **Fertig** ❷.

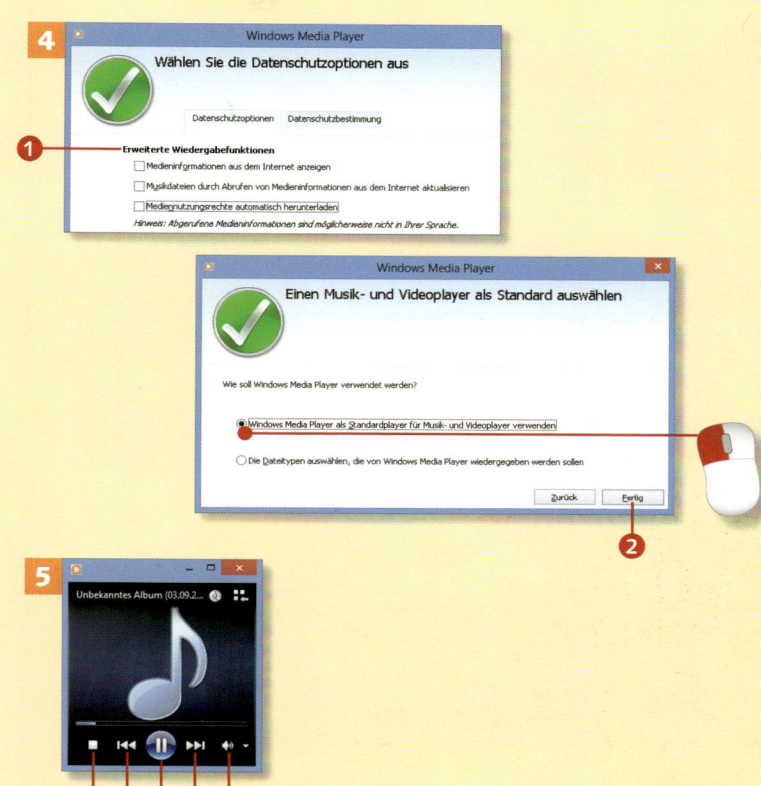

Schritt 5

Die Wiedergabe der CD beginnt nun ganz automatisch. Zudem wird der Player in minimaler Größe angezeigt. Sie können ihn über die Schaltflächen bedienen: **Pause/Play** ❸, **Vor** ❹ und **Zurück** ❺, **Stopp** ❻ und **Lautstärke** ❼.

Schritt 6

Wenn Sie möchten, vergrößern Sie das Fenster, indem Sie mit gedrückter Maustaste an der unteren rechten Ecke ziehen.

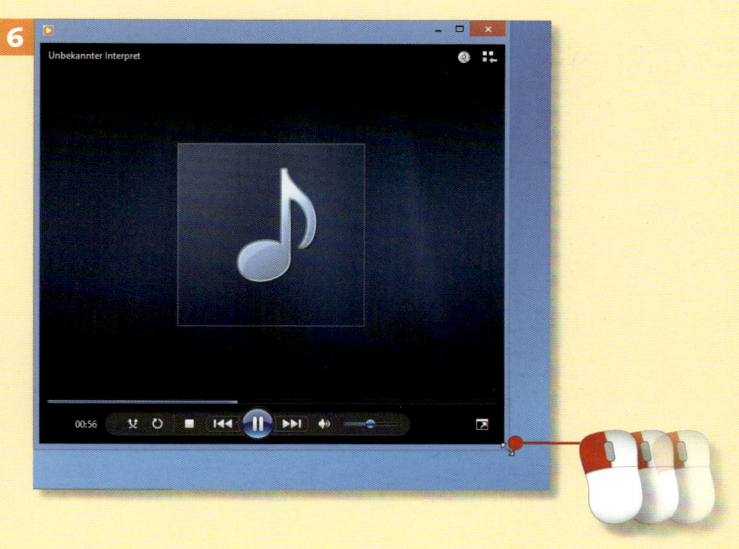

> **ℹ Keine Infos aus dem Internet**
> Wenn Sie in Schritt 4 die erweiterten Wiedergabefunktionen deaktivieren, verhindern Sie damit auch, dass z. B. Album-Miniaturen (Cover) oder die Titel der Musikstücke hinzugefügt werden.

Musik von einer CD kopieren

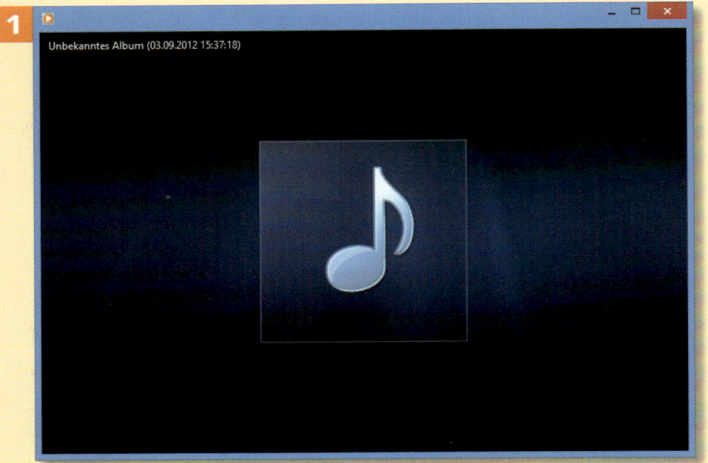

Nun ist es ja wunderbar, dass Sie CDs anhören können. Meist bietet es sich aber an, den Inhalt der CD für den künftigen direkten Zugriff auf den Rechner zu übertragen.

Schritt 1

Sobald Sie eine neue CD einlegen, öffnet sich das Fenster des Media Players automatisch.

Schritt 2

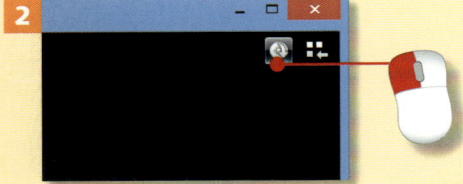

Am schnellsten geht das Kopieren, indem Sie das kleine CD-Symbol oben rechts im Player selektieren. Dieses wird übrigens nur dann eingeblendet, wenn sich der Mauszeiger auf dem Player befindet.

Schritt 3

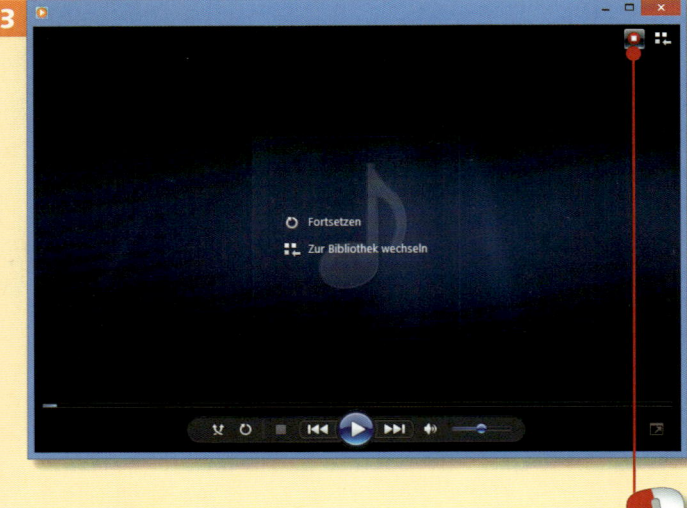

Danach klicken Sie erneut auf **CD kopieren**. Warten Sie einen Augenblick, bis der Media Player darauf reagiert. So wird dann allerdings die komplette CD übertragen.

ℹ Vorgesehener Speicherort

Die CD zu kopieren heißt: Die ausgewählten Stücke werden an den dafür vorgesehenen Speicherort (**Bibliotheken ▸ Musik**) übertragen. Wie Sie den Speicherort ändern können, erfahren Sie im Kasten auf der nächsten Seite.

Schritt 4

Wollen Sie hingegen nur Teile der CD auf Ihren Rechner übertragen, klicken Sie auf das Bibliothekssymbol oben rechts.

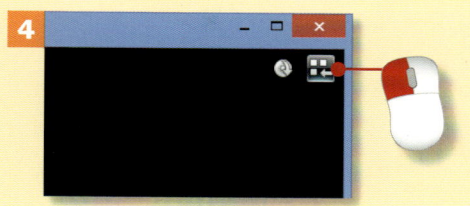

Schritt 5

Jetzt sehen Sie alle Titel einzeln in einer Liste. Besonders praktisch: Klicken Sie zunächst in die oberste Checkbox **Alle** ❶, und wählen Sie danach unterhalb nur die Alben mit einem Klick in die Checkbox aus, deren Titel importiert werden sollen.

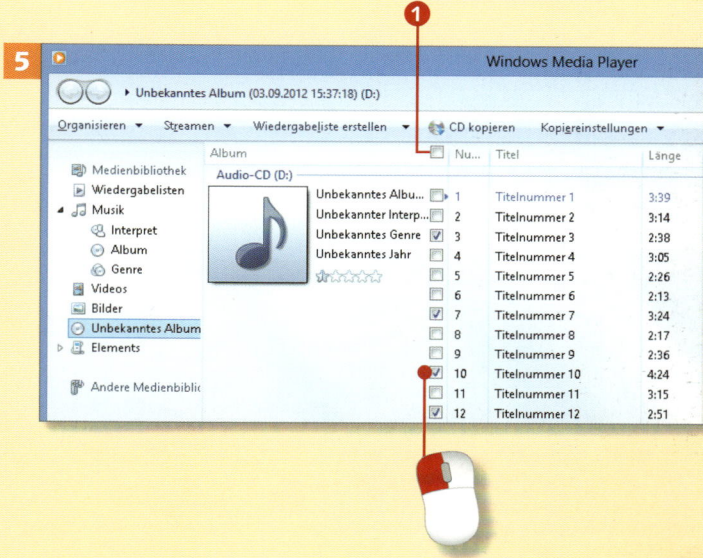

Schritt 6

Wenn Sie alle Titel ausgewählt haben, klicken Sie zuletzt auf die Schaltfläche **CD kopieren**, um den Prozess in Gang zu setzen.

Speicherort ändern

Es ist zu empfehlen, sämtliche Musik im Bibliotheksordner **Musik** aufzubewahren. Von dort sind die Dateien nämlich auch ohne großen Aufwand z. B. von der Musik-App aus erreichbar. Wenn Sie dennoch ein anderes Verzeichnis einstellen möchten, klicken Sie oben links auf **Organisieren** ❷ ▸ **Optionen**. Im Register **Musik kopieren** klicken Sie dann auf **Ändern** und wählen den neuen Ordner aus.

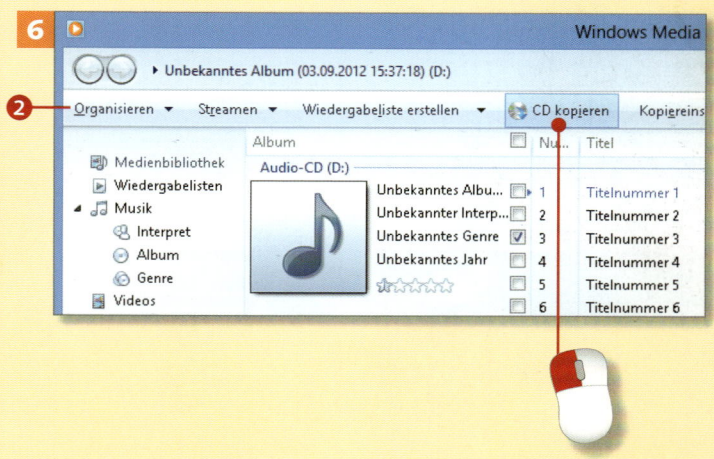

Wiedergabelisten anlegen

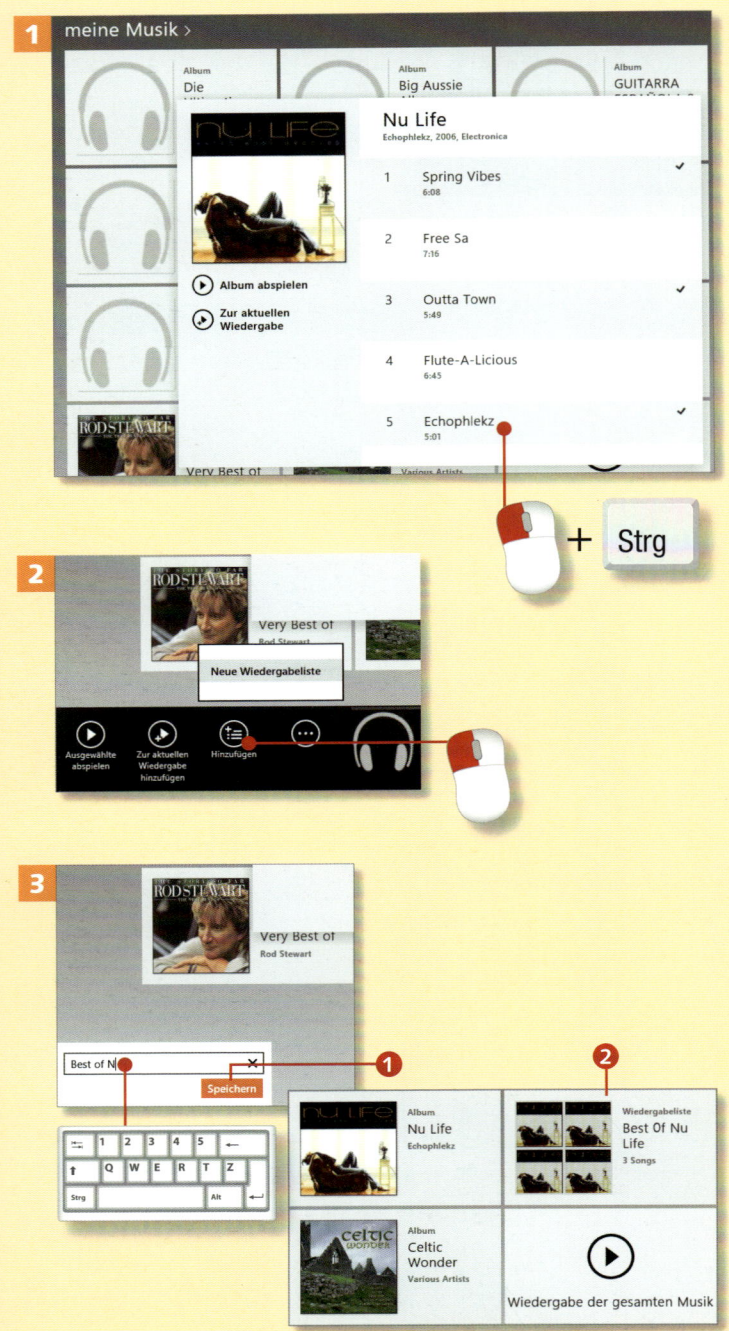

Möglicherweise wollen Sie selbst eine CD zusammenstellen und unterschiedliche Titel aus den verschiedensten Alben hinzufügen. Dazu erzeugen Sie zunächst eine Wiedergabeliste.

Schritt 1

Wollen Sie Stücke innerhalb der Musik-App in eine Wiedergabeliste packen? Dann klicken Sie alle Titel an, die dafür infrage kommen, und halten dabei Strg gedrückt.

Schritt 2

Klicken Sie anschließend in der Fußleiste auf **Hinzufügen**. Im zugehörigen Menü wählen Sie den Eintrag **Neue Wiedergabeliste**.

Schritt 3

Geben Sie unten links einen Namen ein, und klicken Sie auf **Speichern** ❶. Die neue Wiedergabeliste erscheint daraufhin als Kachel in der Rubrik **meine Musik** ❷.

Keine Duplikate

Für die Wiedergabeliste werden keine Duplikate der Musikstücke angelegt, sondern lediglich Verweise auf die Originaldatei in einer Liste zusammengestellt.

Schritt 4

Aus dem Media Player heraus erzeugen Sie eine neue Wiedergabeliste, indem Sie auf **Wiedergabeliste erstellen** klicken. Geben Sie einen Namen ❸ ein (hier: *Summer Hits*), und bestätigen Sie ihn mit ⏎ .

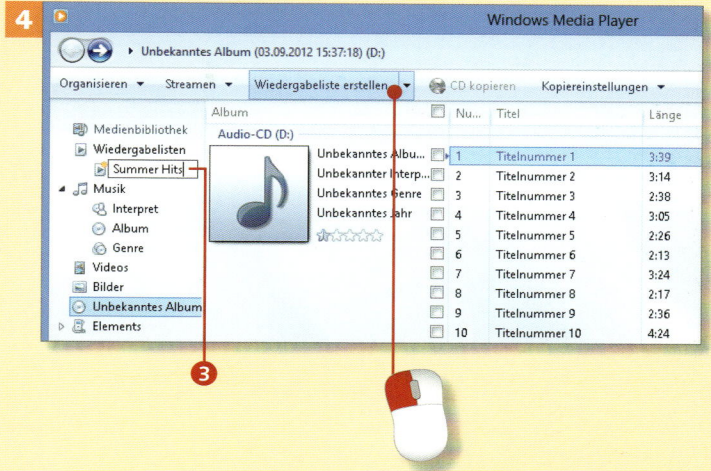

Schritt 5

Klicken Sie nun in der linken Spalte z. B. auf **Album**, **Interpret** o. Ä. ❹, um sich Ihre Musiksammlung in der entsprechenden Sortierung anzeigen zu lassen, und öffnen Sie das Album, dessen Titel Sie in die Wiedergabeliste aufnehmen möchten, in der Fenstermitte mit einem Doppelklick.

Schritt 6

Ziehen Sie die Stücke, die Sie hinzufügen wollen, einfach per Drag & Drop auf den Wiedergabelisten-Eintrag in der linken Spalte (hier: *Summer Hits*). In der Spalte ganz rechts sehen Sie, wie sich Ihre Wiedergabeliste langsam füllt.

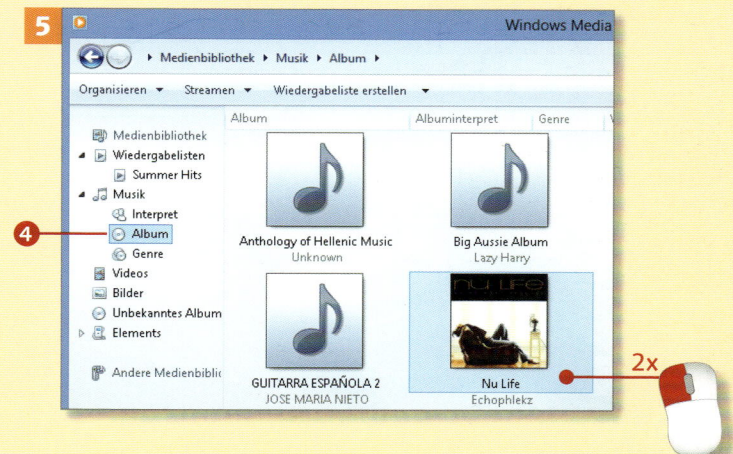

Freie Wahl der Titel

Natürlich ist eine Wiedergabeliste nicht auf ein Album beschränkt. Sie können jederzeit in ein anderes Album oder Verzeichnis wechseln und von dort aus ebenfalls Titel auf die Wiedergabeliste ziehen.

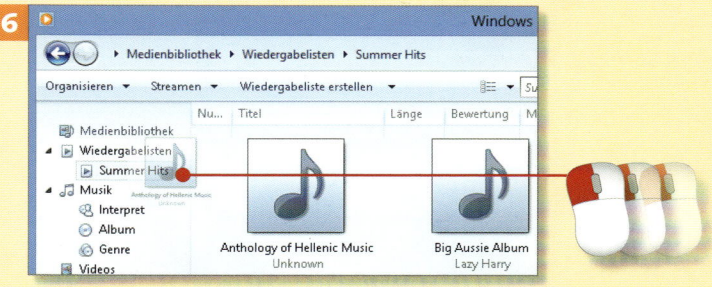

Wiedergabelisten verwalten

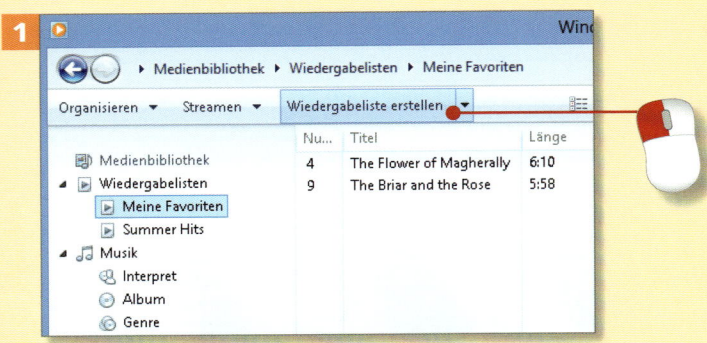

In diesem Abschnitt geben wir Ihnen nun noch einige Tipps und Infos zum Umgang mit Wiedergabelisten. Bestimmt wollen Sie auch wissen, wie die Stücke sortiert werden können, oder?

Schritt 1

Natürlich muss niemand mit einer einzigen Wiedergabeliste auskommen. Wenn Sie es wünschen, erzeugen Sie auf die im Abschnitt »Wiedergabelisten anlegen« auf Seite 180 beschriebene Art weitere Listen.

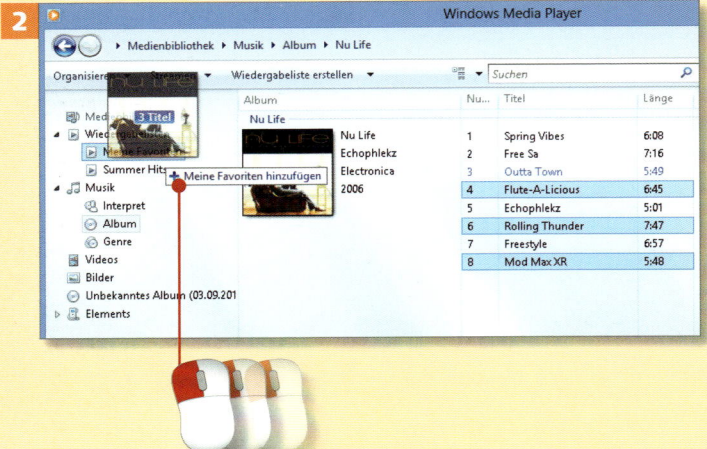

Schritt 2

Wenn Sie mehrere Stücke auf einmal in eine Liste aufnehmen wollen, markieren Sie die Stücke zunächst, indem Sie sie anklicken und dabei Strg gedrückt halten. Danach klicken Sie auf die Markierung und ziehen das ganze Paket mit gedrückter Maustaste auf die Wiedergabeliste.

Schritt 3

Die in der rechten Spalte erscheinenden Stücke können nun nach Wunsch sortiert werden. Auch das funktioniert per Drag & Drop (Ziehen und Fallenlassen). Lassen Sie die Maustaste los, wenn eine schwarze Linie angezeigt wird.

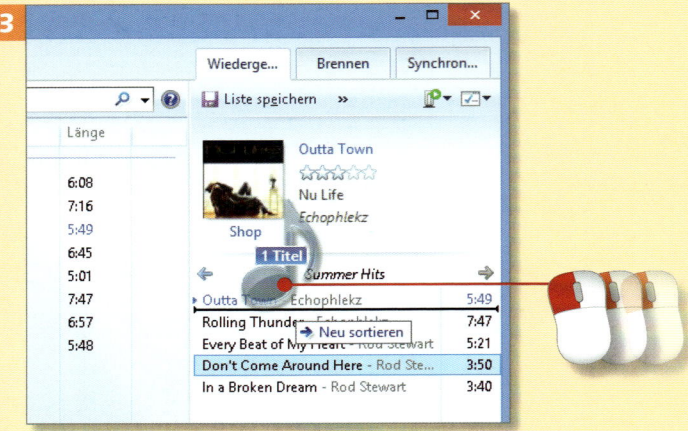

Schritt 4

Vielleicht möchten Sie den Namen
der Wiedergabeliste irgendwann
nachträglich ändern. Dazu klicken
Sie einfach auf die Bezeichnung in
der rechten Spalte und geben einen
neuen Titel ein, den Sie mit ⏎
bestätigen.

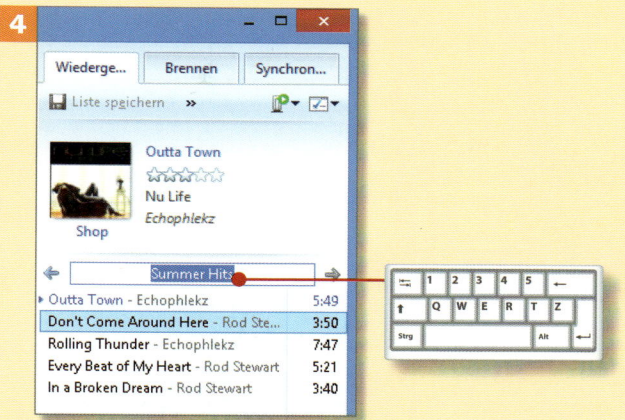

Schritt 5

Wollen Sie alle Ihre Wiedergabelisten einsehen? Dann klicken Sie links
auf **Wiedergabelisten**. Die Liste
kann jetzt in der Mitte ausgewählt
werden; ganz rechts in der Spalte
sehen Sie dann ihren Inhalt (wie in
Schritt 4 zu sehen).

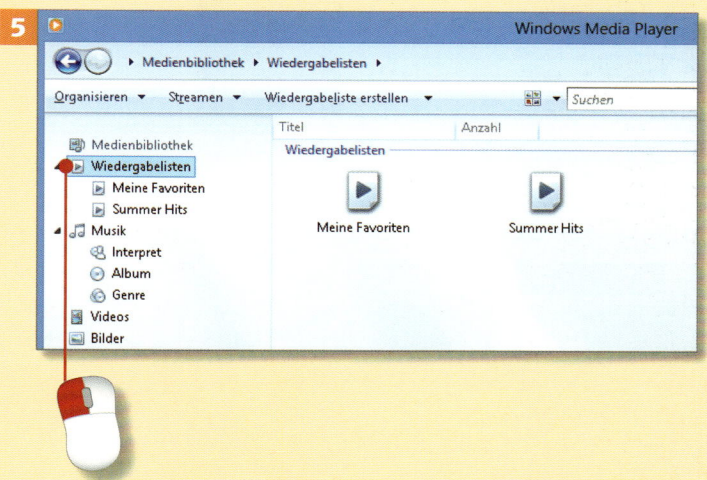

Schritt 6

Wenn Sie sich irgendwann mal
von einer Wiedergabeliste trennen
möchten, markieren Sie diese einfach mit rechts und wählen **Löschen**.
Schon löst sie sich in Luft auf.

i

Originale bleiben erhalten

Da Wiedergabelisten grundsätz-
lich nur Verknüpfungen zu den
Originaldateien beinhalten, dürfen
Sie eine Liste bedenkenlos löschen.
Die darin enthaltenen Musikstücke
bleiben auf dem Computer und im
Media Player natürlich trotzdem
erhalten.

Musik online kaufen

Bestimmt macht das Durchstöbern der Xbox Musik Lust auf mehr. Denn wenn Ihnen ein Stück oder Album gefällt, können Sie es dort auch gleich erwerben.

Schritt 1

Öffnen Sie das Programm **Xbox Musik**, indem Sie auf die Kachel **Musik** auf dem Startbildschirm klicken.

Schritt 2

Nun halten Sie nach der gewünschten Musik Ausschau. Scrollen Sie z. B. nach rechts, bis Sie die Rubrik **Am beliebtesten** erreichen.

Schritt 3

Wählen Sie mit einem Mausklick die Kachel des Albums oder Künstlers aus, das oder der Sie anspricht.

Alben und Künstler

Mit **Album** ❶ sind komplette CD-Alben gemeint. Allerdings müssen Sie nicht unbedingt das gesamte Album erstehen. Sie können auch einzelne Stücke daraus kaufen. Steht hingegen **Künstler** ❷ auf der Kachel, handelt es sich meist um ein aus mehreren Alben oder Einzelstücken bestehendes Angebot.

Schritt 4

Suchen Sie das Stück aus, das Sie erstehen wollen. Die Liste lässt sich meist noch nach unten scrollen. Zuletzt reicht ein Mausklick auf die Zeile.

Schritt 5

Zur Kontrolle können Sie sich das Stück bzw. einen Ausschnitt daraus vorab anhören, indem Sie auf **Vorschau** ❸ klicken. Dieses Stück soll es sein? Dann klicken Sie auf **Song kaufen**.

Schritt 6

Als Nächstes müssen Sie ein Profil erstellen und mit einem Klick auf **Ich bin einverstanden** ❹ die Nutzungsbedingungen und die Datenschutzerklärung akzeptieren. Die Bezahlung erfolgt über ein Punktesystem; klicken Sie daher auf **Points kaufen**.

i Zahlungsabwicklung

Um Musik kaufen zu können, müssen Sie erst sogenannte *Microsoft Points* erwerben. Die kleinste verfügbare Einheit ist 500 Points für 6,00 EUR. Zum Schluss geben Sie Ihre Rechnungsanschrift und eine Zahlungsmethode an und folgen den Dialoganweisungen.

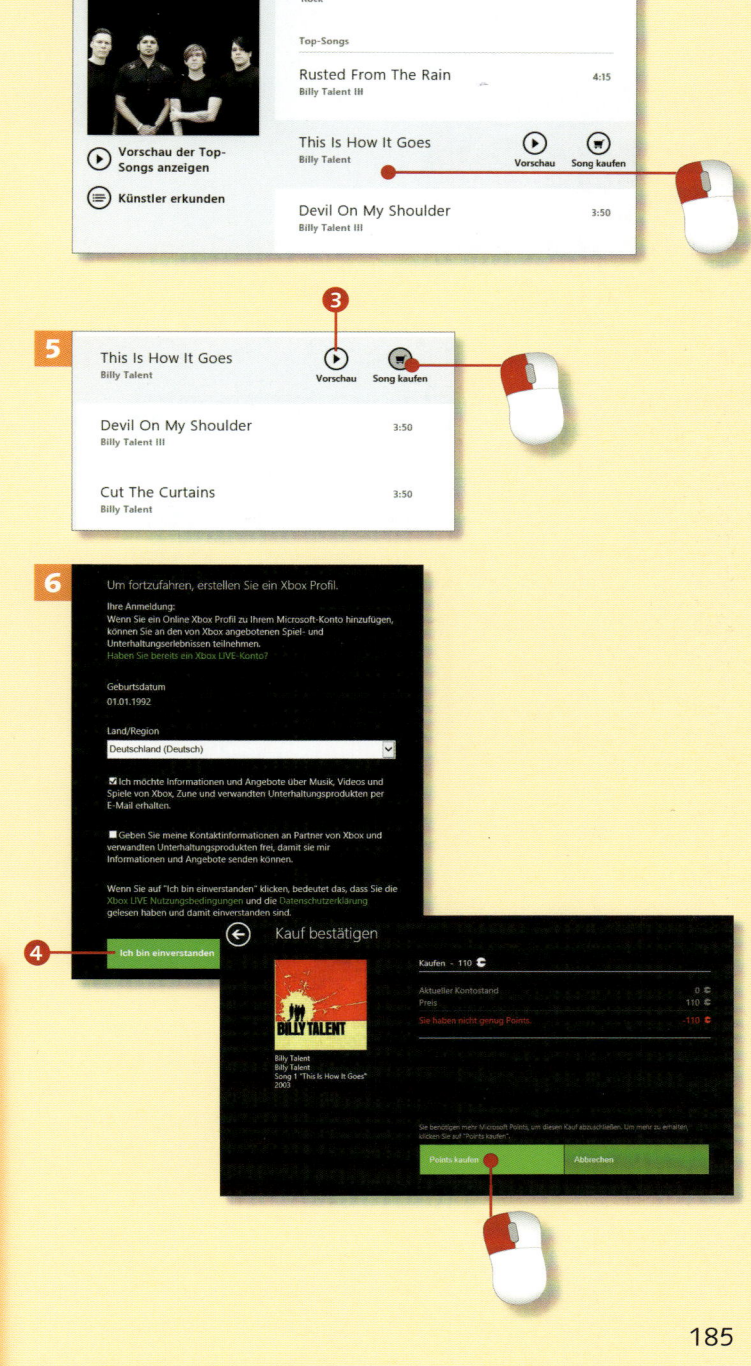

Filme abspielen

Nun schauen wir uns an, wie Sie Filme und Videos in Xbox Video leihen oder kaufen und abspielen.

Schritt 1

Starten Sie die Video-App, indem Sie auf dem Startbildschirm auf **Video** klicken. Wenn Sie kein entsprechendes Symbol sehen, geben Sie »video« ein und drücken ⏎, um das Programm zu öffnen.

Schritt 2

Interessiert Sie einer der in **Xbox Video** angebotenen Streifen? Dann klicken Sie auf seine Miniatur.

Schritt 3

In der nächsten Ansicht stehen unten die Optionen **Kaufen** ❶ und **Leihen** ❷ zur Verfügung. Beides ist kostenpflichtig. Mit **Film erkunden** ❸ erfahren Sie mehr über das Produkt.

3

Der Diktator
2012, FSK 12, SD, Komödie, 1 Std. 23 Min.

Die Macher und der Star aus Borat erzählen haarsträubend-komisch, was passiert, wenn der schrecklichste Diktator der Welt nach Amerika kommt. Gefangen in New York und seiner Macht beraubt kämpft Aladeen (Sacha Baron Cohen) mit seinem ultimativen Alptraum … denn hier lebt er den amerikanischen Traum. Lachen bis der Arzt kommt heißt das Motto beim derb zugespitzten Gagfeuerwerk einer empörend witzigen Cohen-Satire!

❶ Kaufen
❷ Leihen
❸ Film erkunden

Kaufen und leihen

Beim ersten Mal müssen Sie sich mit Ihrem Microsoft-Konto anmelden, damit es für Videos freigegeben wird. Um den Film zu erwerben oder zu mieten, ist der Erwerb von Microsoft Points erforderlich.

Schritt 4

Nun zu den eigenen Filmen, die auf Ihrer Festplatte im Bibliotheksordner **Videos** liegen sollten, damit Sie sie hier aufrufen können. Ein Mausklick auf die entsprechende Miniatur bringt Sie zum gewünschten Film.

Schritt 5

Das Video wird dann gestartet. Die Schaltflächen, z. B. die Pause-Taste ❹ oder der **Zurück**-Button ❺, verschwinden nach wenigen Sekunden von allein. Wenn Sie die Steuerelemente zurückholen möchten, bewegen Sie einfach die Maus.

Schritt 6

Mit einem Rechtsklick unterhalb der Videofläche rufen Sie bei Bedarf eine Fußleiste mit weiteren Steuerelementen auf.

Playhead

Der kleine Kringel ❻, den Sie in Schritt 5 sehen, ist der *Playhead* (Abspielmarke). Dieser kann per Drag & Drop in horizontaler Richtung verschoben werden. So können Sie sich fast stufenlos innerhalb des Videos bewegen – also auch mal schnell vor- oder zurückspringen.

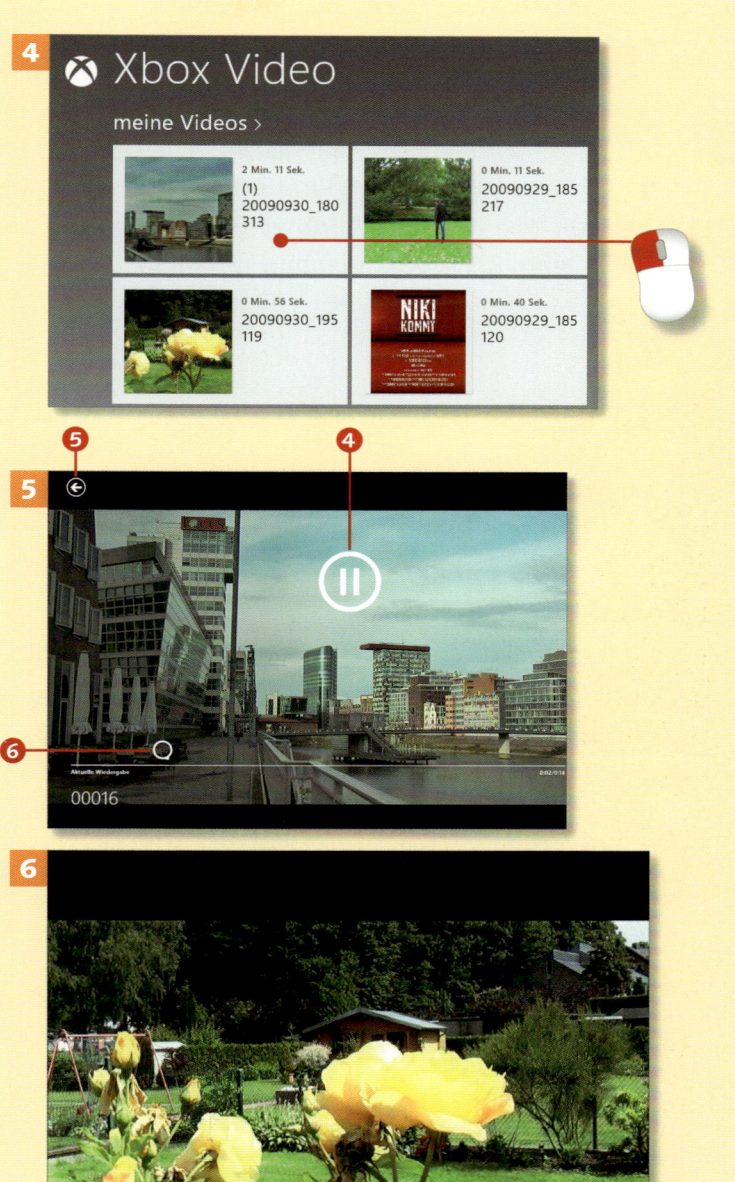

Kapitel 8
Texte schreiben

Zu den häufigsten Aufgaben am Computer gehören die Erstellung und die Weiterverarbeitung von Text. Sie als Windows-8-Besitzer haben es leicht, denn Sie können gleich anfangen. Neben WordPad stehen Ihnen auch die Programme Kurznotizen und Windows-Journal zur Verfügung.

Texte verfassen
Wer kein kostenpflichtiges Textverarbeitungsprogramm wie Microsoft Word nutzen möchte, der kann seine Texte auch mit WordPad ❶ erstellen, auszeichnen und sogar Bilder in den Text einfügen.

Kurz- und Journal-Notizen
Sie wollen »mal eben« etwas notieren? Dann sind die Kurznotizen ❷ interessant für Sie. Das sind virtuelle Klebezettel, die fast schon »wie im richtigen Leben« funktionieren. Handschriftliches lässt sich mit der Journal-App anfertigen.

Computer in der heutigen Zeit

Computer sind aus dem täglichen Leben nicht mehr wegzudenken. Wir nutzen Computer in allen Bereichen und Lebenslagen. Wer behauptet, er könne gänzlich ohne Computer auskommen, mag zwar die Wahrheit sagen, doch geht dies nicht ohne Einschränkungen des täglichen Lebens.

Wer beispielsweise eine *Reise* buchen möchte, der muss nicht mehr ins nächste Reisebüro gehen, sondern kann den Urlaub direkt via Internet buchen. Und noch besser: Er kann selbst den günstigsten Preis heraussuchen, ohne auf die Hilfe anderer angewiesen zu sein.

Computer halten immer mehr Einzug in unser tägliches Leben. Heutzutage gibt es bereits Kühlschränke, die selbständig jene Artikel nachordern, die wir zuvor entnommen haben. Zwar sind derartige Errungenschaften noch nicht wirklich serienreif, doch sie funktionieren bereits. Schöne neue Welt? Das muss jeder für sich selbst entscheiden.

❶ Mit WordPad können Sie Ihre Texte verfassen und gestalten.

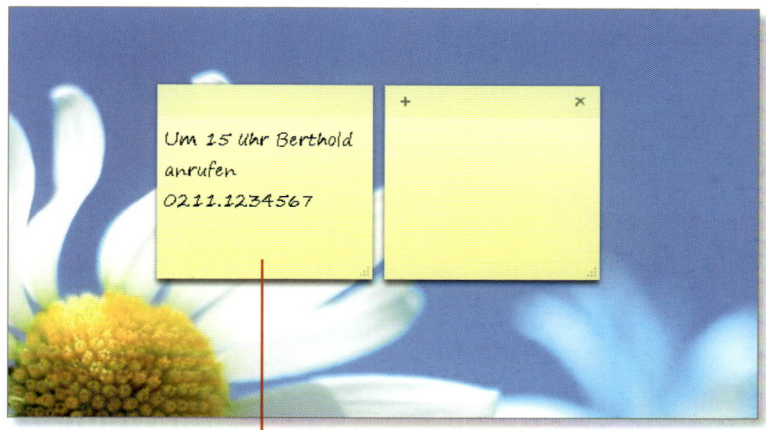

❷ Dank der Kurznotizen und Windows-Journal vergessen Sie so schnell nichts mehr.

Texte mit WordPad verfassen

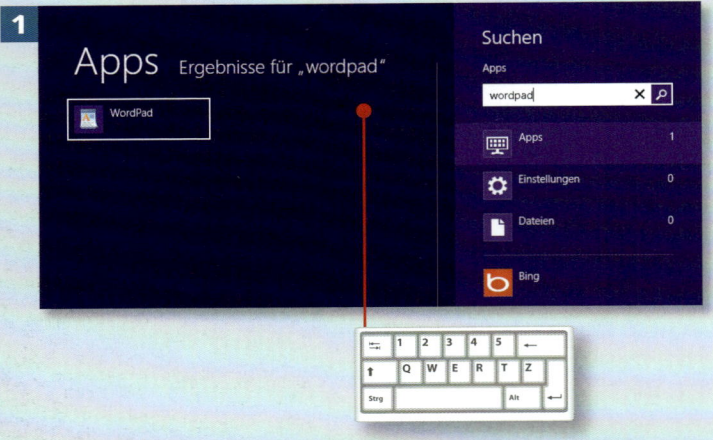

In diesem Abschnitt geht es um die Erstellung und Auszeichnung von Text (also die Veränderung der Schrift in Form, Größe, Farbe etc.). WordPad kann mehr, als man meint.

Schritt 1

Suchen Sie zunächst die WordPad-App. Dazu tippen Sie auf dem Startbildschirm einfach ein entsprechendes Suchwort ein (hier: »wordpad«).

Schritt 2

Bevor wir das Programm öffnen, wollen wir davon eine Schnellstart-Kachel auf den Startbildschirm bringen. Klicken Sie den **WordPad**-Eintrag deswegen mit rechts an, und klicken Sie dann auf **An „Start" anheften** in der Fußleiste.

Schritt 3

Nun können Sie die Anwendung mit einem Doppelklick auf die soeben erzeugte Verknüpfung auf dem Startbildschirm öffnen.

Kachel nicht erforderlich

Wenn Sie keine Kachel wünschen, lassen Sie Schritt 2 weg und drücken stattdessen nach Schritt 1 direkt ⏎ .

Schritt 4

Sie können nun mit der Texteingabe beginnen. Wenn Sie in eine neue Zeile springen, also einen Absatz erzeugen wollen, drücken Sie ⏎. Großbuchstaben schreiben Sie, solange Sie ⇧ gedrückt halten.

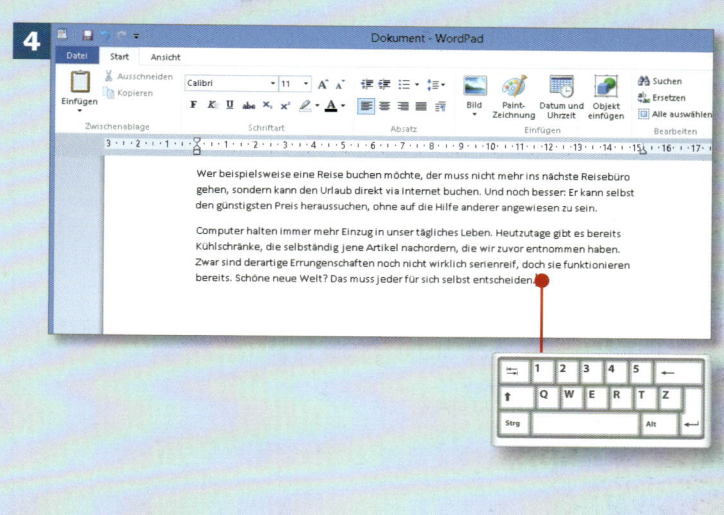

Schritt 5

Wenn Sie sich verschreiben, können Sie Zeichen mit Entf oder ← löschen. Ganze Begriffe markieren Sie mit einem Doppelklick, während Sie ganze Absätze mit einem Dreifachklick auswählen. Markierungen werden im Ganzen gelöscht.

Schritt 6

Zur besseren Übersicht und für Hervorhebungen ist es sinnvoll, Text unterschiedlich zu gestalten. Setzen Sie z. B. einen Dreifachklick auf die Überschrift. Sie wird daraufhin blau markiert.

Lettern auszeichnen

Anstelle ganzer Wörter oder Zeilen können auch einzelne Buchstaben markiert und separat ausgezeichnet werden. Die Veränderung wirkt sich stets nur auf die markierten Bereiche aus.

191

Texte mit WordPad verfassen (Forts.)

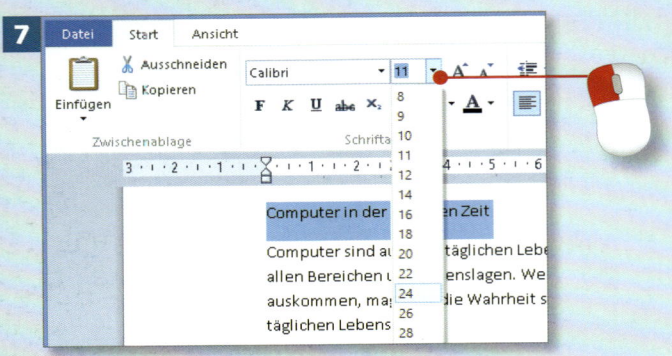

Schritt 7

Dann verändern Sie den **Schriftgrad**. Öffnen Sie die entsprechende Liste, indem Sie auf das kleine Dreieck neben der Schriftgröße klicken. Fahren Sie jetzt das Menü entlang, bis Sie bei **24** angelangt sind. Dort platzieren Sie einen weiteren Mausklick.

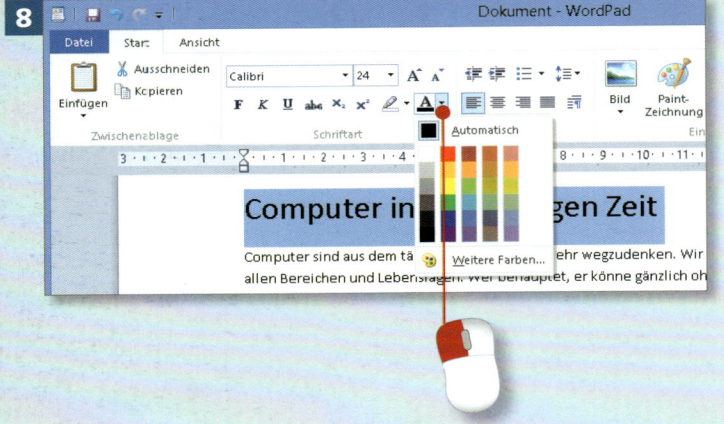

Schritt 8

Die immer noch markierte Schrift soll jetzt umgefärbt werden. Klicken Sie dazu auf das kleine Textfarben-Dreieck.

Schritt 9

Nun wählen Sie eine Farbe aus und klicken auf das entsprechende farbige Quadrat (im Beispiel: **Kräftiges Blau**). Dies hat zur Folge, dass der Text entsprechend umgefärbt wird.

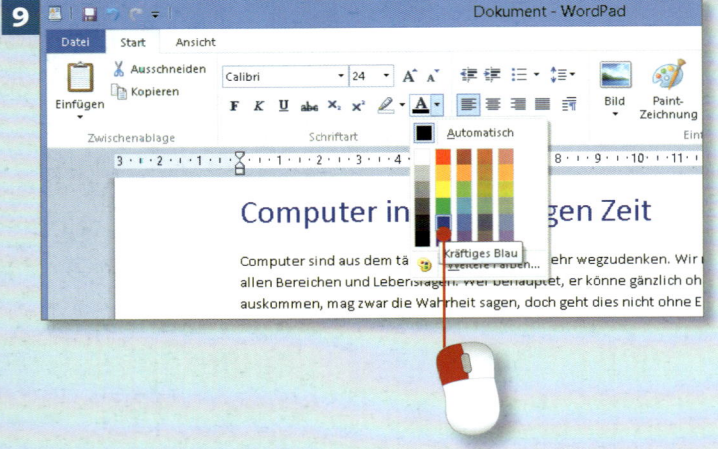

Farbe mit Bedacht wählen

Wenn Sie das Dokument später drucken möchten, achten Sie bei der Wahl der Schriftfarbe immer darauf, ob der Text auf dem gedruckten Papier später gut lesbar ist. Bunt ist zwar schön, aber der Lesbarkeit nicht immer zuträglich.

Schritt 10

Da Sie die Schriftfarbe nicht richtig sehen können (der Text ist ja immer noch blau markiert), sollten Sie nun noch auf einen beliebigen Bereich des Textes klicken. Setzen Sie bitte nur einen einzelnen Mausklick ein.

Schritt 11

In diesem Schritt setzen Sie ein einzelnes Wort kursiv. Markieren Sie dazu ein Wort, das Sie für wichtig halten, indem Sie einen Doppelklick darauf setzen.

Schritt 12

Damit das markierte Wort schräg gestellt werden kann, klicken Sie auf die kleine **K**-Schaltfläche. Mit **F** ❶ setzen Sie das Wort fett, mit **U** ❷ wird der markierte Text unterstrichen.

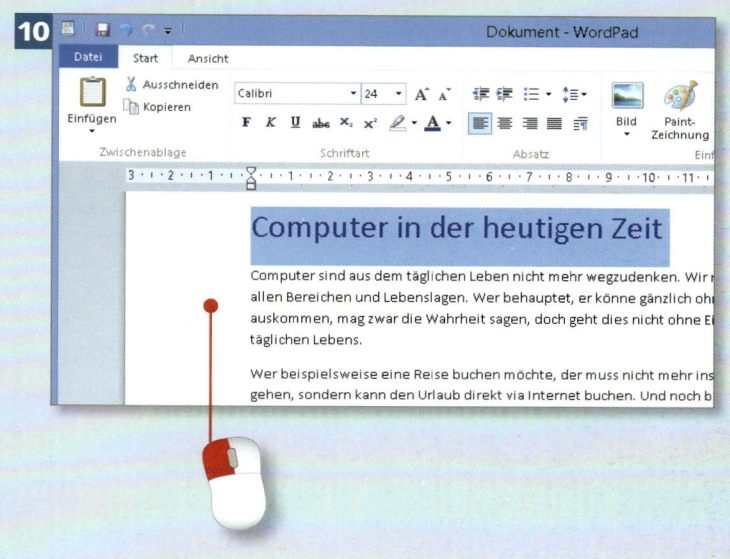

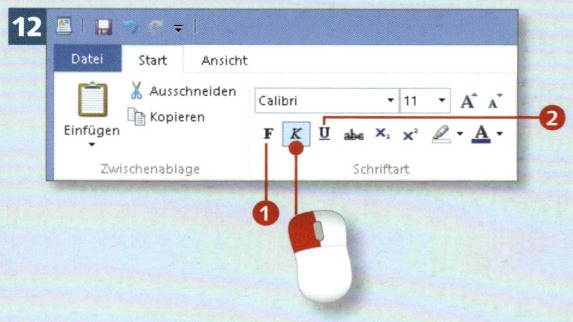

Microsoft Word

Wenn Sie ein professionelles Textverarbeitungsprogramm ausprobieren möchten, laden Sie sich eine Testversion von Word unter *www.microsoft.com/de-de* herunter (Rubrik: **Downloads**).

Texte mit WordPad verfassen (Forts.)

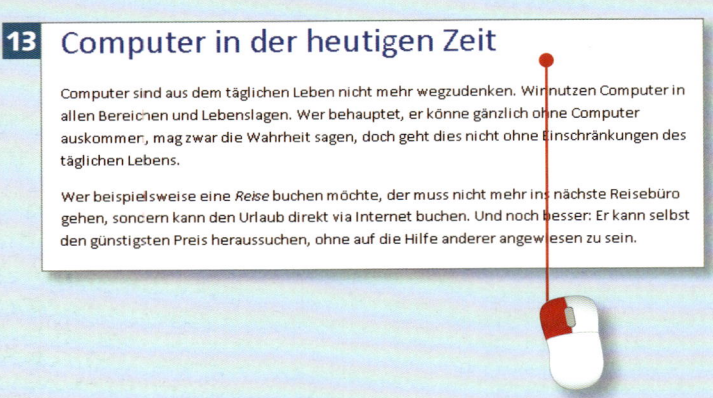

Schritt 13

Entfernen Sie die Markierung wieder, indem Sie einen einzelnen Mausklick auf einen anderen Textbereich setzen.

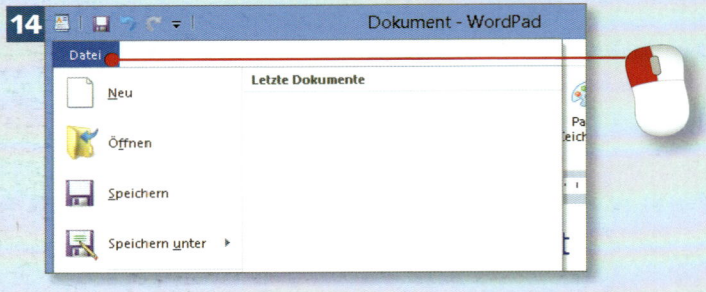

Schritt 14

Es wird Zeit, das Dokument zu speichern. Denn wenn es mal einen Computer- oder Programmabsturz geben sollte, wäre alles verloren. Daher klicken Sie zunächst auf **Datei** in der oberen linken Ecke.

Schritt 15

Im Menü klicken Sie dann auf **Speichern unter**. Das sorgt dafür, dass Sie im nächsten Dialog einen Speicherort angeben können. (Wenn Sie das Dokument noch nie abgespeichert haben, müssen Sie das ohnehin tun.)

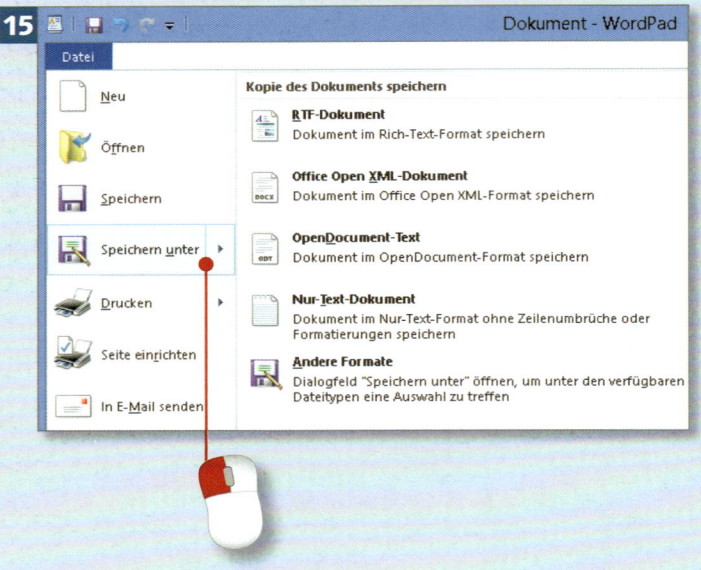

!

Speichern nicht vergessen

Auch wenn die Programme unter Windows 8 sehr stabil laufen: Es ist ärgerlich, wenn Sie einen langen Text durch technische Probleme verlieren. Gehen Sie lieber auf Nummer sicher: Häufiges Speichern (ebenso wie das Zwischenspeichern mit Strg + S) erspart Ihnen unter Umständen eine Menge Ärger.

Schritt 16

Da der Dateiname unten im Dialog **Speichern unter** bereits blau markiert ist, können Sie gleich einen neuen eingeben. Vergeben Sie den Namen »Computer heute«.

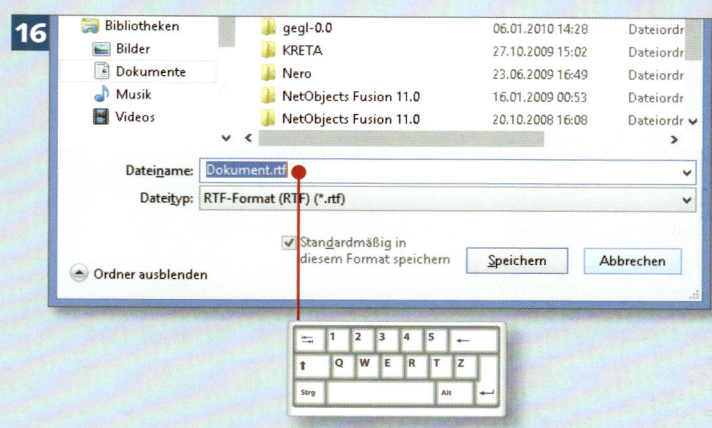

Schritt 17

Wenn Sie nun in der linken Spalte noch den **Desktop** auswählen, haben Sie einen Speicherort zugewiesen. Zur Wiederholung: Das WordPad-Dokument wird unter dem Namen »Computer heute« auf dem Desktop abgelegt.

Schritt 18

Zuletzt reicht ein Klick auf **Speichern,** und das Dokument ist gesichert. Wenn Sie wollen, können Sie WordPad nun mit einem Klick auf das Schließkreuz oben rechts schließen.

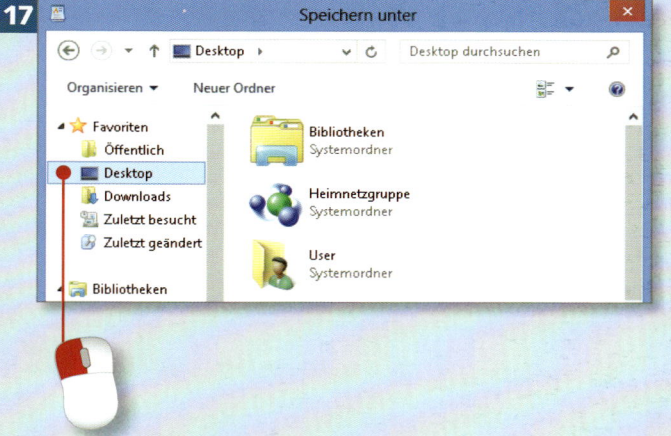

Dokument öffnen

Nachdem Sie WordPad geschlossen haben, können Sie das Dokument jederzeit wieder zugänglich machen, indem Sie doppelt auf das entsprechende Symbol auf dem Desktop klicken. Sie müssen das Programm WordPad vorab nicht extra öffnen.

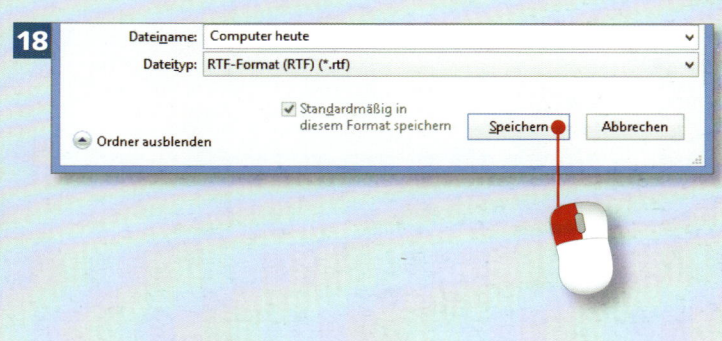

Kurznotizen erstellen

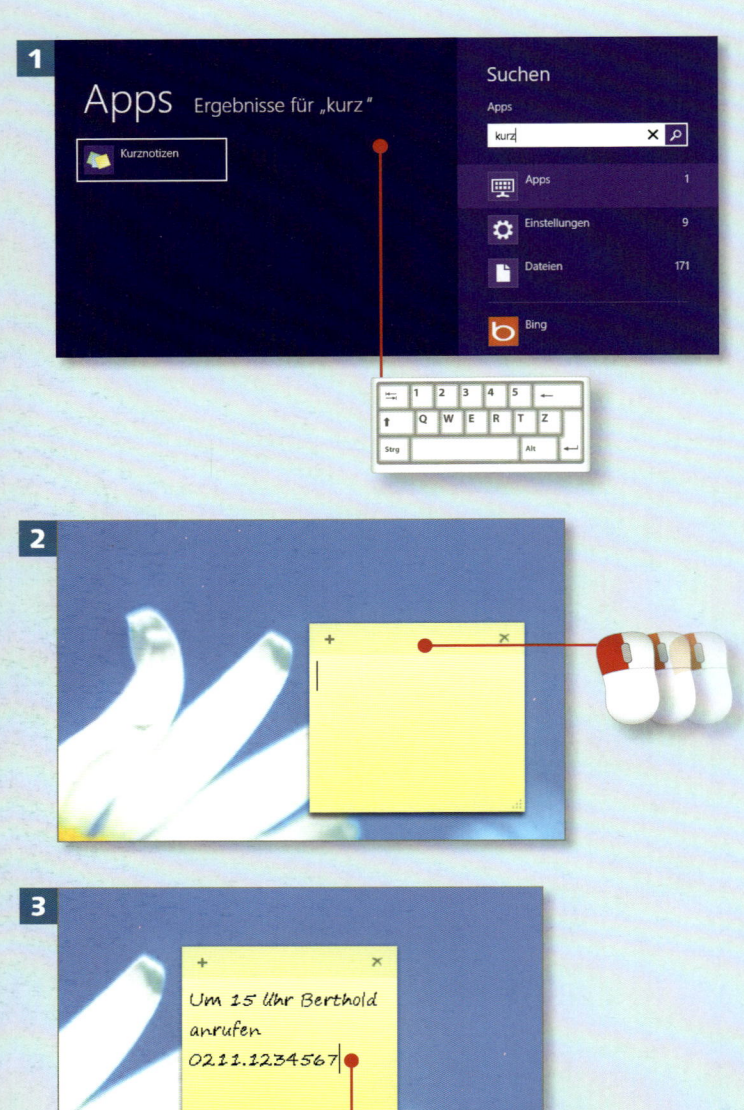

Wenn man einmal etwas nur schnell notieren muss, ist ein Textverarbeitungsprogramm wie WordPad viel zu umständlich. Verwenden Sie doch lieber kleine »Haftnotizen«.

Schritt 1

Geben Sie auf dem Startbildschirm als Stichwort »kurz« ein. Nachdem Windows ein eindeutiges Ergebnis zutage gefördert hat, drücken Sie ⏎, um das Programm zu öffnen.

Schritt 2

Der Zettel taucht jetzt auf dem Desktop auf. Klicken Sie auf die Kopfzeile, und verschieben Sie den Zettel mit gedrückter Maustaste an eine beliebige Stelle.

Schritt 3

Nun können Sie die Notiz verfassen. Alles, was Sie über die Tastatur eingeben, erscheint auf dem Zettel. Auch hier führen Sie eine Zeilenschaltung mit ⏎ durch.

Zettel vergrößern

Falls Sie einmal einen größeren Zettel benötigen, können Sie die untere rechte Ecke ❶ mit gedrückter Maustaste nach außen ziehen.

Schritt 4

Wenn eine Notiz nicht ausreicht, ziehen Sie einfach einen weiteren Zettel hinzu. Das tun Sie, indem Sie auf das kleine Plus-Symbol oben links klicken. (Diese Symbole sind nur sichtbar, wenn der Mauszeiger auf dem Zettel liegt.)

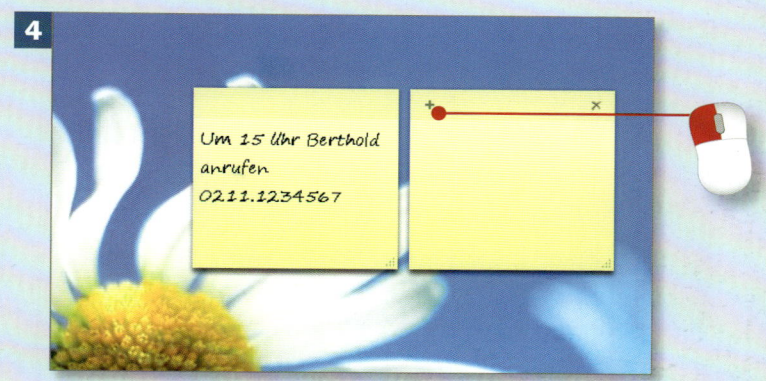

Schritt 5

Damit sich die Zettel nicht nur inhaltlich, sondern auch farblich voneinander unterscheiden, klicken Sie den neuen Zettel mit der rechten Maustaste an und weisen ihm per Mausklick eine neue Farbe zu (z. B. **Grün**).

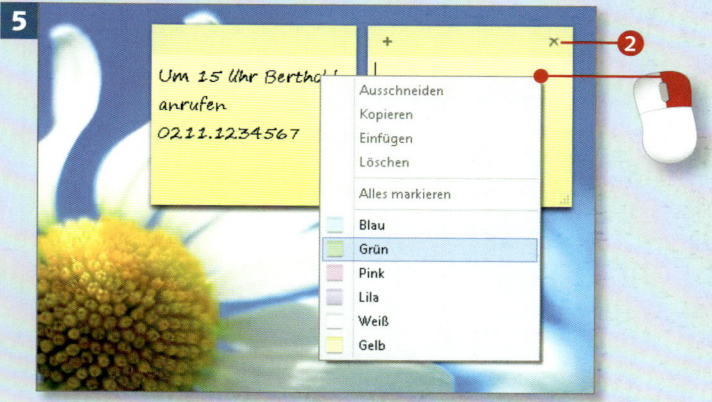

Schritt 6

Das Notierte ist erledigt – Sie benötigen den Notizzettel also jetzt nicht mehr. Klicken Sie auf das Kreuzchen oben rechts ❷, und bestätigen Sie die Kontrollabfrage mit **Ja**.

Meldungen entfernen

Wenn Sie die immer wiederkehrende Kontrollabfrage künftig umgehen wollen, klicken Sie in das kleine Kästchen vor **Diese Meldung nicht mehr anzeigen** ❸ und bestätigen erst anschließend mit **Ja**.

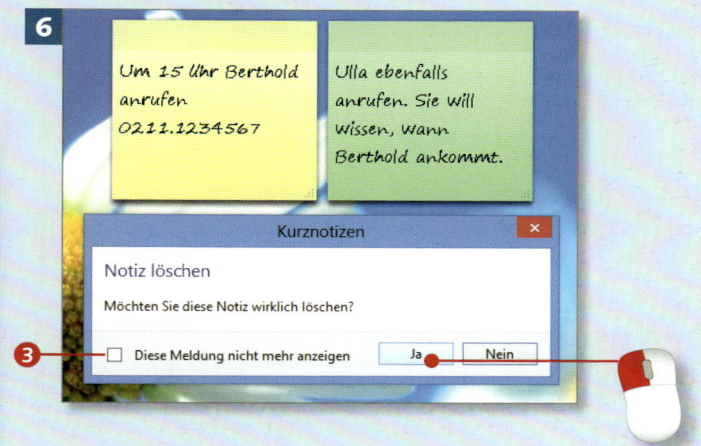

Journal-Notizen erstellen

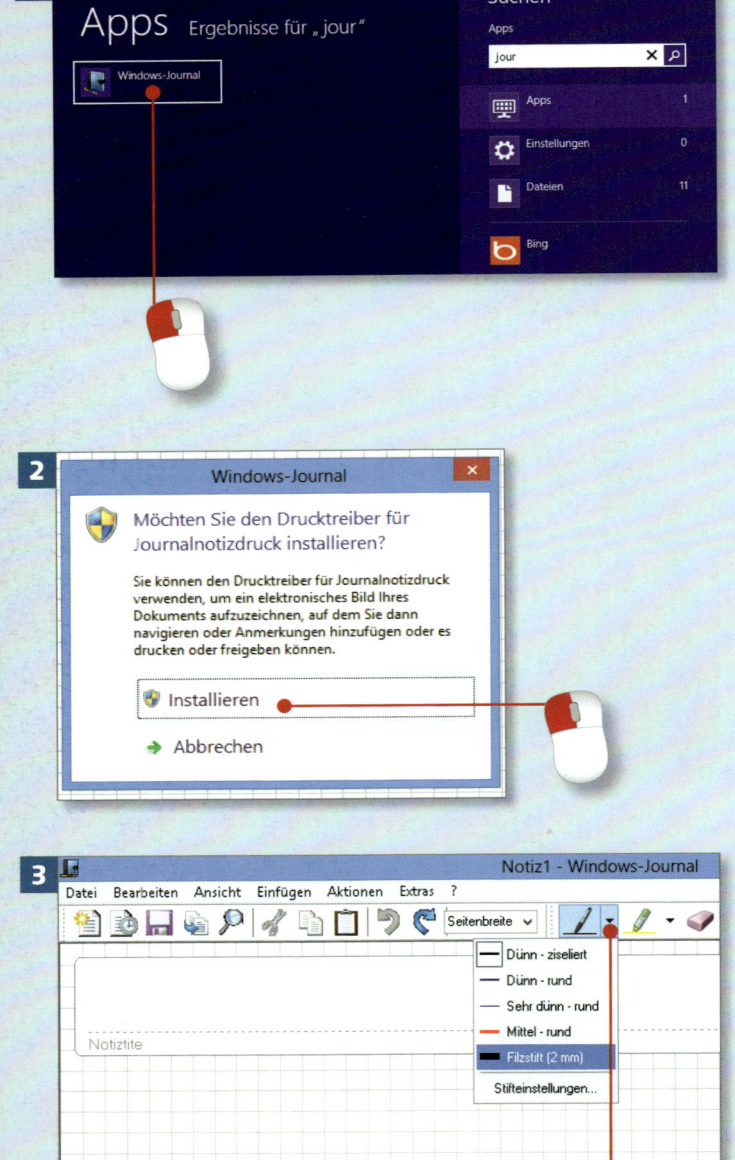

Wenn Sie ein Grafiktablett zum Zeichnen einsetzen oder mit dem Laptop unterwegs sind, möchten Sie vielleicht schnell einmal eine Journal-Notiz erstellen. Darüber können Sie nämlich mit einem Eingabestift bzw. auf dem Touchpad des Laptops schreiben, sofern er diese Funktion unterstützt.

Schritt 1

Tippen Sie »journal« (oder einen Teil des Wortes) auf dem Startbildschirm ein, und schauen Sie sich das Ergebnis an. Sobald der Eintrag **Windows-Journal** umrandet angezeigt wird, klicken Sie darauf oder drücken ⏎, um das Programm zu öffnen.

Schritt 2

Wenn Sie Windows-Journal zum ersten Mal aufrufen, wird Ihnen nun möglicherweise ein Drucktreiber angeboten. Weisen Sie ihn mit Klick auf **Installieren** zu.

Schritt 3

In der sogenannten *Optionsleiste* des Programms klicken Sie jetzt auf das Dreieck neben dem Pinsel. Suchen Sie einen Stift aus, indem Sie einen der Einträge des Menüs mit einem Mausklick markieren.

Schritt 4

Schreiben Sie mit dem Pen Ihres Tablet-PCs, oder benutzen Sie das Touchpad Ihres Notebooks, indem Sie mit dem Finger daraufschreiben, was im Journal abgebildet werden soll.

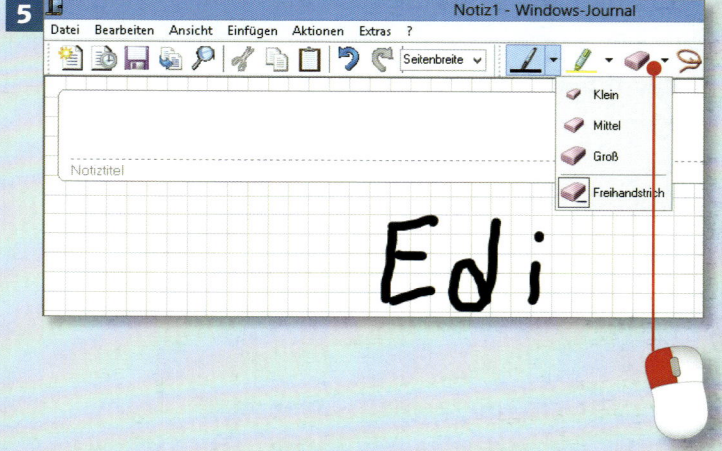

Schritt 5

Zur Korrektur hält das Programm einen Radierer bereit. Nachdem Sie diesen angeklickt haben, können Sie mit gedrückter Maus- oder Touchpad-Taste über das Blatt »wischen«. Dort, wo Sie den Radierer einsetzen, werden die Aufzeichnungen gelöscht.

Schritt 6

Zuletzt sollten Sie die Journal-Datei speichern. Gehen Sie dazu in das Menü **Datei**, und klicken Sie dort auf **Speichern unter**.

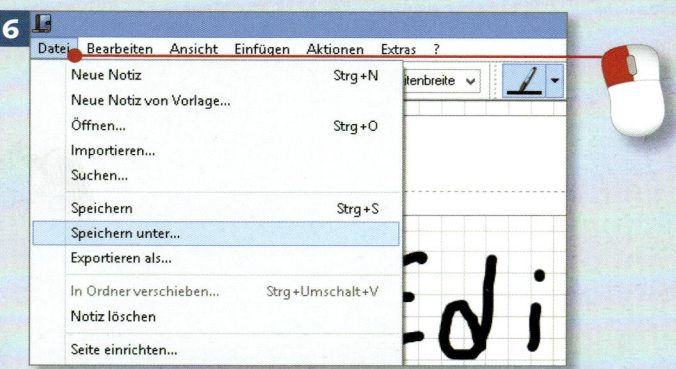

Kapitel 9
Weitere Geräte anschließen

So ganz ohne Papier kommt man meist ja doch nicht aus. Eine der am häufigsten genutzten Funktionen von Windows ist das Drucken. Wenn Sie im Besitz eines Druckers sind, erfahren Sie hier, wie Sie ihn unter Windows 8 einrichten und einsetzen können. Auch die Einrichtung weiterer Geräte wird gezeigt, z. B. die von Lautsprechern.

Mit Windows drucken

Drucker anschließen, hinzufügen, testen und drucken ❶ – das klingt kompliziert? Keine Sorge, in aller Regel ist dazu kein großer Aufwand nötig. In diesem Kapitel sehen Sie, wie es geht.

Der Sound in Windows

Sie möchten mit Ihrem Rechner Musik hören, Filme gucken oder etwas aufzeichnen? Dafür brauchen Sie wohl auch Lautsprecher ❷. Wie Sie sie anschließen und ansonsten vorgehen müssen, wird in diesem Kapitel Schritt für Schritt erklärt.

Mehr Speicherplatz, mehr Sicherheit

Platz ist immer noch ein kostbares Gut. Das gilt besonders für die eingebaute(n) Festplatte(n). Wer mehr Speicherplatz benötigt, schließt eine externe Festplatte an ❸. Und noch viel wichtiger: Externe Festplatten werden zur Datensicherung benötigt. Auch Sie sollten Ihre »virtuellen Schätze« von Zeit zu Zeit auf ein externes Laufwerk auslagern.

① Mit Windows drucken ist kinderleicht.

Für ein sattes Musikerlebnis sollten Sie zunächst Lautsprecher anschließen. ②

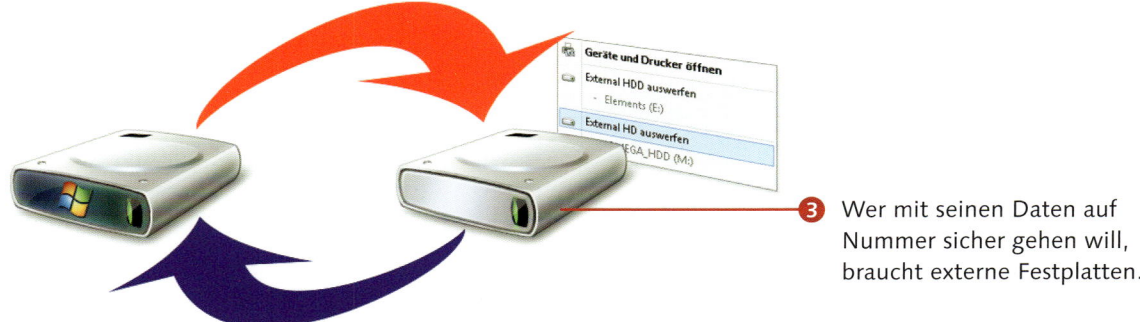

③ Wer mit seinen Daten auf Nummer sicher gehen will, braucht externe Festplatten.

Einen Drucker anschließen

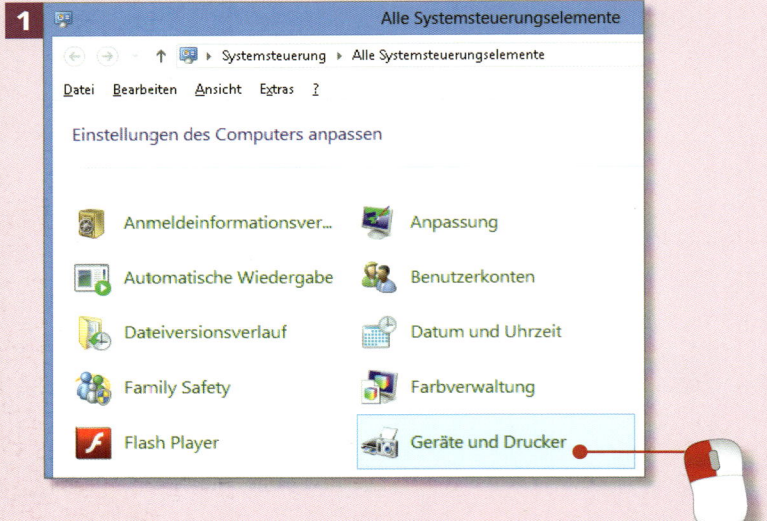

Moderne Drucker werden via USB angeschlossen und funktionieren in der Regel, sobald sie eingeschaltet sind. Wenn sich der erforderliche Treiber nicht automatisch installiert, müssen Sie selbst Hand anlegen.

Schritt 1

Schließen Sie den Drucker an, und schalten Sie ihn ein. Öffnen Sie die Systemsteuerung, indem Sie auf dem Startbildschirm »sys« eingeben und ↵ drücken, und entscheiden Sie sich für **Geräte und Drucker**.

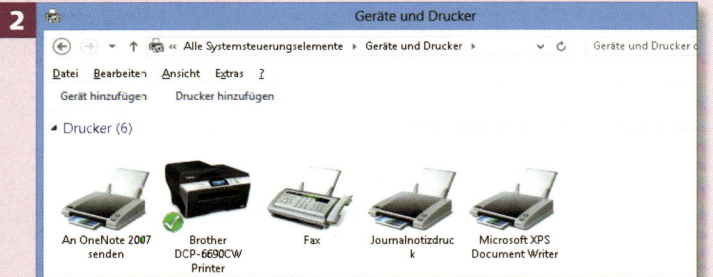

Schritt 2

Gedulden Sie sich einen Moment, wenn der angeschlossene Drucker vom System gefunden wurde, wird er gleich angezeigt.

Schritt 3

Wird der Drucker jetzt angezeigt ❶? Klasse! Dann fahren Sie jetzt mit Schritt 5 fort.

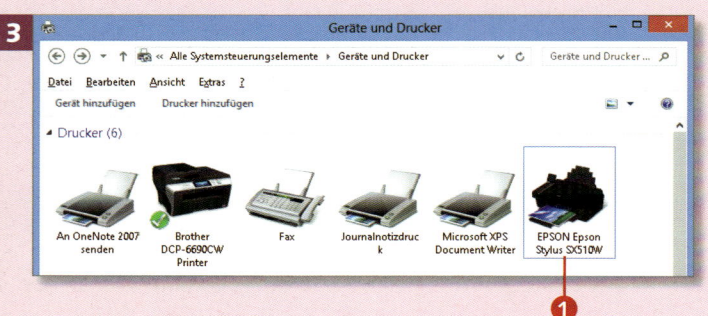

Software von CD installieren

Bei der automatischen Installation eines USB-Druckers wird lediglich die Treibersoftware installiert. Sollte Ihr Drucker mit zusätzlicher Software ausgeliefert werden, müssen Sie diese vom beiliegenden Datenträger separat installieren.

Schritt 4

Sollte die Anzeige des neuen Druckers ausbleiben, klicken Sie auf die Schaltfläche **Drucker hinzufügen** in der Leiste oberhalb der Drucker-Zeile.

Schritt 5

Im zugehörigen Dialogfenster werden jetzt die gefundenen Drucker sowie deren IP-Adressen innerhalb des Systems angezeigt ❷. Markieren Sie die passende Zeile mit Ihrem Drucker, und klicken Sie auf **Weiter**.

Schritt 6

Geben Sie dem Drucker im nächsten Dialog einen Namen, und klicken Sie dann auf **Weiter** (hier nicht dargestellt). Im letzten Dialog klicken Sie auf **Fertig stellen**.

Testseite drucken

Solange Sie noch nicht auf **Fertig stellen** geklickt haben, können Sie testweise drucken, indem Sie auf die Schaltfläche **Testseite drucken** ❸ klicken.

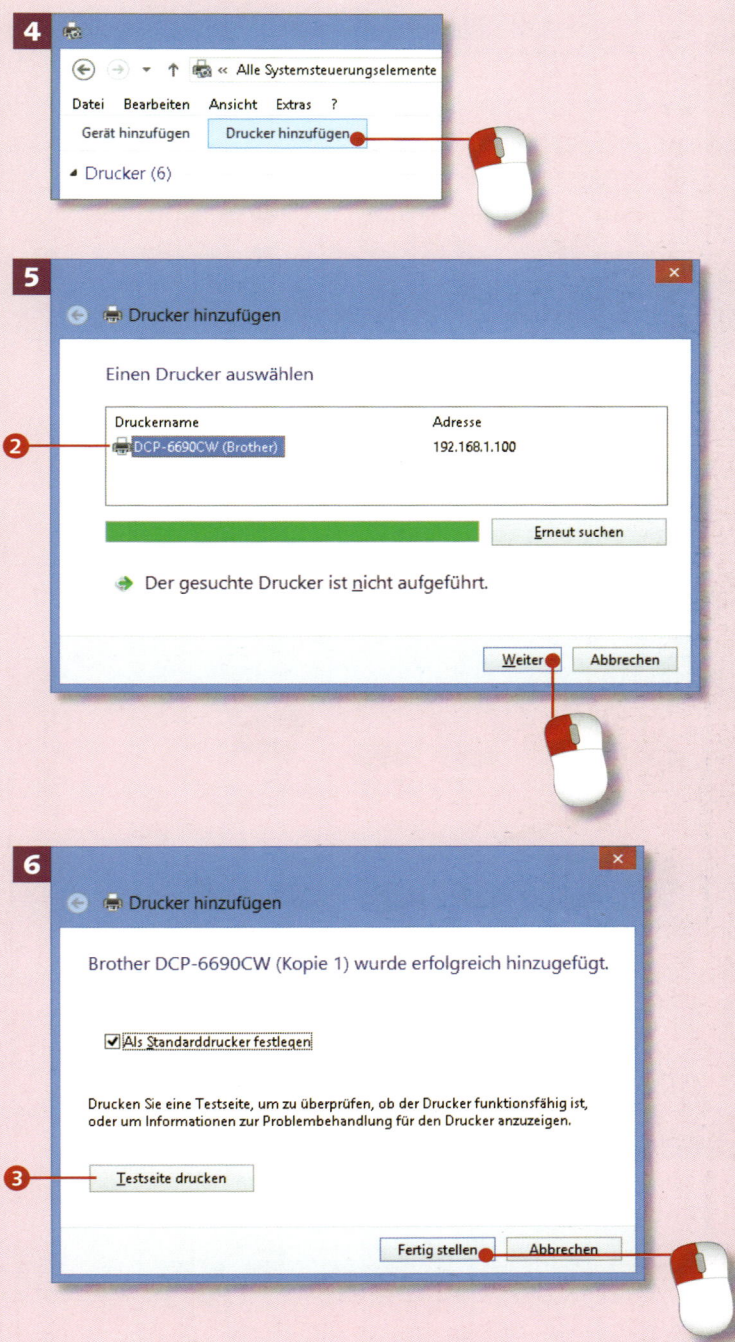

Netzwerkdrucker einrichten

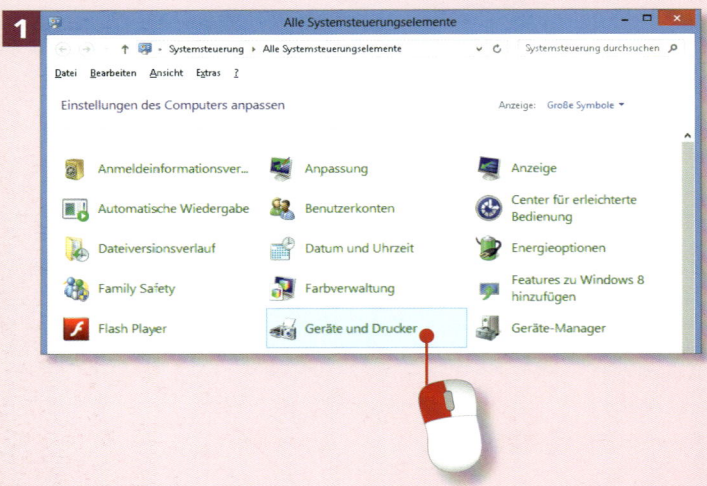

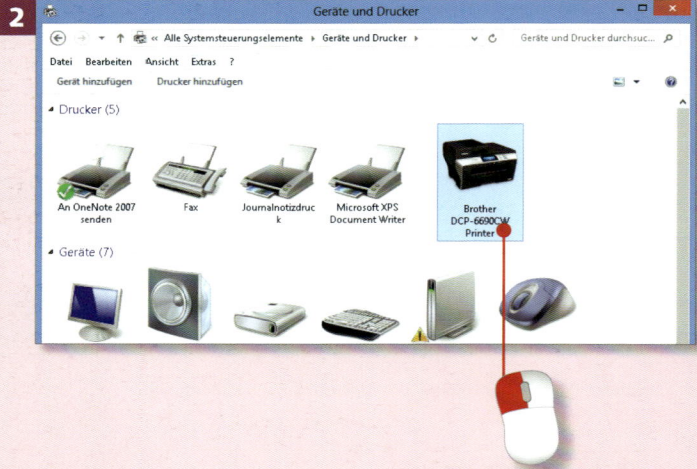

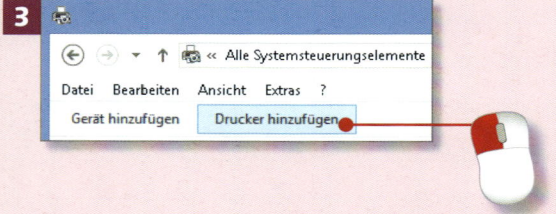

Wenn Sie einen Netzwerkdrucker hinzufügen wollen, auf den jeder Computer Zugriff hat, der mit dem Netzwerk verbunden ist, können Sie das ebenfalls schnell und unkompliziert von Hand erledigen.

Schritt 1

Nach Anschluss und Einschalten des Druckers wechseln Sie in die Systemsteuerung und aktivieren dort die Rubrik **Geräte und Drucker**.

Schritt 2

Halten Sie nach der Miniatur des Druckers Ausschau, den Sie als Netzwerkdrucker einrichten wollen. Wenn er angezeigt wird, klicken Sie darauf und fahren fort mit Schritt 5.

Schritt 3

Das Drucker-Icon ist nicht zu sehen? Dann müssen Sie Ihren Drucker zunächst suchen. Klicken Sie auf **Drucker hinzufügen**.

Bitte warten!

Gedulden Sie sich einen Augenblick. Es kann durchaus einen Moment dauern, bis der Drucker angezeigt wird. Schritt 3 sollten Sie daher erst ausführen, nachdem Sie mindestens 30 Sekunden gewartet haben.

Schritt 4

Nachdem der Drucker gefunden wurde, klicken Sie ihn an und klicken anschließend auf **Weiter**. Es folgen noch drei Dialogfenster, die Sie einfach allesamt mit **Weiter** bestätigen.

Schritt 5

Sobald Sie beim Dialogfenster des gesuchten Druckers angelangt sind, klicken Sie doppelt auf die Schaltfläche **Drucker anpassen**.

Schritt 6

Kontrollieren Sie, ob auf der Registerkarte **Anschlüsse** ❶ der korrekte Drucker als **WSD-Port** markiert ist. Falls nicht, holen Sie das mit einem Klick nach und bestätigen den Dialog mit **OK**.

Drucker freigeben

Falls Sie den Drucker nur für bestimmte Benutzer oder PCs freigeben wollen, wechseln Sie im selben Dialog noch zum Register **Freigabe** ❷ und legen dort die gewünschten Optionen fest.

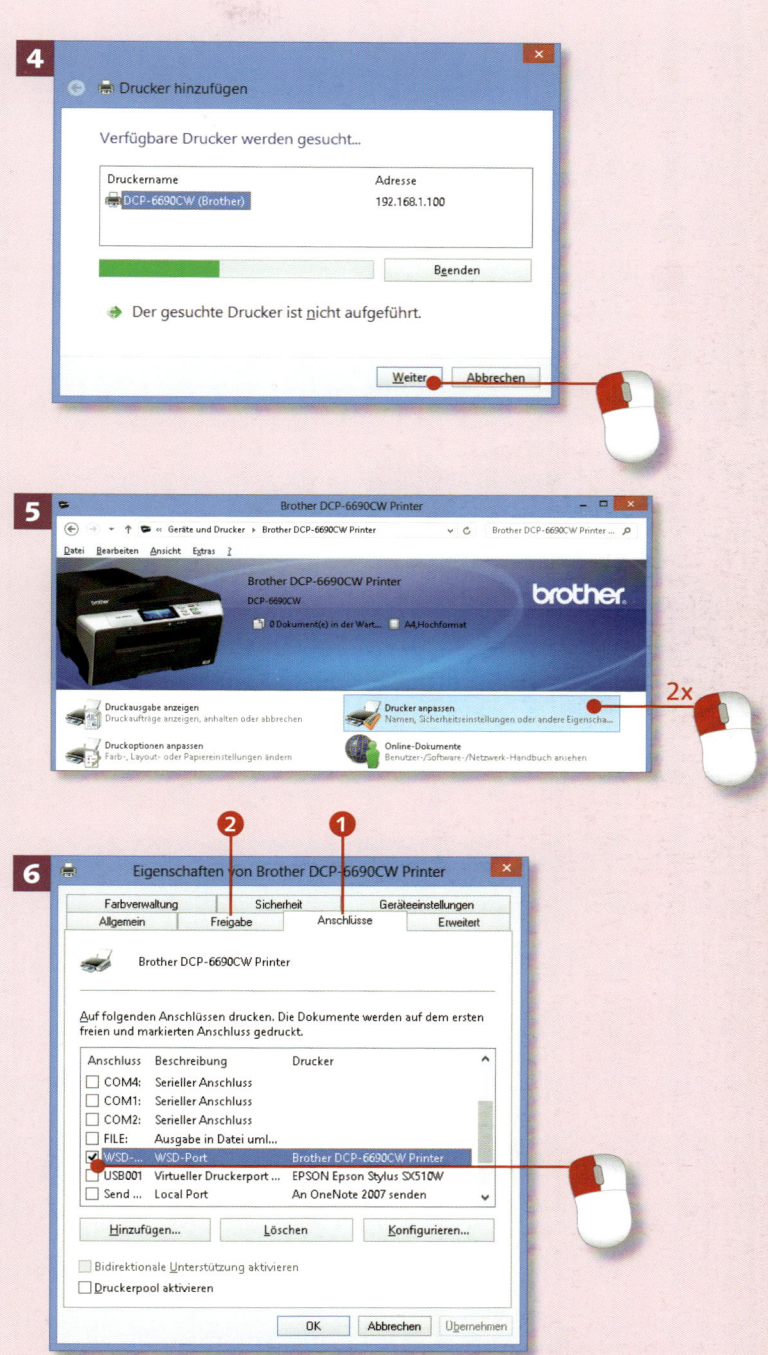

Funktion des Druckers prüfen

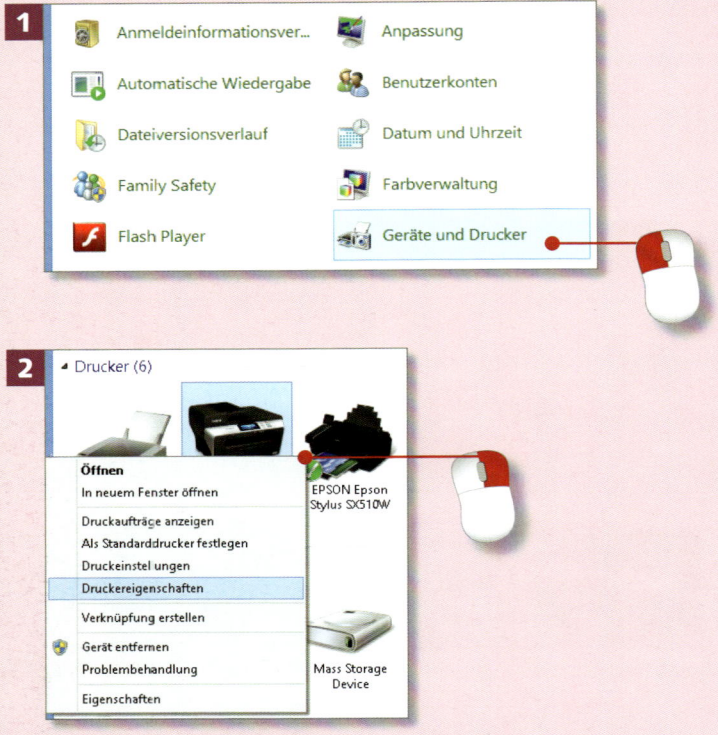

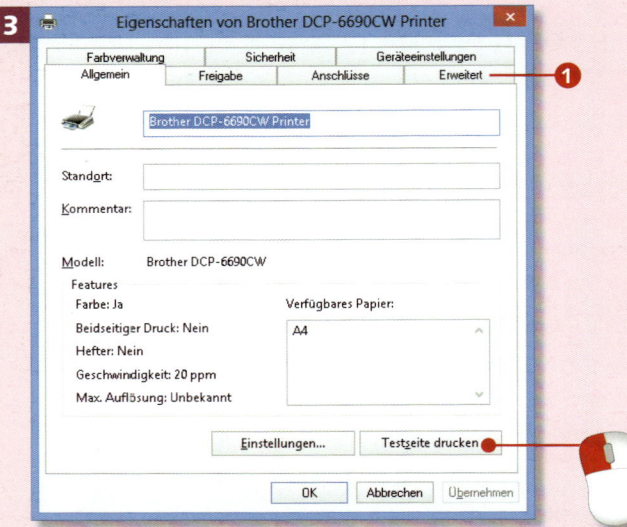

Der Drucker ist angeschlossen und die Treibersoftware installiert. Testen Sie jetzt, ob das Gerät auch einwandfrei funktioniert.

Schritt 1

Vom Startbildschirm ausgehend, öffnen Sie die Systemsteuerung, indem Sie »sys« eingeben und ⏎ drücken. Aktivieren Sie dort zunächst den Punkt **Geräte und Drucker**.

Schritt 2

Setzen Sie einen rechten Mausklick auf das Gerät, das Sie testen wollen, und klicken Sie im Kontextmenü auf **Druckereigenschaften**.

Schritt 3

Standardmäßig ist im Dialogfenster **Eigenschaften** die Registerkarte **Allgemein** geöffnet. Dort finden Sie auch den Button **Testseite drucken**. Klicken Sie darauf, und warten Sie, bis die Testseite am Drucker ausgegeben worden ist.

> ℹ️ **Erweiterte Einstellungen**
> Auf der Registerkarte **Erweitert** ❶ können Sie individuelle Einstellungen vornehmen, z. B. ob der Drucker bei einem Fehler anhalten soll, ob Druckaufträge nach dem Drucken gelöscht werden etc.

Schritt 4

Kurz nachdem Sie eine entsprechende Meldung erhalten haben, sollte auch der Testausdruck vorliegen. Prüfen Sie, ob der Druck zufriedenstellend ist, und klicken Sie auf **Schließen**.

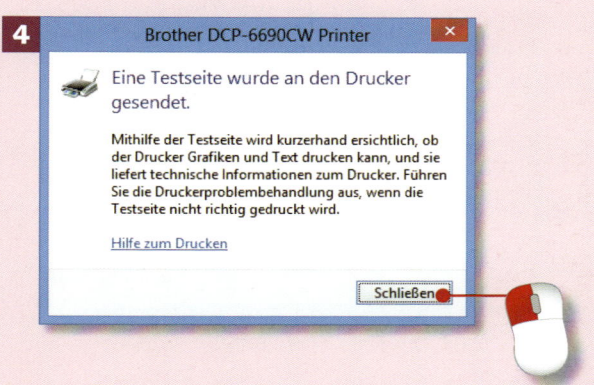

Schritt 5

Ist das Ergebnis nicht in Ordnung, klicken Sie im Dialogfenster **Einstellungen** auf die Schaltfläche **Einstellungen**.

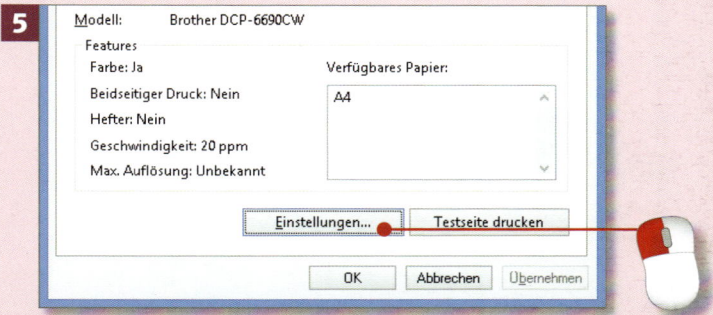

Schritt 6

Im Dialogfenster **Druckeinstellungen** finden Sie je nach Modell in aller Regel Möglichkeiten und Hinweise, die zu verbesserten Druckergebnissen führen. Um zu derlei Optionen zu gelangen, klicken Sie auf **Erweitert**.

i **Weitere Infos einholen**

Da wir leider nicht auf alle Modelle eingehen können, müssen wir Sie bei detaillierteren Fragen auf das Handbuch Ihres Druckers oder an den Händler Ihres Vertrauens verweisen.

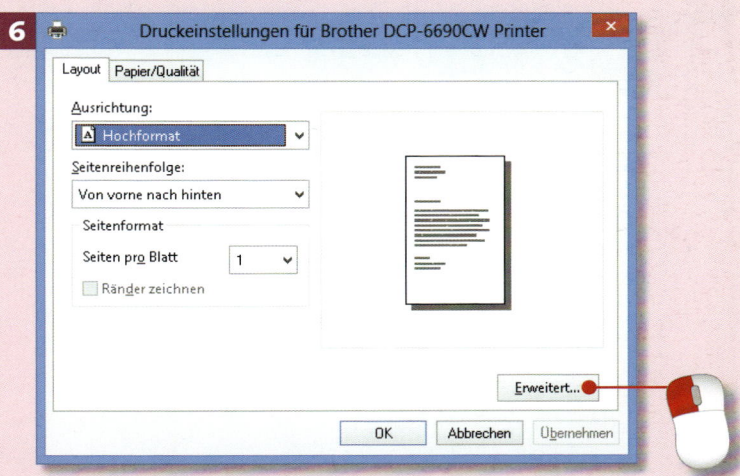

Den Standarddrucker festlegen

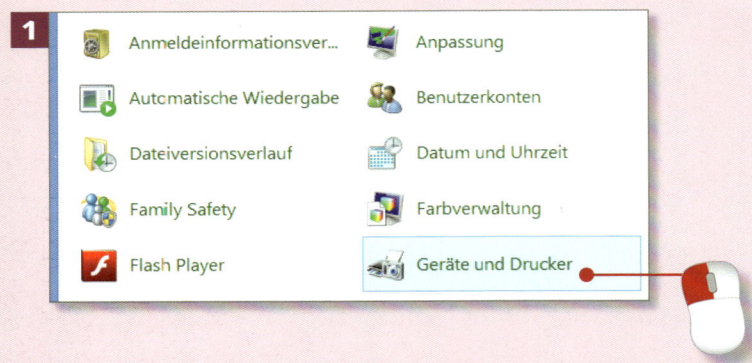

Nicht selten werden heutzutage gleich mehrere Drucker an einem PC oder im Netzwerk betrieben. In diesem Fall können Sie bestimmen, welcher Drucker grundsätzlich angesteuert werden soll.

Schritt 1

Auch diesmal müssen Sie wieder in die Systemsteuerung gehen und sich darin für den Eintrag **Geräte und Drucker** entscheiden.

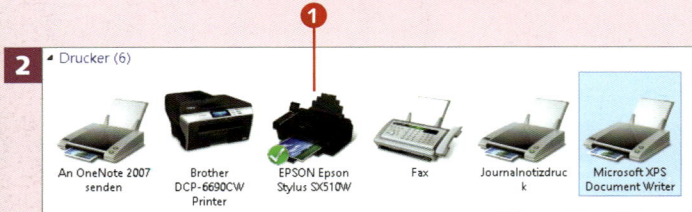

Schritt 2

Halten Sie nach dem Drucker Ausschau, der mit einem Häkchen versehen ist ❶. Das ist nämlich stets das Indiz für den aktuellen Standarddrucker.

Schritt 3

Wollen Sie einen anderen Drucker als Standard festlegen? Dann klicken Sie zunächst mit der rechten Maustaste auf das Icon des Druckers.

i

Standarddrucker

Wenn Sie in einer Software (z. B. WordPad) auf **Datei ▸ Drucken** klicken, wird der Druckauftrag an den Standarddrucker geschickt, bzw. dieser wird in der Druckerauswahl als Erstes angeboten.

Schritt 4

Im Kontextmenü klicken Sie – nun wieder mit der linken Maustaste – auf den Eintrag **Als Standarddrucker festlegen**.

Schritt 5

Im Anschluss daran werden Sie feststellen, dass das Häkchen Ihren Einstellungen entsprechend neu platziert worden ist.

Schritt 6

Wenn Sie später wieder einen anderen Drucker zum Standard machen wollen, müssen Sie einfach die Schritte 3 und 4 mit dem entsprechenden Drucker-Icon wiederholen.

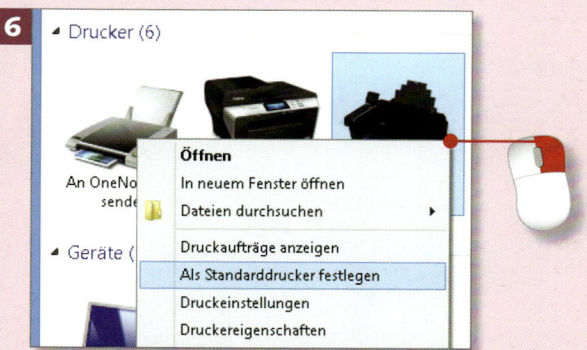

!

Nur ein Standarddrucker

Egal, wie viele Drucker Sie anschließen – Sie werden immer nur einen einzigen zum Standarddrucker erklären können.

Drucker entfernen

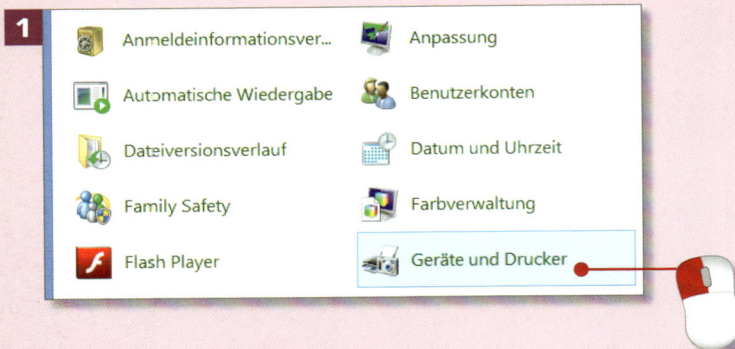

Drucker leben leider nicht ewig. Deswegen werden Sie von Zeit zu Zeit einen neuen benötigen. Der alte Drucker bleibt aber in der Geräteliste – es sei denn, Sie entfernen ihn dort manuell.

Schritt 1

Öffnen Sie abermals die System-steuerung, und klicken Sie dort auf **Geräte und Drucker**.

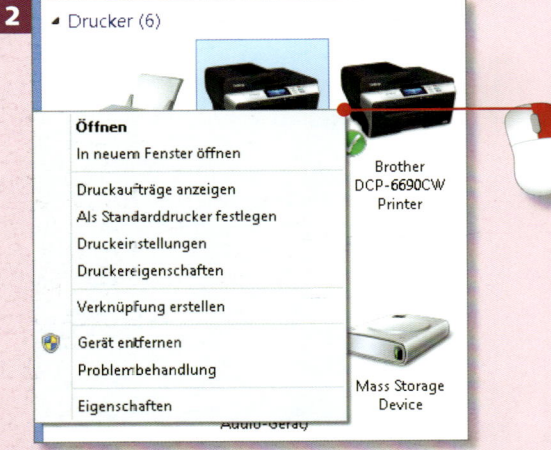

Schritt 2

Klicken Sie mit der rechten Maustaste auf den Drucker, den Sie entfernen möchten, und öffnen Sie so das Kontextmenü.

Schritt 3

Im Kontextmenü entscheiden Sie sich nun mit einem normalen Maus-klick für die Option **Gerät entfernen**.

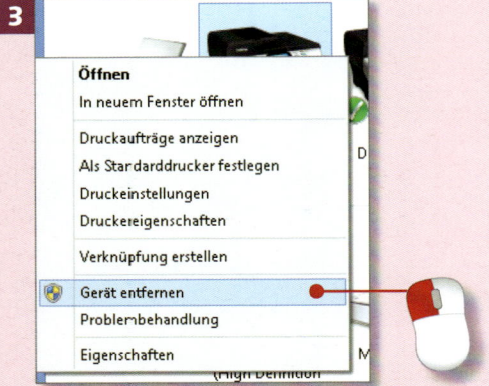

Das kann dauern…

Verzagen Sie nicht, wenn die Entfernung des Geräts nicht direkt sichtbar wird. Es kann durchaus ein wenig Zeit in Anspruch nehmen, bis auch das Symbol des Druckers entfernt wird.

Schritt 4

Damit Sie nicht versehentlich das falsche Gerät entfernen, fragt Windows lieber noch einmal nach. Bestätigen Sie das Hinweisfenster mit einem Klick auf **Ja**.

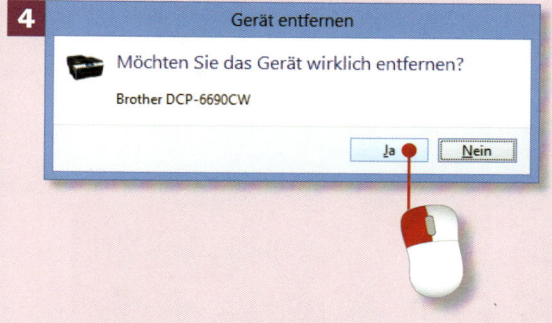

Schritt 5

Daraufhin wird der Drucker aus der Liste entfernt. Allerdings kann er zu einem späteren Zeitpunkt auch ohne großen Aufwand wieder integriert werden (siehe dazu den Abschnitt »Einen Drucker anschließen« auf Seite 202).

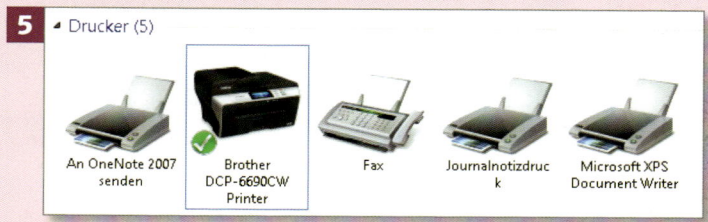

Schritt 6

Sie werden sehen, dass das Gerät schnell wieder gefunden wird. Den Rest kennen Sie ja bereits aus den vorangegangenen Anleitungen.

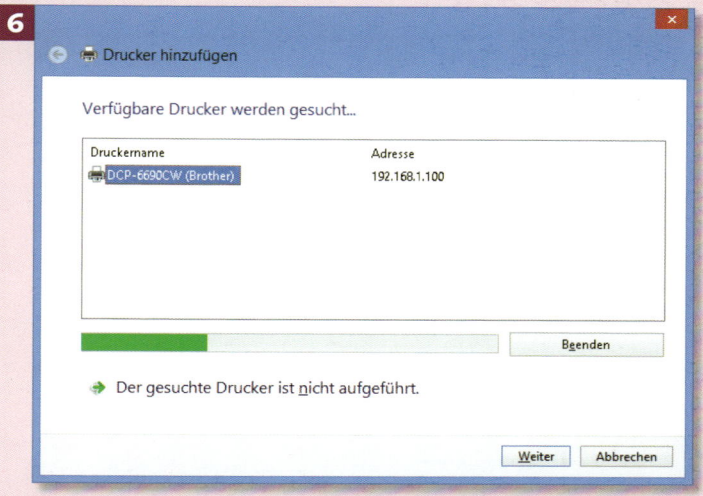

i

Treiber bleiben erhalten

Auch wenn Sie einen Drucker entfernen, bleibt dessen Treiber dennoch installiert. Sollten Sie dasselbe Gerät irgendwann wieder anschließen müssen, geht es also umso schneller.

Lautsprecher anschließen und einstellen

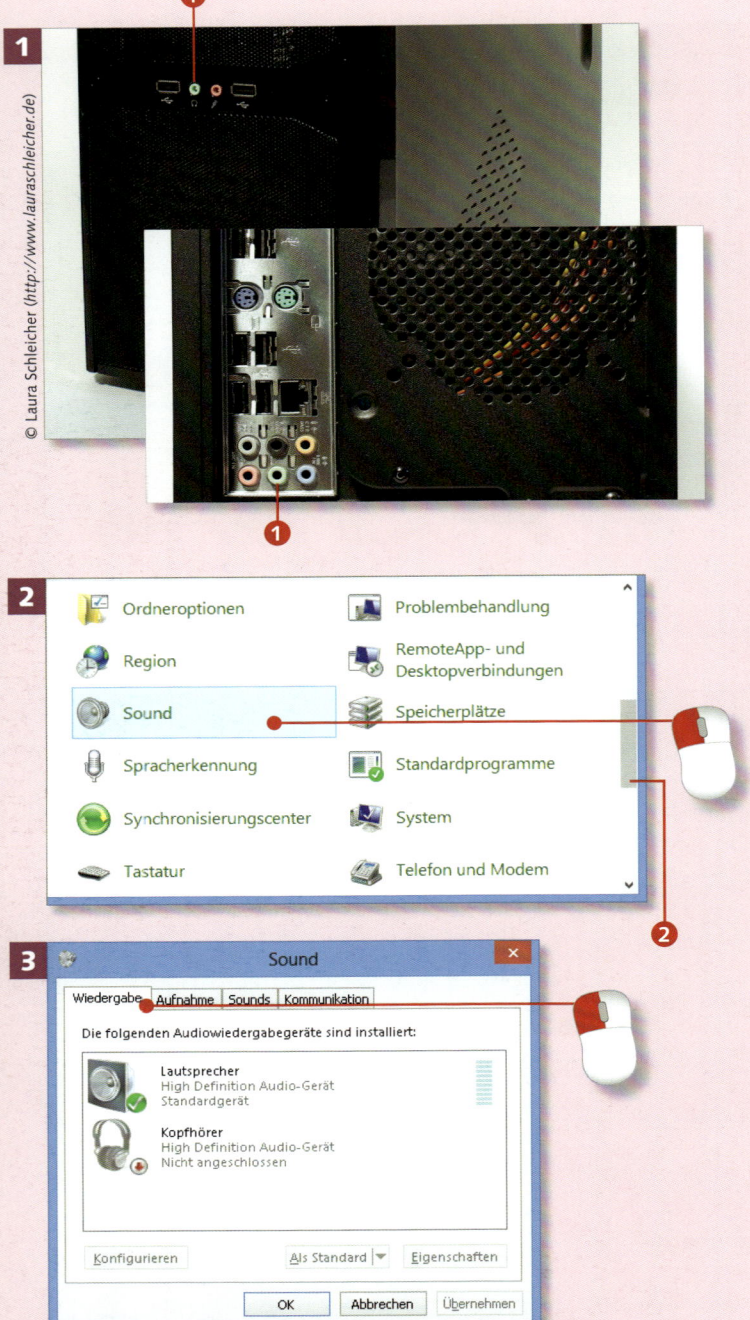

© Laura Schleicher (http://www.lauraschleicher.de)

Lautsprecher sollten von Anfang an korrekt konfiguriert werden, damit es nicht zu Beeinträchtigungen kommt. Denn schließlich soll der Klang ja auch am PC zum Hörgenuss werden.

Schritt 1

Zunächst müssen Sie sicherstellen, dass Sie an Ihrem Rechner den richtigen Anschluss gewählt haben. Stereo-Lautsprecher gehören stets an den grünen Ausgang ❶.

Schritt 2

Öffnen Sie die Systemsteuerung, und aktivieren Sie darin den Systembereich **Sound**. Wenn dieser Bereich nicht sichtbar ist, scrollen Sie im Fenster mithilfe des Balkens ❷ auf der rechten Seite nach unten (ziehen Sie mit gedrückter Maustaste daran).

Schritt 3

Im Dialogfenster **Sound** aktivieren Sie das Register **Wiedergabe**, sofern dieses nicht bereits aktiv ist. Darunter sehen Sie alle angeschlossenen bzw. zur Verfügung stehenden Geräte.

Schritt 4

Setzen Sie einen Doppelklick auf die Zeile **Lautsprecher**, damit Sie dieses Gerät konfigurieren können.

Schritt 5

Im Dialogfenster **Eigenschaften von Lautsprecher** aktivieren Sie zunächst die Registerkarte **Erweitert** ❸. Anschließend klicken Sie auf **Testen**. Die Lautsprecher sollten jetzt ein kurzes Glockenspiel wiedergeben.

Schritt 6

Wenn dies nicht der Fall bzw. wenn der Ton zu leise oder zu laut ist, wechseln Sie auf das Register **Pegel** ❹. Ziehen Sie den Regler **Lautsprecher** mit gedrückter Maustaste nach links oder rechts, um die Lautstärke zu verändern. Bestätigen Sie die Änderung mit **OK**.

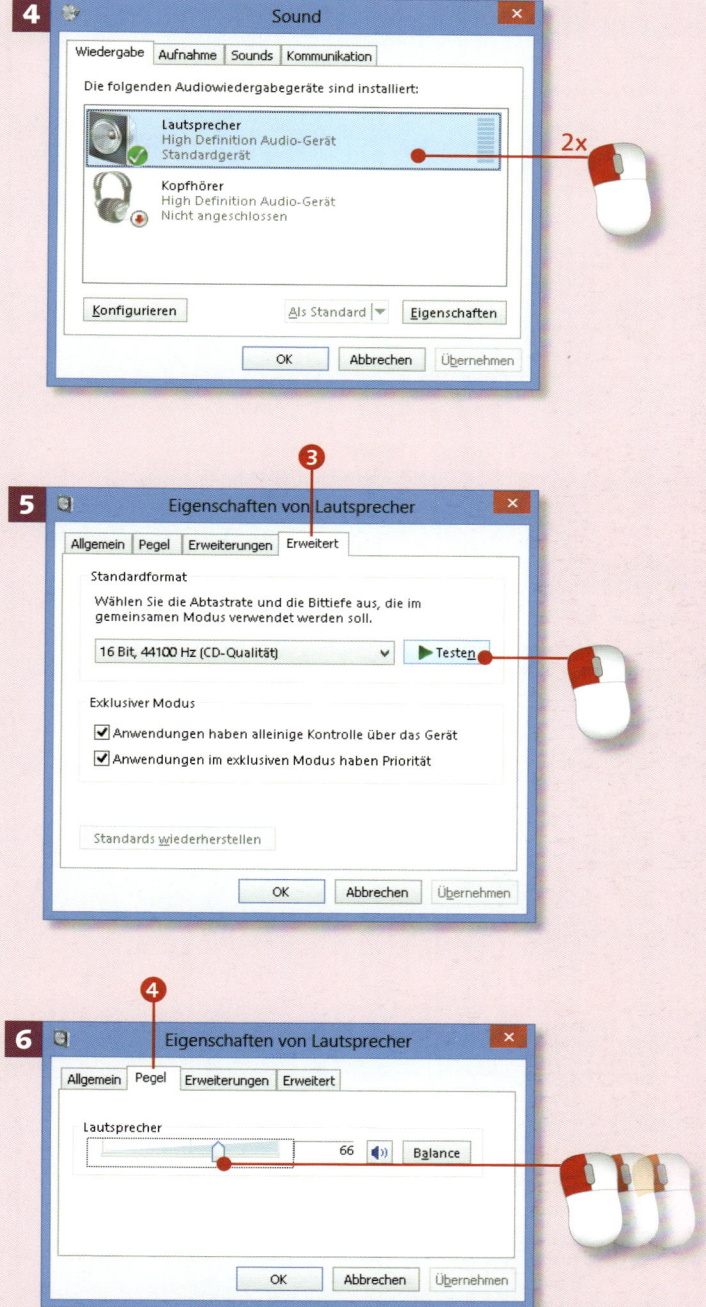

Lautsprecher einstellen

Die Einstellung aus Schritt 6 können Sie auch zu einem späteren Zeitpunkt vornehmen oder ändern.

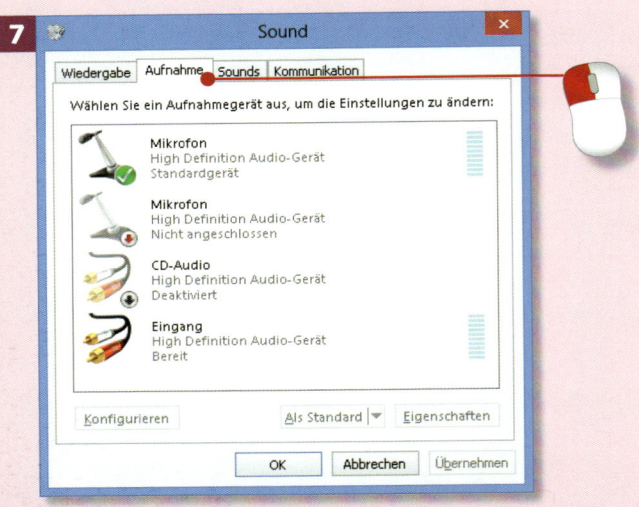

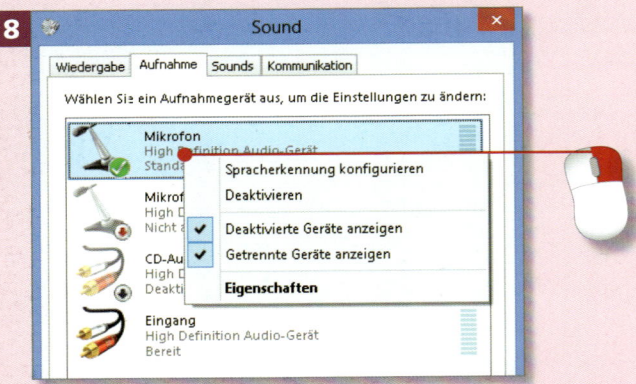

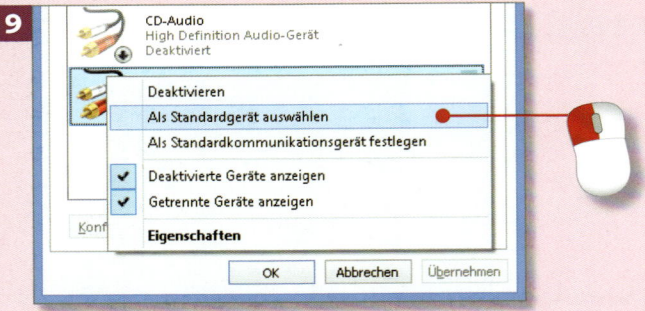

Schritt 7

Falls Sie ein Mikrofon oder ein anderes Aufnahmegerät (z. B. ein Audio-Interface) angeschlossen haben, stellen Sie das Register **Aufnahme** nach vorne. Ist kein Mikro angeschlossen, fahren Sie mit Schritt 11 fort.

Schritt 8

Je nachdem, welches Gerät Sie verwenden wollen (Mikrofon oder Audio-Interface), klicken Sie nun mit der rechten Maustaste auf **Mikrofon** oder auf **Eingang**. Beim Anschluss eines Mikrofons nutzen Sie in aller Regel die rosafarbene Buchse an Ihrem PC. Im Zweifel schauen Sie in das Handbuch Ihres Computers.

Schritt 9

Falls es nicht bereits als solches aktiviert ist, legen Sie fest, dass das Gerät als Standard verwendet werden soll, indem Sie im Kontextmenü **Als Standardgerät auswählen** aktivieren.

i

Keine Umstellung

Schritt 9 zeigt lediglich beispielhaft, dass der **Eingang** (ganz unten in der Liste) auch als Standard definiert werden könnte. Hier ist jedoch **Mikrofon** als Standard gelistet, was auch so bleiben sollte.

Schritt 10

Damit ist alles erledigt, und Sie können den Dialog mit einem Klick auf **OK** verlassen.

Schritt 11

Die Lautstärke (damit ist die Wiedergabe über die Lautsprecher gemeint) lässt sich fortan regeln, indem Sie auf das kleine Lautsprecher-Symbol in der Taskleiste klicken. Verschieben Sie den Regler, während Sie die Maustaste gedrückt halten.

Schritt 12

Klicken Sie unterhalb des Reglers auf **Mixer ❶**, verfügen Sie zusätzlich über die Möglichkeit, mit gedrückter Maustaste die Lautstärke der Systemsounds oder des Mikrofons zu beeinflussen.

Aufnahme-Check

Die Mikrofonaufnahme lässt sich abschließend prüfen, indem Sie die Schritte des Workshops »Aufnahme und Wiedergabe testen« auf Seite 216 nachvollziehen.

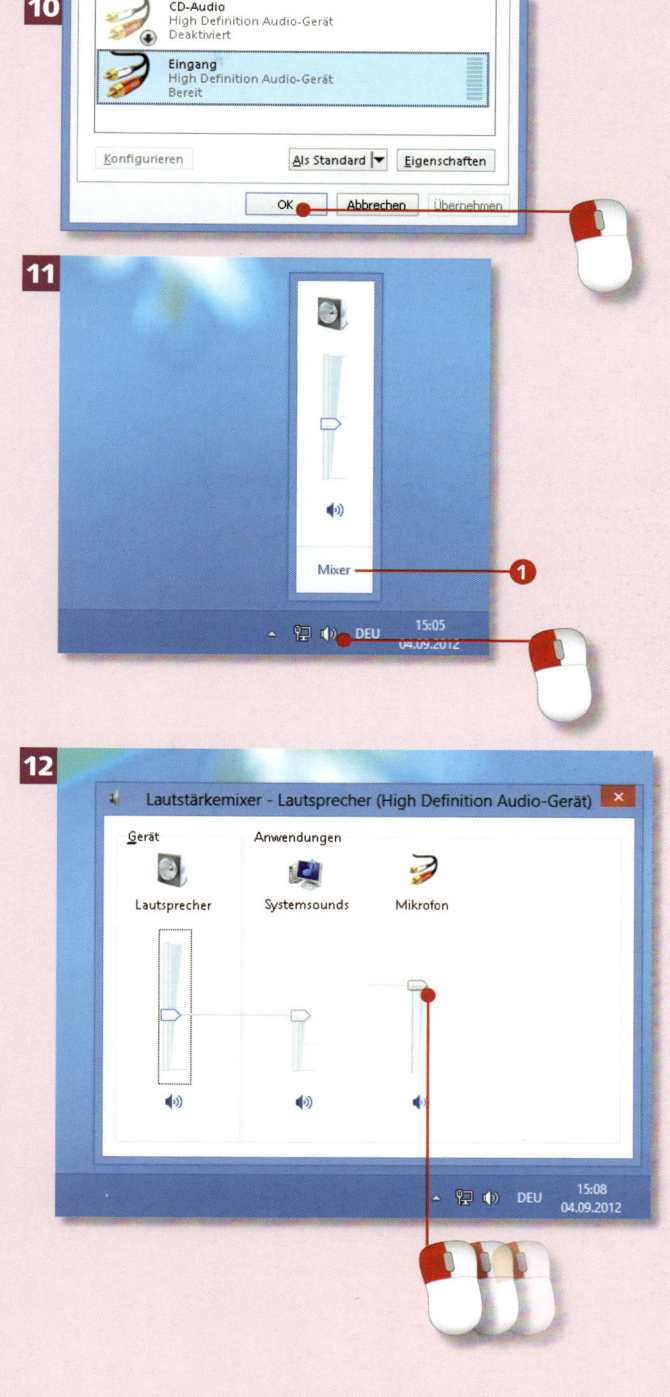

Aufnahme und Wiedergabe testen

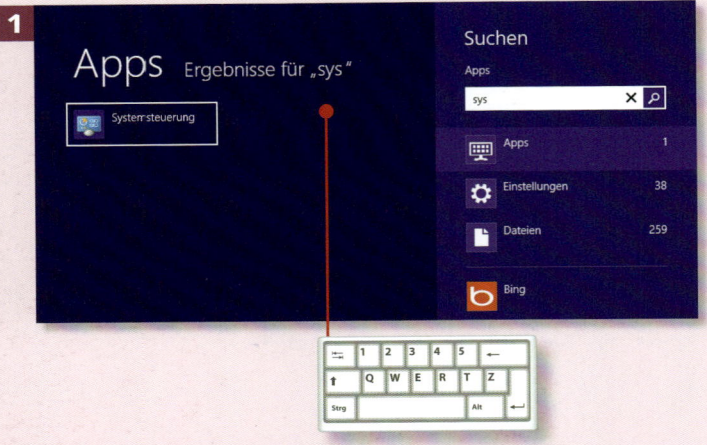

Alle Geräte sind angeschlossen und so konfiguriert, wie im vorangegangenen Workshop beschrieben? Na, dann lassen Sie es krachen …

Schritt 1

Um vom Startbildschirm aus in die Systemsteuerung zu gelangen, geben Sie einfach »sys« ein und drücken ⏎ .

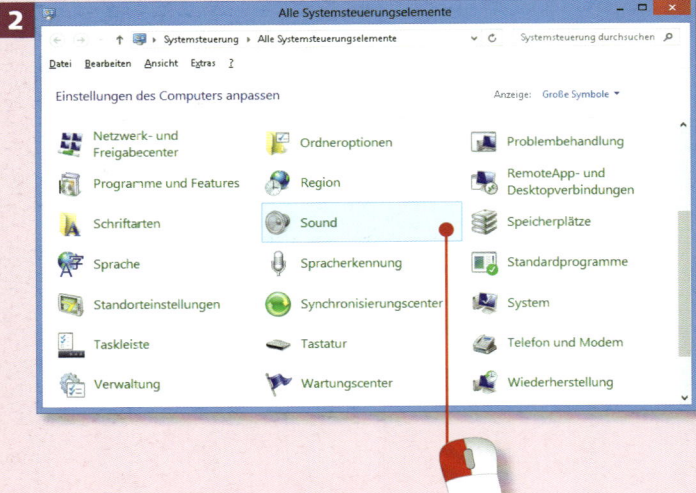

Schritt 2

Scrollen Sie im nächsten Fenster so weit nach unten, bis Sie die Rubrik **Sound** sehen können, und setzen Sie einen Mausklick darauf.

Schritt 3

Im Fenster **Sound** aktivieren Sie daraufhin die Registerkarte **Sounds** ganz oben im Fenster mit einem Mausklick.

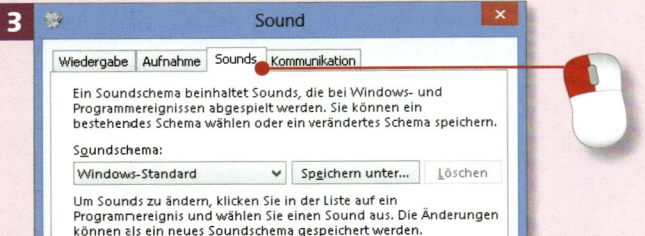

Betriebssystem-Sounds

Eigentlich sind die hier aufgeführten Sounds dazu da, ein Signal zu geben, wenn eine bestimmte Bedingung während der Arbeit erfüllt wird (z. B. kritischer Akkuzustand). Wir verwenden diese Sounds jetzt aber zum Testen der Lautsprecher.

Schritt 4

In der Liste **Programmereignisse**
weiter unten aktivieren Sie eine
der Zeilen, denen ein Lautsprecher-
Symbol vorangestellt ist, mit einem
Klick, z. B. **Alarm bei kritischem
Akkustand**).

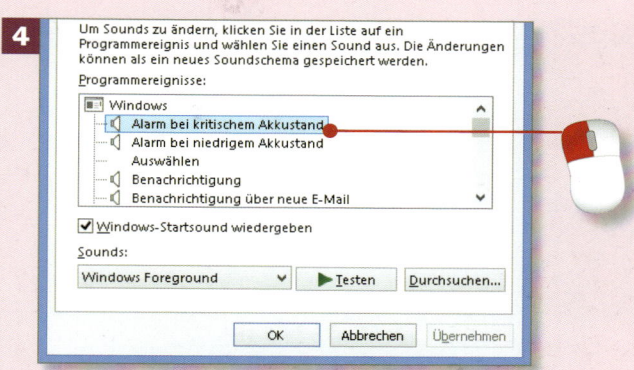

Schritt 5

Nun klicken Sie auf die Schaltfläche
Testen. Na, haben Sie den Ton
gehört? Falls nicht, wiederholen Sie
den Vorgang, und regulieren Sie die
Lautstärke über das Lautsprecher-
Symbol in der Taskleiste (siehe die
Schritte 11 und 12 im Abschnitt
»Lautsprecher anschließen und ein-
stellen« auf Seite 215).

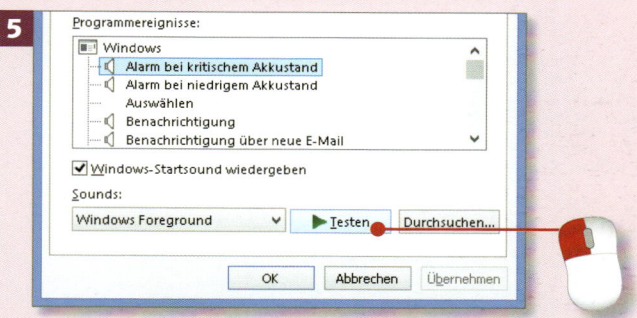

Schritt 6

Wenn alles in Ordnung ist, verlassen
Sie den Dialog mit einem Klick auf
die **OK**-Schaltfläche.

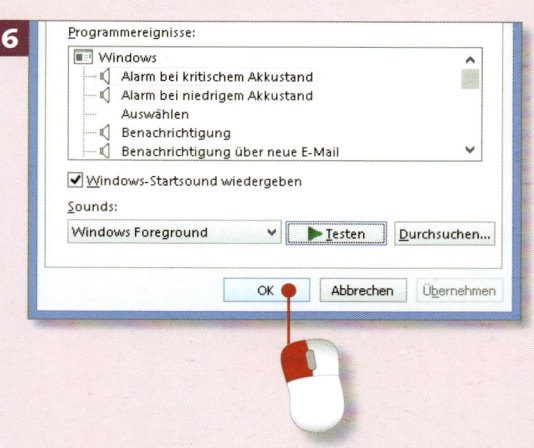

> **i**
>
> **Nichts zu hören?**
>
> Wenn der Sound partout nicht zu
> hören ist, kontrollieren Sie, ob die
> Lautsprecher ordnungsgemäß an-
> geschlossen und eingeschaltet sind
> und ob der Lautstärkeregler an den
> Boxen, falls sie entsprechend aus-
> gestattet sind, hochreguliert ist.

Aufnahme und Wiedergabe testen (Forts.)

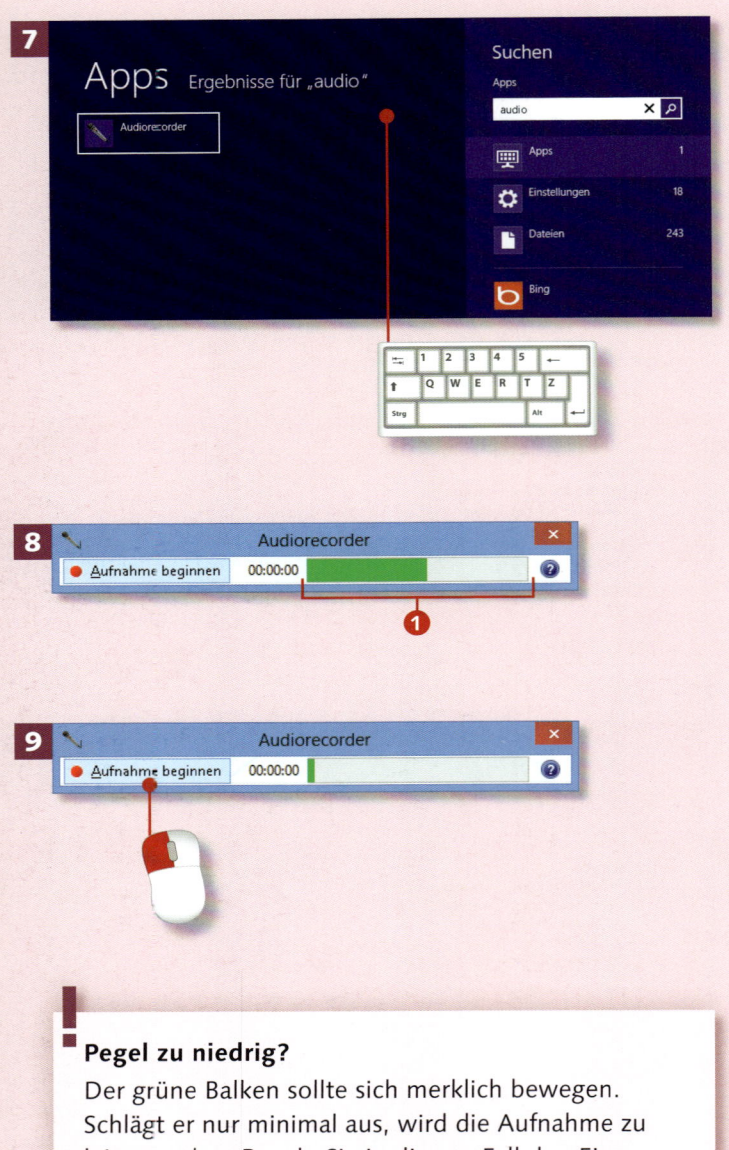

Schritt 7

Jetzt prüfen Sie, ob das angeschlossene Mikrofon funktioniert.
Dazu wechseln Sie wieder auf
den Startbildschirm (indem Sie ⊞
drücken) und tippen dort »audio«
ein. Bestätigen Sie mit ↵ , um das
Programm Audiorecorder zu öffnen.

Schritt 8

Dieses Programm sieht zwar ausgesprochen mickrig aus, ist aber
effektiv. Sprechen Sie, noch bevor
Sie mit der Aufnahme beginnen, ein
paar Worte, und beobachten Sie
dabei den grauen Balken rechts ❶.
Dieser sollte sich grün färben, wenn
Sie sprechen.

Schritt 9

Achtung, Aufnahme! Machen Sie
sich bereit, klicken Sie auf die
Schaltfläche **Aufnahme beginnen**,
und sprechen Sie einen Kommentar
ein.

Pegel zu niedrig?

Der grüne Balken sollte sich merklich bewegen.
Schlägt er nur minimal aus, wird die Aufnahme zu
leise werden. Regeln Sie in diesem Fall den Ein-
gangskanal hoch. Sie wissen ja: Das gelingt über den
Lautsprecher in der Taskleiste (siehe die Schritte 11
und 12 im Abschnitt »Lautsprecher anschließen und
einstellen« auf Seite 215).

Schritt 10

Nachdem Sie mit dem Kommentar fertig sind, klicken Sie auf **Aufnahme beenden**. Daraufhin wird sogleich ein Speicherdialog geöffnet.

Schritt 11

Da der Name des zu erstellenden Sound-Dokuments markiert ist, können Sie sofort drauflosschreiben und eine passende Bezeichnung für Ihre Aufnahme vergeben.

Schritt 12

Wenn Sie keine Änderungen am Speicherort vornehmen, wird die Datei unter **Dokumente** ❷ abgelegt. Für unser Beispiel wählen wir aber in der linken Spalte **Desktop** mit einem Klick als neuen Speicherort aus.

Ordner anlegen

Für eine Testdatei eignet sich der Desktop allemal als Speicherort. Wenn Sie jedoch mehrere Audiokommentare verfassen wollen, sollten Sie dafür einen entsprechenden Ordner auf Ihrer Festplatte anlegen und die Dokumente darin speichern. Klicken Sie dazu mit rechts auf den Desktop oder auf eine Fläche im Explorer, und wählen Sie **Neu ▸ Ordner** aus dem Kontextmenü.

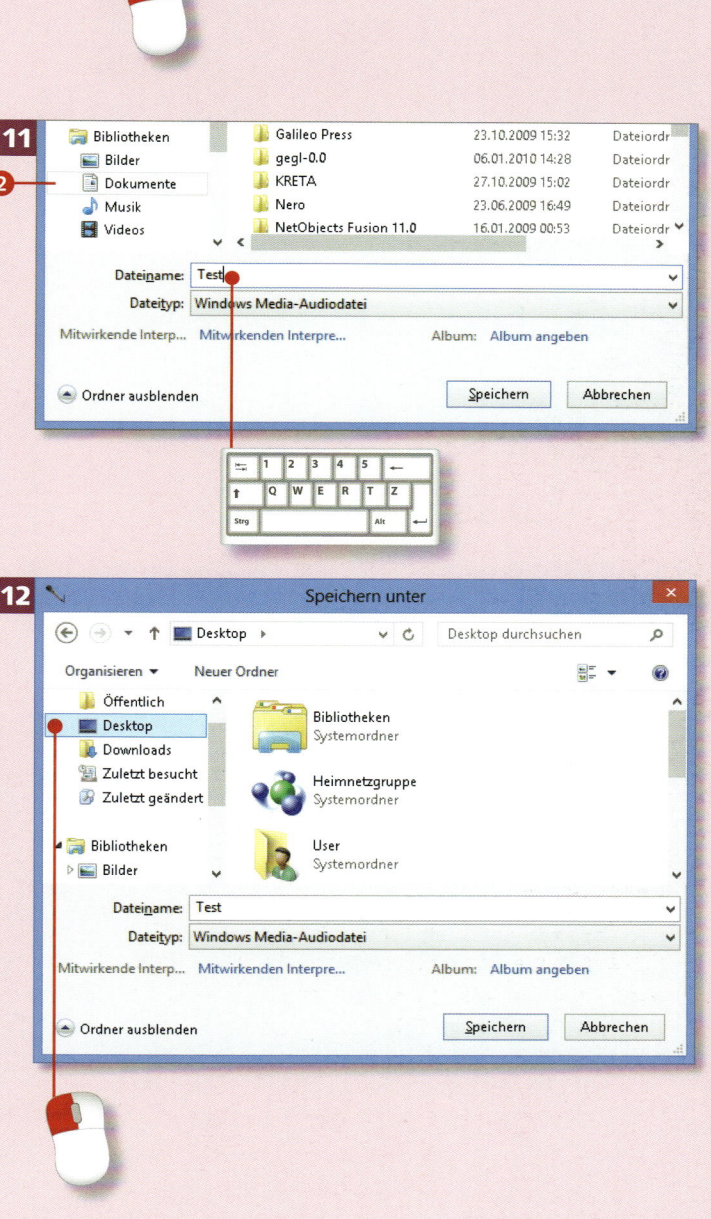

Eine externe Festplatte hinzufügen

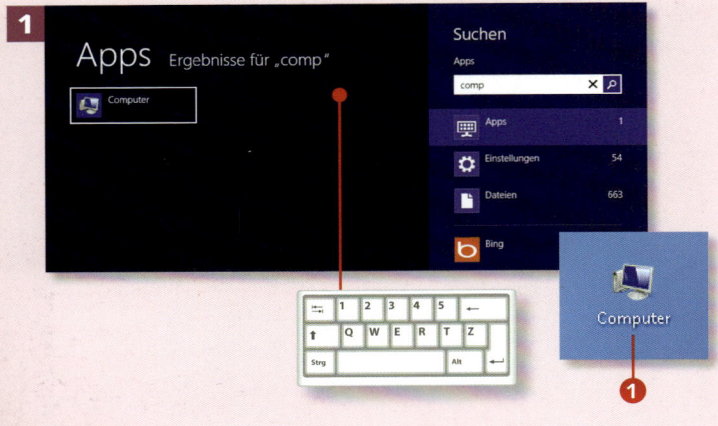

Es lohnt sich, externe Laufwerke zu benutzen. So entlasten Sie die eingebaute Festplatte Ihres Computers, da Sie Dateien auf das externe Gerät auslagern können.

Schritt 1

Geben Sie auf dem Startbildschirm »comp« ein, und drücken Sie ⏎. Alternativ klicken Sie auf das Symbol **Computer** ❶ auf dem Desktop (sofern vorhanden).

Schritt 2

In der obersten Zeile des Fensters **Computer** sehen Sie die Festplatten ❷ (hier nur **C:**). Darunter werden die sogenannten **Wechselmedien** ❸ angezeigt. Das sind z. B. das DVD- (hier **D:**) oder das Diskettenlaufwerk (hier **A:**).

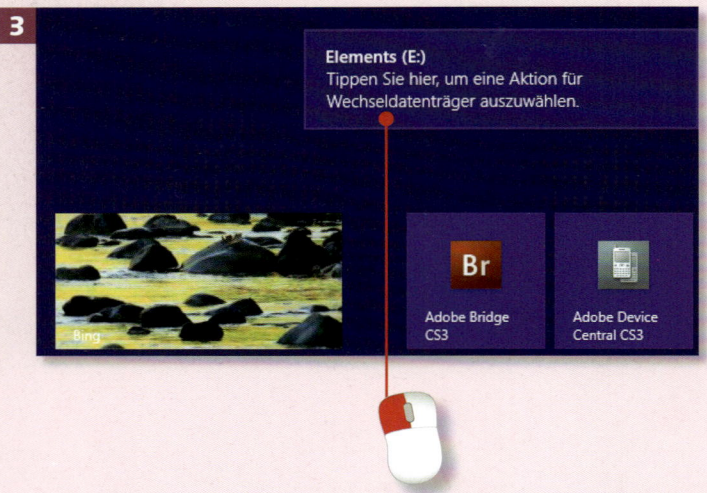

Schritt 3

Drücken Sie ⊞, um zum Startbildschirm zurückzugelangen. Verbinden Sie die externe Festplatte mit dem Stromnetz und mit Ihrem PC (z. B. via USB). Schalten Sie die Festplatte ggf. ein. Oben rechts erscheint eine entsprechende Meldung. Klicken Sie darauf.

Schritt 4

Daraufhin öffnet sich ein Menü, das es Ihnen ermöglicht, direkt auf die angeschlossene Festplatte zuzugreifen. Klicken Sie auf **Ordner öffnen, um Dateien anzuzeigen**, dann öffnet sich der Explorer mit den Dateien und Ordnern auf Ihrer externen Festplatte.

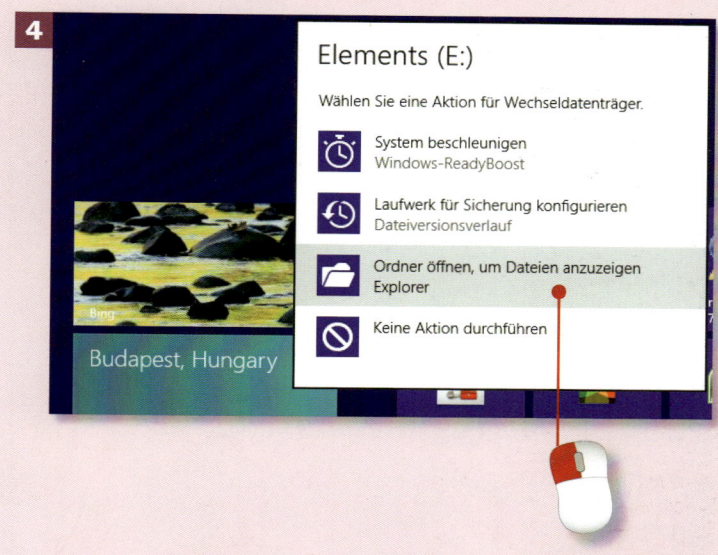

Schritt 5

Schauen Sie, wenn Sie mögen, auch einmal auf dem Desktop unter **Computer** nach. Auch dort finden Sie jetzt die gerade angeschlossene Festplatte (hier **Elements E:**) ❹.

Schritt 6

An dem farbigen Balken und der darunter befindlichen Größenangabe lässt sich der Füllungsgrad der Festplatte erkennen. Je weiter sich der Balken nach rechts erstreckt, desto weniger Platz steht auf dem Medium noch zur Verfügung. Ist der Balken rot, wird es ganz eng.

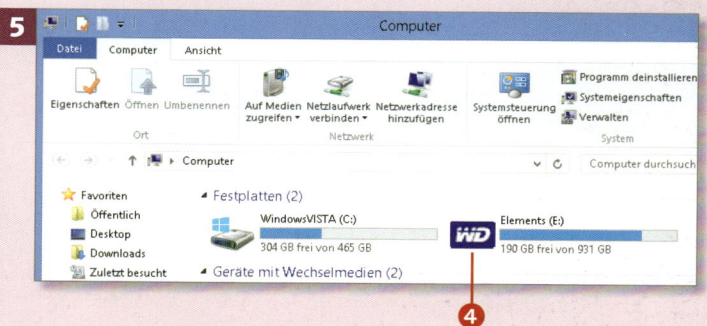

✚ Einsatz verpasst?

Falls Sie in Schritt 3 nicht schnell genug waren, um auf den Hinweis zu klicken, deaktivieren Sie die Festplatte noch einmal kurz. Schalten Sie sie anschließend wieder ein – dann erscheint der Hinweis noch einmal.

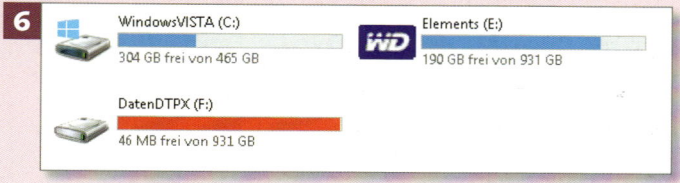

Eine externe Festplatte hinzufügen (Forts.)

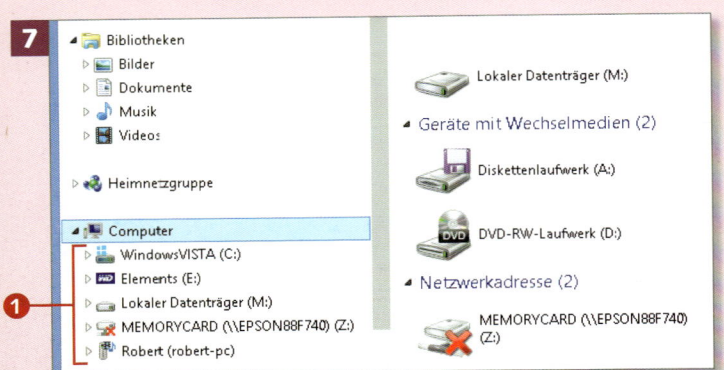

Schritt 7

Festplatten und andere Speichermedien, z. B. USB-Sticks, sind auch links im Objektbaum zu sehen **1**. Ziehen Sie die Spalte breiter, indem Sie den Steg mit gedrückter Maustaste nach rechts ziehen.

Schritt 8

Richtig interessant wird es, wenn Sie mit zwei Fenstern arbeiten. Ziehen Sie dazu das geöffnete Fenster (das den Inhalt der Festplatte anzeigt) an dessen Kopfleiste mit gedrückter Maustaste ganz auf den rechten Rand des Desktops. Lassen Sie dort los.

Schritt 9

Öffnen Sie ein zweites Ordner-Fenster. Klicken Sie auf die Kopfleiste, und ziehen Sie das Fenster an den linken Rand des Desktops.

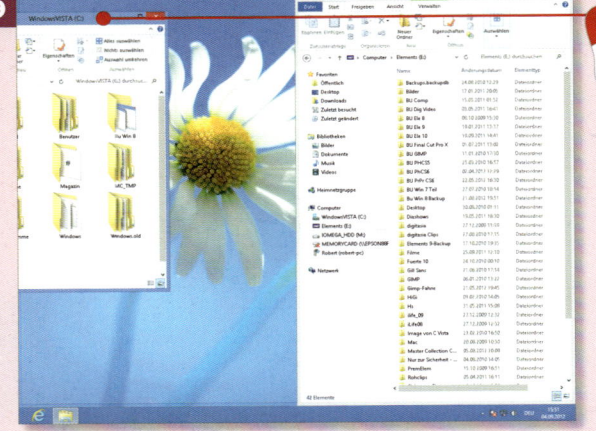

Snapping

Sobald Sie ein Fenster bei Erreichen der linken oder rechten Monitorbegrenzung »fallenlassen« (also die Maustaste loslassen), wird es so dargestellt, dass es vertikal die größtmögliche Höhe hat und horizontal bis zur Bildmitte reicht. Lassen Sie es am oberen Bildrand fallen, wird es maximiert.

Schritt 10

Da jetzt beide Festplatten-Fenster nebeneinanderstehen, können Sie Ordner und/oder Dokumente per Drag & Drop von einem Fenster in das andere ziehen. Dabei werden die Daten auf die externe Festplatte kopiert.

Schritt 11

Wenn alle Daten übertragen worden sind, ziehen Sie beide Ordner wieder an ihrer Kopfleiste mit gedrückter Maustaste zur Desktop-Mitte und lassen sie dort los. Die Fenster werden auf ihre ursprüngliche Größe zurückgesetzt.

Schritt 12

Bevor Sie die Festplatte abstecken, müssen Sie sie »abmelden«. Dazu klicken Sie auf das kleine Dreieck ❷ in der Taskleiste und dann auf das Festplatten-Symbol ❸ im Fenster. Im Menü klicken Sie schließlich auf die abzumeldende Festplatte.

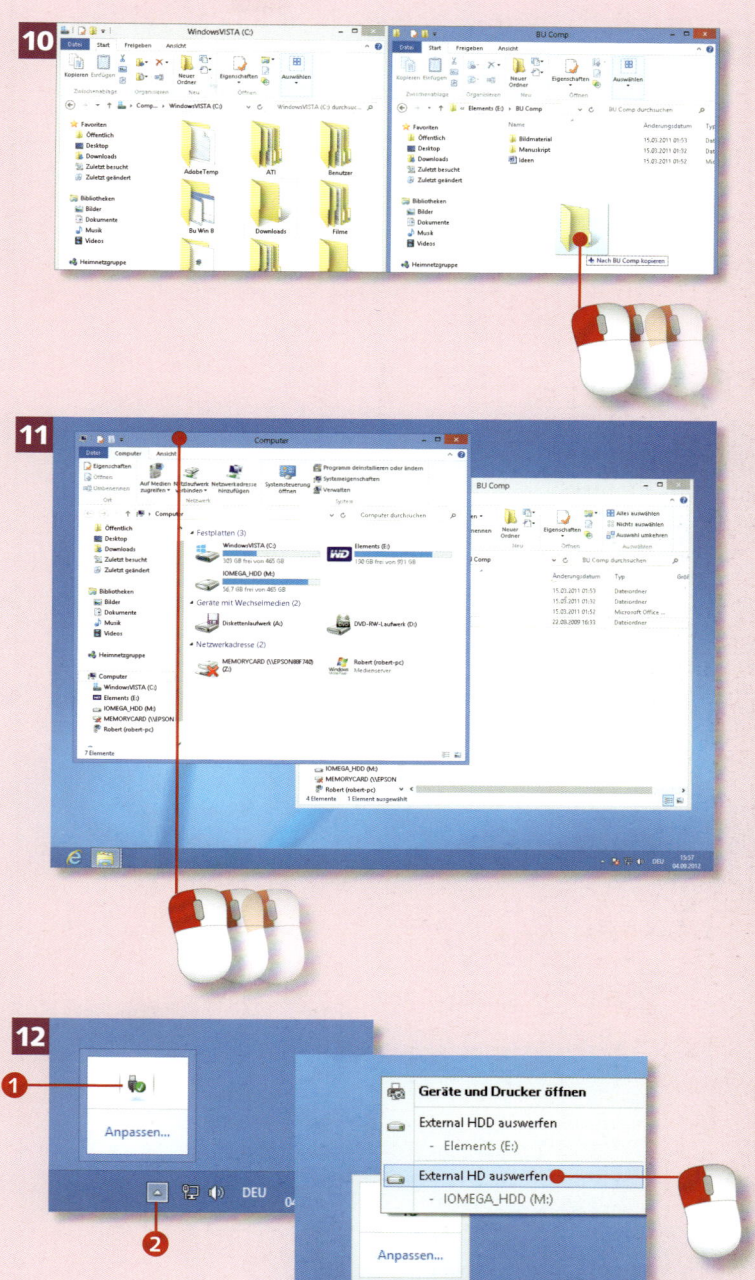

Bluetooth-Geräte mit Windows verbinden

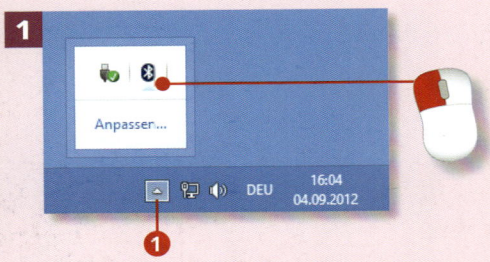

Sofern Ihr Computer Bluetooth-fähig ist, lassen sich Daten kabellos zwischen dem PC und einem weiteren Gerät (z. B. Foto-Handy) übertragen.

Schritt 1

Die Schritte 1 bis 3 müssen Sie nur ein einziges Mal durchführen. Klicken Sie zunächst auf das kleine Dreieck **1** in der Taskleiste und dann auf das Symbol **Bluetooth-Geräte**.

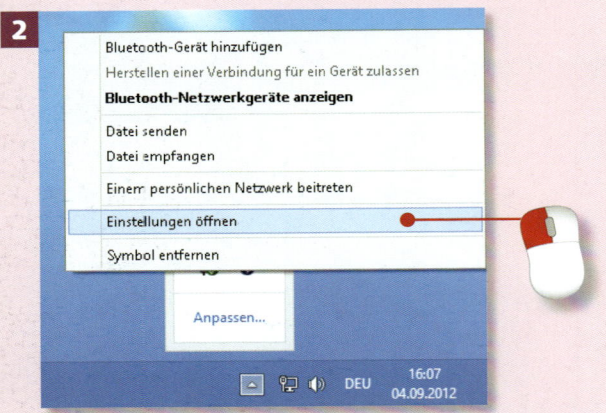

Schritt 2

Im Menü, das sich dann öffnet, klicken Sie auf den Eintrag **Einstellungen öffnen**.

Schritt 3

Kontrollieren Sie, ob sämtliche Häkchen innerhalb der Bluetooth-Einstellungen gesetzt sind. Falls nicht, holen Sie das jeweils mit einem Klick nach und bestätigen Ihre Angaben mit **OK**.

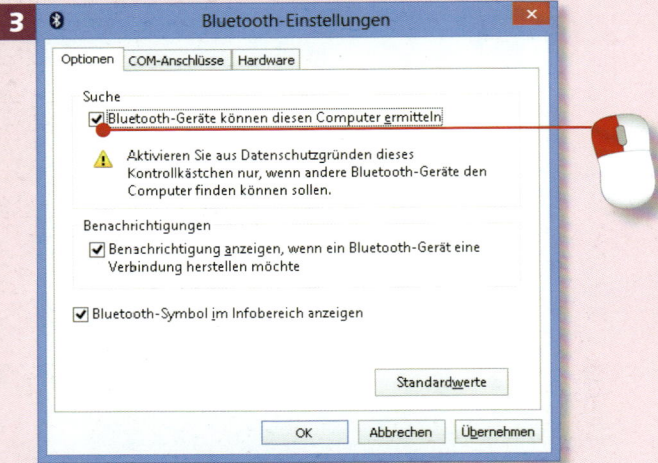

i Einstellungen öffnen

Wenn das Gerät nicht in der Taskleiste angezeigt wird, erreichen Sie es über **Geräte und Drucker** in der Systemsteuerung. Klicken Sie dort mit rechts auf das Gerät und dann auf **Bluetooth-Einstellungen**.

Schritt 4

Dateien empfangen Sie, indem Sie abermals auf das Dreieck ❷ und dann auf das Bluetooth-Symbol ❸ klicken. Entscheiden Sie sich in der Liste für **Datei empfangen**.

Schritt 5

Achten Sie auf den Hinweis, der oben rechts auf Ihrem Bildschirm erscheint. Klicken Sie darauf.

Schritt 6

Kurze Zeit später wird eine Kennung angeboten (eine Zahlenkombination), die Sie mit der auf Ihrem Bluetooth-Gerät vergleichen müssen. Wenn sie übereinstimmen, bestätigen Sie das mit einem Klick auf **Ja**.

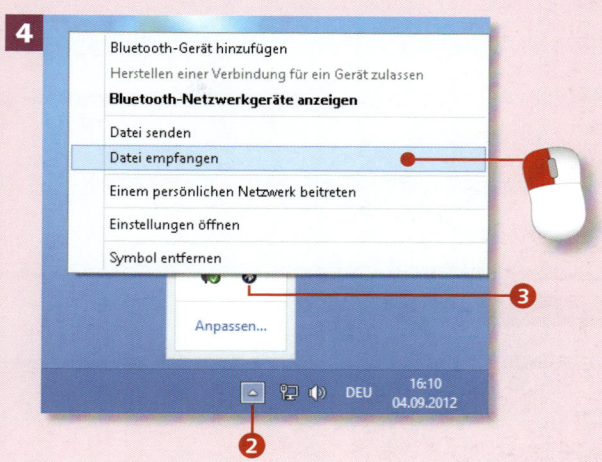

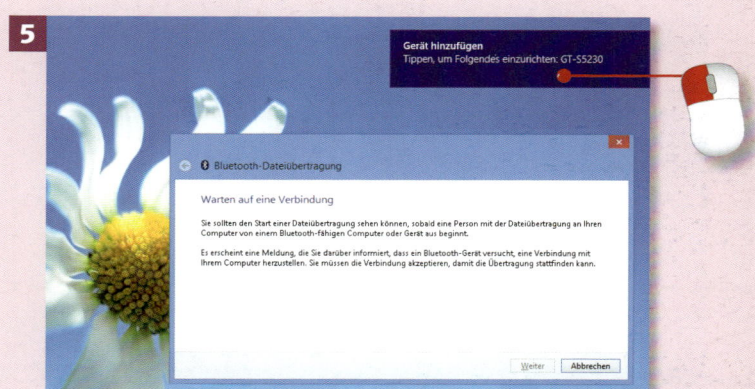

! Gerät nicht gefunden?

In den Bluetooth-Einstellungen des Handys besteht die Möglichkeit, das Gerät zu verbergen, d. h. für Bluetooth-Verbindungen unsichtbar zu machen. Wenn diese Funktion aktiv ist, kann Windows 8 das Gerät allerdings nicht finden. Stellen Sie es daher zuvor auf **sichtbar** bzw. **Telefon zeigen**.

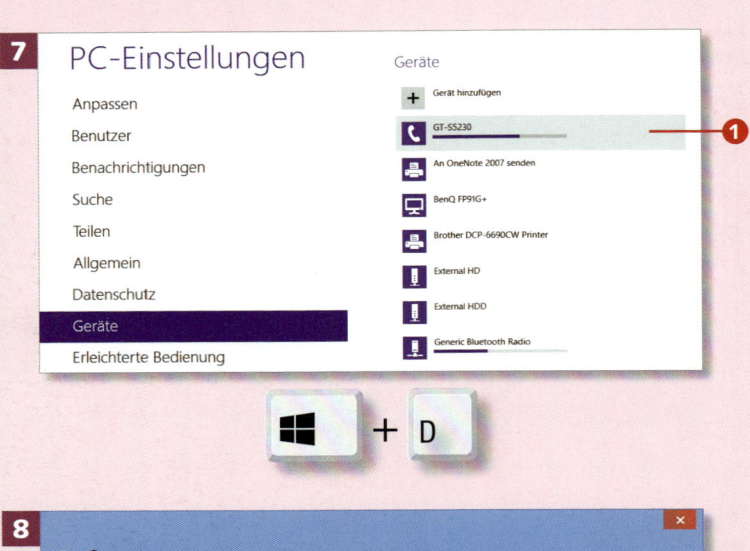

Schritt 7

Sobald das Bluetooth-Gerät gelistet wird ❶, können Sie wieder zum Desktop wechseln. Kennen Sie die Tastenkombination noch? Klar, ⊞ + D .

Schritt 8

Im Dialogfenster **Bluetooth-Datei-übertragung** klicken Sie jetzt auf **Durchsuchen**. So weisen Sie den Speicherort für den Dateitransfer zu.

Schritt 9

Im Objektbaum des Dialogfensters **Ordner suchen** können Sie nun beliebige Ordner öffnen. Dazu klicken Sie einfach auf das vorangestellte Dreieck ❷. Markieren Sie anschließend den Zielordner mit einem Klick und bestätigen Sie das Ganze mit **OK**.

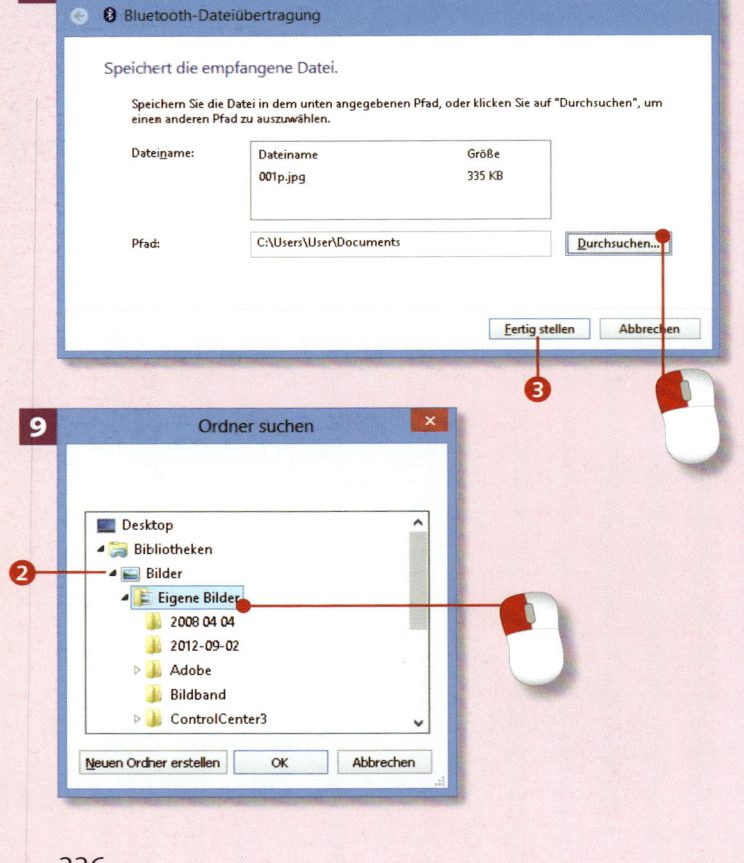

Speicherort bleibt aktuell

Den Speicherort für die Bluetooth-Datenübertragung müssen Sie nur einmal angeben. Weitere Dateien werden künftig gleich dorthin übertragen. Wenn Sie den Speicherort irgendwann ändern wollen, ist das natürlich über **Durchsuchen** jederzeit möglich.

Schritt 10

Klicken Sie auf **Fertig stellen** (❸ in Schritt 8). Öffnen Sie im Explorer (zweites Symbol von links in der Taskleiste) den zuvor als Speicherort definierten Ordner, indem Sie einen Doppelklick darauf ausführen. Darin werden Sie das übertragene Bild ❹ finden.

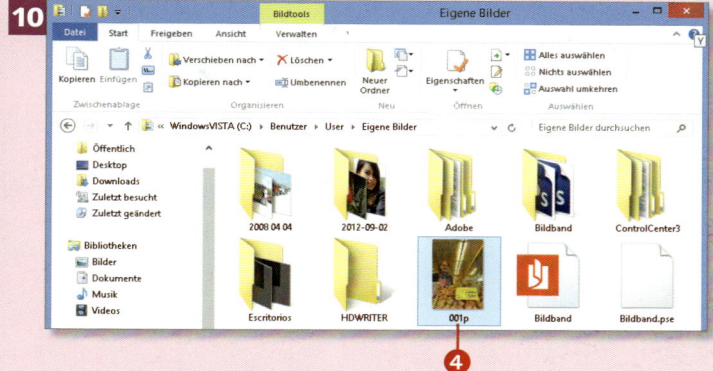

Schritt 11

Natürlich können Sie selbst auch Dateien per Bluetooth versenden, z. B. an Ihr Handy. Das tun Sie, indem Sie auf das Dreieck ❺ in der Taskleiste und danach auf **Bluetooth-Geräte** klicken.

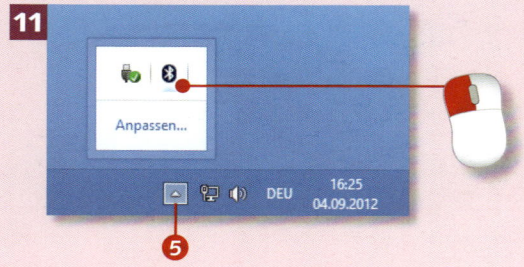

Schritt 12

Im Menü, das sich auf Ihren Klick hin öffnet, entscheiden Sie sich für **Datei senden**.

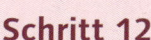
Mehrere Geräte in Reichweite?
Prinzipiell muss man ja immer davon ausgehen, dass weitere aktivierte Geräte in Reichweite sind. Dennoch können Sie Schritt 3 ruhigen Gewissens ausführen. Das Zielgerät lässt sich nämlich exakt ansteuern, wie Sie auf den folgenden Seiten sehen werden.

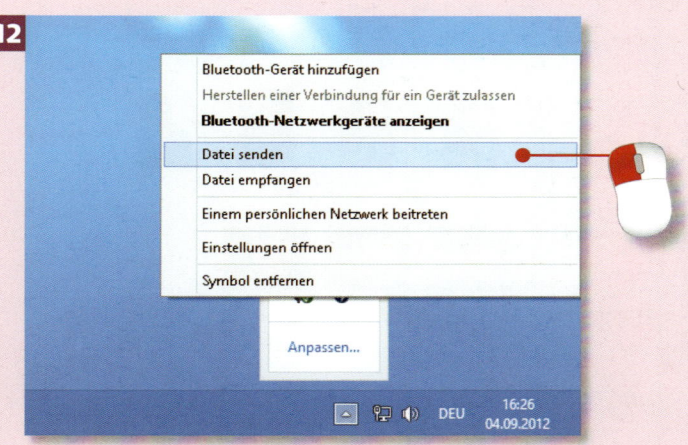

Bluetooth-Geräte mit Windows verbinden (Forts.)

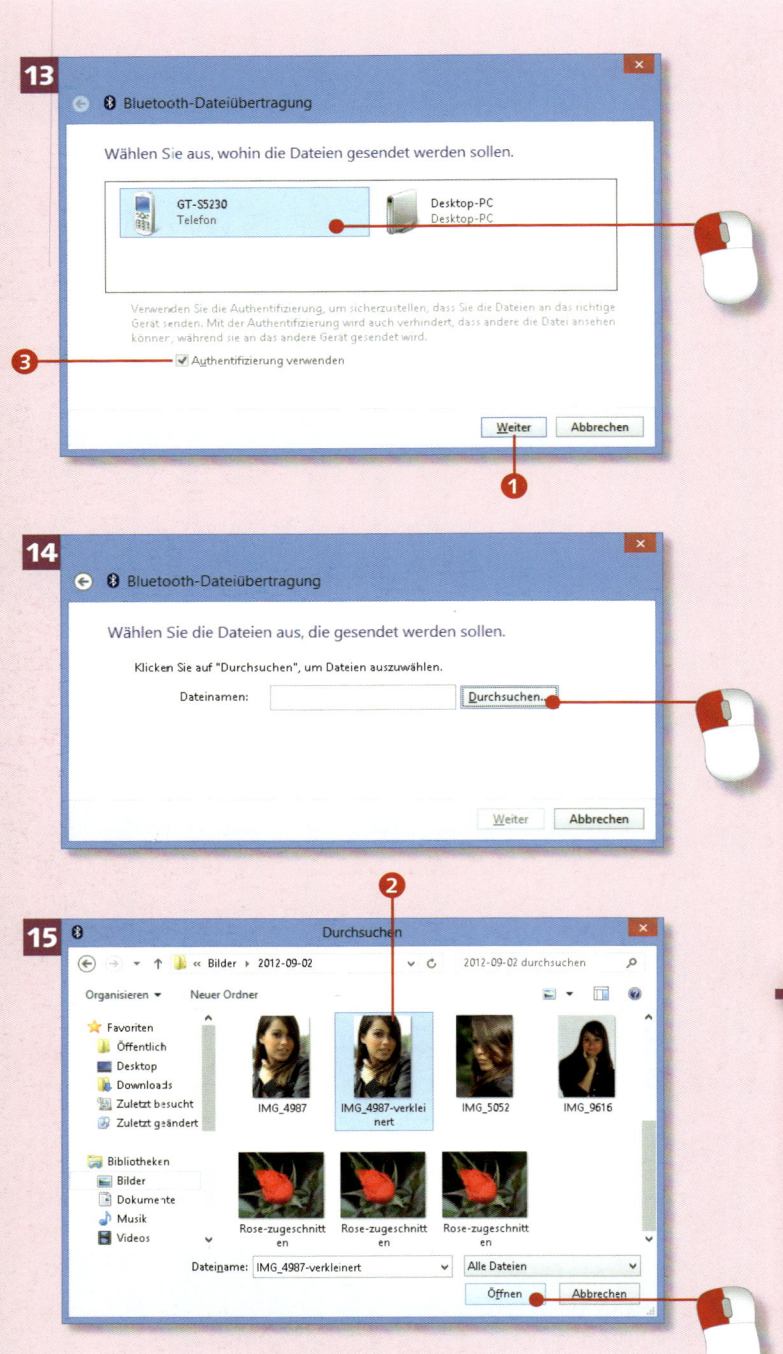

Schritt 13

Windows wird zwar das gesuchte Handy finden, aber dennoch müssen Sie daraufklicken, um es auszuwählen. Es wird dann blau hervorgehoben. Dann klicken Sie auf **Weiter** ❶.

Schritt 14

Nun müssen Sie auf Ihrem Computer natürlich noch die Datei heraussuchen, die Sie übertragen möchten. Klicken Sie daher auf die Schaltfläche **Durchsuchen**.

Schritt 15

Im Dialogfenster **Durchsuchen** klicken Sie das Bild ❷ an, das Sie übertragen wollen, und klicken anschließend auf **Öffnen**. Wenn nicht sofort der richtige Ordner geöffnet ist, wählen Sie ihn über den Objektbaum in der Spalte ganz links aus.

Authentifizierung

Die Authentifizierung sollte aktiviert werden (sofern möglich, siehe ❸ in Schritt 13), wenn mehrere Handys in der Nähe sind. Dann müssen Sie vor der Datenübertragung den Kopplungscode des Handys eingeben. Wie Sie diesen für Ihr Gerät ermitteln, erfahren Sie in der Bedienungsanleitung Ihres Mobiltelefons.

Schritt 16

Das Fenster schließt sich daraufhin automatisch, und Sie gelangen zurück zum Dialog **Bluetooth-Dateiübertragung**. Hier müssen Sie jetzt noch einmal auf **Weiter** klicken.

Schritt 17

Damit beginnt die Dateiübertragung. Den Fortschritt sehen Sie anhand des grünen Balkens. Sie haben nun einige Sekunden Zeit, das Bild auf dem Handy anzunehmen. Wenn Sie diese Zeit verstreichen lassen, wird der Vorgang abgebrochen.

Schritt 18

Sobald das Foto am Handy angenommen worden ist, meldet Windows 8 die erfolgreiche Übertragung. Klicken Sie auf **Fertig stellen**, um die Aktion zu beenden.

Mehrere Dateien senden

In Schritt 15 können Sie auch gerne mehrere Dateien markieren. Halten Sie dazu einfach [Strg] gedrückt, während Sie die Dateien anklicken. Danach werden sämtliche markierten Dateien nacheinander transferiert.

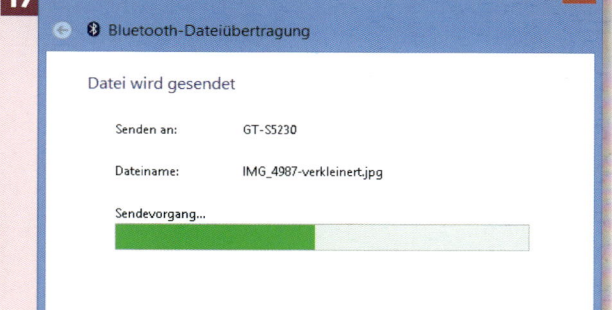

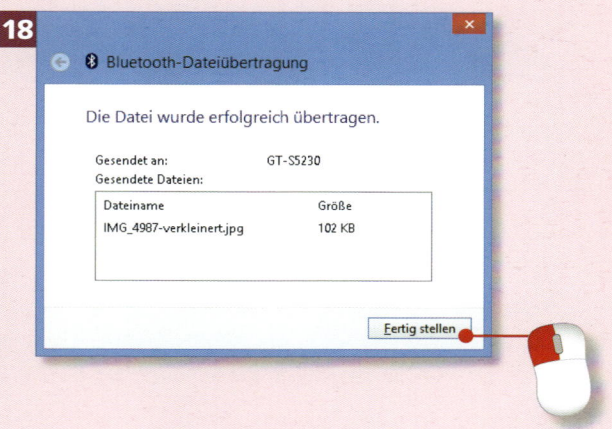

Kapitel 10
Scannen, drucken, brennen

Die Fotos nur digital auf dem Rechner sehen zu können reicht oft nicht aus. Wenn Sie einen Fotodrucker besitzen, möchten Sie Ihre Bilder sicher auch ausdrucken. In diesem Kapitel lesen Sie nicht nur, wie das funktioniert, sondern auch, wie Sie Ihren Scanner einsetzen und Musik-CDs brennen.

Fotos einscannen

Schritt für Schritt erfahren Sie in diesem Kapitel, wie Sie Ihren Scanner einrichten und damit Fotos oder auch andere Dokumente einscannen ❶ können.

Fotos drucken

Sie sind im Besitz eines Farbdruckers? Dann sehen Sie hier, wie Sie Ihre Fotos optimal auf Papier zur Geltung bringen ❷. Das geht mit Windows 8 ganz komfortabel.

Musik auf CD brennen

Wenn Ihr Rechner nicht das perfekte Präsentationsmedium für Ihre Musik ist, sollten Sie eine CD brennen ❸. Wie das geht, erfahren Sie in den Anleitungen in diesem Kapitel.

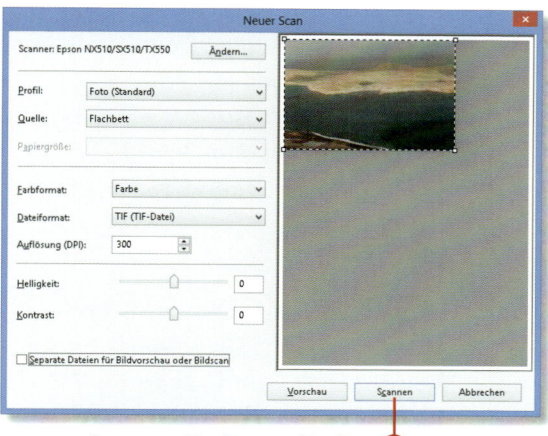

Scannen Sie Fotos, die Sie ❶
noch nicht digital vorliegen
haben, einfach ein.

Wenn Sie Ihre Fotos doch mal
in der Hand halten möchten,
❷ drucken Sie sie ganz einfach aus.

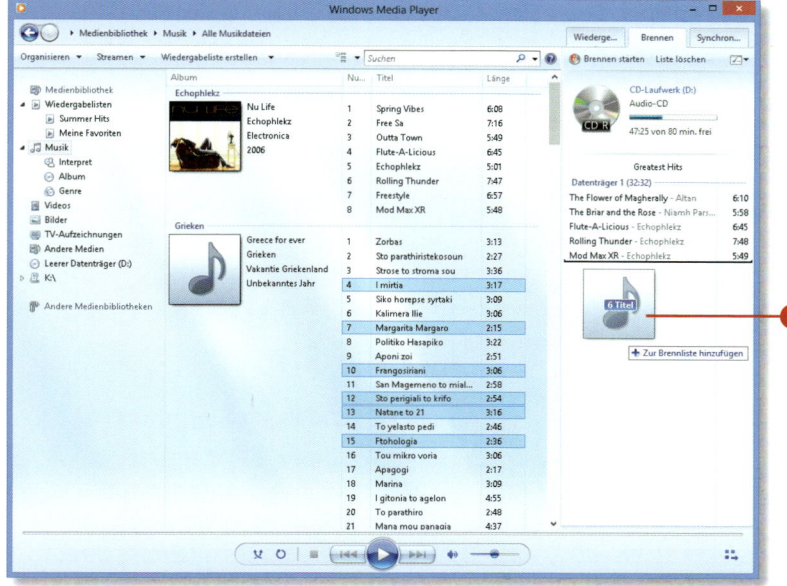

❸ Brennen Sie Musik und Fotos
auf CD – für Ihr Regal oder um
sie an andere weiterzugeben.

Fotos und Dokumente einscannen

Die meisten Scanner bringen ihre eigene Software mit. Dennoch lassen sich Scanner auch mit einer Windows-internen Lösung bedienen, für die keine Installation erforderlich ist.

Schritt 1

Geben Sie den Suchbegriff »fax« oder »scan« ein. Sie werden die App **Windows-Fax und -Scan** finden. Starten Sie das Programm mit einem Mausklick auf das Ergebnis oder indem Sie ↵ drücken.

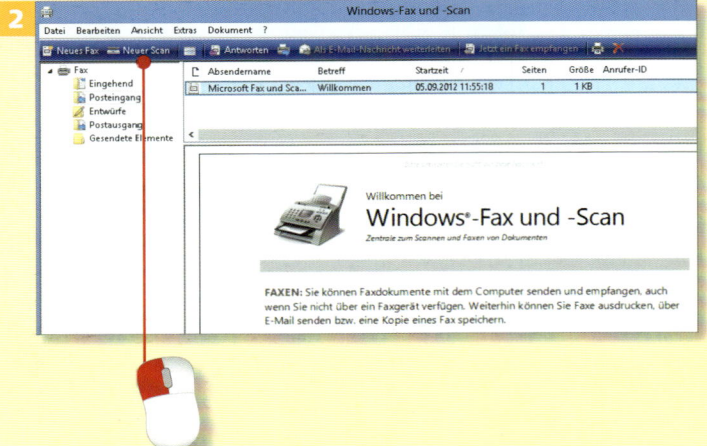

Schritt 2

Wenn Sie sich ausführlich über das Thema Fax informieren wollen, lesen Sie die Anleitung unten rechts im Fenster. Wenn Sie nur scannen möchten, klicken Sie auf **Neuer Scan**.

Schritt 3

Im Dialogfenster **Neuer Scan** kontrollieren Sie zunächst einmal, ob der richtige Scanner gefunden worden ist, indem Sie auf **Ändern** klicken.

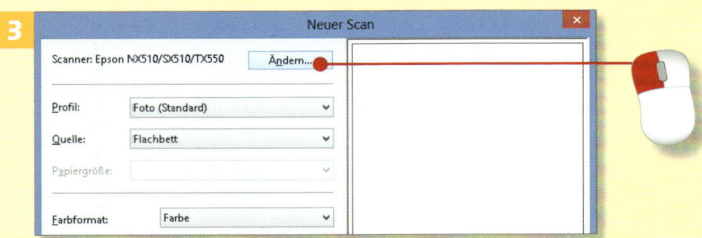

Faxe senden und empfangen

Um die Faxfunktion nutzen zu können, müssen Sie mitunter weitere Kabel anschließen. Schauen Sie in der Bedienungsanleitung Ihres Geräts nach, was zu tun ist.

Schritt 4

Den gefundenen Scanner müssen Sie nun noch mit einem Mausklick auswählen ❶, bevor Sie auf **Eigenschaften** klicken.

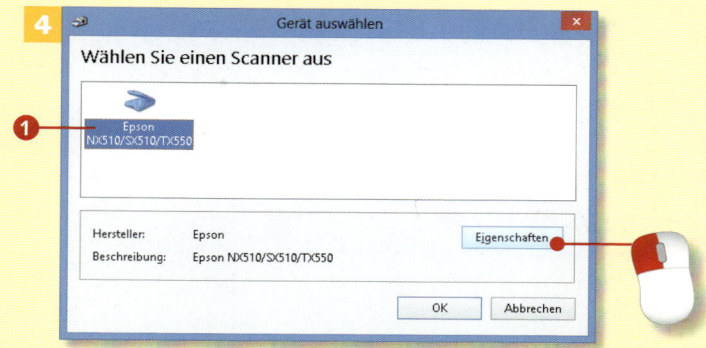

Schritt 5

Auf der Registerkarte **Allgemein** finden Sie den Button **Scanner testen**. Wenn Sie daraufklicken, sollten Sie die Meldung ❷ erhalten, dass das Gerät korrekt angeschlossen worden ist. Klicken Sie insgesamt dreimal auf **OK**, um zurück zum Dialog **Neuer Scan** zu gelangen.

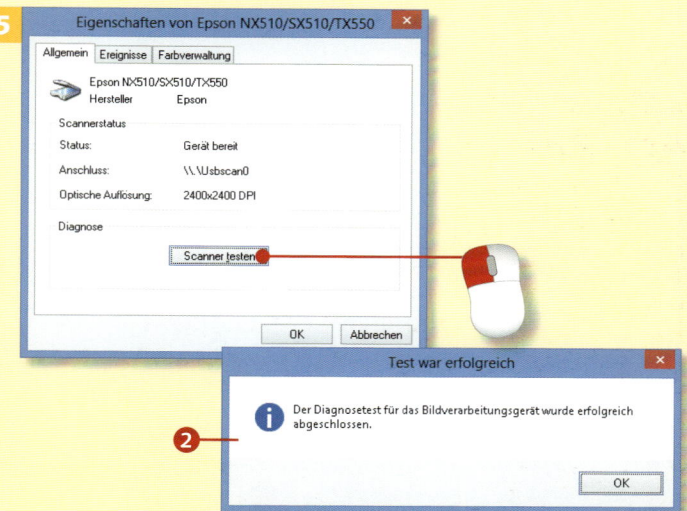

Schritt 6

Wählen Sie als Nächstes das Dateiformat aus. JPEG erzeugt kleine Dateigrößen bei relativ guter Qualität. Das Optimum erhalten Sie jedoch, wenn Sie auf TIF umschalten.

JPEG vs. TIF

Durch Verwendung von TIF werden die Dateien wesentlich größer als bei JPEG. Im Gegenzug erhalten Sie so aber Bilddokumente, die verlustfrei nachbearbeitet werden können.

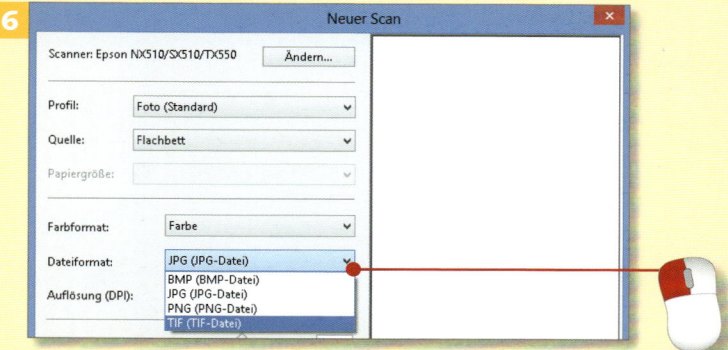

Fotos und Dokumente einscannen (Forts.)

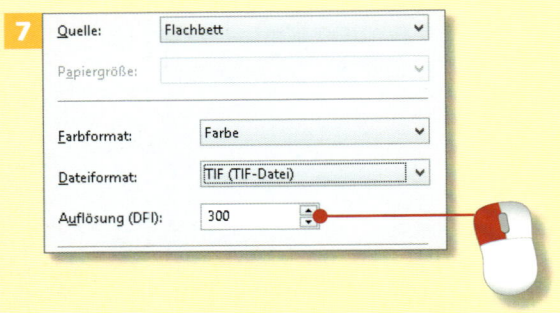

Schritt 7

Kümmern Sie sich jetzt um die Auflösung. 300 dpi (*dots per inch* = einzelne Scanpunkte je 2,54 cm) ist die richtige Einstellung für ein gutes Ergebnis, auch bei einem späteren Ausdruck.

Schritt 8

Erzeugen Sie zunächst eine Vorschau, indem Sie auf den Button **Vorschau** klicken. Das Ergebnis sehen Sie auf der rechten Seite der Anwendung.

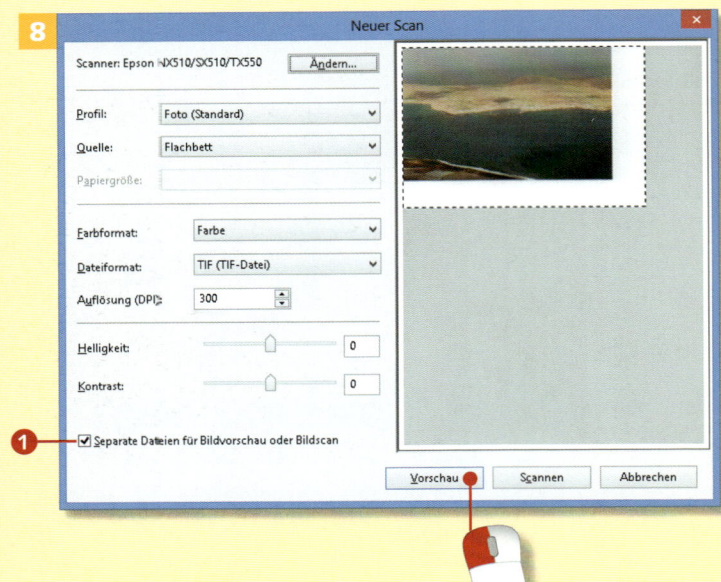

Schritt 9

Ziehen Sie den gestrichelten Rahmen in Form, indem Sie eine der vier Ecken mit gedrückter Maustaste verschieben. Begrenzen Sie den Rahmen auf den Bereich, der gescannt werden soll.

Foto beschneiden

Es wird stets das gescannt, was sich innerhalb des Rahmens befindet. Dafür müssen Sie aber das Häkchen in der einzigen Checkbox ❶ dieses Dialogs entfernen. Vermeiden Sie es, weiße Ränder mit in die Auswahl einzubeziehen, sondern ziehen Sie den Rahmen lieber eng um oder sogar ein wenig auf das Foto.

Schritt 10

Jetzt müssen Sie lediglich noch auf **Scannen** klicken. Warten Sie einen Moment, bis der Scanner seine Arbeit abgeschlossen hat.

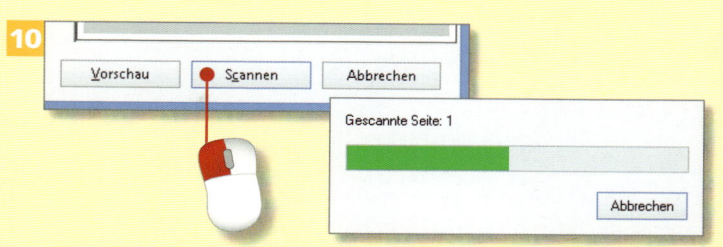

Schritt 11

Das Bild erscheint nun auf der rechten Seite der Anwendung. Wenn der untere Teil nicht zu sehen ist, müssen Sie ein wenig nach unten scrollen. Das Foto könnten Sie nun als Fax ❷ oder E-Mail ❸ weiterleiten, drucken ❹ oder auch löschen ❺.

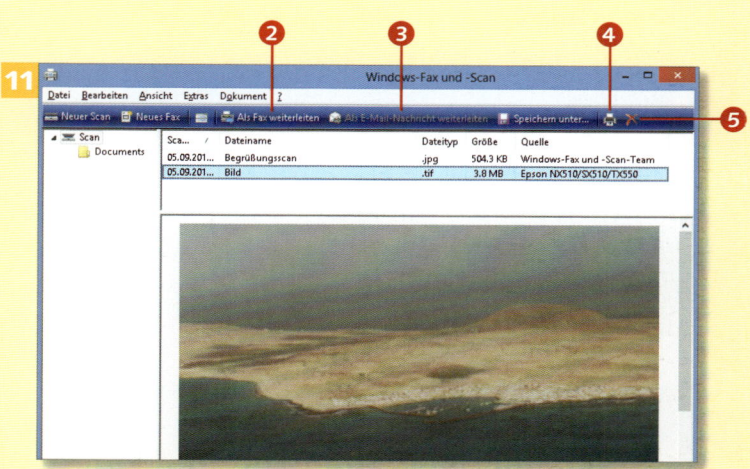

Schritt 12

Das Foto selbst ist jetzt übrigens bereits auf der Festplatte gespeichert. Sie finden es unter *Bibliotheken/ Dokumente/Gescannte Dokumente* ❻.

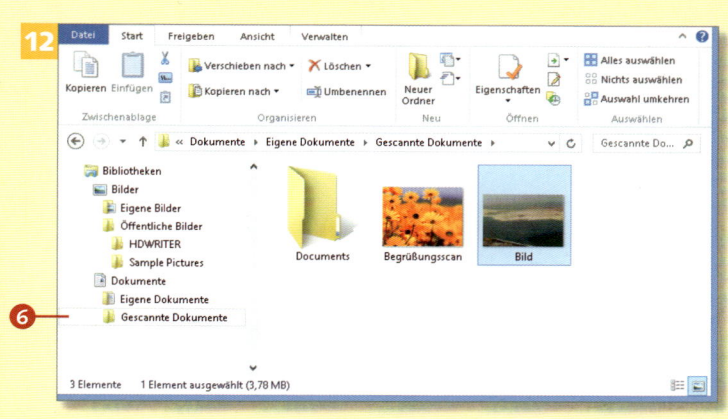

Foto erneut speichern

Wenn Sie das Foto auch noch an einem anderen Ort speichern möchten, wählen Sie **Datei ▸ Speichern unter**.

Mit der Software des Scanners arbeiten

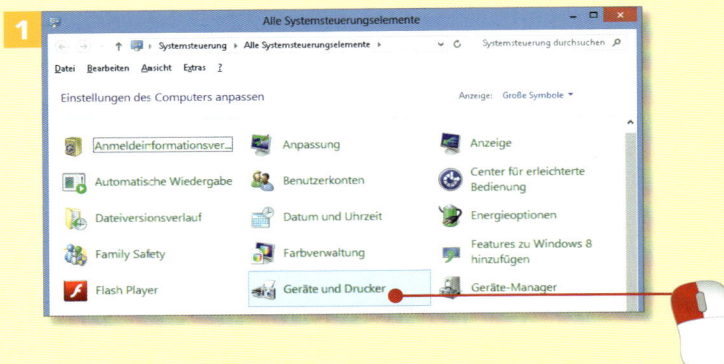

Wenn Sie mit der Software arbeiten, die dem Scanner beiliegt, müssen Sie einiges beachten. Wir zeigen Ihnen die Vorgehensweise an einem Epson-Scanner.

Schritt 1

Einen Scanner finden Sie in der Systemsteuerung unter **Geräte und Drucker**. Bei einem Multifunktionsgerät wird dort lediglich der Drucker angezeigt, daher geben Sie am besten direkt auf dem Startbildschirm den Suchbegriff »scan« ein.

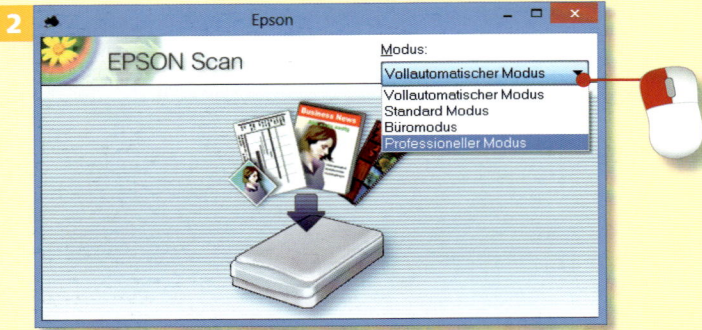

Schritt 2

Bei Epson und anderen Herstellern können Sie über das Feld **Modus** vom vollautomatischen in den professionellen Modus wechseln.

Schritt 3

Stellen Sie das Feld **Bildtyp** auf **24-Bit-Farbe** um, wenn Sie einen farbigen Scan wollen.

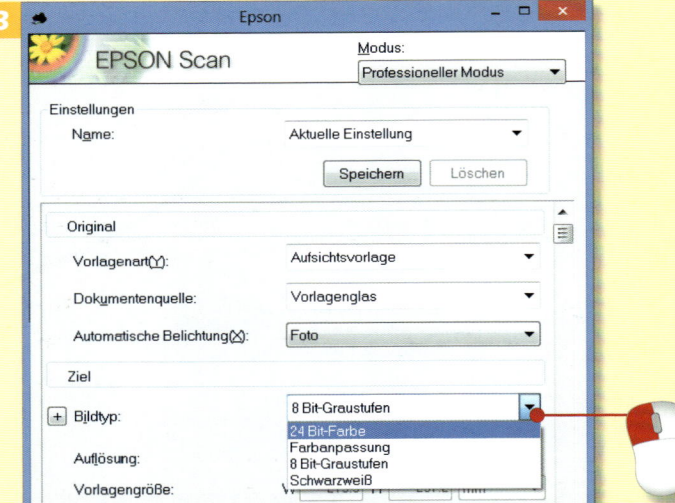

Korrekturfunktionen

Fast alle Scanner bieten Korrekturfunktionen an, bei denen sich bereits zum Zeitpunkt des Scans Farben, Gammawerte, Kontraste etc. beeinflussen lassen. Gehen Sie am besten moderat damit um.

Schritt 4

Geben Sie die Auflösung im Feld **Auflösung** ein (hier: »300«), indem Sie einen Doppelklick auf den vorhandenen Wert setzen und diesen dann überschreiben.

Schritt 5

Klicken Sie auf **Vorschau** ❶. Das Ergebnis kann beim ersten Scan einen Moment auf sich warten lassen, da das Gerät zunächst betriebsbereit gemacht werden muss. Sie sehen ein Vorschaubild ❷. Danach können Sie auf **Scannen** klicken.

Schritt 6

Zuletzt müssen Sie noch beantworten, wo das Scanergebnis gespeichert werden soll. Das legen Sie fest, indem Sie auf **Durchsuchen** klicken und den gewünschten Ort angeben. Der Scanvorgang beginnt, nachdem Sie auf **OK** geklickt haben.

Schwarz-weiße Scans

Wollen Sie ein Schwarz-Weiß-Foto scannen, wählen Sie den Typ **8-Bit-Graustufen**. Der Eintrag **Schwarzweiß** im Feld **Bildtyp** (siehe Schritt 3) ist wider Erwarten nicht dafür geeignet, sondern nur für Strichzeichnungen (echtes Schwarzweiß).

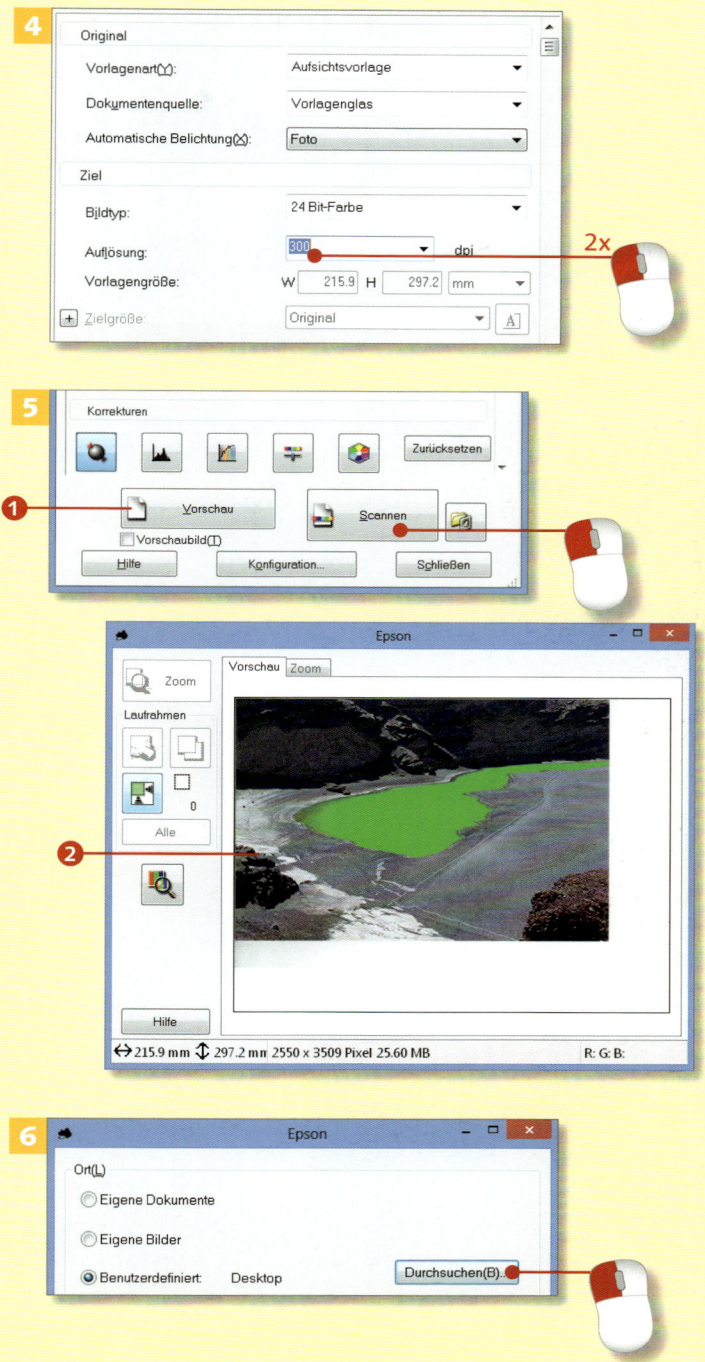

Fotos zu Hause ausdrucken

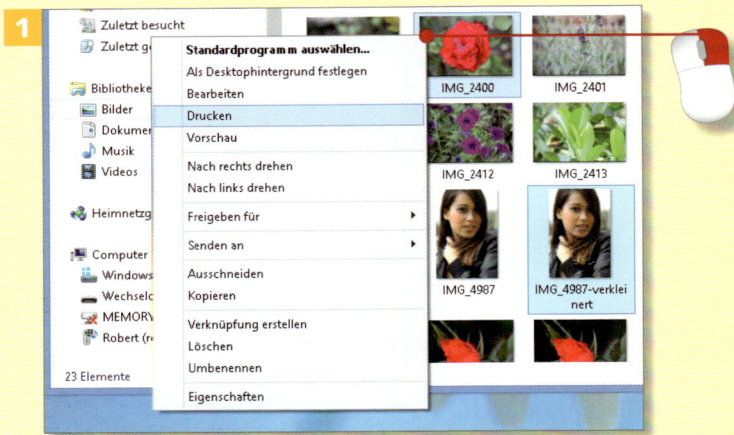

Bildbearbeitungsprogramme wie Photoshop Elements, GIMP oder Photo Impact bringen eigene Druckdialoge mit. Wenn Sie ein Bild ohne viel Schnickschnack zu Papier bringen wollen, reichen die Druckfunktionen von Windows 8 völlig aus.

Schritt 1

Markieren Sie ein oder mehrere Fotos (mehrere, indem Sie `Strg` oder `⇧` beim Klicken gedrückt halten). Danach führen Sie einen Rechtsklick auf eines der markierten Bilder aus und wählen **Drucken** im Kontextmenü.

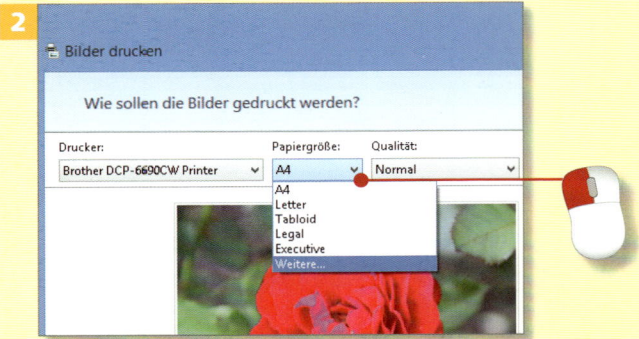

Schritt 2

Als Nächstes könnten Sie auf ein anderes Format umschalten. Wenn das gesuchte Format in der Liste **Papiergröße** nicht enthalten ist, klicken Sie auf **Weitere**.

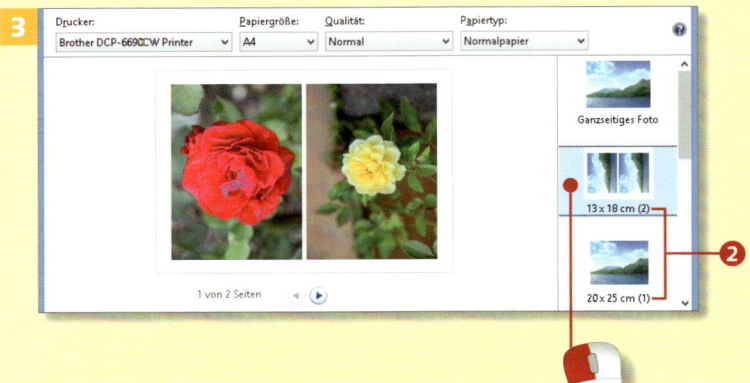

Schritt 3

Bei DIN-A4-Papier haben Sie die Möglichkeit, mehrere Fotos auf einem Blatt auszugeben. Dazu müssen Sie auf der rechten Seite z. B. auf **13 × 18 cm (2)** klicken.

Schritt 4

Jetzt sollten Sie noch den Papiertyp einstellen. Wählen Sie im Feld
Papiertyp die Bezeichnung, die dem
von Ihnen eingesetzten Papier am
ehesten entspricht.

Schritt 5

Im Fuß der Anwendung legen Sie
noch fest, wie viele Kopien pro
Bild erzeugt werden sollen. Mit der
Pfeiltaste ❶ unterhalb der Vorschau
springen Sie zur nächsten Seite.

Schritt 6

Die Option **Bild an Rahmen anpassen** sorgt dafür, dass der zur Verfügung stehende Platz optimal ausge-
nutzt wird. Dabei werden die Bilder
allerdings beschnitten. Zur Verdeut-
lichung schalten Sie das Häkchen mit
einem Klick ein und wieder aus.

ℹ Wahl der Vorgabe

Die im Auswahlfeld stehende Ziffer
(im Beispiel **2**) gibt Aufschluss
darüber, wie viele Fotos auf jedem
Blatt platziert werden (siehe ❷ im
Schritt 3).

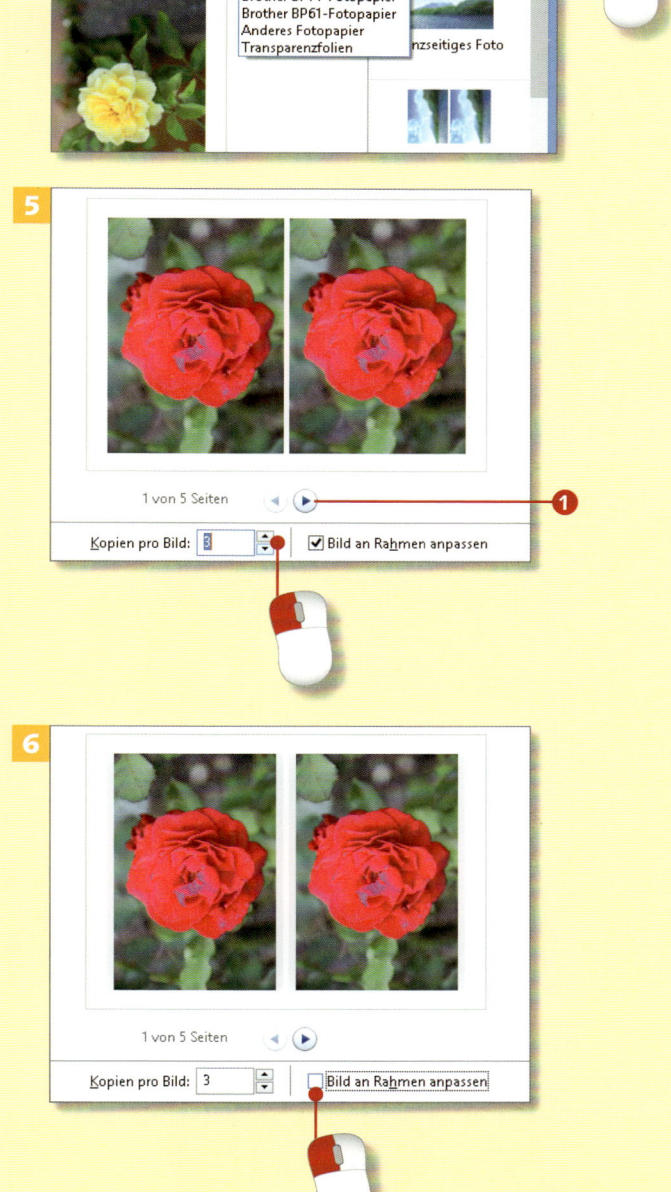

Fotos zu Hause ausdrucken (Forts.)

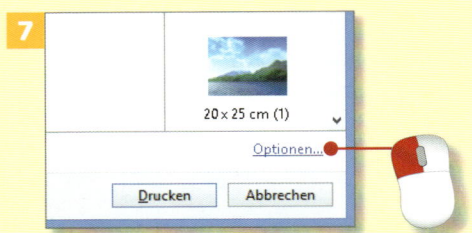

Schritt 7

Klicken Sie zuletzt noch unten rechts auf **Optionen**, um weitere spezifische Einstellungen vorzunehmen.

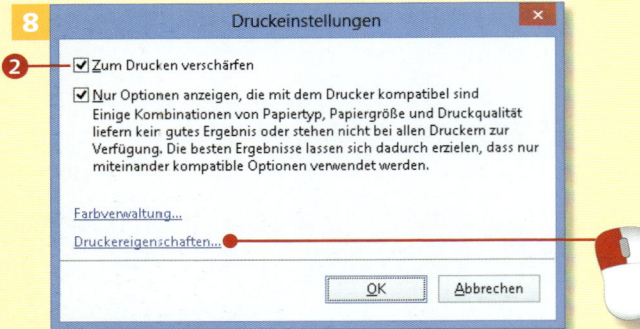

Schritt 8

Im Dialogfenster **Druckeinstellungen** bieten sich Ihnen verschiedene Optionen (siehe auch den Kasten unten). Diese lassen Sie in der Regel jedoch am besten so, wie sie sind. Klicken Sie lieber auf **Druckereigenschaften**.

Schritt 9

In diesem Dialogfenster und über **Erweitert** ❶ können Sie individuelle Einstellungen direkt im Drucker-Menü vornehmen. Die Dialoge unterscheiden sich je nach Hersteller. Klicken Sie zum Schluss auf **OK**.

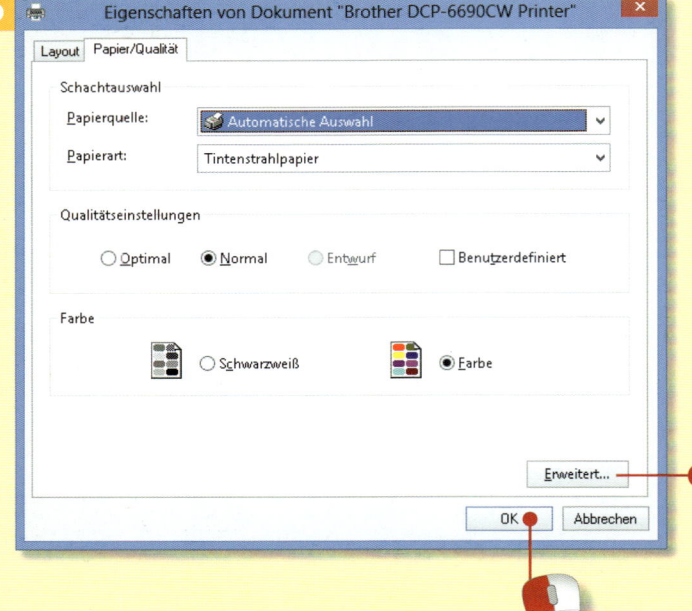

Fotos schärfen

Wenn Sie nach einem Ausdruck feststellen, dass die Fotos etwas unscharf sind, sorgen Sie dafür, dass die Option **Zum Drucken verschärfen** ❷ aktiviert ist.

Schritt 10

Das war's. Jetzt müssen Sie nichts weiter tun, als im Dialogfenster **Bilder drucken** auf **Drucken** zu klicken.

Schritt 11

Sie benötigen Kontaktabzüge vom gesamten Inhalt eines Ordners? Dann öffnen Sie diesen Ordner, und drücken Sie ⌨Strg + ⌨A. Dadurch werden alle darin enthaltenen Fotos markiert. Jetzt klicken Sie mit der rechten Maustaste auf ein markiertes Bild und wählen **Drucken** im Kontextmenü.

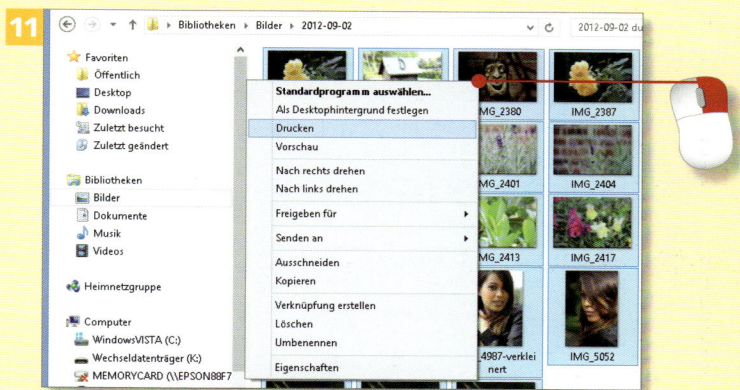

Schritt 12

Scrollen Sie in der rechten Spalte des Dialogs **Bilder drucken** ganz nach unten, und klicken Sie auf **Kontaktabzug**. In der Mitte können Sie ablesen, wie viele Seiten gedruckt werden, um alle Miniaturen zu Papier zu bringen ❸. Zuletzt klicken Sie auf **Drucken** ❹.

> **Kontaktabzüge**
>
> Kontaktabzüge sind Ausdrucke, die sämtliche Fotos eines Ordners in Miniaturform abbilden. Sie dienen eigentlich nur dazu, einen schnellen Überblick über den Inhalt des Verzeichnisses zu erhalten. Kontaktabzüge werden meist mit 150 dpi auf Normalpapier ausgegeben.

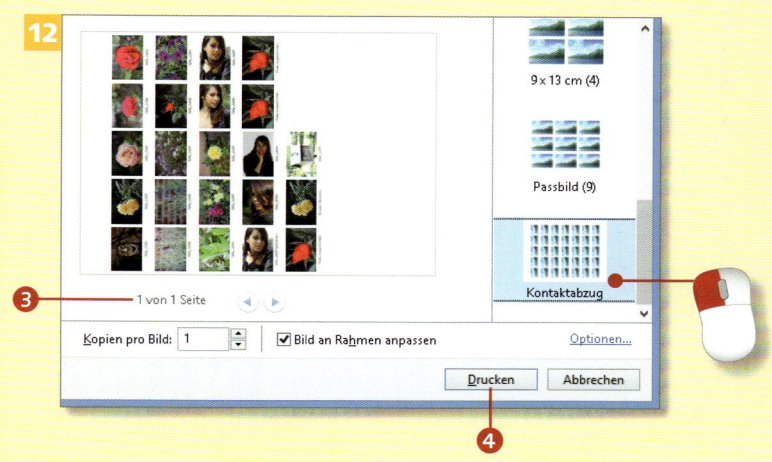

Dateien auf eine CD oder DVD brennen

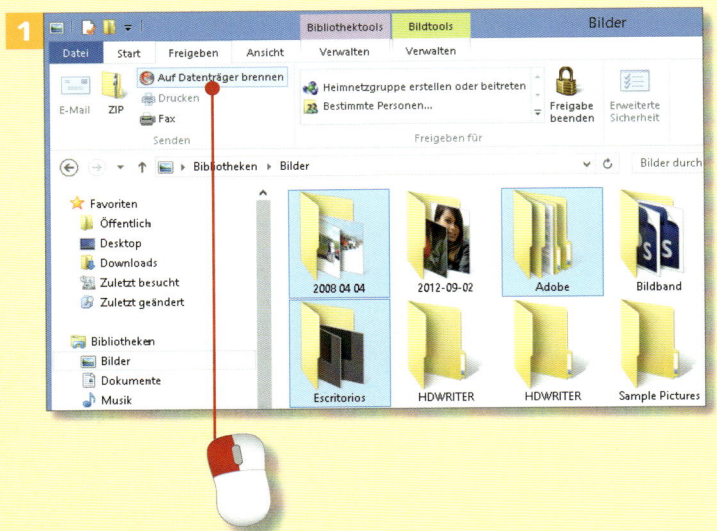

Falls Sie größere Datenmengen sichern oder weitergeben wollen, empfiehlt sich die Produktion einer CD oder DVD. Wie das geht, erfahren Sie in diesem Abschnitt.

Schritt 1

Markieren Sie die Dateien oder Ordner, die auf den Datenträger gebracht werden sollen (mehrere markieren Sie, wenn Sie beim Anklicken `Strg` gedrückt halten). Danach klicken Sie auf der Registerkarte **Freigeben** auf **Auf Datenträger brennen**.

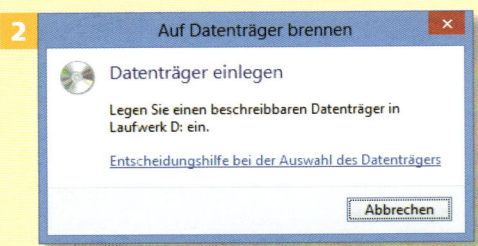

Schritt 2

Sofern Sie noch keine CD oder DVD eingelegt haben, werden Sie jetzt dazu aufgefordert. Der Dialog verschwindet automatisch, nachdem Sie das Fach des Brenners geschlossen haben.

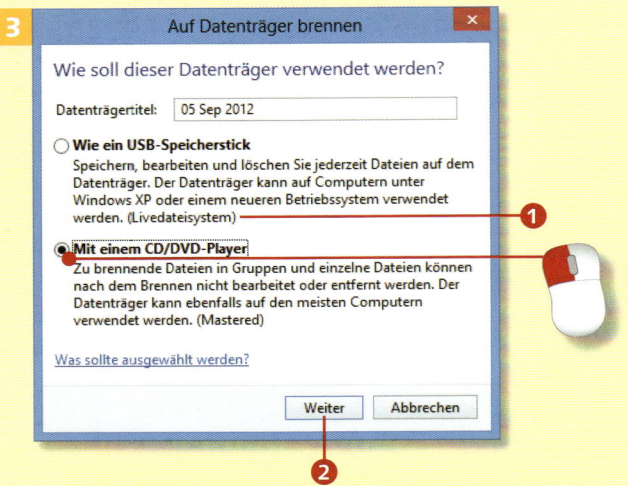

Schritt 3

Nun müssen Sie noch festlegen, ob Sie die Option **Livedateisystem** oder **Mastered** für den Brennvorgang wählen wollen. Letzteres ist nicht zuletzt in Sachen Weitergabe am vielseitigsten. Aktivieren Sie daher **Mit einem CD/DVD-Player**, bevor Sie auf **Weiter** ❷ klicken.

Schritt 4

Die Dateien werden jetzt zum Brennen vorbereitet, was in einem kleinen Dialogfenster mithilfe eines Fortschrittsbalkens kenntlich gemacht wird.

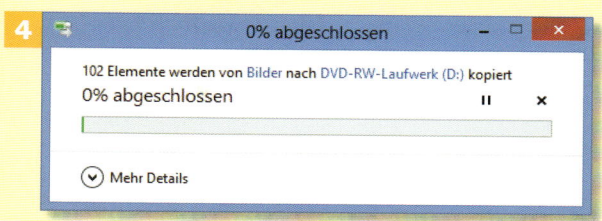

Schritt 5

Für den Fall, dass sich eine Sprechblase am unteren rechten Rand der Taskleiste zeigt: Schließen Sie diese einfach, indem Sie auf das Kreuzchen rechts oben klicken.

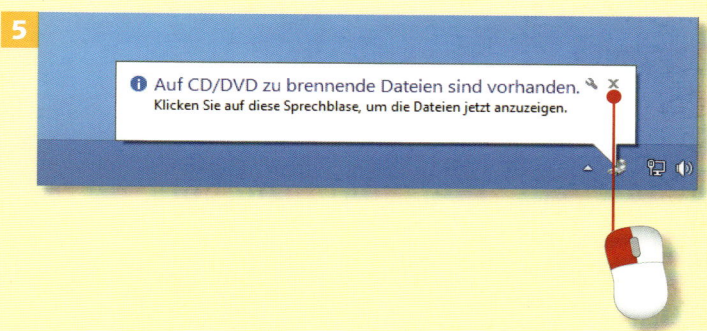

Schritt 6

Nun sollten Sie den freien Speicherplatz ermitteln, der auf dem eingelegten Datenträger zur Verfügung steht. Dazu klicken Sie im Explorer links auf **Computer** und schauen sich rechts das Brennerlaufwerk ❸ an.

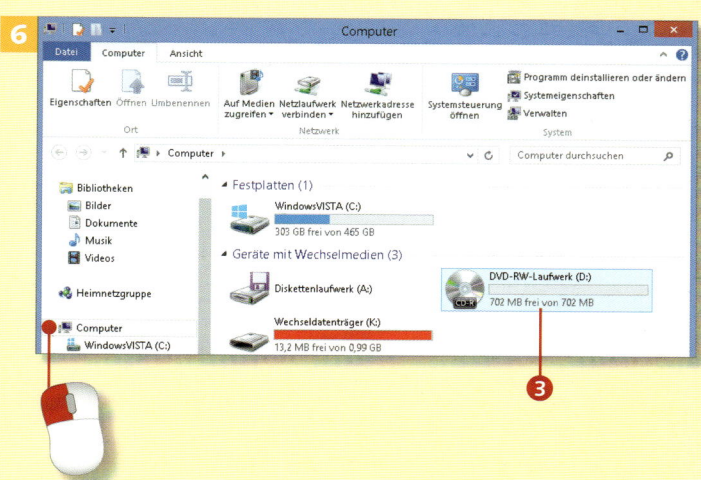

Livedateisystem

Der fertige Datenträger ist bei der Option **Livedateisystem** im Gegensatz zu **Mastered** (siehe Schritt 3) noch weiter beschreibbar. Allerdings ist dieser dann nicht mit allen Betriebssystemen kompatibel.

Dateien auf eine CD oder DVD brennen (Forts.)

Schritt 7

Selbst an dieser Stelle des Prozesses können noch weitere Dateien hinzugefügt werden, indem Sie Schritt 1 wiederholen. Zum Schluss klicken Sie doppelt auf das Laufwerk, um es zu öffnen. Hier ist dem DVD-RW-Laufwerk der Buchstabe **D:** zugeordnet.

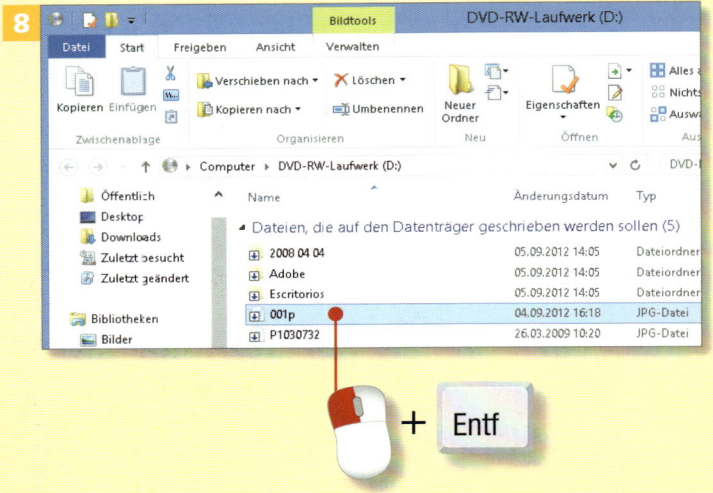

Schritt 8

Wenn Sie jetzt feststellen, dass Sie einige der ausgewählten Dateien doch nicht benötigen, können Sie sie markieren und jetzt noch aus der Liste löschen, indem Sie ⌨Entf drücken.

Schritt 9

Klicken Sie mit rechts auf das CD/DVD-Symbol und dann auf **Auf Datenträger brennen**. Damit gelangen Sie zum letzten Dialog vor dem Start des Brennvorgangs.

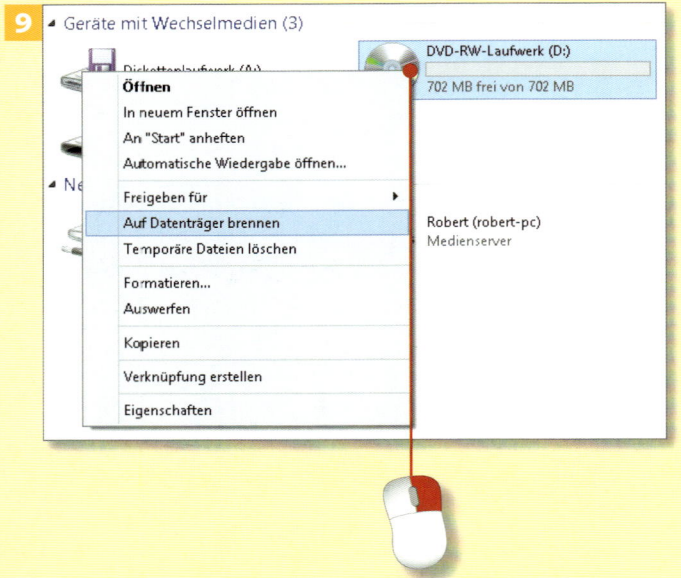

ℹ **Papierkorb**

Wenn Sie Dateien entfernen (Schritt 8), landen diese im Papierkorb. Die Originale auf der Festplatte bleiben dabei unangetastet.

Schritt 10

Bevor Sie den Brenner in Bewegung setzen, können Sie einige Einstellungen vornehmen. Sie sollten z. B. unbedingt einen Titel für Ihren Datenträger eingeben. So erkennen Sie später schneller, welche Inhalte auf der CD oder DVD vorhanden sind.

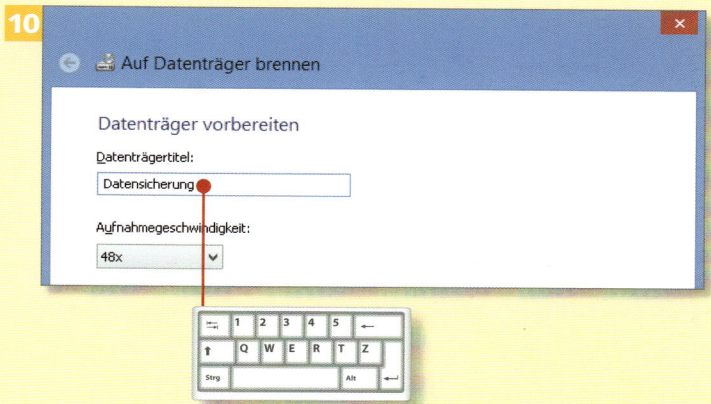

Schritt 11

Besonders bei DVDs sollten Sie die Aufnahmegeschwindigkeit herabsetzen. Je langsamer Sie brennen, desto größer ist die Wahrscheinlichkeit, dass fehlerlos gebrannt wird.

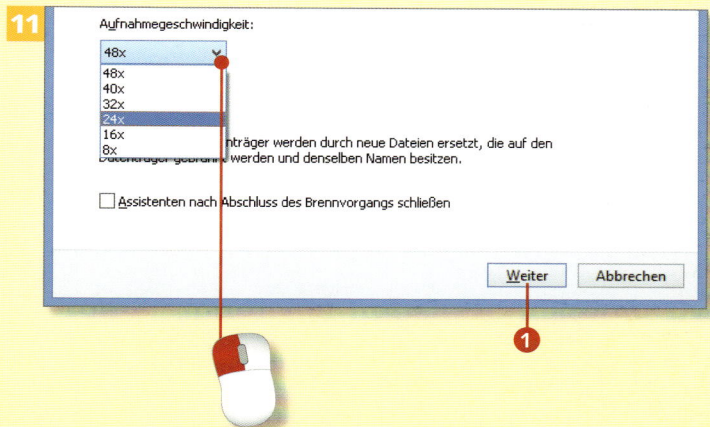

Schritt 12

Klicken Sie zum Schluss auf **Weiter ❶**. Das sorgt dafür, dass der Brennvorgang beginnt. Ein grüner Fortschrittsbalken zeigt den Fortschritt des Brennverlaufs an.

Brenngeschwindigkeit

CDs machen beim Brennen meist keine Probleme, DVDs hingegen schon. Obwohl viele Rohlinge laut Hersteller für eine 16-fache Brenngeschwindigkeit ausgelegt sind, kommt es nicht selten zu Fehlern. Ein Hinweis am Ende des Vorgangs informiert Sie darüber. In diesem Fall brennen Sie erneut, z. B. mit 4-facher Geschwindigkeit.

Eine Musik-CD brennen

Sie möchten eine Musik-CD mit Ihren Lieblingsstücken produzieren? Dann können Sie sowohl Wiedergabelisten als auch den Bestand Ihres Albums verwenden.

Schritt 1

Öffnen Sie den Startbildschirm, und suchen Sie nach dem Windows Media Player, indem Sie den Suchbegriff »medi« eingeben. Wenn er als einziges Suchergebnis erscheint, drücken Sie ⏎, um ihn zu öffnen.

Schritt 2

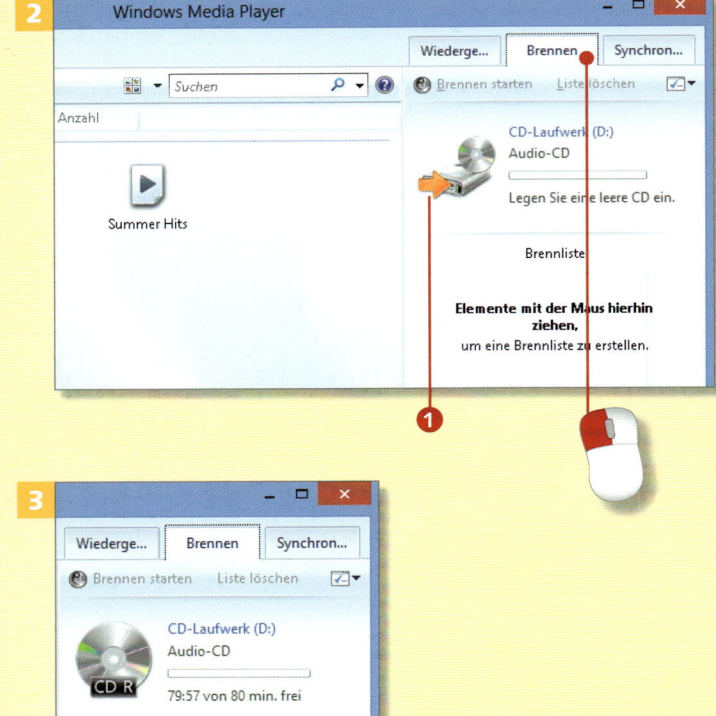

Legen Sie eine beschreibbare CD in den Brenner ein, und klicken Sie auf der rechten Seite der Programmoberfläche auf die Registerkarte **Brennen**. Solange die CD noch nicht eingelesen ist, ist ein orangefarbener Pfeil ❶ zu sehen.

Schritt 3

Der Pfeil verschwindet nach kurzer Zeit. Stattdessen wird der auf der CD zur Verfügung stehende Speicherplatz angezeigt.

Schritt 4

Klicken Sie mit der Maus auf das Wort **Brennliste** ❷, um es zu markieren. Danach können Sie Ihre Musik-CD über die Tastatur ganz nach Wunsch benennen. Schließen Sie die Eingabe mit ⏎ ab.

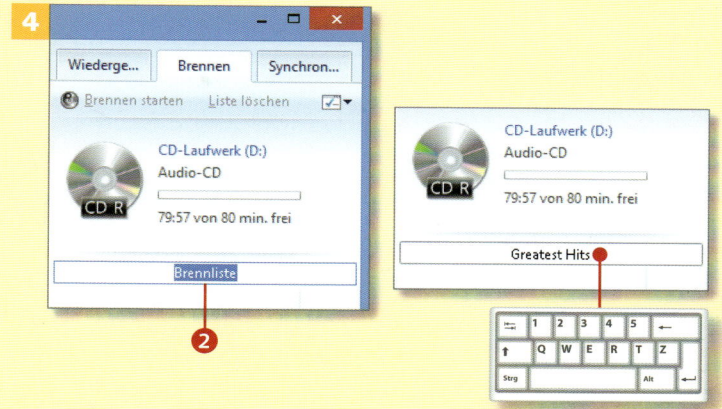

Schritt 5

Klicken Sie auf das Listen-Steuerelement. Im Menü ist **Audio-CD** standardmäßig aktiviert. Das ist wichtig, da Sie ansonsten eine Daten-CD erstellen würden. Und die wäre nur auf einem PC abspielbar, nicht jedoch auf einem normalen CD-Player.

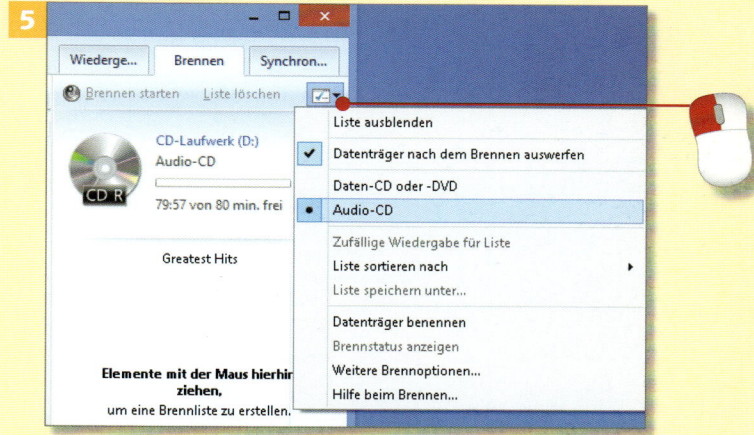

Schritt 6

Unter **Medienbibliothek** ❸ wählen Sie aus, was auf Ihre CD soll. Sie können der CD z.B. eine Wiedergabeliste hinzufügen, indem Sie die Liste von der mittleren Spalte aus nach rechts ziehen und unterhalb des CD-Titels fallenlassen. Die Audio-CD enthält dann später alle Lieder aus dieser Wiedergabeliste.

ℹ Automatische Wiedergabe

Das Fenster **Automatische Wiedergabe** erscheint immer dann, wenn Sie einen Datenträger einlegen. Wenn Sie mit dem Media Player arbeiten möchten, können Sie ihn einfach schließen.

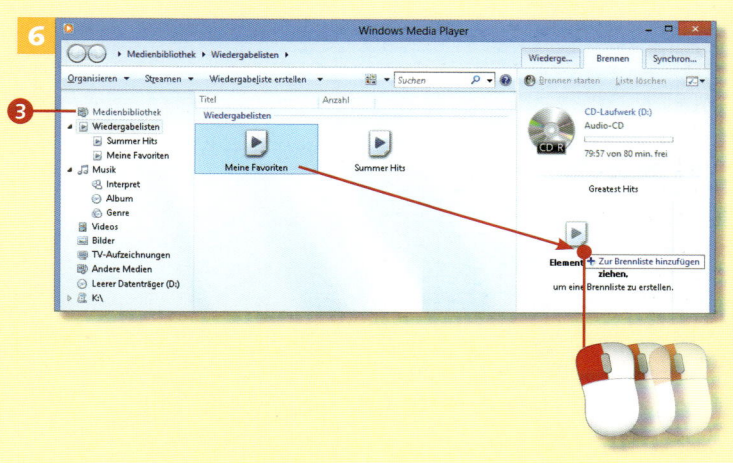

Eine Musik-CD brennen (Forts.)

Schritt 7

Nach dem Hinzufügen sollten Sie prüfen, wie viel Platz noch auf der CD frei ist ❶. In diesem Beispiel sind noch 47 Minuten und 25 Sekunden frei. Wenn Sie möchten, können Sie also weitere Stücke hinzufügen.

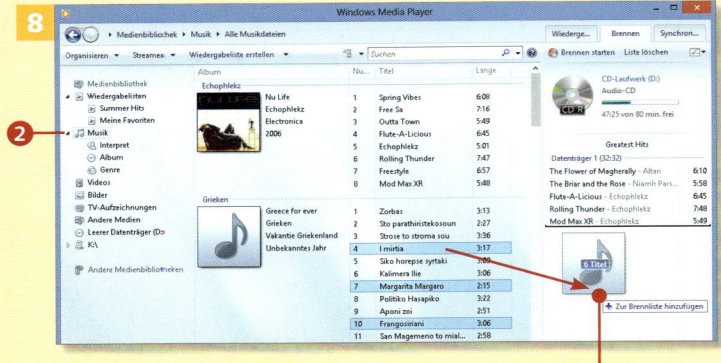

Schritt 8

Sie fügen weitere Titel hinzu, indem Sie in der linken Spalte auf **Musik** ❷ klicken und die gewünschten Titel vom Album aus in die rechte Spalte ziehen. Beachten Sie dazu auch die Hinweise im Kasten.

Schritt 9

Auch das Sortieren ist hier jederzeit möglich. Erledigen Sie das per Drag & Drop, verschieben Sie das Lied also mit gedrückter Maustaste. (Hier wird z. B. der Titel *Spring Vibes* an die drittletzte Position auf der CD verschoben.)

Mehrere Stücke markieren

Halten Sie ⌨ Strg beim Klicken gedrückt, damit Sie mehrere »verstreut« liegende Stücke auswählen können. Wollen Sie beisammenliegende Stücke markieren, geht das so: den obersten Titel markieren, ⇧ gedrückt halten, den letzten Titel markieren, ⇧ loslassen.

Schritt 10

Wenn Sie mehr Musik hinzufügen, als auf eine CD passt, beginnt der Media Player mit der Produktion eines zweiten Datenträgers. Sie sehen das unten rechts ❸. Wenn Sie das nicht wollen, entfernen Sie die überzähligen Titel.

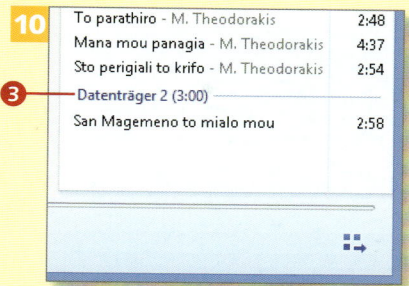

Schritt 11

Fertig? Prima. Dann starten Sie die Erstellung des Datenträgers mit einem Klick auf **Brennen starten** oben im Dialogfenster.

Schritt 12

Je nach eingebautem Brenner erhalten Sie jetzt noch einen Hinweis zum lückenlosen Brennen. Diesen können Sie grundsätzlich mit **Ja** beantworten.

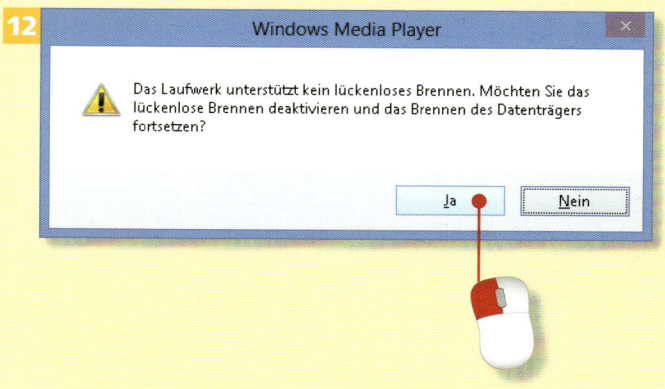

Lückenloses Brennen

Normalerweise werden zwischen zwei Musikstücken Pausen von jeweils zwei Sekunden eingefügt. Wenn Sie die Option **Lückenloses Brennen** aktivieren, werden diese Pausen unterbunden und die Tracks nahtlos aneinandergereiht.

Fotos mit dem Windows Media Player brennen

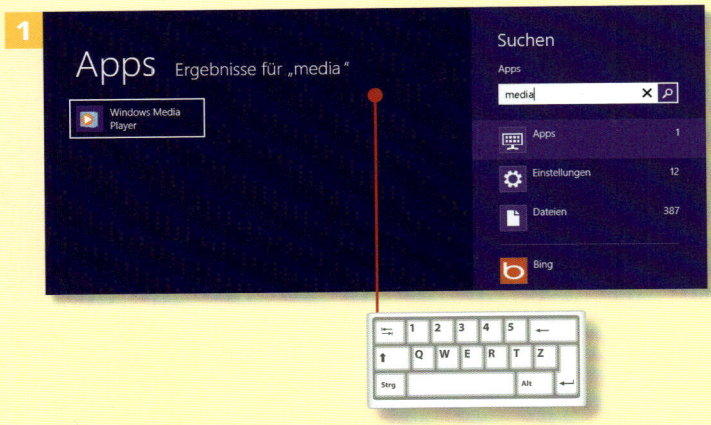

Man glaubt es kaum, aber der Windows Media Player erlaubt nicht nur das Brennen von Musik, sondern auch von Dateien wie z. B. Fotos. Hier zeigen wir, wie Sie sich im Media Player in Kooperation mit dem passenden Bildarchiv zurechtfinden.

Schritt 1

Suchen Sie nach dem Windows Media Player, indem Sie auf dem Startbildschirm den Begriff »media« eintippen. Wenn er gefunden wurde, drücken Sie ⏎, um ihn zu öffnen.

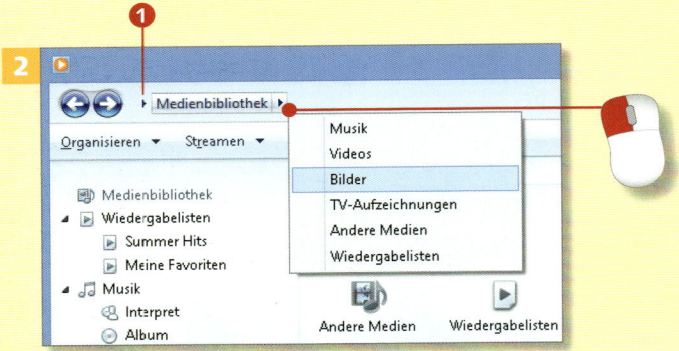

Schritt 2

Klicken Sie in der Bibliotheksansicht des Players auf das kleine Dreieck rechts neben **Medienbibliothek**.

Schritt 3

Klicken Sie doppelt auf das Icon **Alle Bilder**, um sich Ihre Fotos zur Auswahl anzeigen zu lassen.

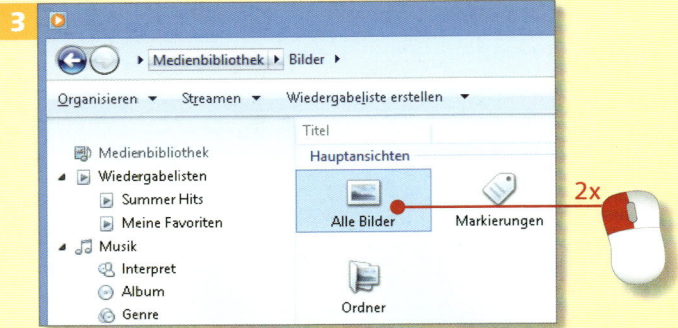

Bilder von anderen Orten

Prinzipiell können Sie vom Media Player aus auch auf andere Ordner zugreifen (z. B. Festplatten). Dazu müssen Sie auf das Dreieck *vor* **Medienbibliothek** klicken (siehe ❶ in Schritt 2).

Schritt 4

Setzen Sie einen Mausklick auf die kleine Listenschaltfläche rechts im Dialogfenster, um das Menü zu öffnen. Schalten Sie hier mit einem Klick um auf **Daten-CD oder -DVD**.

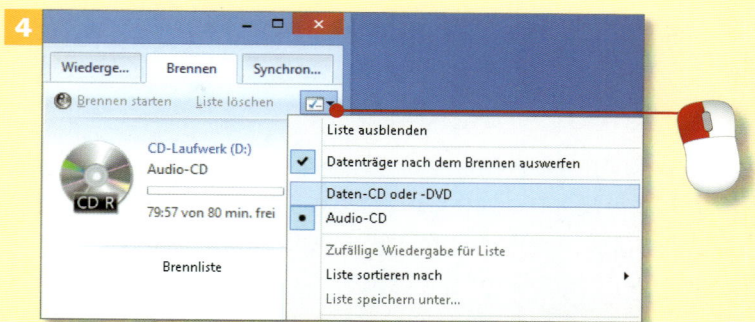

Schritt 5

Markieren Sie sämtliche Fotos, die auf den Datenträger gebrannt werden sollen. Danach klicken Sie eines der markierten Fotos erneut an, halten die Maustaste dabei gedrückt und ziehen die Bilder auf die freie Fläche in der rechten Spalte.

Schritt 6

Leiten Sie den Brennvorgang ein, indem Sie auf die Schaltfläche **Brennen starten** klicken.

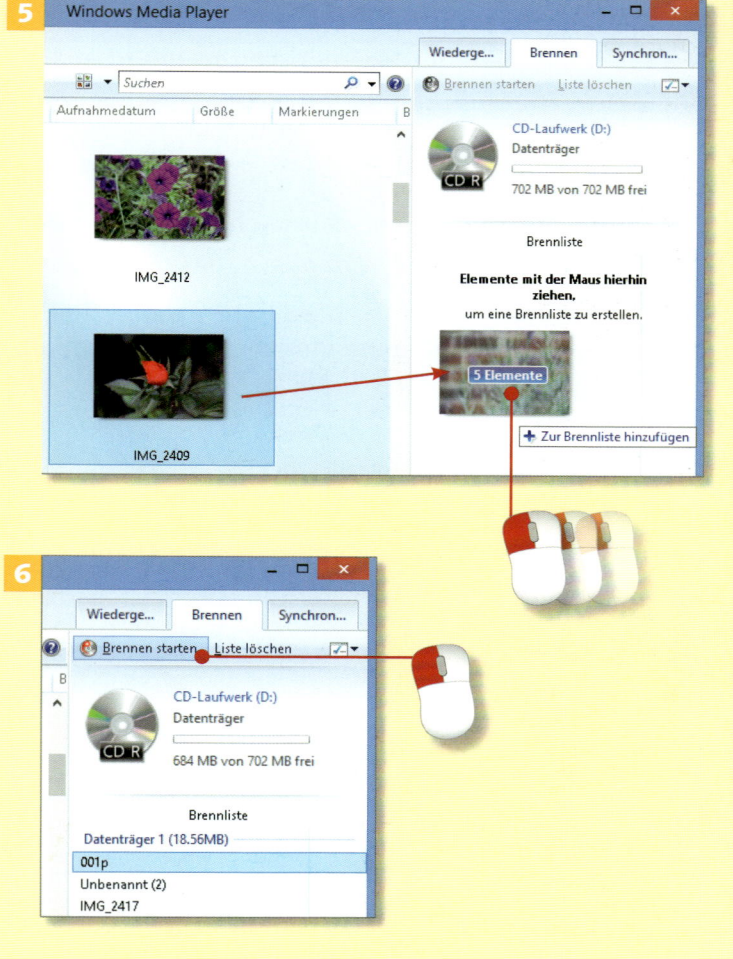

Jetzt eine Musik-CD?

Wenn Sie danach wieder eine Musik-CD brennen wollen, denken Sie bitte unbedingt daran, im Listenmenü ganz rechts wieder von **Daten-CD oder -DVD** auf **Audio-CD** umzuschalten (siehe Schritt 4).

251

Kapitel 11
Windows 8 – persönliche Einstellungen

Vielleicht denken Sie jetzt: Windows sieht ja ganz nett aus, aber als Desktop-Hintergrundbild hätte ich doch gerne etwas anderes. Ihr Betriebssystem bietet Ihnen eine ganze Menge Möglichkeiten, um das Erscheinungsbild persönlicher einzurichten. Und wenn an Ihrem Rechner nicht nur Sie selbst, sondern mehrere Benutzer arbeiten wollen, lässt sich auch das unkompliziert lösen. Wie, erfahren Sie in diesem Kapitel.

Farben und Hintergründe ändern
Neben den Farben des Startbildschirms oder der Desktop-Fenster kann auch das Bildschirm-Hintergrundbild frei eingerichtet werden ❶. Sie können sogar eigene Fotos einsetzen. Wenn Sie Windows also personalisieren wollen, sind Sie hier genau richtig.

Sperrbildschirm und Bildschirmschoner einrichten
Der Sperrbildschirm soll verhindern, dass Unbefugte mit Ihrem Rechner arbeiten können, während Sie kurz mal Kaffee organisieren. Der Bildschirmschoner hingegen aktiviert sich, wenn Sie längere Zeit keine Eingabe gemacht haben. Beides kann individuell eingestellt werden ❷.

Benutzerkonten einrichten
Sie sind nicht allein an Ihrem Rechner? Dann sollten Sie jedem Nutzer sein eigenes »Zimmer« in Windows einrichten, ein sogenanntes *Benutzerkonto* ❸. Das schafft Ordnung und erleichtert jedem Benutzer die Arbeit.

Wenn Sie möchten, können Sie den Hintergrund Ihrer Bildschirmansicht verändern.

Sperrbildschirm und Bildschirmschoner sind vielfältig konfigurierbar.

Mit mehreren Benutzern zu arbeiten ist unter Windows kein Problem.

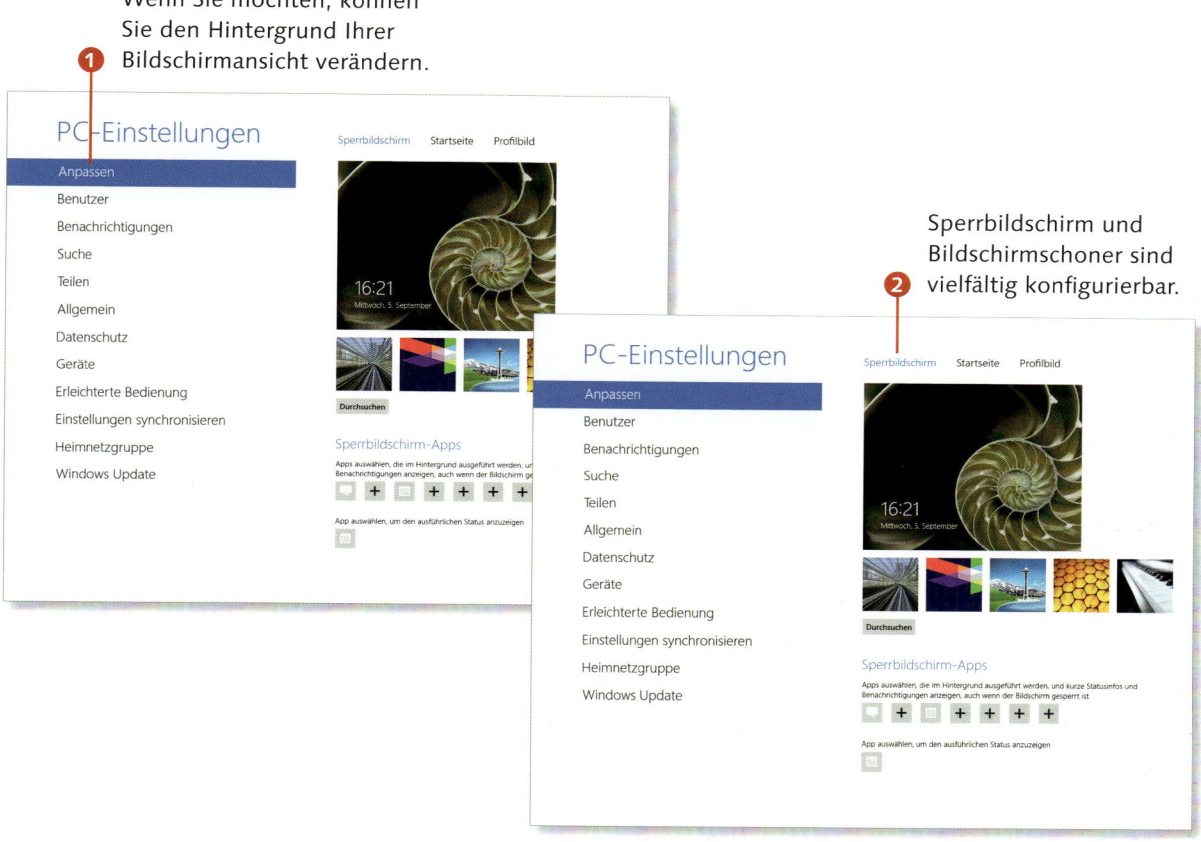

Die Fensterfarben anpassen

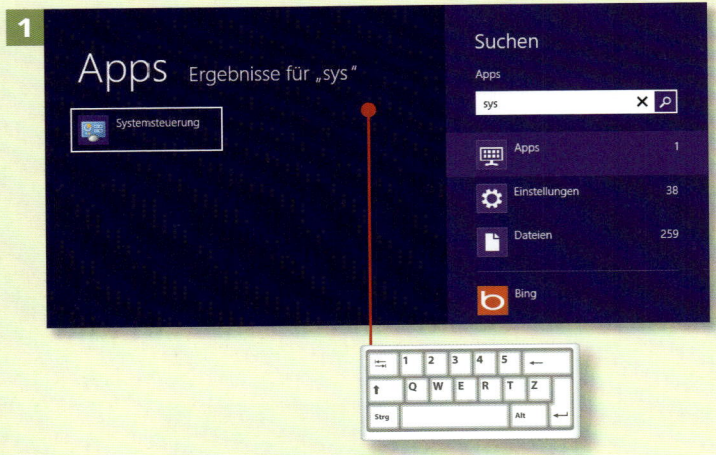

Das Blau von Windows 8 ist eigentlich recht ansprechend, finden Sie nicht auch? Sollten Sie aber doch einmal genug davon haben, können Sie die Oberfläche umdekorieren.

Schritt 1

Öffnen Sie die Systemsteuerung, indem Sie »sys« auf dem Startbildschirm eingeben und ⏎ drücken.

Schritt 2

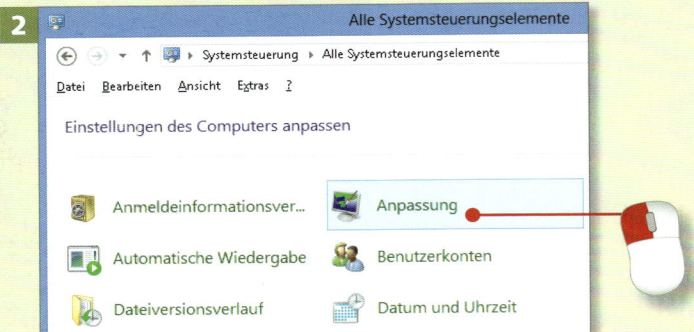

Im Dialogfenster **Alle Systemsteuerungselemente** klicken Sie auf **Anpassung**, um den zugehörigen Dialog zu öffnen. (Noch schneller geht es übrigens, wenn Sie mit rechts auf einen freien Bereich des Desktops klicken und im Kontextmenü **Anpassen** wählen.)

Schritt 3

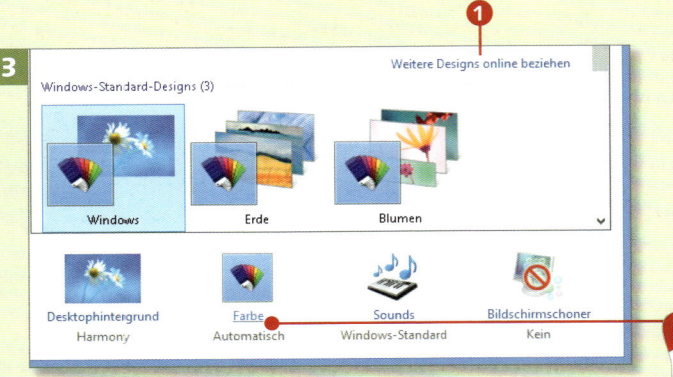

In der untersten Zeile des Folgedialogs **Anpassung** klicken Sie dann auf die Schaltfläche **Farbe**.

Weitere Designs

Ziemlich weit oben rechts gibt es die Zeile **Weitere Designs online beziehen** ❶. Darüber haben Sie die Möglichkeit, zusätzliche Designs auf Ihren Rechner zu übertragen.

Schritt 4

Im Dialogfenster **Farbe und Darstellung**, das sich daraufhin öffnet, setzen Sie einen Mausklick auf das Quadrat mit der Farbe, die Ihnen am ehesten zusagt.

Schritt 5

Wollen Sie die Farbe weiter anpassen? Dann klicken Sie auf **Farbmixer einblenden** (die Schaltfläche wird dann in **Farbmixer ausblenden** umbenannt). Die Schieberegler in diesem Bereich erlauben die individuelle Einstellung von Farbton, Sättigung und Helligkeit.

Schritt 6

Zuletzt klicken Sie auf **Änderungen speichern**. (Falls Sie die getroffenen Änderungen verwerfen wollen, klicken Sie hingegen auf **Abbrechen**.)

Zurück zum Original

Wann immer Sie zurück zur Originaldarstellung wollen, öffnen Sie den Dialog **Anpassung** erneut und klicken auf das blaue Quadrat mit dem Farbfächer ❷ oben links. Bestätigen Sie das Ganze mit **Änderungen speichern**.

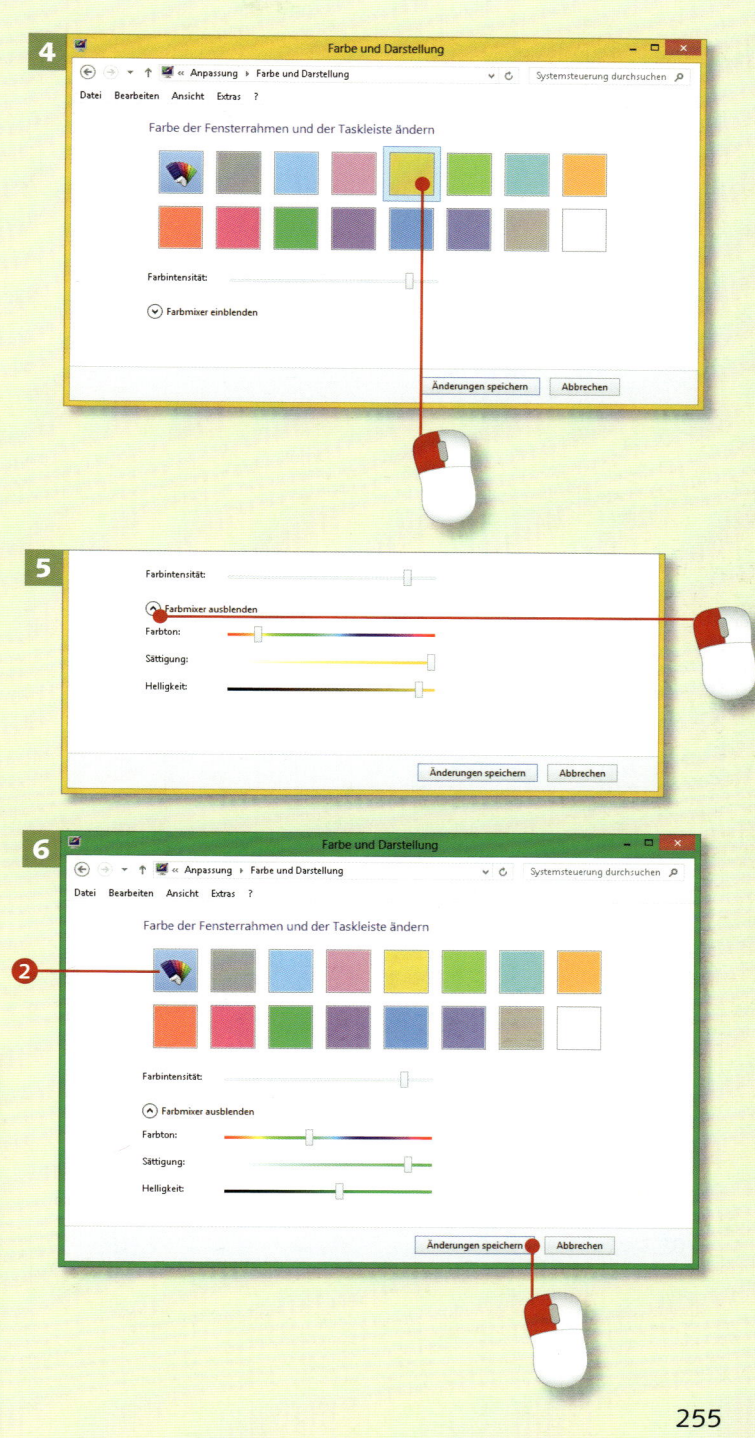

Die Schriftgröße der Bildschirmelemente einstellen

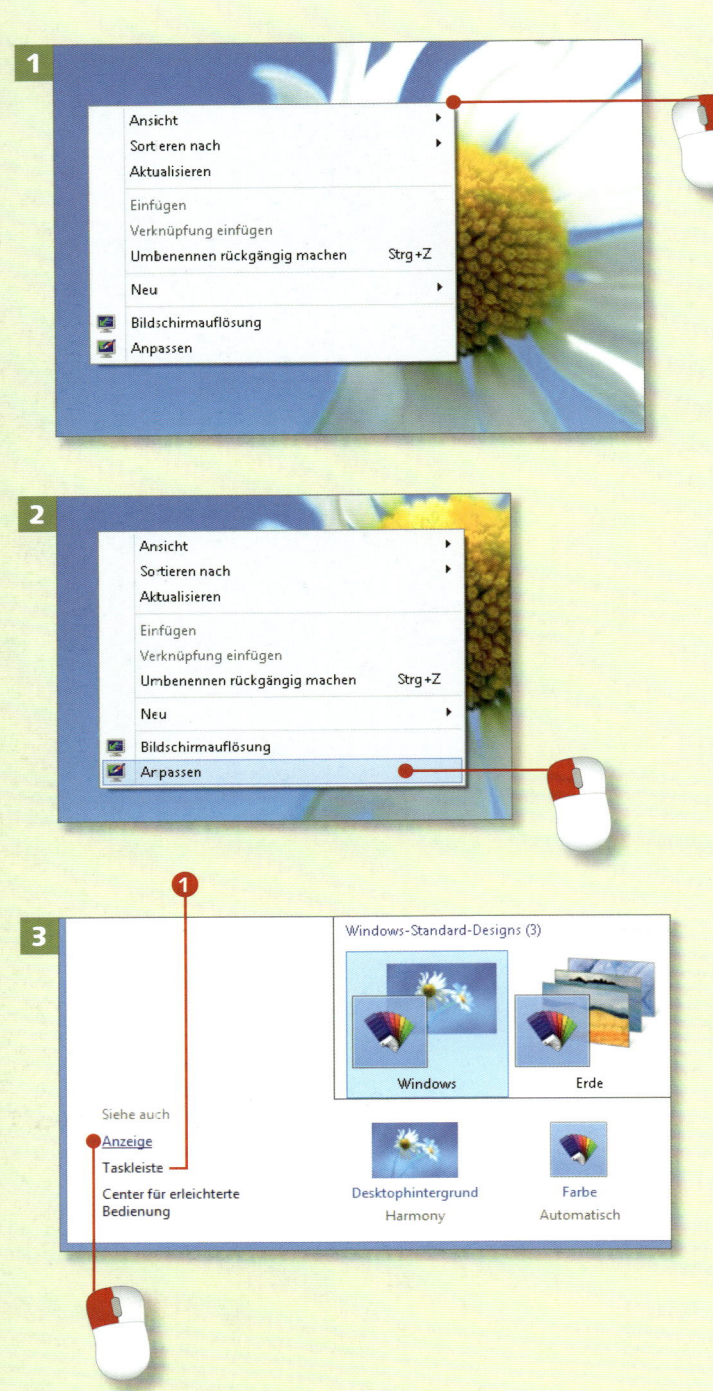

Auch die Schriftgröße z. B. von Ordnern oder Programmen lässt sich anpassen. Standardmäßig wird nämlich die kleinste von drei möglichen Größen verwendet. Wenn das für Sie nicht gut lesbar ist, können Sie es schnell korrigieren.

Schritt 1

Platzieren Sie einen rechten Mausklick auf eine freie Stelle auf dem Desktop.

Schritt 2

Im Kontextmenü entscheiden Sie sich dann für den Eintrag **Anpassen**.

Schritt 3

Im Folgedialog klicken Sie dann auf den Link **Anzeige** unten links. Das bringt Sie geradewegs in den Dialog, der für die Einstellung der Schriftgröße zuständig ist.

Taskleiste anpassen

Gleich unterhalb von **Anzeige** befindet sich der Eintrag **Taskleiste ❶**. Darüber lassen sich die Eigenschaften der Taskleiste beeinflussen, z. B. das Fixieren, das automatische Ausblenden und auch die Position der Leiste auf dem Bildschirm.

Schritt 4

Im Dialog **Anzeige** aktivieren Sie den Radio-Button **Mittel – 125 %** mit einem Mausklick. Danach klicken Sie auf die Schaltfläche **Übernehmen**.

Schritt 5

Sobald Sie auf **Übernehmen** geklickt haben, müssen Sie sich vom System abmelden, damit die Änderung wirksam wird. Dabei wird nicht der PC heruntergefahren, sondern gewöhnlich nur der Benutzer gewechselt. Klicken Sie auf **Jetzt abmelden**.

Schritt 6

Melden Sie sich jetzt wieder beim System an, und öffnen Sie einen beliebigen Ordner. Achten Sie auf die Größe der Schriften, z. B. in der Kopfleiste: Sie sollten jetzt besser lesbar sein.

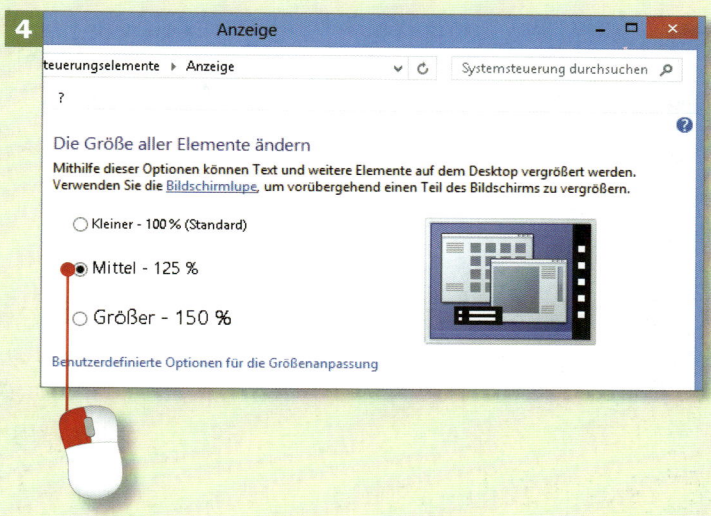

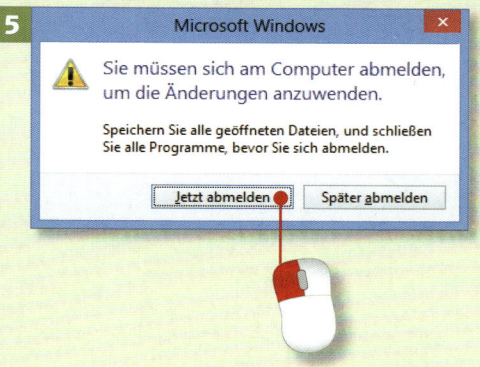

Schriftgröße zurücksetzen

Falls Sie beabsichtigen, die Schriftgröße doch wieder zu verkleinern, aktivieren Sie in Schritt 4 die Option **Kleiner – 100 % (Standard)**.

Das Design des Startbildschirms ändern

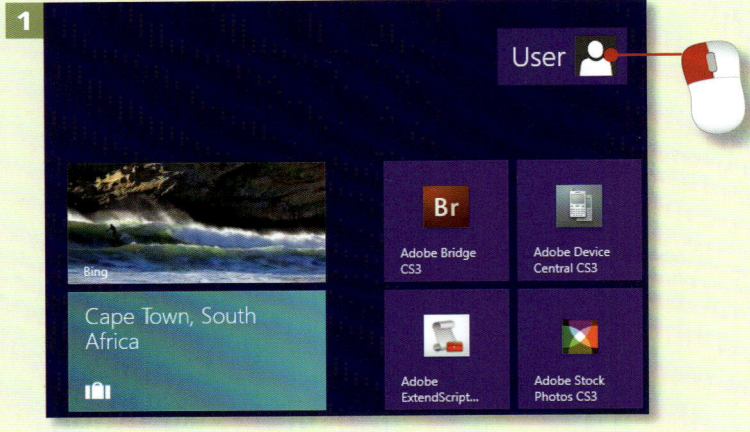

1

Die Kacheloberfläche des Startbildschirms ist das markanteste Merkmal von Windows 8. Dennoch können Sie auch für den Startbildschirm individuelle Einstellungen in Sachen Erscheinungsbild vornehmen.

Schritt 1

Um das Erscheinungsbild des Startbildschirms anzupassen, müssen Sie zunächst einmal oben rechts auf den Benutzernamen klicken.

Schritt 2

In dem kleinen Popup-Menü, das daraufhin erscheint, setzen Sie einen Mausklick auf **Profilbild ändern**.

Schritt 3

Im Menü **PC-Einstellungen** schauen Sie einmal auf die Einträge oberhalb des Platzhalterbildes. Klicken Sie auf **Startseite**.

Ein alternativer Weg

Wenn Sie es gewöhnt sind, die Einstellungen mithilfe der Charms-Leiste zu öffnen, können Sie von dort aus ganz unten rechts auf **PC-Einstellungen ändern** klicken. Danach müssen Sie dann noch **Anpassen** auf der linken Seite des Dialogs anwählen (❶ in Schritt 3).

Schritt 4

In der großen Grafik sehen Sie das aktuelle Erscheinungsbild des Startbildschirms. Möchten Sie ein anderes Hintergrundbild, klicken Sie unterhalb dessen auf eine der kleinen quadratischen Kacheln.

Schritt 5

Wie wäre es zusätzlich noch mit einer Farbveränderung? Dazu klicken Sie auf eines der kleinen Farbquadrate in der Leiste ganz unten oder ziehen mit gedrückter Maustaste am schwarzen Schieberegler.

Schritt 6

Ist das nicht schön bunt? Ein bisschen unübersichtlich vielleicht. Wenn Sie es dennoch genauso haben wollen, verlassen Sie diesen Programmbereich mit ⌈Alt⌉ + ⌈F4⌉.

i

Kacheln anordnen

Zu einer ordentlichen Oberflächengestaltung gehört natürlich auch die Position der Kacheln. Wie Sie dazu vorgehen müssen, erfahren Sie im Abschnitt »Die Kacheln auf dem Startbildschirm anordnen« auf Seite 26.

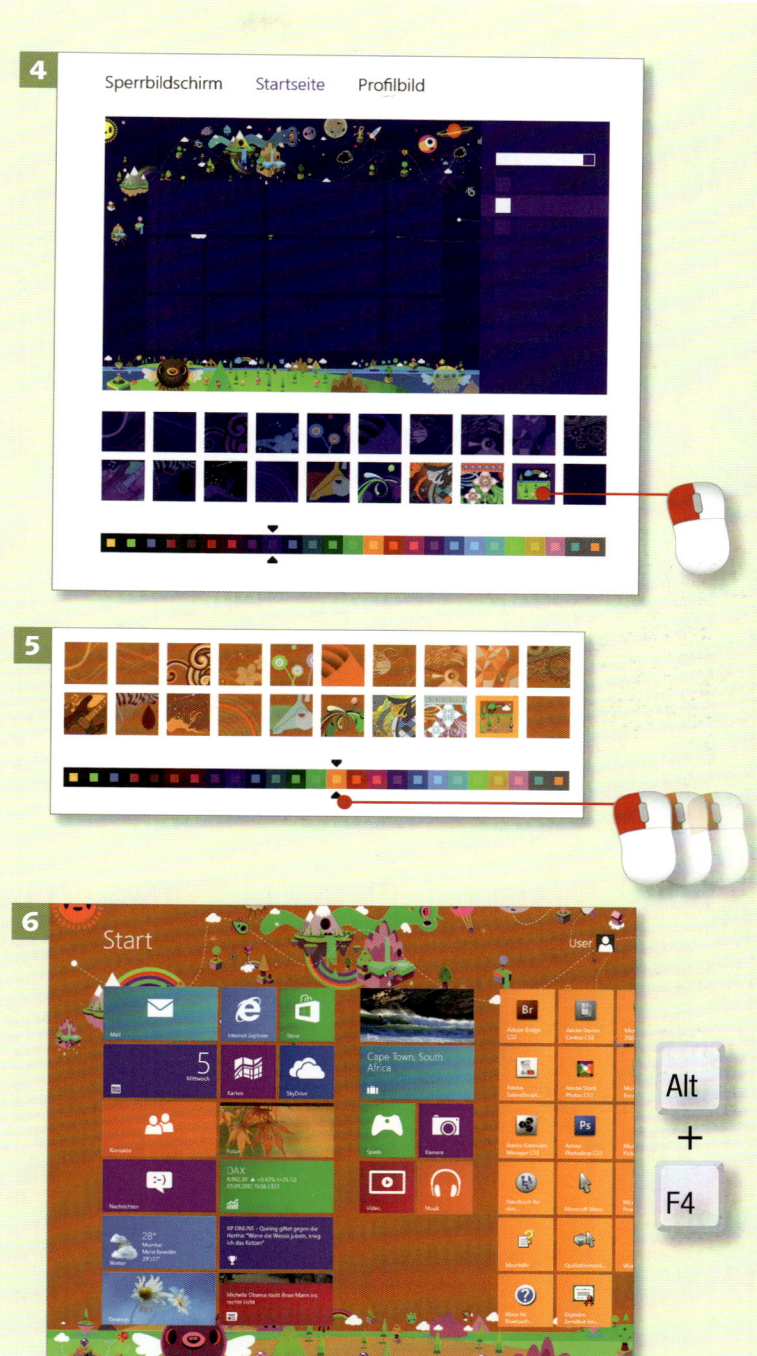

Den Desktop-Hintergrund verändern

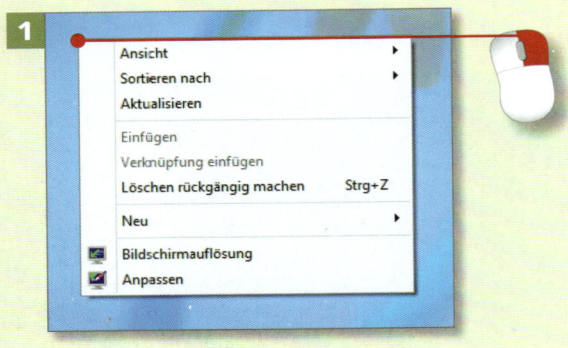

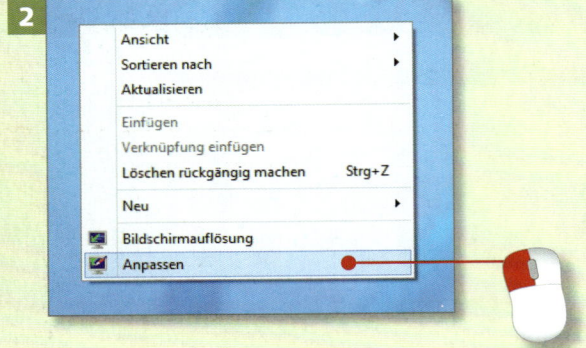

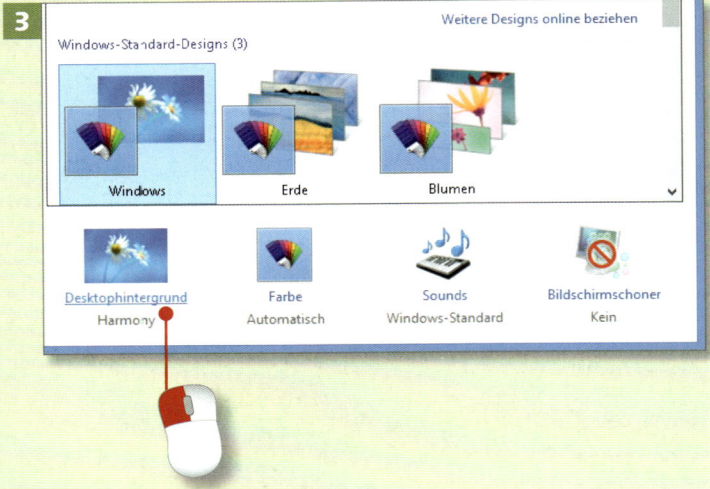

Obwohl Blümchen auf dem Desktop sicher ganz hübsch sind, wünschen Sie sich vielleicht mehr Individualität. Wie wäre es mit einem anderen Bild für den Hintergrund?

Schritt 1

Zunächst einmal müssen Sie das Kontextmenü öffnen. Das erreichen Sie durch einen Rechtsklick auf einen freien Bereich des Desktops.

Schritt 2

Fahren Sie in der Liste herunter, bis Sie den Eintrag **Anpassen** erreichen. Setzen Sie einen Mausklick darauf. Daraufhin erscheint ein Fenster mit Einstellungsmöglichkeiten zur Anpassung des Desktops.

Schritt 3

Ganz unten finden Sie die Rubrik **Desktophintergrund**. Klicken Sie auf den Link oder das Miniaturbild, um zu den Hintergründen zu gelangen.

Bildposition ändern

Sollte das Bild verzerrt dargestellt werden, können Sie dies über **Bildposition** unterhalb der Hintergründe (❶ in Schritt 5) noch entsprechend korrigieren.

Schritt 4

Da Sie nicht alle Hintergründe einsehen können, empfiehlt es sich, den Inhalt des Fensters **Desktophintergrund** zunächst mithilfe des Scrollbalkens zu durchsuchen. Verschieben Sie ihn mit gedrückter Maustaste.

Schritt 5

Haben Sie einen passenden Hintergrund gefunden? Prima. Dann klicken Sie einmal auf dessen Miniaturbild. Auf dem Desktop können Sie jetzt bereits sehen, wie der neue Desktop aussehen wird.

Schritt 6

Klicken Sie auf **Änderungen speichern**, wenn Ihnen der neue Hintergrund zusagt (anderenfalls klicken Sie auf **Abbrechen** ❷). Zuletzt schließen Sie das Fenster **Anpassung** noch über das Schließkreuz.

Bildpfad

Wenn Sie das Pulldown-Menü **Bildpfad** (❸ in Schritt 5) mit einem Klick öffnen, können Sie z. B. **Bildbibliothek** als Pfad festlegen, um ein Foto aus Ihrem Bibliotheksordner **Bilder** zu verwenden. Klicken Sie auf **Durchsuchen** ❹, können Sie auch Fotos an jedem anderen Speicherort Ihres PCs auswählen.

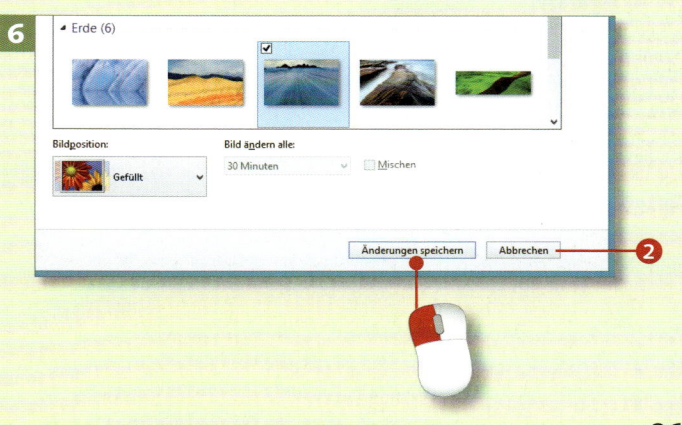

Den Sperrbildschirm anpassen

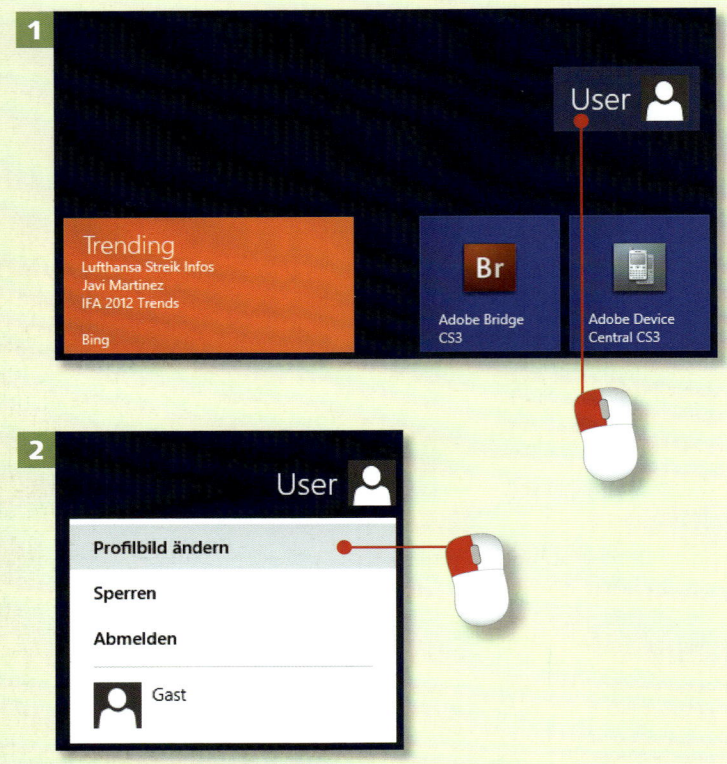

Der Sperrbildschirm kommt immer dann zum Einsatz, wenn sich ein Benutzer abmeldet oder wenn ein Benutzerwechsel vollzogen wird. Hier müssen Sie aber auch nicht tatenlos hinnehmen, was standardmäßig angeboten wird.

Schritt 1

Klicken Sie auf den Benutzernamen, der oben rechts auf dem Startbildschirm zu sehen ist.

Schritt 2

Im Popup-Menü müssen Sie nun auf **Profilbild ändern** klicken.

Schritt 3

Klicken Sie auf den Link **Sperrbildschirm** oberhalb der Bildminiatur, genauer gesagt, oberhalb des Platzhalters für Ihr Profilbild.

Am Sperrbildschirm vorbei

Wann immer der Sperrbildschirm auftaucht, können Sie ihn mit ⏎ oder einem Wisch nach oben mit der Maus oder dem Finger aus dem Weg räumen.

Schritt 4

Zunächst einmal bietet Ihnen Windows 8 sechs vordefinierte Bilder. Klicken Sie auf eine der fünf quadratischen Kacheln, wird diese Kachel entfernt und stattdessen oberhalb als großes Vorschaubild angeboten.

Schritt 5

Wenn Ihnen die Windows-Auswahl nicht reicht, können Sie auch ein eigenes Foto benutzen. Dazu müssen Sie jedoch auf **Durchsuchen** klicken.

Schritt 6

Daraufhin wird der Ordner **Dateien** mit Ihren Bildern geöffnet. Markieren Sie ein Foto ❶, das für den Sperrbildschirm verwendet werden soll, und klicken Sie auf **Bild auswählen**.

i

Ordner durchsuchen

In Schritt 6 werden nur die Fotos angeboten, die sich im Ordner **Eigene Bilder** des Verzeichnisses **Bibliotheken** befinden. Klicken Sie so oft auf **Nach oben**, bis die Kachel **Computer** angezeigt wird. Nachdem Sie daraufgeklickt haben, erhalten Sie Zugriff auf Ihre Festplatten und können dort auch jedes andere Foto auswählen.

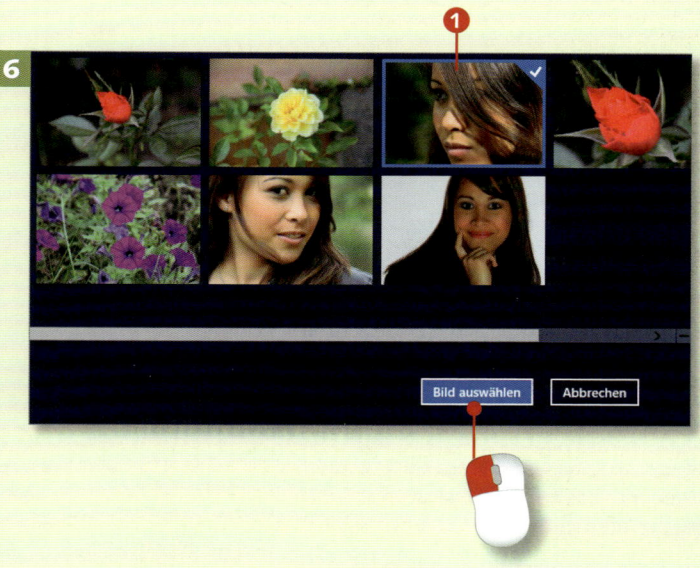

Den Bildschirmschoner einrichten

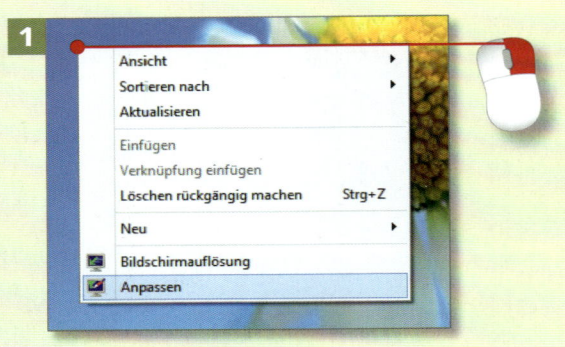

Früher setzte man den Bildschirm-schoner ein, damit sich Linien und Konturen nicht in den Monitor »ein-brennen«. Das ist heute nicht mehr nötig. Nun schützt der Bildschirm-schoner vor neugierigen Blicken oder verleiht dem Desktop eine persön-liche Note.

Schritt 1

Öffnen Sie das benötigte Kontext-menü, indem Sie mit rechts auf ei-nen freien Bereich auf dem Desktop klicken. Dann wählen Sie **Anpassen** ganz unten in der Liste mit einem Klick.

Schritt 2

Ganz unten rechts verbirgt sich die Schaltfläche **Bildschirmschoner**, die Sie als Nächstes anklicken müssen.

Schritt 3

Im Fenster **Bildschirmschoner-einstellungen** setzen Sie einen Mausklick auf das Listenfeld, das sich unterhalb des Begriffs **Bild-schirmschoner** befindet. Nachdem es sich geöffnet hat, klicken Sie auf den Eintrag **3D-Text**.

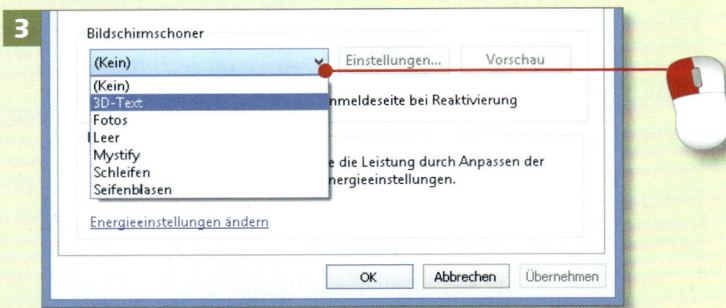

Schritt 4

Legen Sie jetzt die Zeit fest, die am ruhenden PC vergehen soll, bevor der Bildschirmschoner aktiviert wird. Dazu klicken Sie mehrfach auf das nach oben bzw. nach unten weisende Dreieck im Feld **Wartezeit**.

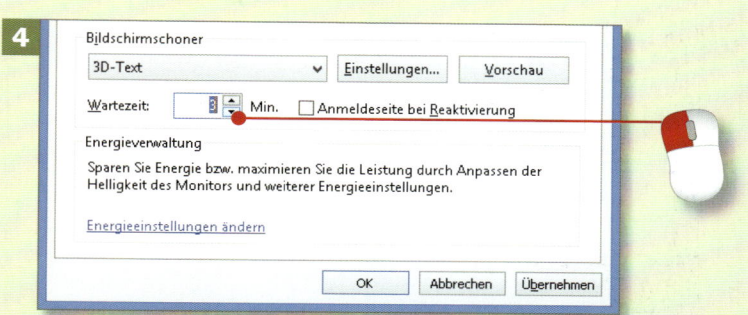

Schritt 5

Nun ist der Text »Windows 8«, der Standardtext für den Bildschirmschoner, ja nicht sonderlich originell. Wenn Sie ihn ändern wollen, klicken Sie auf **Einstellungen**.

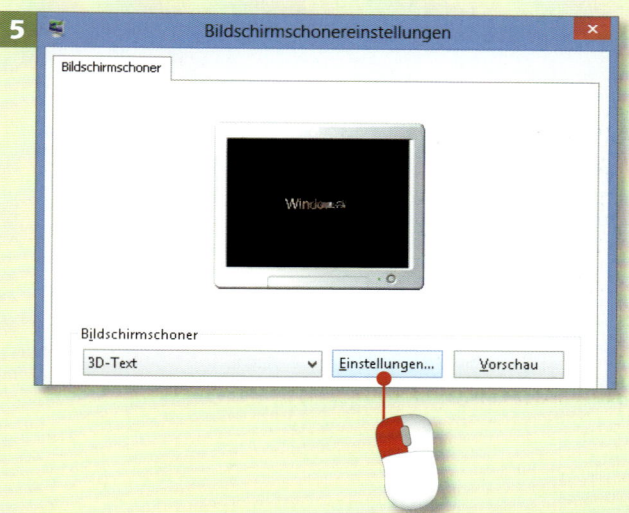

Schritt 6

Klicken Sie jetzt in das Eingabefeld **Text**, und achten Sie darauf, dass sich der Mauszeiger dabei rechts neben dem letzten Zeichen befindet. Halten Sie die Maustaste gedrückt, und ziehen Sie die Maus nach links. Lassen Sie los, wenn der gesamte Text blau markiert ist.

Eigenes Bild gefällig?

Sie haben überhaupt keine Lust auf die vordefinierten Bildschirmschoner und wollen lieber ein eigenes Foto verwenden? Nur zu! Klicken Sie dazu auf **Fotos** im Pulldown-Menü **Bildschirmschoner** (Schritt 3).

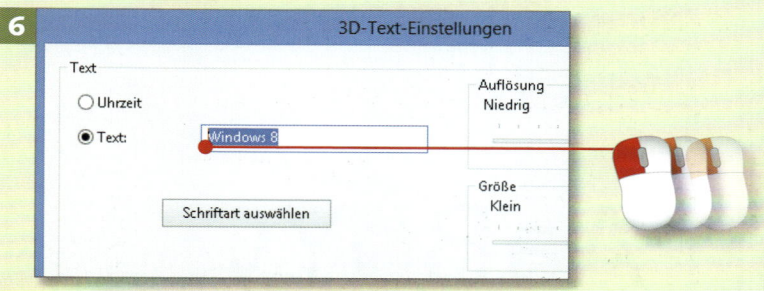

Den Bildschirmschoner einrichten (Forts.)

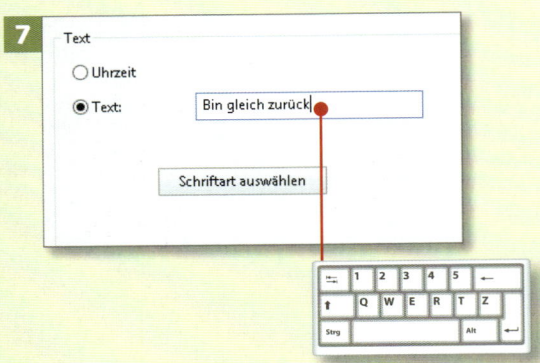

Schritt 7

Jetzt können Sie mit der Neueingabe per Tastatur beginnen. Achten Sie darauf, dass der Text nicht zu lang wird. Anderenfalls leidet der optische Effekt darunter. 5 bis 20 Zeichen sind je nach Bildschirmgröße eine gute Wahl.

Schritt 8

Wie wäre es noch mit einer anderen Schrift? Kein Problem. Klicken Sie dazu auf **Schriftart auswählen**. Das Fenster **Schriftart** öffnet sich.

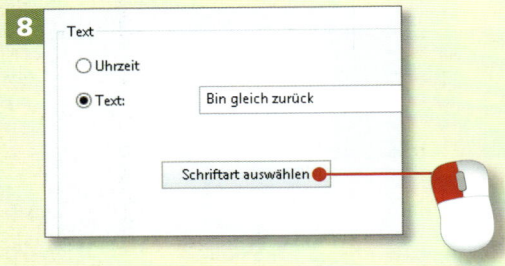

Schritt 9

Suchen Sie eine andere Schrift aus, indem Sie diese mit der Maus anklicken. Probieren Sie ruhig ein wenig mit den Schriften herum. Sie können nach Abschluss der Einrichtung des Bildschirmschoners sehen, wie die Schrift wirkt.

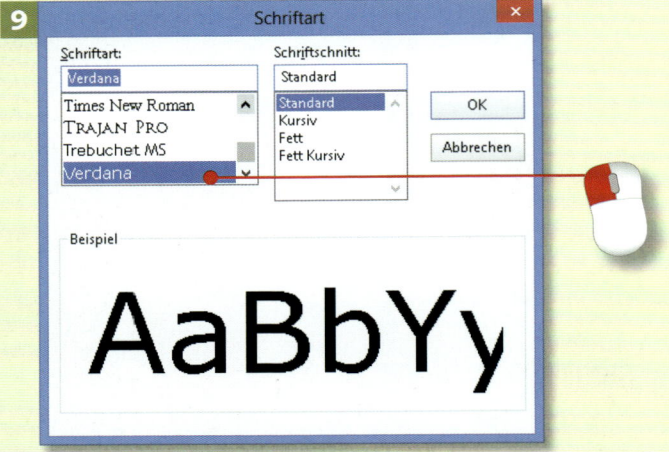

i

Schriftbewegung ändern
Innerhalb der Texteinstellungen lässt sich auch der *Rotationstyp* festlegen. Die Angabe **Rotieren** ist dabei Standard. Dies können Sie jedoch über ein Pulldown-Menü noch in **Wippen**, **Schlingern** oder **Taumeln** umwandeln und so beeinflussen, wie sich der Text bewegt.

Schritt 10

Verlassen Sie den Dialog **Schriftart** mit einem Klick auf **OK**. Den Dialog **3D-Text-Einstellungen** müssen Sie dann ebenfalls noch mit einem Klick auf **OK** ❶ verlassen.

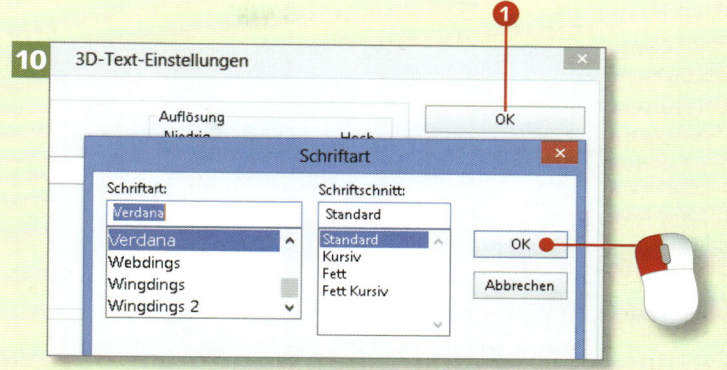

Schritt 11

Jetzt können Sie sich bereits einen ersten Blick auf Ihren Bildschirmschoner genehmigen, indem Sie den Button **Vorschau** anklicken. Wenn Sie die Vorschau abbrechen wollen, bewegen Sie die Maus ein wenig.

Schritt 12

Schließen Sie die Einstellungen ab, indem Sie auf **OK** klicken. Fortan wird der Bildschirmschoner erscheinen, wenn der PC drei Minuten lang nicht bedient wird. Sobald Sie Tastatur oder Maus bedienen, kehren Sie zu Windows zurück.

Bildschirmschoner deaktivieren

Wenn Sie sich irgendwann dafür entscheiden, dem Bildschirmschoner doch den Laufpass zu geben, wählen Sie in Schritt 3 (Seite 264) einfach den Eintrag **(Kein)** aus.

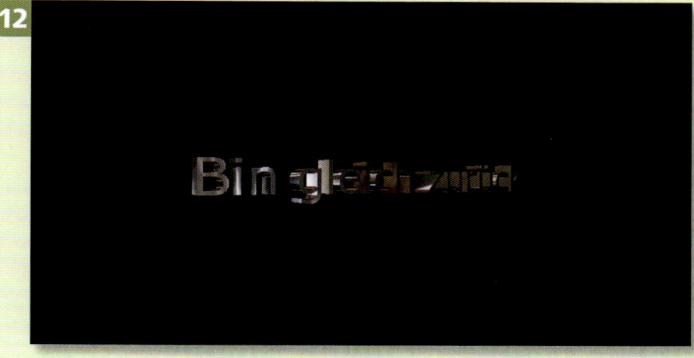

Die Taskleiste anpassen

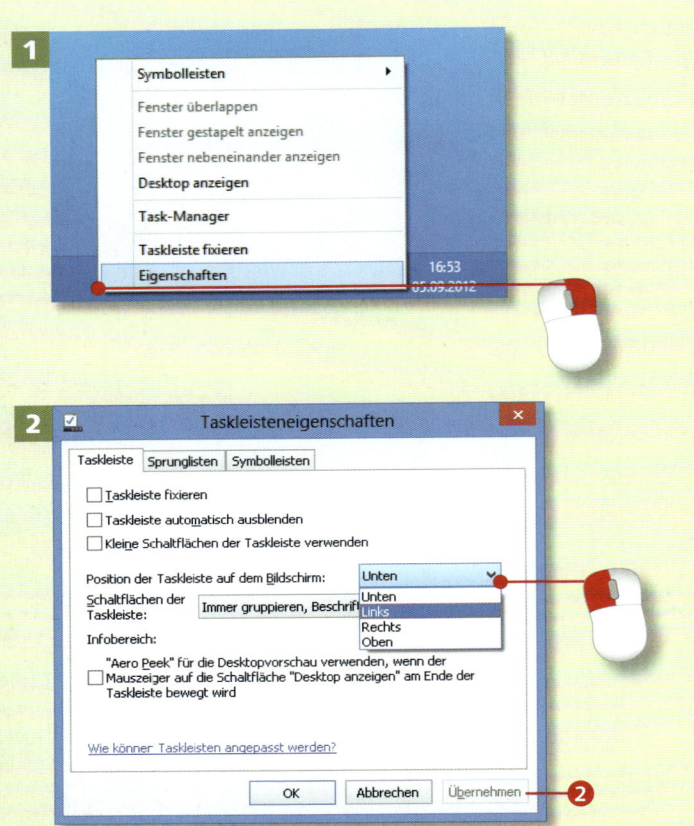

Wenn eine App in Windows 8 geöffnet ist, erscheint ein Miniaturbildchen in der Taskleiste – und zwar so lange, bis das Programm wieder geschlossen wird. Sie können hier häufig benutzte Programme für den schnellen Zugriff auch permanent ablegen.

Schritt 1

Klicken Sie mit rechts auf einen freien Bereich in der Taskleiste. Danach wählen Sie **Eigenschaften** im Kontextmenü.

Schritt 2

Im Dialog **Taskleisteneigenschaften** legen Sie im Menü **Position der Taskleiste auf dem Bildschirm** fest, auf welcher Seite des Bildschirms die Taskleiste positioniert werden soll. Dazu klicken Sie im Pulldown-Menü auf den bevorzugten Eintrag (hier: **Links**).

Schritt 3

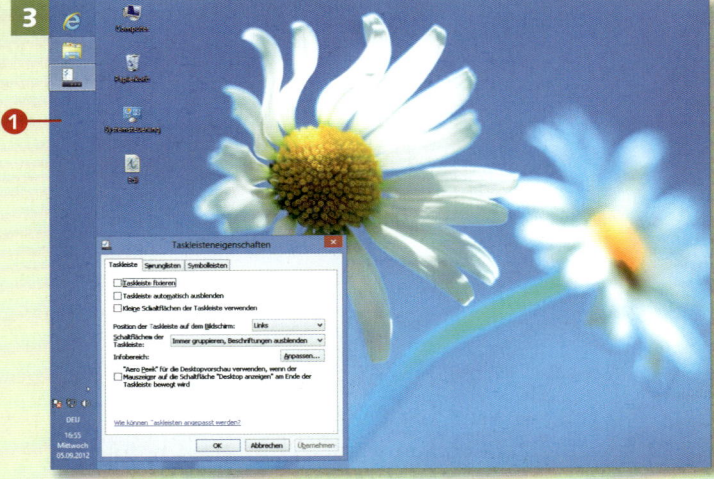

Die neue Position ❶ können Sie begutachten, indem Sie auf **Übernehmen** ❷ klicken. Wollen Sie doch wieder die alte Position herstellen, wiederholen Sie Schritt 2, wobei Sie diesmal **Unten** aus dem Menü wählen, bevor Sie die Änderung mit **OK** bestätigen.

Schritt 4

Befindet sich auf dem Desktop
ein Icon, das Sie permanent in der
Taskleiste sehen wollen, ziehen Sie
es mit gedrückter Maustaste in die
Leiste.

Schritt 5

Das funktioniert auch mit Programmen. Nachdem Sie das Icon in der
Taskleiste abgelegt haben, können Sie es auf dem Desktop gerne
löschen (siehe Kasten). Um das
Programm zu öffnen, reicht fortan
ein einfacher Mausklick auf das
Taskleisten-Symbol.

Schritt 6

Wenn Sie das Symbol wieder aus der
Taskleiste entfernen möchten, klicken Sie mit der rechten Maustaste
darauf und wählen **Dieses Programm von der Taskleiste lösen** aus
dem Kontextmenü.

> **Icon vom Desktop löschen**
> Ein nicht mehr benötigtes Icon
> auf dem Desktop lässt sich ganz
> einfach löschen, indem Sie es mit
> rechts anklicken. Danach wählen
> Sie **Löschen** und beantworten
> die Kontrollabfrage mit **Ja**. Dabei
> bleibt die App selbst natürlich
> erhalten, nur die Verknüpfung wird
> gelöscht.

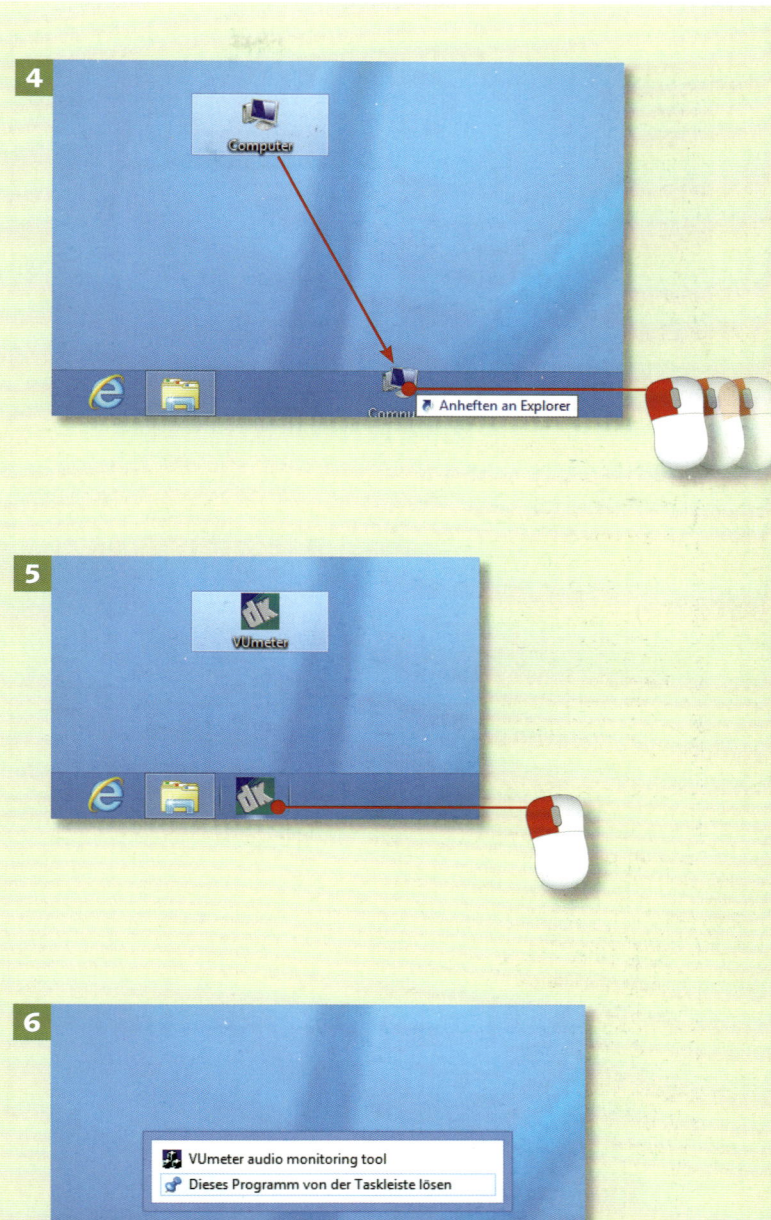

Ein Benutzerkonto einrichten

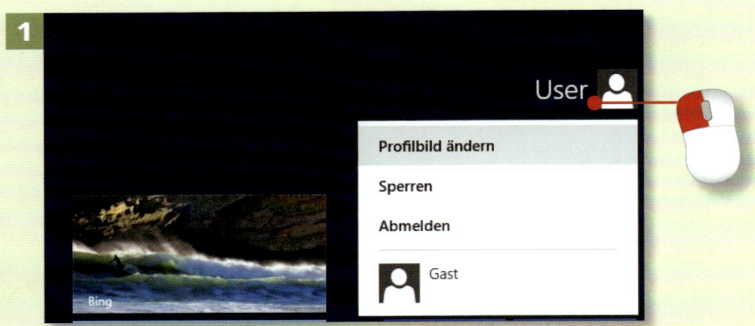

Oftmals ist es ja so, dass mehrere Personen an einem PC arbeiten. Dann ist es sinnvoll, jedem Benutzer ein eigenes Konto zu geben. Das sollte stets der Hauptverantwortliche, der Administrator, erledigen.

Schritt 1

Klicken Sie auf dem Startbildschirm auf den Benutzernamen oben rechts. Im Pulldown-Menü entscheiden Sie sich für **Profilbild ändern**.

Schritt 2

Auf der linken Seite des Folgedialogs **PC-Einstellungen** klicken Sie auf den Eintrag **Benutzer**.

Schritt 3

In der Rubrik **Weitere Benutzer** gibt es eine Schaltfläche mit dem Namen **Benutzer hinzufügen**. Klicken Sie darauf.

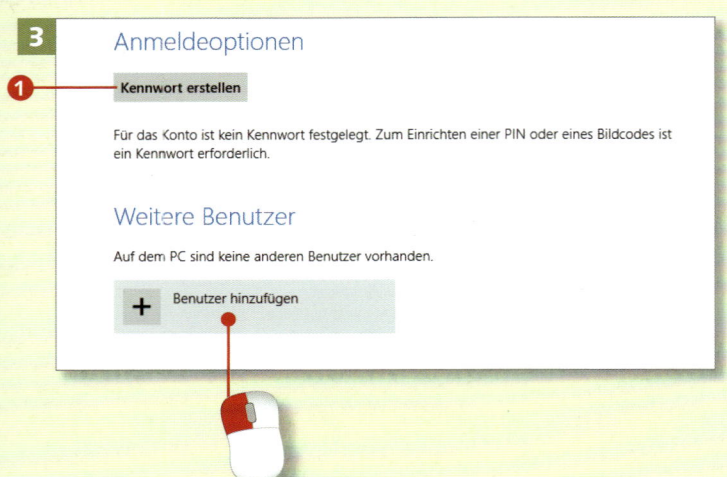

Kennwort erstellen
Wie unter **Anmeldeoptionen** (Schritt 3) zu sehen, ist für das Konto derzeit kein Kennwort vorhanden. Sollte das bei Ihnen auch der Fall sein, ändern Sie das am besten gleich, indem Sie auf **Kennwort erstellen** ❶ klicken.

Schritt 4

Sollte der Benutzer bereits über ein Microsoft-Konto verfügen, können Sie seine Adresse jetzt eingeben ❷ und auf **Weiter** ❸ klicken. Alternativ klicken Sie auf den Link **Ohne Microsoft-Konto anmelden**.

Schritt 5

Haben Sie sich im vorangegangenen Schritt für die zweite Alternative entschieden, ist im Menü **Benutzer hinzufügen** jetzt ein Klick auf **Lokales Konto** nötig.

Schritt 6

Tragen Sie nun den gewünschten Benutzernamen und das Kennwort ein, das nicht leicht zu erraten sein sollte. Das Kennwort muss in Zeile 3 noch einmal wiederholt werden.

Doppeltes Kennwort

Die doppelte Eingabe des Kennwortes soll verhindern, dass sich unbeabsichtigte Schreibfehler einschleichen. Dass Sie zweimal den gleichen Fehler eintippen, ist eher unwahrscheinlich. Stimmen die beiden Eingaben nicht überein, werden Sie darauf hingewiesen und müssen es noch einmal versuchen.

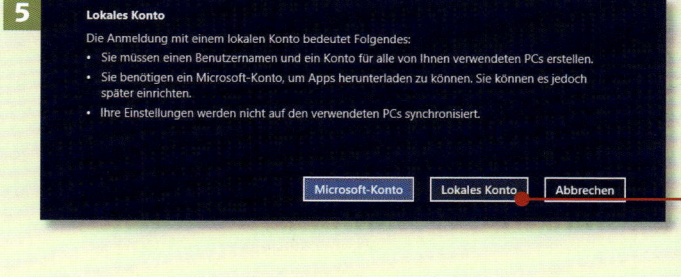

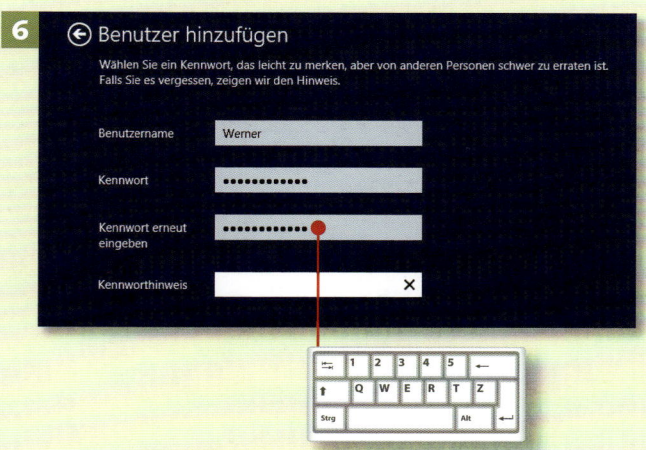

Ein Benutzerkonto einrichten (Forts.)

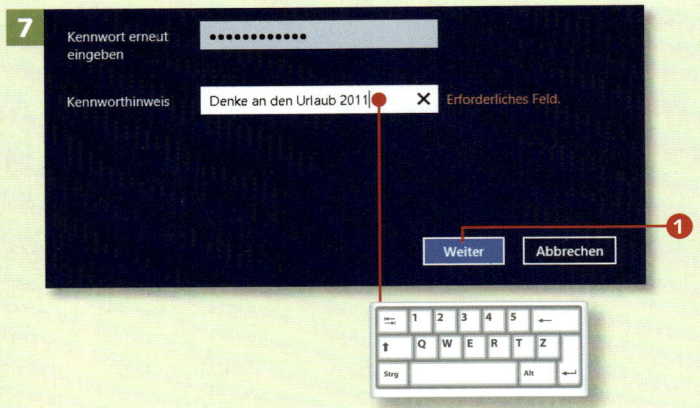

Schritt 7

Auch das Feld **Kennworthinweis** ist ein Pflichtfeld. Sollten Sie Ihr Passwort einmal vergessen, wird dieser Hinweis präsentiert. Er soll Ihnen helfen, sich wieder an das Kennwort zu erinnern. Verlassen Sie die Eingabemaske mit einem Klick auf **Weiter** ❶.

Schritt 8

Sollte das Benutzerkonto, das Sie gerade anlegen, für ein Kind reserviert werden, wird dringend empfohlen, die Checkbox **Family Safety** ❷ mit einem Klick zu aktivieren. Zuletzt klicken Sie auf **Fertig stellen**.

Schritt 9

Damit ist das Konto eingerichtet. Testen Sie den Zugang, indem Sie den Benutzer wechseln (siehe Kasten). Loggen Sie sich anschließend mit dem in Schritt 6 vergebenen Passwort ein.

i Benutzer wechseln

Der Benutzerwechsel erfolgt so: Klicken Sie auf den Benutzernamen oben rechts auf dem Startbildschirm, und entscheiden Sie sich im Menü für den Namen des Benutzers, den Sie gerade eingerichtet haben.

Schritt 10

Kehren Sie zurück zu Ihrem eigenen (Administrator-)Benutzerkonto. Dann öffnen Sie die Systemsteuerung, indem Sie auf dem Startbildschirm »sys« eingeben und ⏎ drücken. Im zugehörigen Dialogfenster klicken Sie auf **Benutzerkonten**.

Schritt 11

Ein Mausklick auf **Anderes Konto verwalten** im Dialog **Benutzerkonten** gibt Ihnen die Möglichkeit, weitere Einstellungen für das soeben erstellte Konto vorzunehmen.

Schritt 12

Im Fenster **Konten verwalten** klicken Sie auf das Konto. Dann lassen sich z. B. Kontoname ❸ und Kennwort ❹ ändern (siehe dazu den Abschnitt »Passwort und Kontonamen ändern« auf Seite 276). – Sie benötigen das Konto nicht länger? Dann klicken Sie hier auf **Konto löschen** ❺.

ℹ️ »Family Safety« einrichten

Mit der Funktion **Family Safety** werden Ihnen regelmäßig Berichte zu den Computer-Aktivitäten Ihrer Kinder gesendet. Klicken Sie im Dialogfenster **Konto ändern** auf **Family Safety einrichten** ❻ ▶ **Einstellungen auf der Family Safety-Website verwalten**.

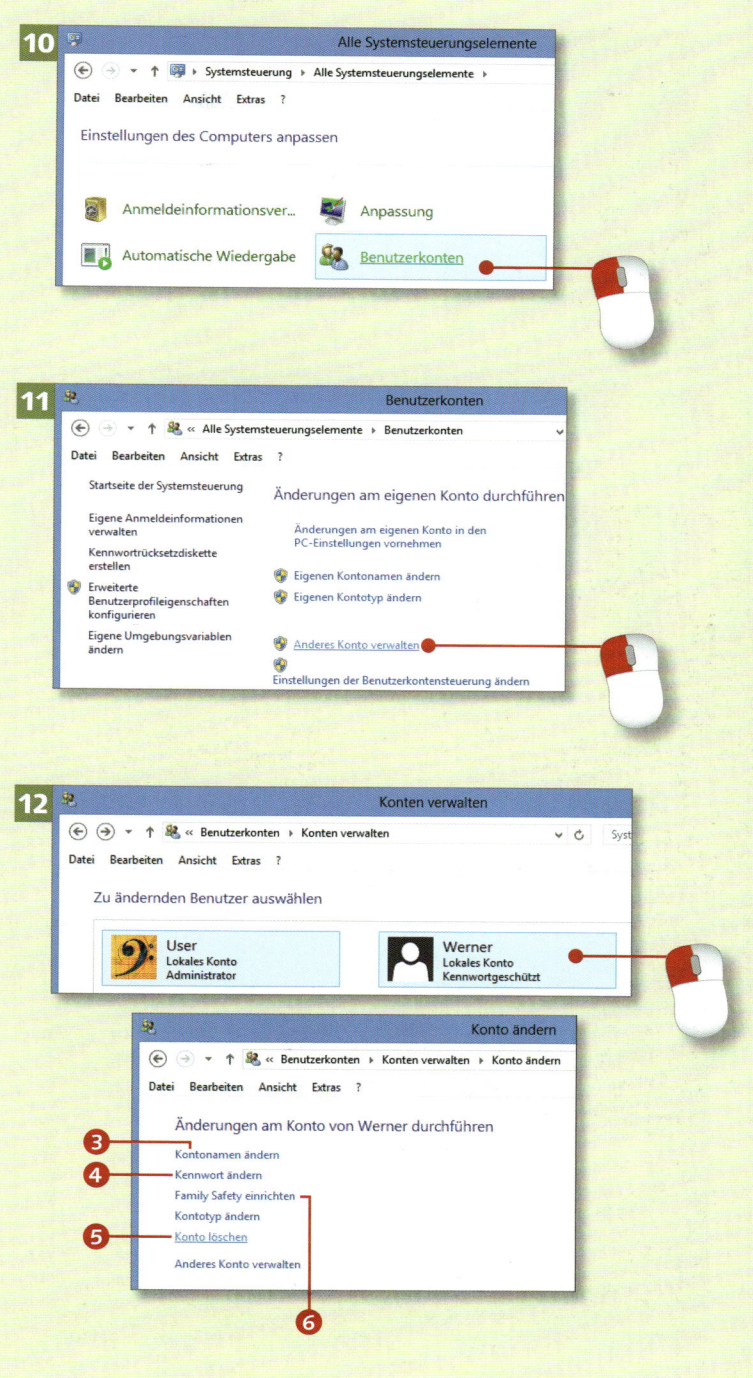

Das Benutzer-Symbol anpassen

Schön, dass jeder Benutzer über ein eigenes Benutzerbild verfügen kann. Hier erfahren Sie, wie Sie ein Bild zuweisen.

Schritt 1

Klicken Sie oben rechts auf dem Startbildschirm auf den Benutzernamen, und wählen Sie **Profilbild ändern** aus dem Menü.

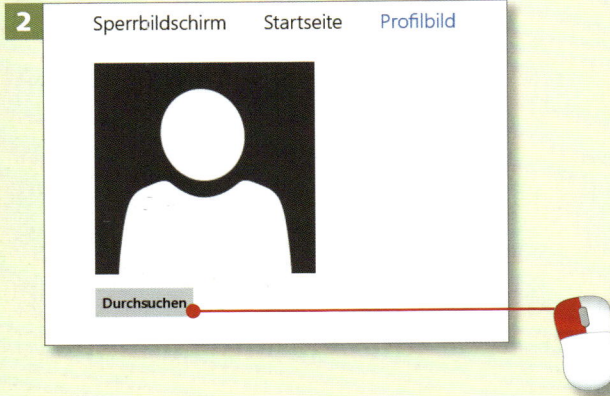

Schritt 2

Im Dialogfenster **PC-Einstellungen** sehen Sie unterhalb des Platzhalterbildes die Schaltfläche **Durchsuchen**. Diese müssen Sie jetzt anklicken.

Schritt 3

Auf der rechten Seite sehen Sie nun die Fotos, die sich im Bibliotheksordner **Bilder** befinden. Links werden hingegen die Ordner aufgelistet, die an diesem Speicherort abgelegt sind.

Verzeichnis wechseln

Wenn Sie Fotos von einem anderen Speicherort auf der Festplatte verwenden möchten, klicken Sie zunächst auf **Nach oben** ❶. Dadurch werden weitere Pfade zugänglich gemacht; unter Umständen müssen Sie das mehrfach wiederholen.

Schritt 4

Sie sind fündig geworden? Dann markieren Sie das Foto, das als Benutzerbild fungieren soll, mit einem Mausklick.

Schritt 5

Teilen Sie Windows 8 mit, dass dies das gewünschte Foto ist, indem Sie die Schaltfläche **Bild auswählen** anklicken.

Schritt 6

Das Foto wird sogleich als Profilbild übernommen, was auch im Menü **PC-Einstellungen** sichtbar wird. (Die Aktualisierung auf dem Startbildschirm erfolgt hingegen nicht immer sofort. Eventuell müssen Sie sich kurz ab- und wieder anmelden.)

Eigenes Profilbild

Wenn Sie lieber ein aktuelles Profilbild mithilfe einer Webcam erzeugen möchten, müssen Sie im Bereich **Profilbild erstellen** auf **Kamera** ❷ klicken. Hier sind übrigens nicht nur Standbilder, sondern auch kleinere Videosequenzen (von bis zu fünf Sekunden) möglich.

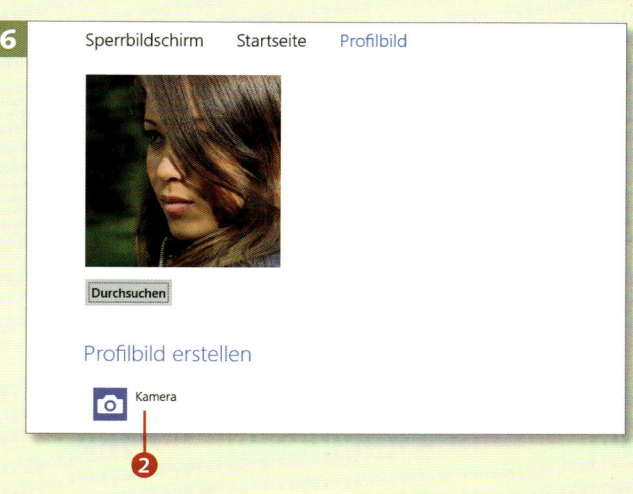

Passwort und Kontonamen ändern

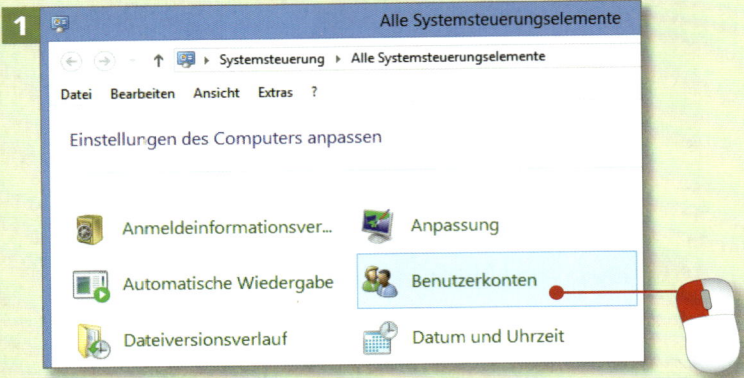

Zuletzt wollen wir Ihnen noch erklären, wie Sie das Passwort und den Kontonamen ändern.

Schritt 1

Öffnen Sie die Systemsteuerung, indem Sie auf dem Startbildschirm »sys« eingeben und ⏎ drücken. Im zugehörigen Dialogfenster klicken Sie auf **Benutzerkonten**.

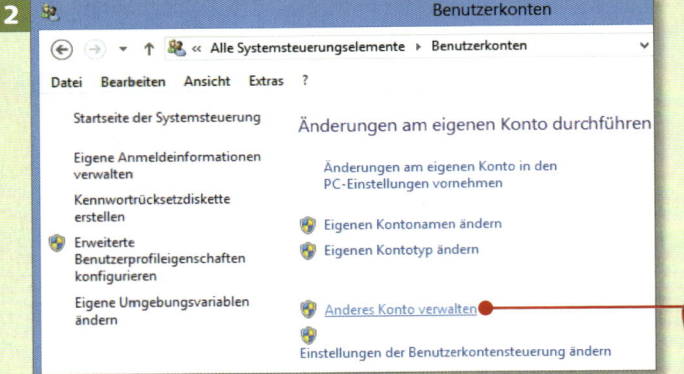

Schritt 2

Ein Mausklick auf **Anderes Konto verwalten** bringt Sie zur Auswahl des Benutzers, dessen Name oder Passwort geändert werden soll.

Schritt 3

Im Beispiel soll das Administratorkonto (hier: **User**) umbenannt werden. Deswegen klicken Sie es an, um es zu markieren.

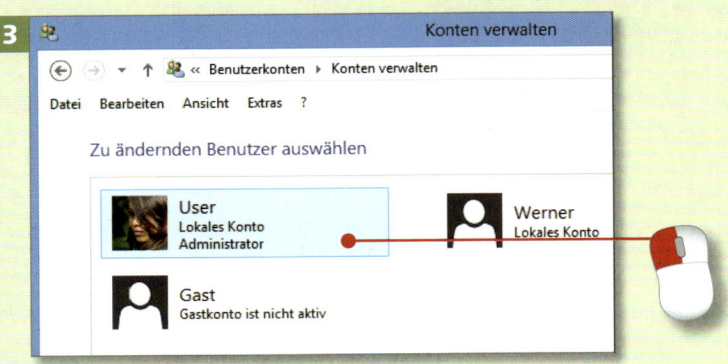

Administratorrechte

Der Administrator hat Zugriff auf sämtliche Einstellungen aller Konten. Benutzer ohne Administratorrechte können aus Sicherheitsgründen auch keine Änderungen vornehmen – nicht einmal an ihrem eigenen Konto. Wenn sie es versuchen, wird das Kennwort des Administrators abgefragt.

Schritt 4

Entscheiden Sie sich für **Kennwort erstellen**, falls das aktuelle Konto noch nicht über ein Kennwort verfügt. (Anderenfalls heißt der Eintrag **Kennwort ändern**.) Klicken Sie darauf.

Schritt 5

Auch an dieser Stelle muss das Kennwort zweifach eingegeben werden, um Tippfehler auszuschließen. Legen Sie zudem noch einen Kennworthinweis fest, bevor Sie das Ganze mit einem Klick auf **Kennwort erstellen** bestätigen.

Schritt 6

Falls Sie einen anderen Benutzernamen für sinnvoller halten, klicken Sie auf **Kontonamen ändern** ❶, und tragen Sie die neue Bezeichnung in das Eingabefeld ein ❷. Übergeben Sie die Informationen mit einem Klick auf **Namen ändern** an Windows.

> **ℹ PC-Einstellungen**
>
> Die hier aufgeführten Änderungs-
> optionen lassen sich auch über
> **Einstellungen** in der Charms-
> Leiste ändern. Dort müssen Sie zu-
> nächst **PC-Einstellungen ändern**
> anwählen und im Folgedialog auf
> die Rubrik **Benutzer** klicken.

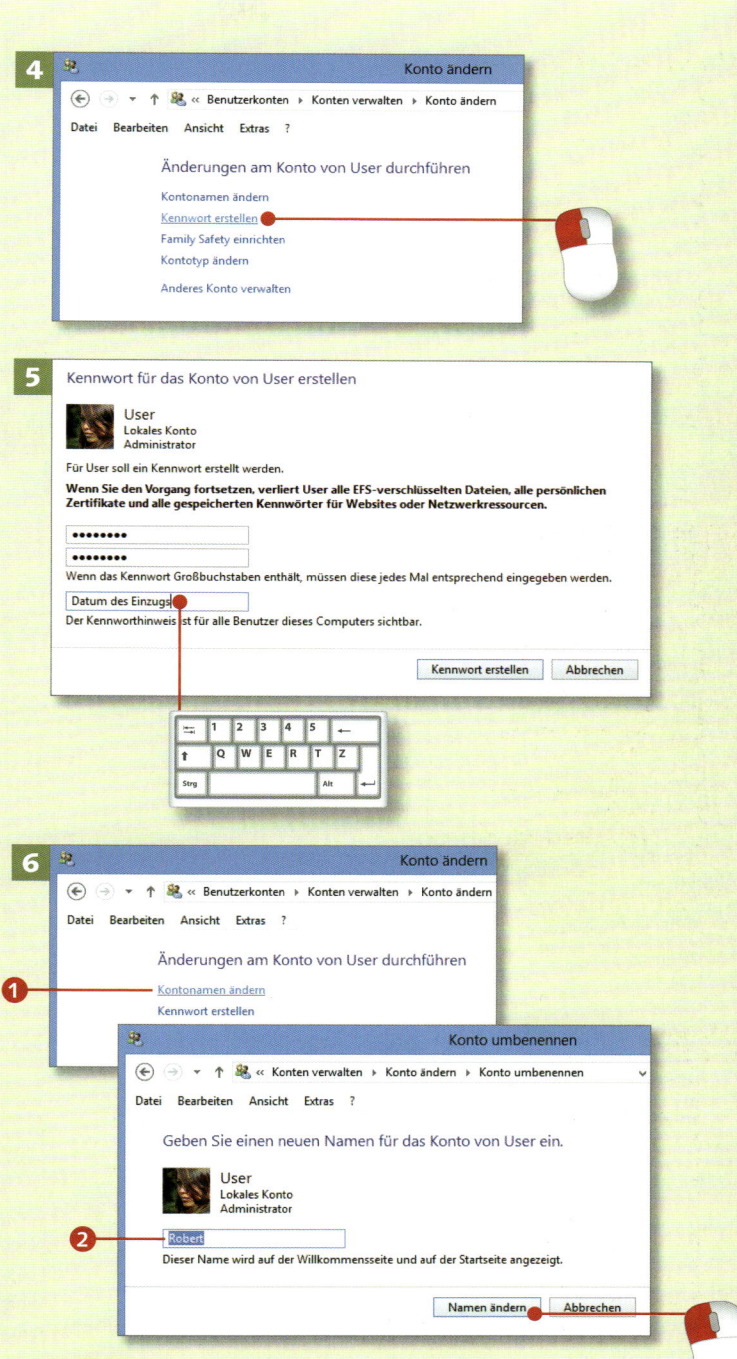

Kapitel 12
Daten über ein Netzwerk teilen

Möchten Sie Ihren Rechner mit anderen Rechnern verbinden und ein Netzwerk einrichten oder ihn einem bestehenden Netzwerk hinzufügen? Die Anleitungen dieses Kapitels helfen Ihnen dabei.

Rechner vernetzen

Um zwei oder sogar mehrere Rechner miteinander zu verbinden ❶, sodass Sie Daten zwischen diesen Rechnern austauschen können, sind ein paar Schritte und Einstellungen notwendig. Sie erfahren hier Schritt für Schritt, wie es geht.

Ordner, Rechte und Benutzer

Das digitale Leben im Netzwerk will organisiert sein ❷. Manche Inhalte sollten nur bestimmten Personen zugänglich sein, andere wiederum allen Personen im Netzwerk. Wie Sie für Ordnung sorgen, zeigen die Anleitungen in diesem Kapitel.

SkyDrive

Ein Netzwerk der besonderen Art ist der sogenannte *SkyDrive* ❸, eine virtuelle Festplatte, die Ihnen immer und überall zur Verfügung steht und eine Menge Speicherplatz bietet. Wie der SkyDrive arbeitet, erfahren Sie am Ende dieses Kapitels.

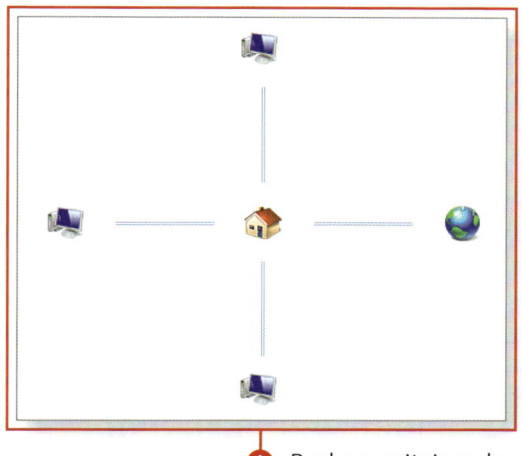

Das Heimnetzwerk können
Sie für bestimmte Benutzer
❷ zugänglich machen.

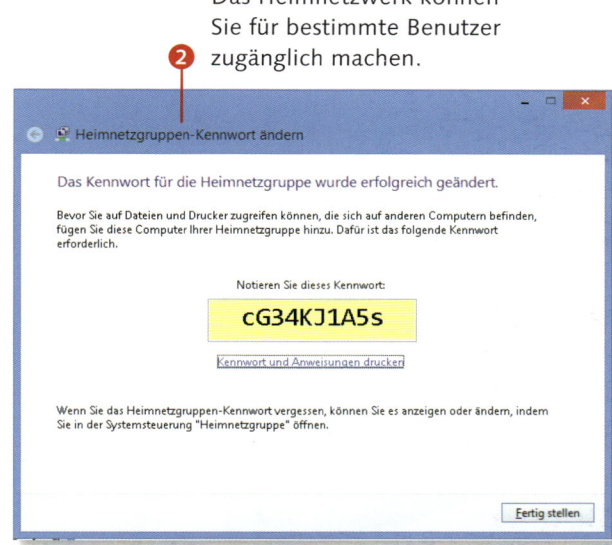

❶ Rechner miteinander zu
vernetzen ist praktisch
und gar nicht so schwer.

Über den SkyDrive erweitern Sie
❸ Ihren Speicherplatz beträchtlich.

Netzwerkgrundlagen kennenlernen

Das Thema »Netzwerk« mag dem Neueinsteiger zunächst einmal wie ein Buch mit sieben Siegeln vorkommen. So kompliziert ist es aber gar nicht. Sie werden sehen.

Schritt 1

Netzwerke werden eingesetzt, wenn mehrere Computer zum Datenaustausch oder der gemeinsamen Internetnutzung miteinander verbunden werden sollen. Der Zusammenschluss der PCs kann z. B. eine Heimnetzgruppe sein.

Schritt 2

Neben dem Modem eines Internetbetreibers benötigen Sie noch einen *Router*. Das gilt zumindest dann, wenn Sie von den PCs aus ins Internet wollen.

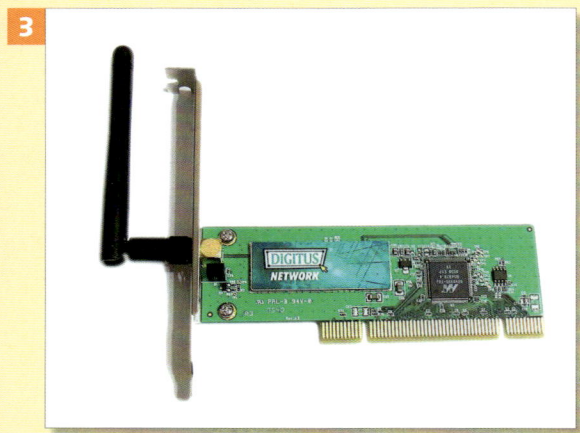

Schritt 3

Wenn Sie eine Drahtlosverbindung zum Router herstellen wollen, benötigt jeder Rechner eine WLAN-Karte. Eine herkömmliche Netzwerkkarte (Ethernet) reicht, um die PCs über Kabel mit dem Router zu verbinden.

Schritt 4

Neben einzelnen Computern können auch weitere Geräte (Peripherie) vernetzt werden. So ist es z. B. denkbar, einen Netzwerkdrucker zu installieren, den jeder PC nutzen kann.

Schritt 5

Eine Alternative bilden *Ad-hoc-Netzwerke*. Hier stellen Computer temporär – also nur vorübergehend – eine Drahtlosverbindung her, um Daten gemeinsam zu nutzen oder untereinander auszutauschen.

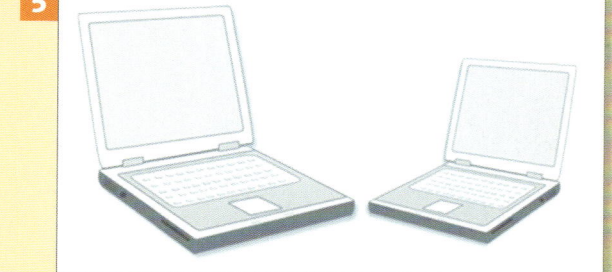

Schritt 6

So könnte ein klassisches Netzwerk aufgebaut sein: Drei Computer werden an einem Router ❶ zusammengeführt und nutzen die dort vorliegende Verbindung zum Internet ❷.

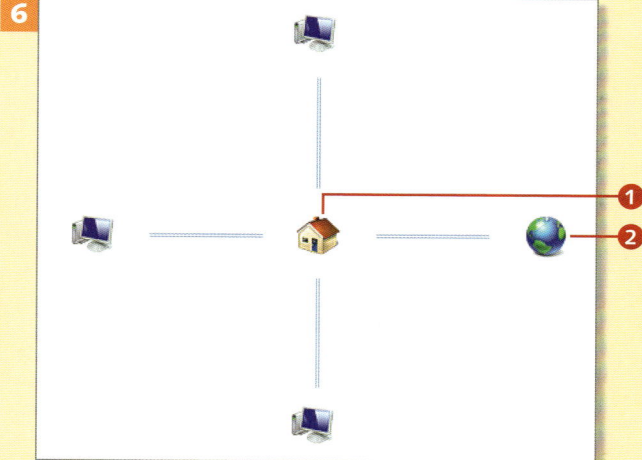

i LAN-Verbindung

Die Verbindung eines kabelgebundenen Netzwerks erfolgt über spezielle Netzwerkkabel. Jeder Computer belegt dabei einen Eingang des Routers.

Eine Heimnetzgruppe erstellen

Zunächst muss von einem der zu vernetzenden PCs aus ein Netzwerk erzeugt werden. Dies stellt die Quelle für alle weiteren Geräte dar. In Windows 8 ist die Konfiguration einfacher denn je.

Schritt 1

Öffnen Sie die Charms-Leiste, indem Sie mit der Maus in die rechte obere Ecke des Bildschirms fahren, und klicken Sie ganz unten auf **Einstellungen**.

Schritt 2

Im Menü **Einstellungen** klicken Sie unten rechts auf die Zeile **PC-Einstellungen ändern**.

Schritt 3

Im folgenden Menü müssen Sie zunächst links unten auf **Heimnetzgruppe** klicken, um diese Rubrik zu öffnen.

i Ausgewähltes Menü

Sollten Sie zu einem späteren Zeitpunkt erneut auf die Einstellungen für die Heimnetzgruppe zugreifen wollen, entfällt Schritt 3. Windows »merkt« sich nämlich, welche Rubrik Sie zuletzt besucht haben.

Schritt 4

Auf der rechten Seite des Monitors erscheint nun der Button **Erstellen**. Klicken Sie darauf, um eine Heimnetzgruppe anzulegen.

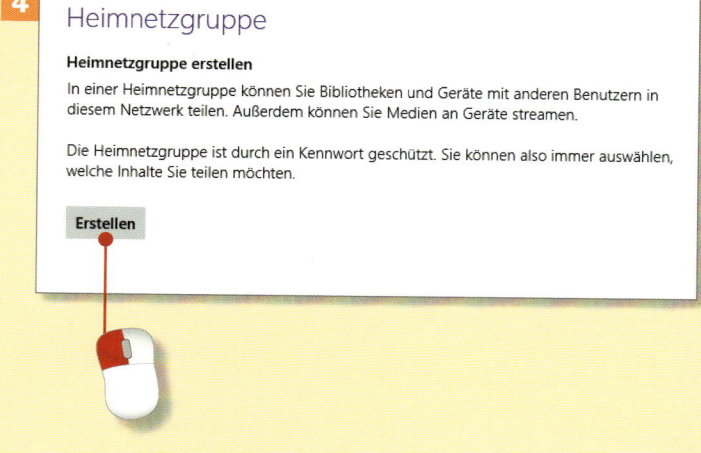

Schritt 5

Im nächsten Dialog müssen Sie per Klick auf den jeweiligen Ein-/Aus-Schalter entscheiden, welche Inhalte künftig in dieser Heimnetzgruppe geteilt werden dürfen. Scrollen Sie nach unten, um alle Optionen zu sehen.

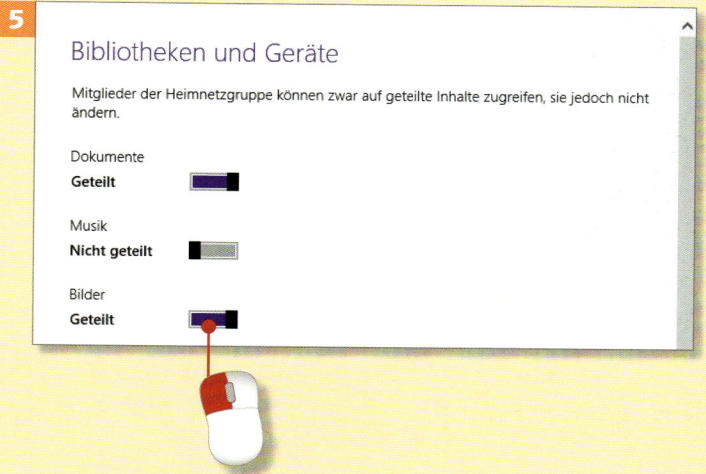

Schritt 6

Scrollen Sie ganz nach unten, und notieren Sie das Kennwort ❶, das unten im Bereich **Mitgliedschaft** angezeigt wird.

ℹ Heimnetzgruppe

Die Einstellungen zur Heimnetzgruppe erreichen Sie über die Schritte 1 bis 4. Wenn Sie das Passwort einmal vergessen oder verlegt haben – kein Problem. Hier ist es jederzeit einsehbar. Außerdem kann jeder Benutzer aus der Gruppe austreten, indem er unten auf **Verlassen** ❷ klickt.

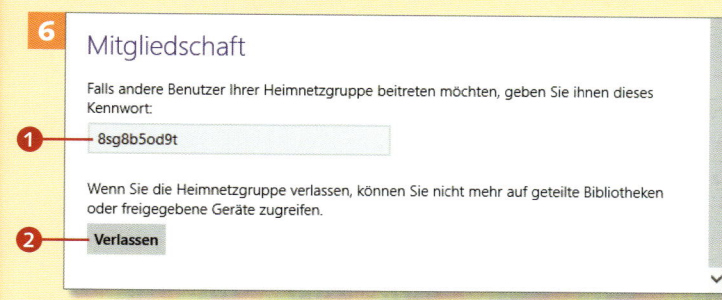

Den Netzwerk-Router konfigurieren

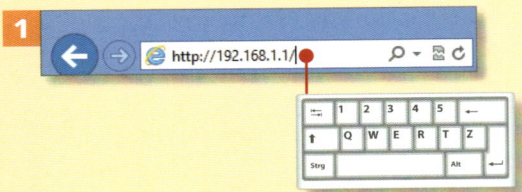

Zwar lässt sich ein Netzwerk auch allein mithilfe des Betriebssystems konfigurieren, jedoch wollen viele Anwender die eine oder andere Einstellung lieber im Router vornehmen.

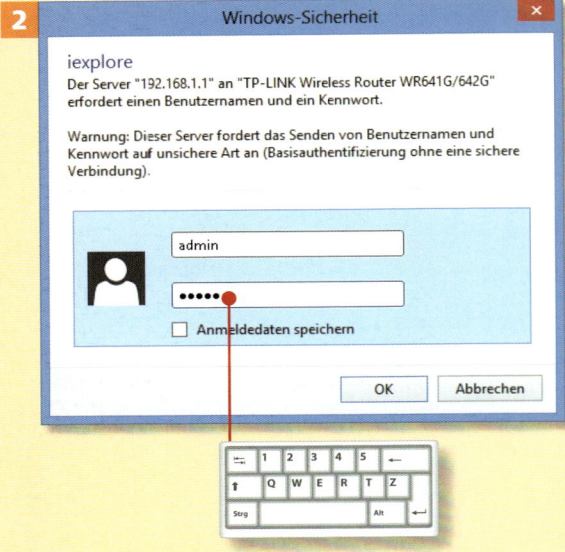

Schritt 1

Der Router lässt sich von einem angeschlossenen Rechner aus konfigurieren. Öffnen Sie den Internet Explorer, und geben Sie die Adresse ein, die Sie dem Handbuch des Routers entnehmen. Sie könnte z. B. *http://192.168.1.1* oder *http://192.168.0.1* lauten.

Schritt 2

Drücken Sie ⏎, und geben Sie im Fenster **Windows-Sicherheit** die Zugangsdaten ein, die Sie ebenfalls im Handbuch des Routers finden. Nicht selten lauten sowohl Name als auch Passwort werksseitig »admin«. Schließen Sie die Eingabe mit **OK** ab.

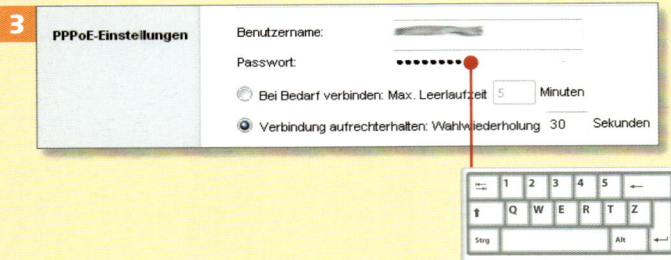

Schritt 3

Falls Sie noch keinen Internetzugang haben, tragen Sie in der entsprechenden Eingabemaske (z. B. **PPPoE-Einstellungen**) Name und Passwort des Internet-Providers ein.

PPPoE

PPPoE ist ein Netzwerkprotokoll, das mit einer Ethernet-Verbindung (Netzwerkkabel) zwischen Router und Empfangsgerät des Providers hergestellt wird.

Schritt 4

Sofern Sie WLAN nutzen, sollten Sie jetzt unbedingt den Benutzernamen und das Gateway-Passwort ändern. Übrigens: Die hier gezeigten Router-Menüs weichen möglicherweise von Ihren Einstellungen ab. Im Kern sind die Funktionen jedoch bei allen Routern zu finden.

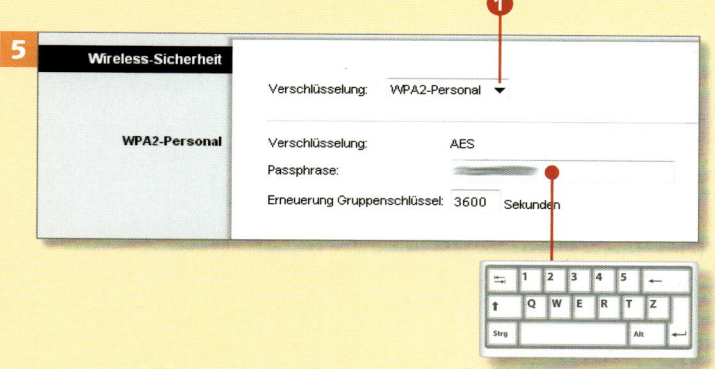

Schritt 5

Im Bereich **Wireless-Sicherheit** vergeben Sie eine *Passphrase* bzw. ein Kennwort, das jeder spätere Teilnehmer des Netzwerks einmalig eingeben muss. Sorgen Sie außerdem dafür, dass die Verschlüsselung mindestens dem WPA2-Standard ❶ entspricht.

Schritt 6

Speichern Sie Ihre Einstellungen und loggen Sie sich aus.

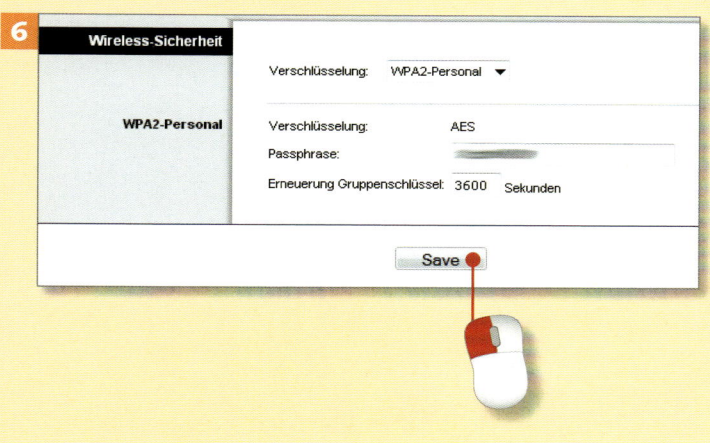

❗ Sicherheit

Ändern Sie unbedingt Ihr Internetpasswort. Wenn es nämlich jemandem gelingt, sich mit dem Standard-Passwort »admin« Zugang zu Ihrer Internetverbindung zu verschaffen, tragen Sie nach geltender Rechtsprechung eine Mitschuld, wenn diese Person sich z. B. illegal Musik herunterlädt.

Dem Netzwerk einen Windows-8-PC hinzufügen

Das Netzwerkgruppe ist erstellt und der erste Computer bereits Mitglied. Jetzt müssen die restlichen Computer noch der Gruppe beitreten. Hier erfahren Sie zunächst, wie Sie sich von einem Windows-8-PC aus mit dem Netzwerk verbinden.

Schritt 1

Öffnen Sie die Charms-Leiste, indem Sie mit der Maus in die rechte obere Ecke des Bildschirms fahren, und klicken Sie ganz unten auf **Einstellungen**.

Schritt 2

Ganz unten rechts in der Spalte **Einstellungen**, die sich daraufhin öffnet, klicken Sie auf **PC-Einstellungen ändern**.

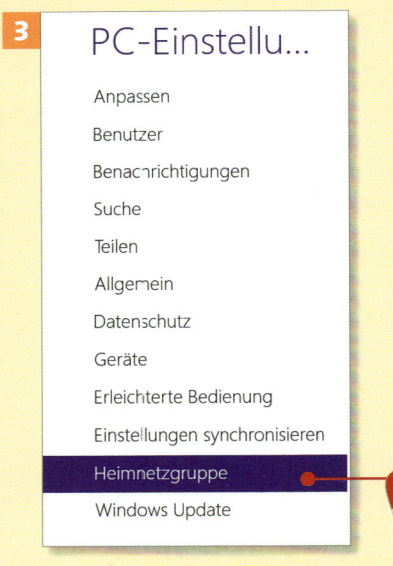

Schritt 3

Wählen Sie, falls nicht bereits ausgewählt (siehe dazu den Kasten auf Seite 282), die Rubrik **Heimnetzgruppe** in der linken Spalte mit einem Klick aus.

Schritt 4

Dass eine Heimnetzgruppe vorhanden ist, wird nach kurzer Zeit automatisch von Windows 8 erkannt.

Schritt 5

Im Feld **Heimnetzgruppenkennwort eingeben** müssen Sie nun das zuvor vergebene Passwort eintippen (Groß- und Kleinschreibung beachten!). Siehe dazu Schritt 6 der Anleitung »Eine Heimnetzgruppe erstellen« auf Seite 283. Wenn das erledigt ist, klicken Sie auf **Beitreten ❶**.

Schritt 6

Es kann sein, dass Sie sich nun noch einen Moment gedulden müssen. Dann sollte die Verbindung jedoch stehen.

ℹ Freigabeoptionen

Die bereits für den ersten PC definierten Freigabeoptionen (siehe Schritt 5 im Abschnitt »Eine Heimnetzgruppe erstellen«) werden nun auch für den zweiten Rechner übernommen.

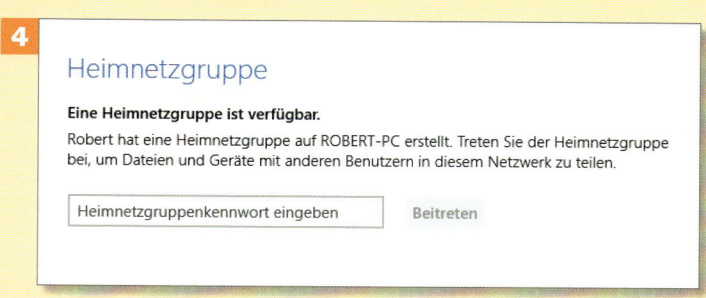

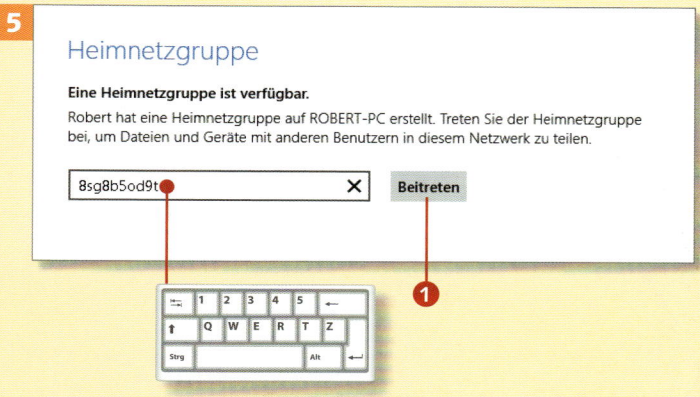

Einen Windows-7-PC hinzufügen

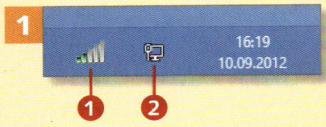

Vielleicht gibt es im Haus noch PCs mit einer Vorgängerversion von Windows 8. In dieser Anleitung lesen Sie, wie Sie einen Windows-7-PC mit dem Windows-8-Netzwerk verbinden.

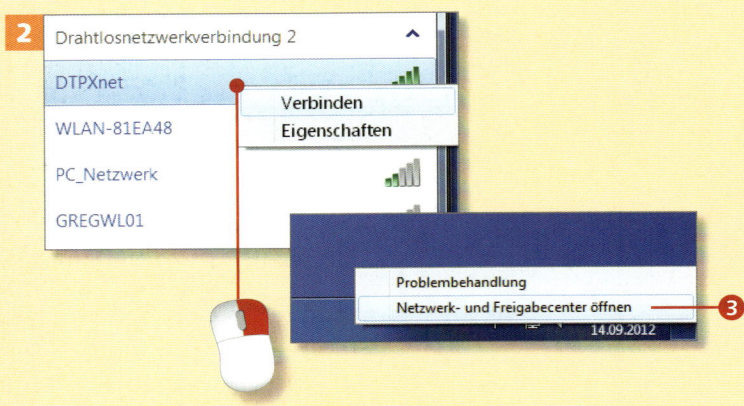

Schritt 1

Klicken Sie mit rechts auf das Symbol unten rechts in der Taskleiste (❶ = Drahtlosverbindung, ❷ = Kabelverbindung). Bei einem Klick auf das WLAN-Symbol ❶ werden alle in Ihrer Nähe befindlichen Drahtlosnetzwerke angezeigt (ggf. auch die Ihrer Nachbarn).

Schritt 2

Wenn Drahtlosnetzwerke angezeigt werden, wählen Sie das gewünschte mit der rechten Maustaste aus und entscheiden sich für **Verbinden**. Sollte kein Netzwerk erkannt werden, klicken Sie auf **Netzwerk- und Freigabecenter öffnen ❸**.

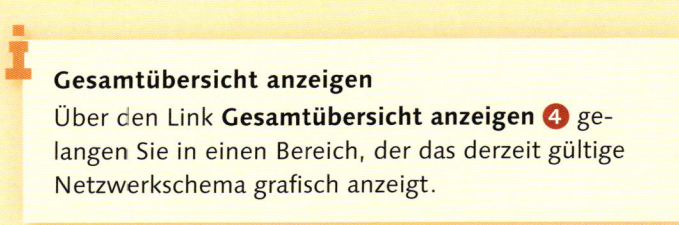

Schritt 3

Ob ein oder (wie hier) mehrere Netzwerke gefunden werden, hängt von der bisherigen Konfiguration ab. Klicken Sie auf das mittlere Symbol.

ℹ Gesamtübersicht anzeigen

Über den Link **Gesamtübersicht anzeigen ❹** gelangen Sie in einen Bereich, der das derzeit gültige Netzwerkschema grafisch anzeigt.

Schritt 4

Jetzt liegen sprichwörtlich alle angeschlossenen Geräte vor Ihnen. Mit einem Doppelklick auf den Windows-8-PC gelangen Sie in das Netzwerk. (Lesen Sie dazu bitte auch den Hinweis im Kasten.)

Schritt 5

Im Netzwerk tauchen nun je nach Konfiguration unterschiedliche Ordner und Geräte auf. Wenn bereits ein Drucker freigegeben worden ist (siehe dazu die Anleitung »Ordner freigeben und Rechte vergeben« auf Seite 292), ist hier ein entsprechendes Symbol ❺ zu sehen.

Schritt 6

Sie wollen auf die Dateien zugreifen? Dann doppelklicken Sie auf den Verbindungsordner. Das verschafft Ihnen Zugang zum Windows-8-Rechner – zumindest zu den freigegebenen Verzeichnissen.

Passwort-Abfrage

Möglicherweise werden Sie auf dem Weg vom Windows-7- zum Windows-8-PC noch nach der Passphrase gefragt, die Sie dann entsprechend eingeben müssen (siehe Schritt 5 im Abschnitt »Den Netzwerk-Router konfigurieren« auf Seite 285).

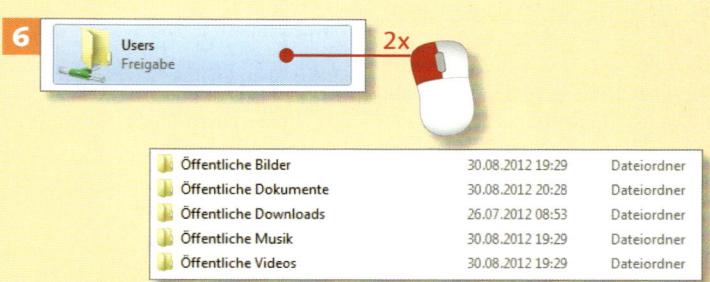

Zugriff auf Dateien im Netzwerk

Das Netzwerk steht, und die Computer sind miteinander verbunden. Wie Sie von einem älteren Computer aus auf andere PCs zugreifen können, haben Sie im vorangegangenen Abschnitt erfahren. Jetzt geht es um den Zugriff vom Windows-8-Rechner aus.

Schritt 1

Gehen Sie zunächst zurück zum Startbildschirm, indem Sie die ⊞-Taste drücken. Geben Sie dort nun »netzwerk« ein. Ist das Ergebnis eindeutig, klicken Sie darauf.

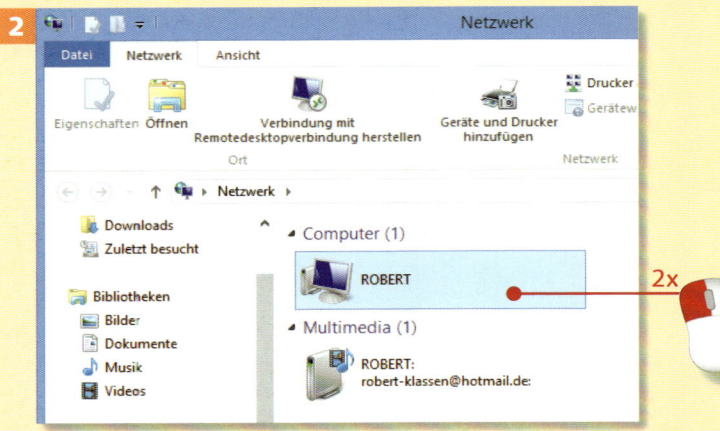

Schritt 2

Setzen Sie einen Doppelklick auf den PC, auf den Sie von Ihrem Windows-8-Rechner aus zugreifen wollen.

Schritt 3

Auch hier werden Sie jetzt einen Ordner finden, der den Zugriff auf die zuvor freigegebenen Bereiche ermöglicht. Den Ordner öffnen Sie mit einem Doppelklick.

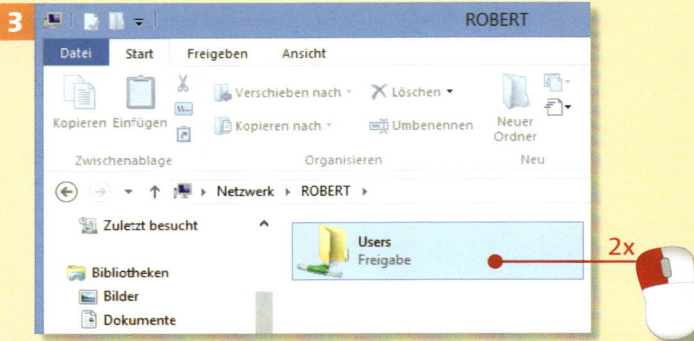

Keine Druckerfreigabe

Wie Sie sehen, ist am PC, auf den jetzt zugegriffen werden soll, kein Gerät (z. B. Drucker) freigegeben. Wäre das der Fall, wäre im Bild zu Schritt 3 ein entsprechendes Symbol sichtbar.

Schritt 4

Die Ordnerstruktur, die Sie jetzt vorfinden, ist natürlich bei jedem Rechner unterschiedlich. Hier könnte man z. B. mit einem Doppelklick auf **Öffentlich** die freigegebenen Bibliotheksordner erreichen.

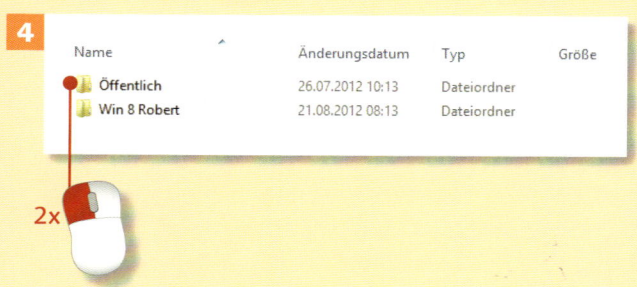

Schritt 5

Versuchen Sie doch einmal, ein Bild, das auf dem vernetzten PC gespeichert ist, auf den eigenen Desktop zu ziehen. Dazu öffnen Sie den Ordner **Öffentliche Bilder** mit einem Doppelklick (siehe Kasten).

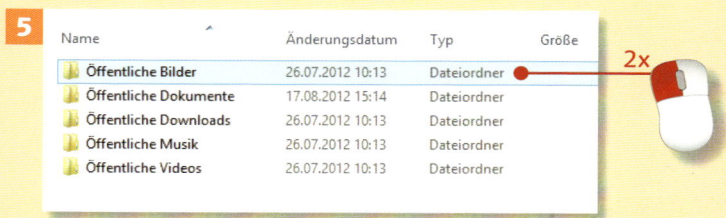

Schritt 6

Klicken Sie auf eines der Fotos, und ziehen Sie es mit gedrückter Maustaste aus dem Ordner auf Ihren Desktop. Dort angelangt, lassen Sie los. Das Bild bleibt im Ordner des anderen Rechners natürlich erhalten; bei Ihnen wird eine Kopie der Datei abgelegt.

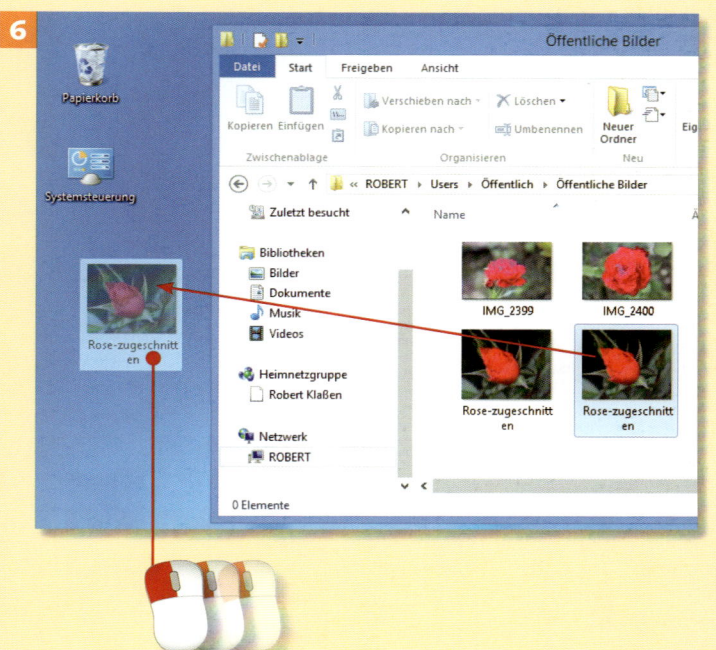

ℹ Freigabe vorausgesetzt

Damit Sie Zugriff auf den Bilderordner des vernetzten PCs erhalten, muss dieser dort zuvor freigegeben worden sein (siehe dazu den Abschnitt »Ordner freigeben und Rechte vergeben« auf Seite 292).

Ordner freigeben und Rechte vergeben

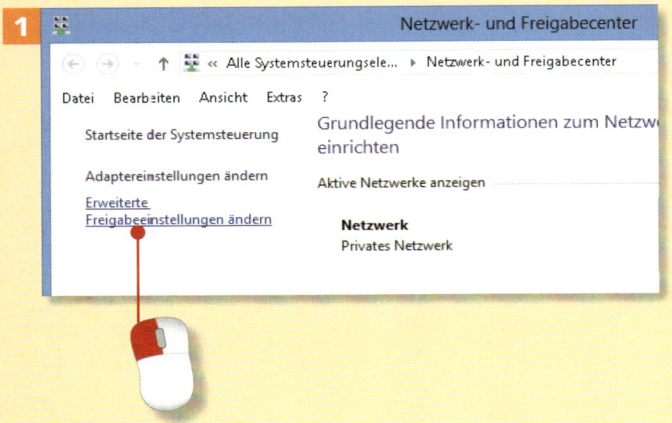

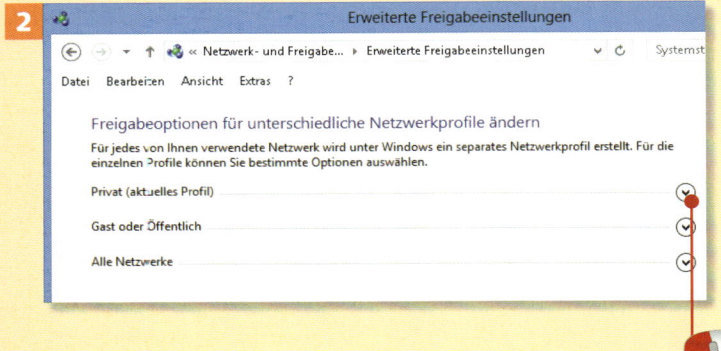

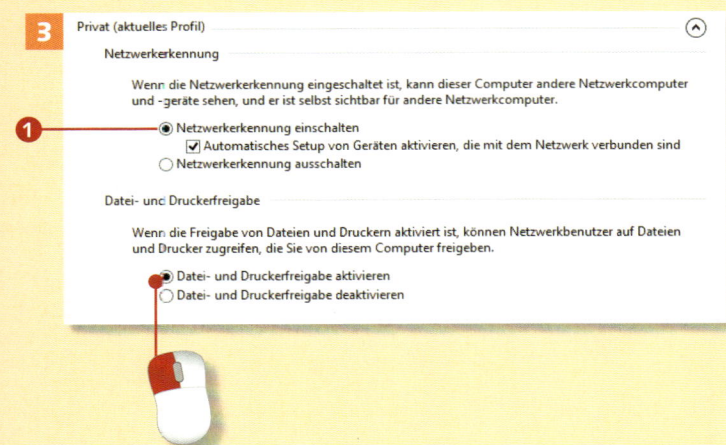

Wenn Sie sich eingehender mit der Rechtevergabe oder Freigaben beschäftigen möchten, sollten Sie diese Anleitung genau lesen.

Schritt 1

Zum Aufrufen der Systemsteuerung geben Sie »sys« auf dem Startbildschirm ein und drücken ⏎. Klicken Sie auf **Netzwerk- und Freigabecenter ▸ Erweiterte Freigabeeinstellungen ändern**.

Schritt 2

Sollten die Listen geschlossen sein, öffnen Sie zunächst die Rubrik **Privat (aktuelles Profil)**, indem Sie auf die kleine Kreisschaltfläche mit dem Pfeil rechts klicken.

Schritt 3

Scrollen Sie bis zum Bereich **Datei- und Druckerfreigabe**, und aktivieren Sie den Radio-Button **Datei- und Druckerfreigabe aktivieren**, wenn Netzwerkdrucker gemeinsam verwendet werden sollen.

> **Netzwerkerkennung**
> Schauen Sie nach, ob **Netzwerkerkennung einschalten** ❶ aktiv ist (Standard). Nur dann können andere Computer im Netzwerk auch gesehen werden.

Schritt 4

Wenn Sie nicht wollen, dass andere Benutzer auf die Ordner Ihres Rechners zugreifen können, aktivieren Sie **Freigabe des öffentlichen Ordners deaktivieren ❷**. Anderenfalls klicken Sie auf **Freigabe einschalten ❸**. Zuletzt klicken Sie auf **Änderungen speichern**.

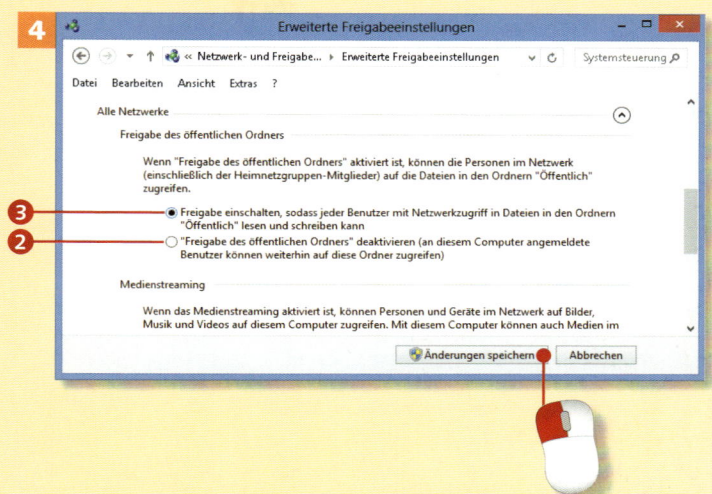

Schritt 5

Sie können jeden beliebigen Ordner freigeben, damit andere im Netzwerk darauf zugreifen können. Klicken Sie den Ordner mit rechts an, und zeigen Sie auf **Freigeben für**. Dann wählen Sie den Benutzer, der Zugriffsrechte erhalten soll.

Schritt 6

Auf Werners Rechner ist der freigegebene Ordner nun im Bereich **Netzwerk** des Explorers zu sehen. Wollen Sie die Freigabe wieder aufheben, wählen Sie **Freigeben für ▸ Freigabe beenden**.

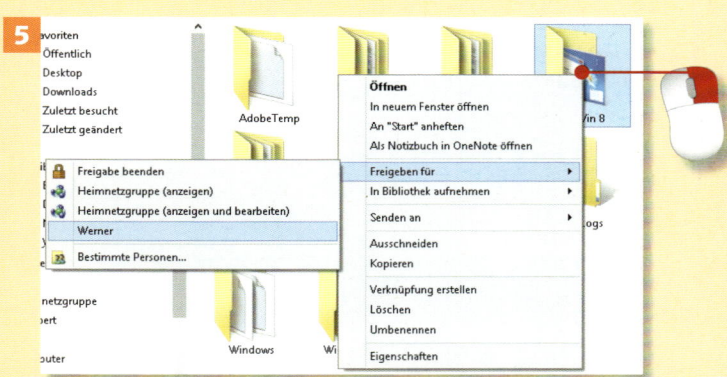

➕➕ Wer darf was?

Klicken Sie in Schritt 5 auf **Bestimmte Personen ❹**. In einer Liste legen Sie nun fest, wer welche Rechte bekommt: nur **Lesen** (= Öffnen und Transferieren) oder **Lesen/Schreiben** (= Öffnen, Speichern und Löschen).

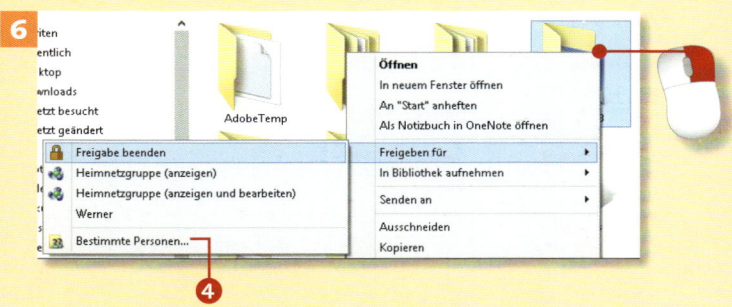

Netzwerkeinstellungen ändern

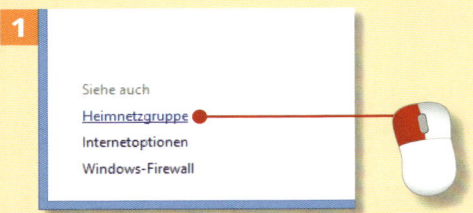

Werfen wir abschließend noch einen Blick auf weitere Änderungsmöglichkeiten an den Netzwerkeinstellungen.

Schritt 1

Gehen Sie zunächst wieder den Weg über die Systemsteuerung, und wählen Sie dort **Netzwerk- und Freigabecenter**. Im zugehörigen Dialogfenster klicken Sie dann unten links auf **Heimnetzgruppe**.

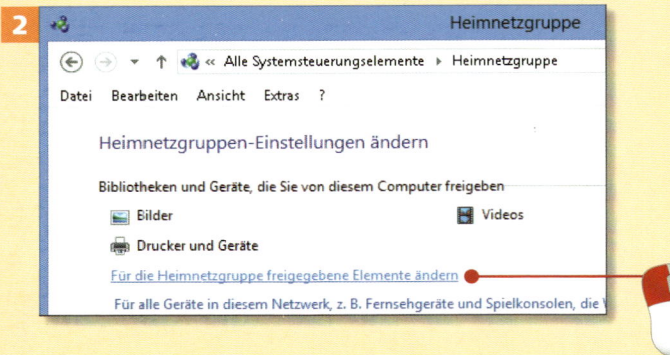

Schritt 2

Sie befinden sich in den Einstellungen für die Heimnetzgruppe. Hier klicken Sie auf den Link **Für die Heimnetzgruppe freigegebene Elemente ändern**.

Schritt 3

Im nächsten Dialog können Sie z. B. die zuvor erteilten Freigaben wieder beschränken, indem Sie beim betreffenden Element **Nicht freigegeben** aus der Pulldown-Liste wählen.

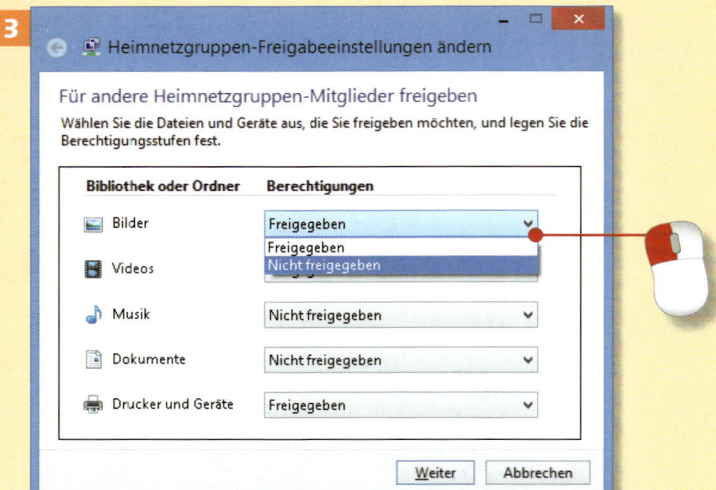

Einstellungen für den Zentral-PC
Die hier vorgenommenen Einstellungen gelten grundsätzlich nur für den eigenen PC. Die übrigen Computer des Netzwerks bleiben von der Änderung ausgenommen.

Schritt 4

Nach einem Klick auf **Weiter** erhalten Sie eine Info darüber, dass die Freigabeeinstellungen aktualisiert worden sind. Jetzt müssen Sie nur noch auf **Fertig stellen** klicken.

Schritt 5

Wenn Sie innerhalb des Dialogs **Heimnetzgruppe** auf **Kennwort ändern** ❶ klicken, werden Sie darüber informiert, dass alle aktuellen Benutzer für diese Änderung von der Heimnetzgruppe getrennt werden. Nach einem Klick auf **Kennwort ändern** wird ein neues Kennwort erstellt.

Schritt 6

Die Änderung sollte mit einem Klick auf **Kennwort und Anweisungen drucken** ausgedruckt werden. Denn diese Daten sind nun wieder für alle weiteren Computer der Heimnetzgruppe erforderlich, damit sie sich neu anmelden können.

ℹ Schutz durch Router

Zeitgemäße Router sind mit einer Firewall ausgestattet, die im Allgemeinen jeglichen Zugriff von außen verhindert. Sie müssen also nicht befürchten, durch Heimnetzwerke schutzlos zu sein.

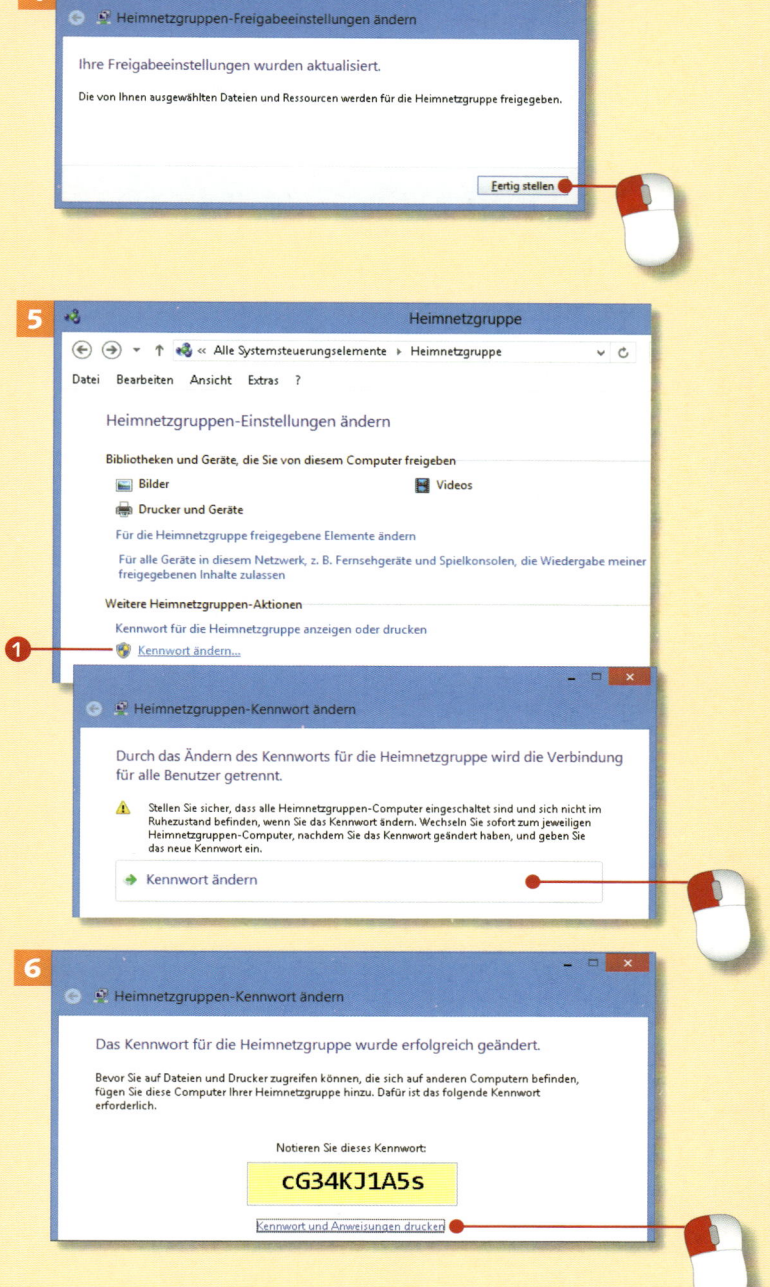

Remote-Netzwerk erstellen

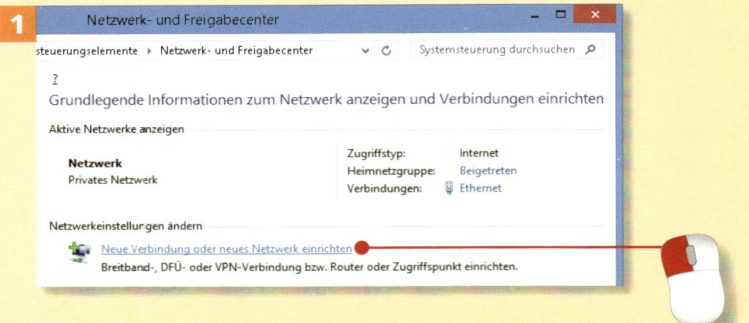

Ein Remote-Netzwerk besteht immer dann, wenn Sie über eine Distanz Verbindungen mit einem Netzwerk aufnehmen wollen. So ist es möglich, sich mit Ihrem Computer im Büro zu verbinden.

Schritt 1

Innerhalb des Dialogfensters **Netzwerk- und Freigabecenter** klicken Sie zunächst einmal auf den Link **Neue Verbindung oder neues Netzwerk einrichten**.

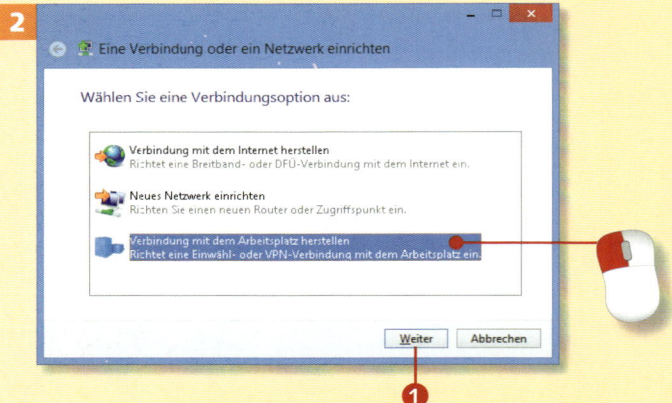

Schritt 2

Entscheiden Sie sich im zugehörigen Dialogfenster mit einem Klick für **Verbindung mit dem Arbeitsplatz herstellen**, und klicken Sie anschließend auf die Schaltfläche **Weiter ❶**.

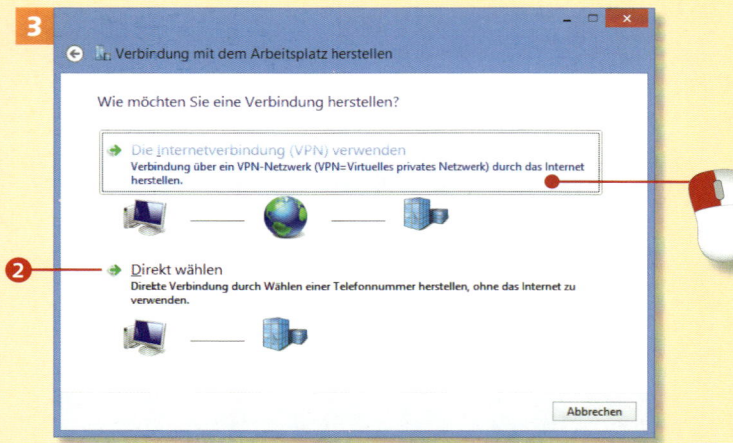

Schritt 3

Die Option **Direkt wählen ❷** würde bedeuten, dass Sie die Einwahl in das Netzwerk über eine Telefonverbindung vornehmen wollen. Beim Kontakt über eine Internetverbindung klicken Sie den oberen Eintrag an.

Zugangsdaten

Für eine Remote-Verbindung werden ebenfalls Zugangsdaten benötigt. Wenden Sie sich dafür an den Administrator Ihres Unternehmens.

Schritt 4

Tragen Sie nun die IP-Adresse des Unternehmens sowie den Namen des Netzwerks ein.

Schritt 5

Mit der Option **Anmeldedaten speichern** ❸ ersparen Sie sich die erneute Eingabe der Daten beim nächsten Zugriff auf das Netzwerk. Bevor Sie zum Abschluss auf **Erstellen** klicken, sollten Sie sich überlegen, ob Sie auch anderen Benutzern erlauben wollen, diese Verbindung zu verwenden ❹. Wenn ja, müssen Sie vorab ein entsprechendes Häkchen setzen.

Schritt 6

Die Leiste **Netzwerke** öffnet sich nun ganz automatisch auf der rechten Seite des Bildschirms. Wählen Sie die benötigte Zeile mit einem Mausklick aus, und klicken Sie dann auf **Verbinden**.

ℹ **Leiste später öffnen**

Wie in Schritt 6 erwähnt, öffnet sich die Leiste beim ersten Mal automatisch. Später kann sie jederzeit über die Charms-Leiste zugänglich gemacht werden (**Einstellungen ▸ Netzwerk**).

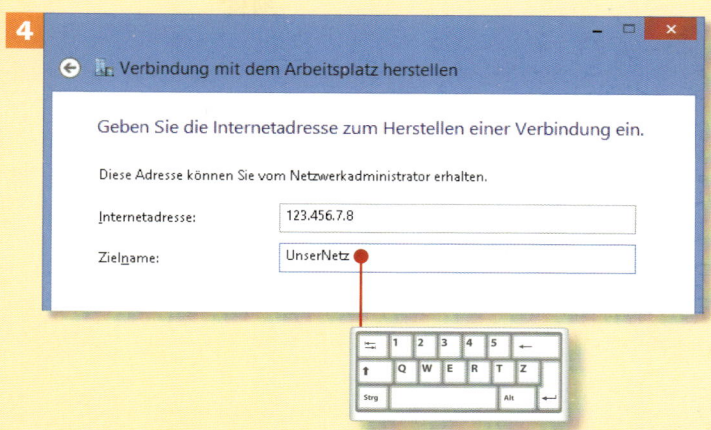

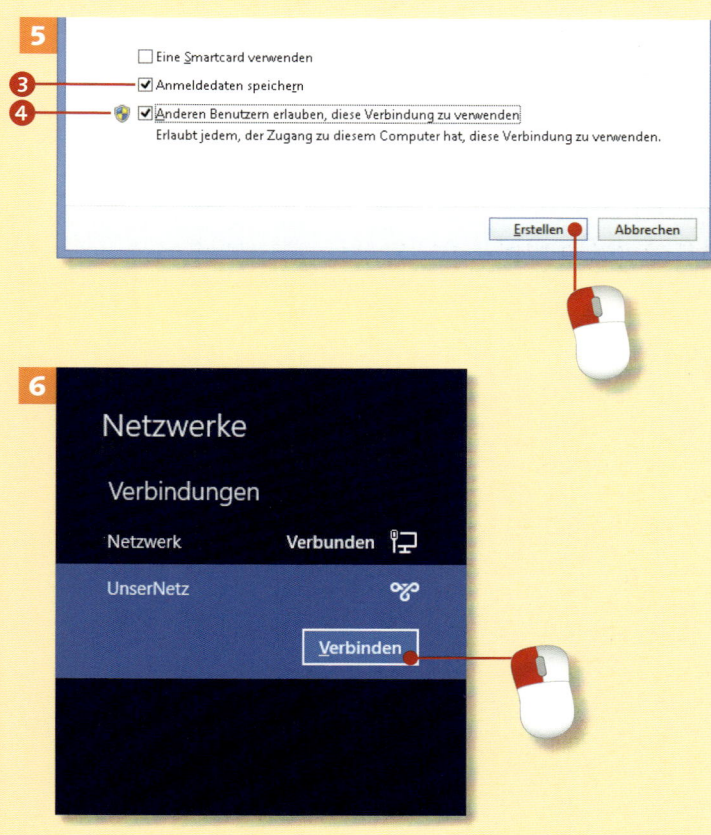

Ein Netzwerk deaktivieren oder löschen

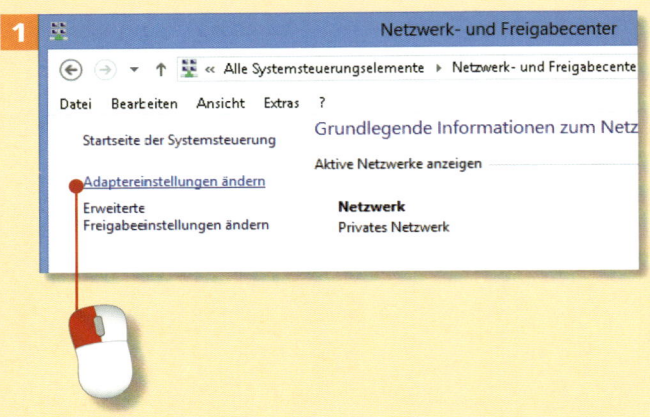

Sie können mehrere Netzwerke auf Ihrem Rechner betreiben. Schalten Sie das Netzwerk ein, das Sie gerade benötigen. Darüber hinaus sollten Sie nicht mehr benötigte Netzwerke komplett entfernen.

Schritt 1

Wechseln Sie abermals über den gleichnamigen Eintrag in der Systemsteuerung in das **Netzwerk- und Freigabecenter**. Klicken Sie hier auf den Link **Adaptereinstellungen ändern**.

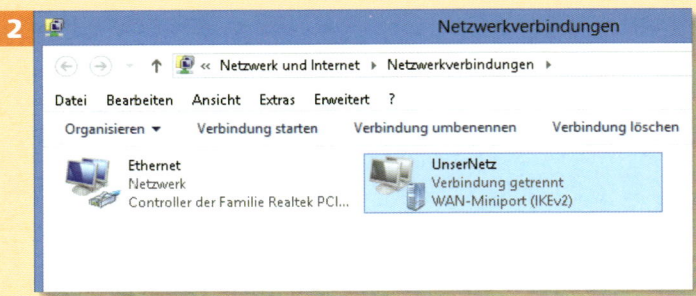

Schritt 2

Im zugehörigen Dialogfenster **Netzwerkverbindungen** finden Sie eine Übersicht aller Verbindungen. Dabei spielt es keine Rolle, ob diese per Netzwerkkabel oder drahtlos arbeiten. Suchen Sie das Netzwerk, das Sie aktivieren, vorübergehend deaktivieren oder ganz entfernen wollen.

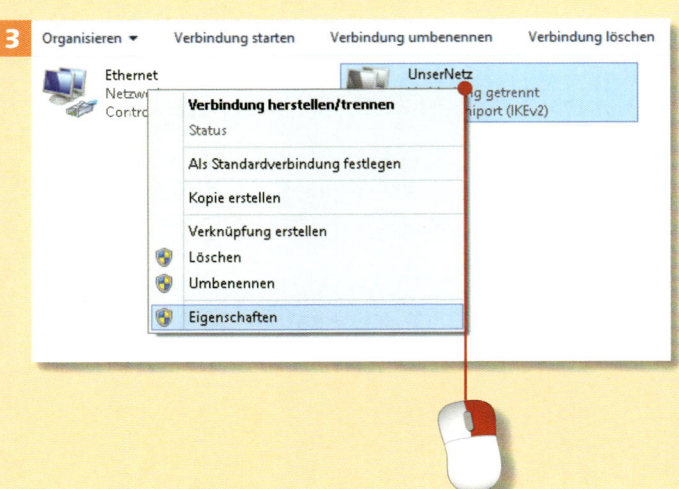

Schritt 3

Um Einstellungen am Netzwerk zu ändern, klicken Sie mit der rechten Maustaste auf den Netzwerkeintrag und wählen **Eigenschaften** aus dem Kontextmenü.

Schritt 4

Hier finden Sie z. B. die IP-Adresse Ihres Rechners. Wenn Sie nichts ändern, klicken Sie unten auf die Schaltfläche **Abbrechen**.

Schritt 5

Um ein Netzwerk dauerhaft zu entfernen, klicken Sie mit rechts darauf und wählen **Löschen** aus dem Kontextmenü. Übrigens funktioniert das auch über den Befehl in der oberen Zeile ➊. Über **Verbindung umbenennen** ➋ könnten Sie Ihrem Netzwerk z. B. auch einen neuen Namen geben.

Schritt 6

Zuletzt müssen Sie noch eine Kontrollabfrage über sich ergehen lassen. Klicken Sie auf **Ja**, wenn Sie sicher sind, dass Sie das Netzwerk löschen wollen.

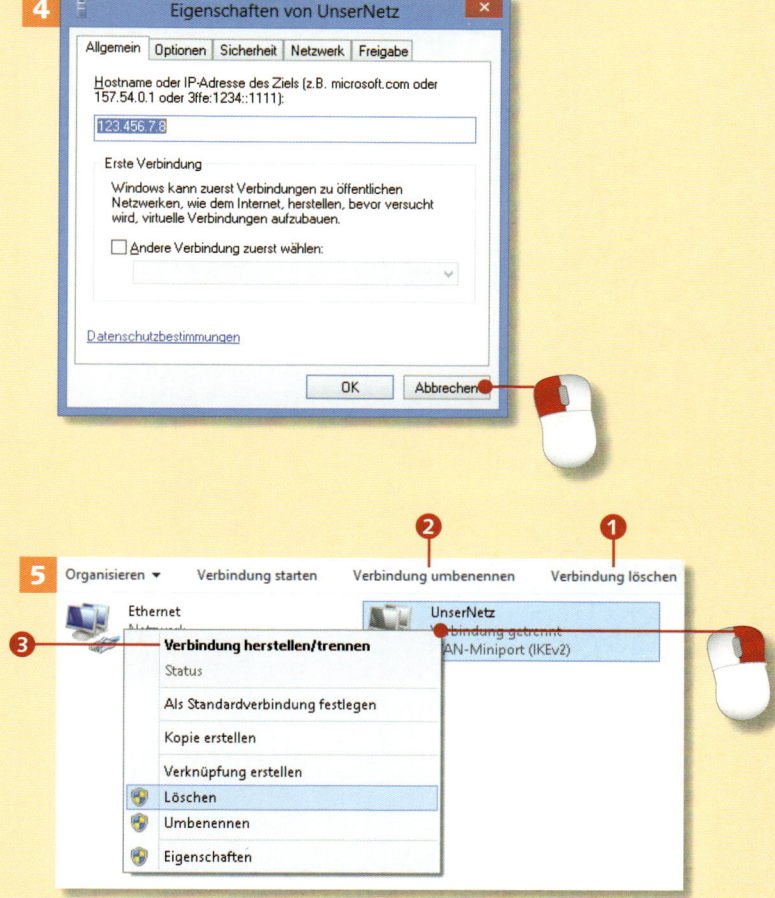

Netzwerk aktivieren

Inaktive Netzwerke werden mithilfe des Kontextmenü-Eintrags **Verbindung herstellen/trennen** ➌ ein- und ausgeschaltet. Den gleichen Dialog können Sie im Übrigen auch über die Charms-Leiste aufrufen. Klicken Sie dort auf **Netzwerk**.

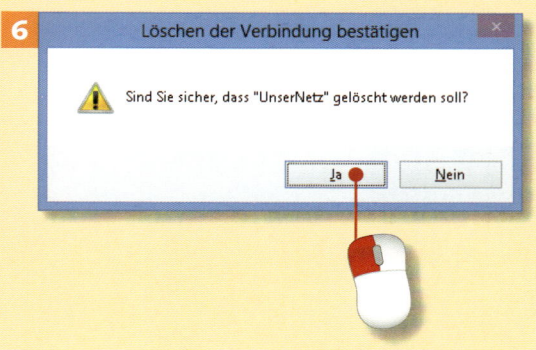

SkyDrive – Dateien überall griffbereit

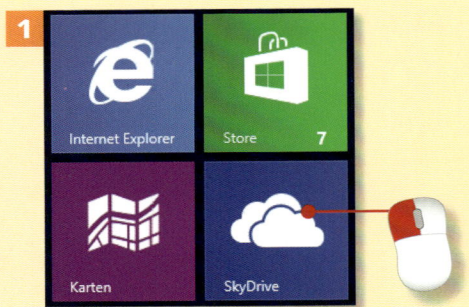

Ein Netzwerk der ganz besonderen Art wird mit SkyDrive zur Verfügung gestellt. Diese virtuelle Festplatte steht Ihnen nämlich an jedem erdenklichen Ort der Welt zur Verfügung (Stichwort: Cloud-Computing). Einzige Voraussetzung: Sie können aufs Internet zugreifen.

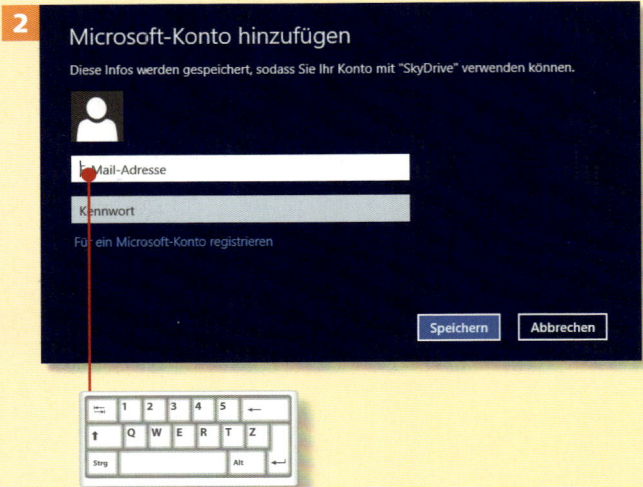

Schritt 1

Klicken Sie zuallererst auf die Kachel **SkyDrive** auf dem Startbildschirm.

Schritt 2

Beim ersten Zugriff müssen Sie sich mit Ihren Microsoft-Kontodaten anmelden (siehe dazu den Abschnitt »Ein Microsoft-Konto eröffnen« auf Seite 32). Das gilt auch für jedes andere (mobile) Gerät. Klicken Sie dann auf **Speichern**.

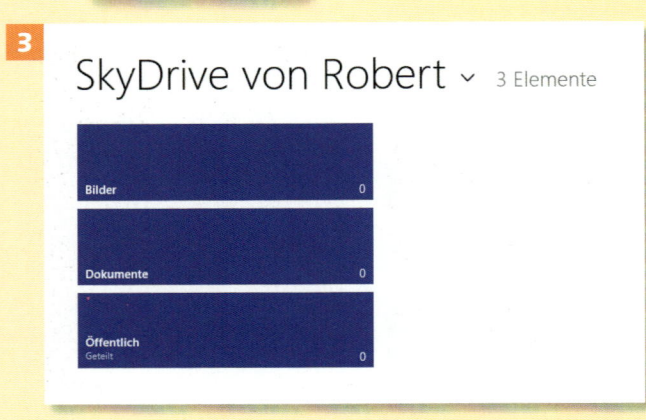

Schritt 3

Sobald der SkyDrive angezeigt wird (zunächst nur drei leere Ordner), verlassen Sie die Anwendung, indem Sie mit zum Startbildschirm zurückkehren.

ℹ Nur drei Ordner?

Wie Sie auf dem SkyDrive weitere Ordner anlegen können, erfahren Sie in Schritt 16 auf Seite 305.

Schritt 4

Sie können beliebige Dokumente auf Ihrer virtuellen Festplatte unterbringen. Beispielhaft werden wir jetzt noch einmal mit Fotos arbeiten. Klicken Sie daher auf die Kachel **Fotos**.

Schritt 5

In der nächsten Bildschirmanzeige setzen Sie einen Mausklick auf die Kachel **Bildbibliothek**.

Schritt 6

Falls erforderlich, öffnen Sie hier noch einen der vorhandenen Unterordner. Danach klicken Sie mit der rechten Maustaste auf jede Datei, die Sie auf den SkyDrive hochladen wollen.

Darstellungsgröße ändern

Standardmäßig werden die Fotos in der Fotos-App recht groß dargestellt. Dadurch verliert man schnell die Übersicht. Verkleinern Sie die Darstellung, bevor Sie Fotos markieren, indem Sie auf die kleine Minus-Schaltfläche unten rechts klicken.

SkyDrive – Dateien überall griffbereit (Forts.)

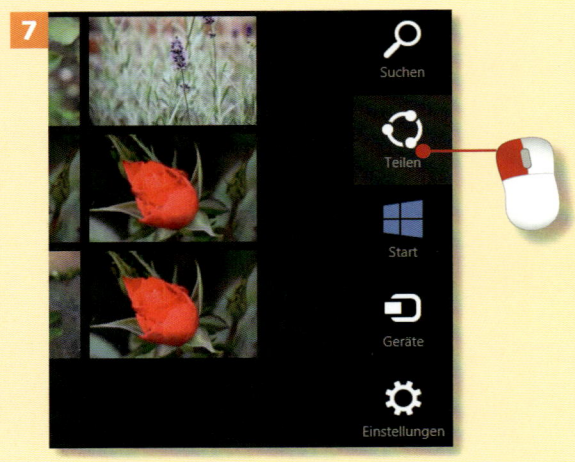

Schritt 7

Wenn alle relevanten Fotos ange-
wählt worden sind, öffnen Sie die
Charms-Leiste (z. B. mit ⊞ + C) und
klicken darin auf **Teilen**.

Schritt 8

Im Menü, das sich daraufhin in der
Charms-Leiste ändert, geben Sie mit
einem Klick auf **SkyDrive** an, dass
die ausgewählten Fotos für diese
virtuelle Festplatte vorgesehen sind.

Schritt 9

Standardmäßig werden die Fotos auf
der höchsten Ebene des SkyDrives
(hier: **SkyDrive von Robert**) abgelegt. Klicken Sie in diesem Menü
jedoch stattdessen auf **Bilder** (und
lesen Sie die Hinweise im Kasten).

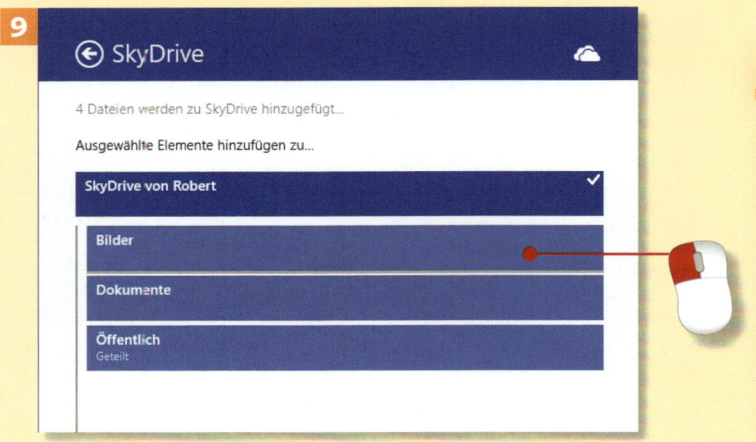

Ordner verwenden

Wenn Sie direkt auf **Hochladen**
klicken (Schritt 10), werden die zu
übertragenden Dokumente auf der
obersten Ebene abgelegt (also als
Einzeldateien neben den Ordnern
Bilder, **Dokumente** und **Öffentlich**). Wählen Sie jedoch eines
der Verzeichnisse aus, werden die
Dateien dort integriert.

Schritt 10

Damit haben Sie das Zielverzeichnis für die ausgewählten Bilder bestimmt. Leiten Sie die Übertragung schließlich mit einem Klick auf **Hochladen** in die Wege.

Schritt 11

Die Daten werden nun auf Ihre virtuelle Festplatte transferiert. Je nach Umfang der Datenmenge und Schnelligkeit Ihrer Datenverbindung müssen Sie sich mehr oder weniger lange gedulden.

Schritt 12

Das war's. Das Verzeichnis **Bilder** auf dem SkyDrive glänzt nun mit einer Vorschauminiatur ❶ und einer Information ❷ dazu, wie viele Dateien bzw. Elemente (auch Ordner) dort gespeichert sind.

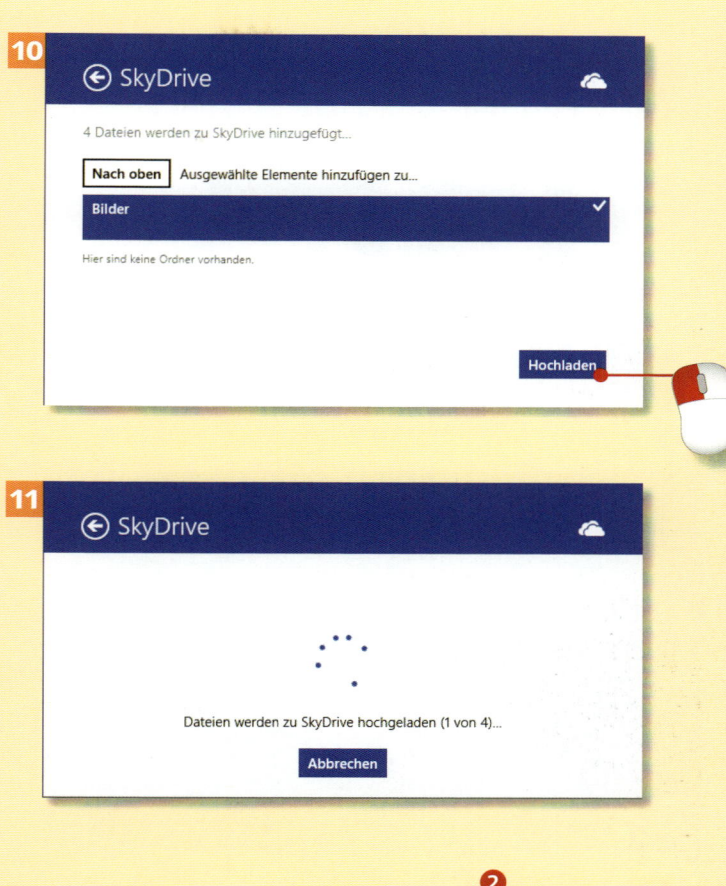

App schließen

Die Fotos-App benötigen Sie nun nicht mehr. Sie kann mit `Alt` + `F4` geschlossen werden.

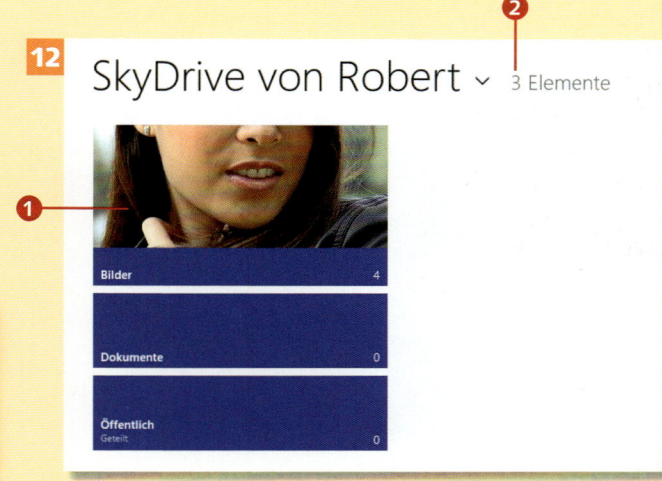

SkyDrive – Dateien überall griffbereit (Forts.)

Schritt 13

Zu jeder Datei auf dem SkyDrive werden zusätzliche Informationen angezeigt. Dazu müssen Sie mit der Maus auf eine Datei zeigen (ohne zu klicken). Nur um ein Foto anzusehen, klicken Sie darauf.

Schritt 14

Wie bei einer Diashow können Sie auch hier mithilfe der Pfeilschaltflächen vor- ❶ und zurückspringen ❷. Um eine Ebene höher zu kommen, klicken Sie zunächst auf die schwarze Fläche und dann auf den Pfeil oben links ❸.

Schritt 15

Mit einem Rechtsklick auf ein Bild machen Sie unten eine Befehlsleiste zugänglich, auf der Sie unter anderem die Schaltfläche **Löschen** ❹ finden. Wenn Sie das Bild hier löschen, ist es auf dem PC natürlich immer noch vorhanden.

ℹ Dateien herunterladen

Eine der Besonderheiten von SkyDrive ist, dass man sich die Dokumente nicht nur ansehen, sondern auch mit ihnen arbeiten kann. Unterwegs könnten Sie also mit rechts daraufklicken und in der Befehlsleiste **Herunterladen** ❺ wählen. Praktisch, oder?

Schritt 16

Mit einem Rechtsklick auf einen freien Bereich im SkyDrive lässt sich diese Fußleiste auch öffnen, ohne dass Objekte markiert sind. Sie enthält dann andere Befehle; z. B. können Sie mit **Neuer Ordner** ein neues Verzeichnis anlegen.

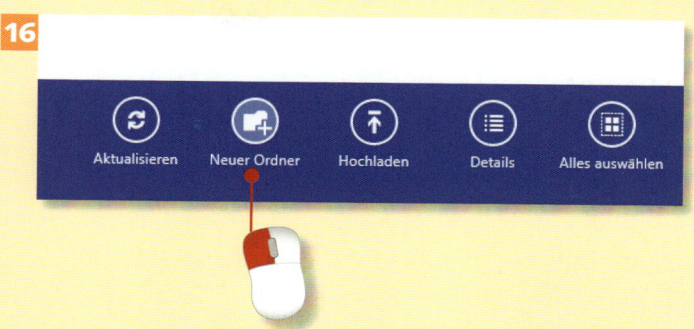

Schritt 17

Drücken Sie einmal ⊞+Ⅰ, um die Einstellungen zu öffnen. Klicken Sie in diesem Menü auf **PC-Einstellungen ändern** ganz unten rechts.

Schritt 18

Nachdem Sie im Menü **PC-Einstellungen** die Rubrik **Teilen ❻** mit einem Klick aktiviert haben, können Sie noch bestimmen, welche Apps zum Teilen genutzt werden sollen. Standardmäßig sind **Kontakte**, **Mail** und **SkyDrive** aktiv.

Kontakte teilen

Auch Kontakteinträge in der Kontakte-App können Sie über den SkyDrive teilen. Damit stünden Ihnen bei Bedarf sämtliche Kontakte jederzeit und überall zur Verfügung.

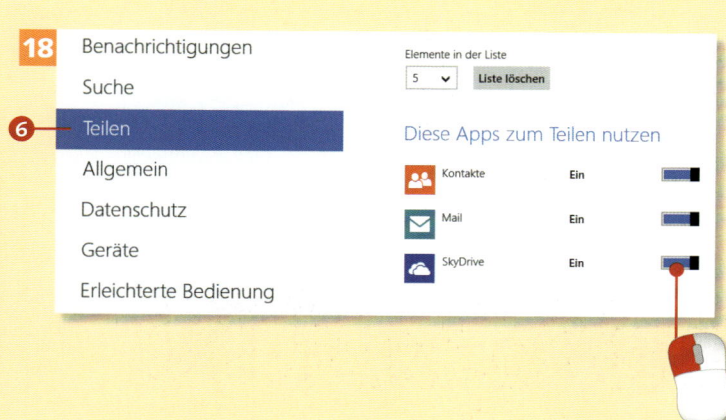

Kapitel 13
Sicherheit

Windows 8 sollte gut gepflegt werden. Nur so läuft das System auch über längere Zeit reibungslos. Und da es immer wieder passieren kann, dass etwas Unvorhergesehenes geschieht, ist es wichtig, Sicherungen vorzunehmen, um Ihre Daten im Falle des Falles wiederherstellen zu können.

Eine Sicherung des Systems erstellen
Zur Sicherung des Systems ❶ vor Viren und anderer schädlicher Software bietet Windows 8 unterschiedliche Lösungswege an. Sie können sogar, sollte einmal etwas schiefgehen, immer wieder auf einen früheren Zustand zurückgreifen. Wie Sie diese Möglichkeiten nutzen, zeigen wir Ihnen in diesem Kapitel.

Windows auf den neuesten Stand bringen
Sehr wichtig sind die sogenannten *Updates* ❷. Das sind automatische Neuerungen, die Microsoft zur Verfügung stellt, damit Sie Windows immer auf dem neuesten Stand halten. Sehen Sie hier, wie das geht.

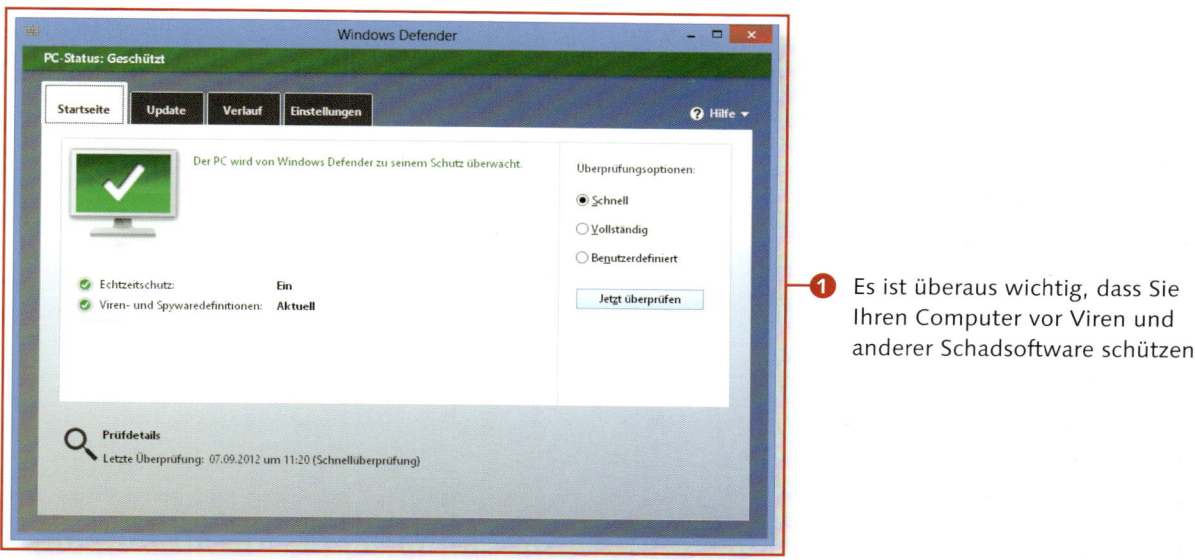

1 Es ist überaus wichtig, dass Sie Ihren Computer vor Viren und anderer Schadsoftware schützen.

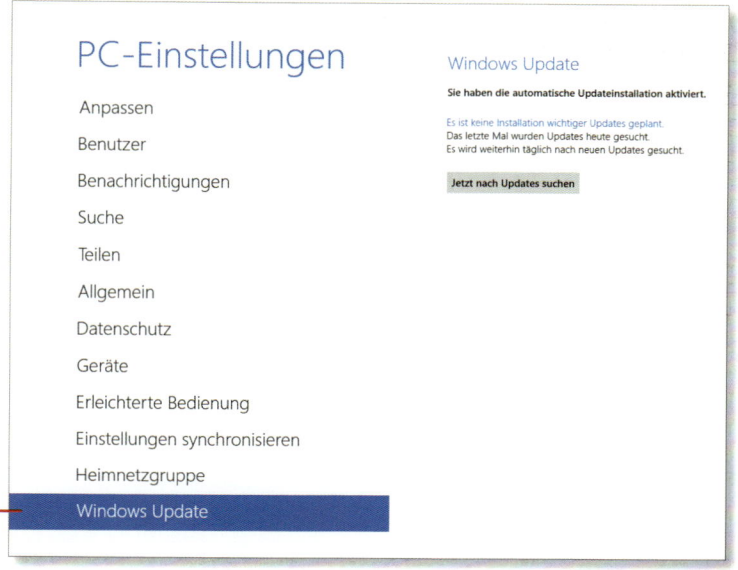

Zwischendurch können Sie Ihre Windows-Version auch immer mal wieder auf den neuesten Stand bringen. 2

Das System warten und pflegen

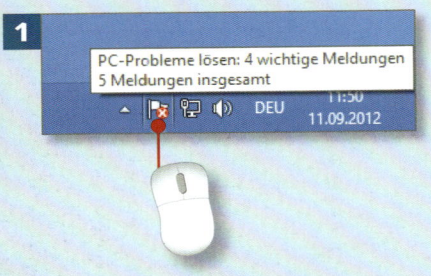

Störungen oder Beeinträchtigungen des Systems werden im Wartungscenter protokolliert. Dort haben Sie auch die Möglichkeit, etwas gegen solche Probleme zu unternehmen.

Schritt 1

Um Wartungsarbeiten durchzuführen, wechseln Sie auf den Desktop. In der Fußleiste finden Sie ein kleines Fähnchen. Ist dort ein rot-weißes Kreuz zu sehen, liegen Probleme vor. Zeigen Sie mit der Maus auf das Symbol, um sich die QuickInfo anzeigen zu lassen.

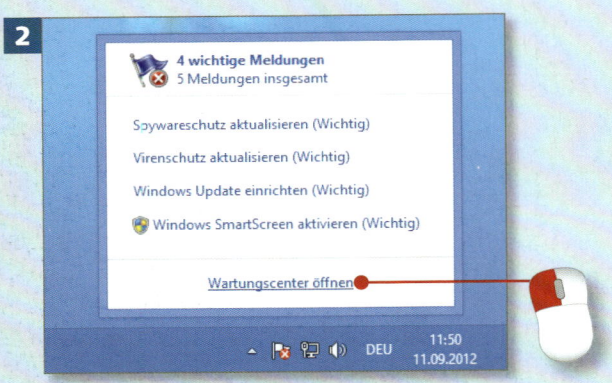

Schritt 2

Mit einem Klick auf das Fähnchen öffnet sich eine Meldung. Darin finden Sie ganz unten den Link **Wartungscenter öffnen**. Klicken Sie darauf.

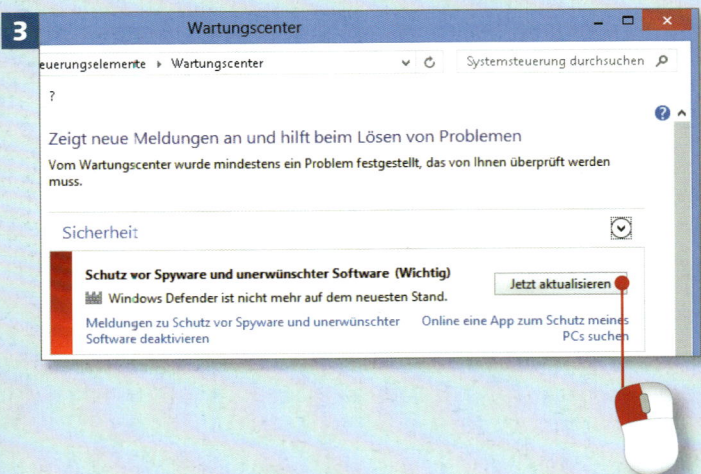

Schritt 3

Im Dialogfenster **Wartungscenter** werden die Probleme näher beschrieben. Klicken Sie auf die einem Problem zugeordnete Schaltfläche, z. B. auf **Jetzt aktualisieren** bei der ersten Meldung **Schutz vor Spyware und unerwünschter Software (Wichtig)**.

Schritt 4

Im Beispiel erscheint jetzt das Dialogfenster des Windows Defenders (siehe dazu den Abschnitt »Windows Defender« ab Seite 324). Sogleich beginnt der Download der Viren- und Spyware-Definitionen, um Ihren Virenschutz zu aktualisieren.

Schritt 5

Im Anschluss an den Download klicken Sie auf **Jetzt überprüfen**. Nach getaner Arbeit müssen Sie das Fenster mit einem Klick auf das rote Kreuz ❶ schließen.

Schritt 6

Die Meldung taucht anschließend nicht mehr im Wartungscenter auf. Jetzt können Sie sich dem nächsten Problem widmen. Klicken Sie auf **Einstellungen ändern** neben **Windows SmartScreen aktivieren**.

i

Windows SmartScreen

Der Windows SmartScreen zeigt dem Benutzer vor der Installation einer unbekannten App aus dem Internet eine entsprechende Warnung an bzw. fordert Administratorrechte ein. So wird verhindert, dass andere Benutzer ohne Ihr Wissen möglicherweise schädliche Software installieren.

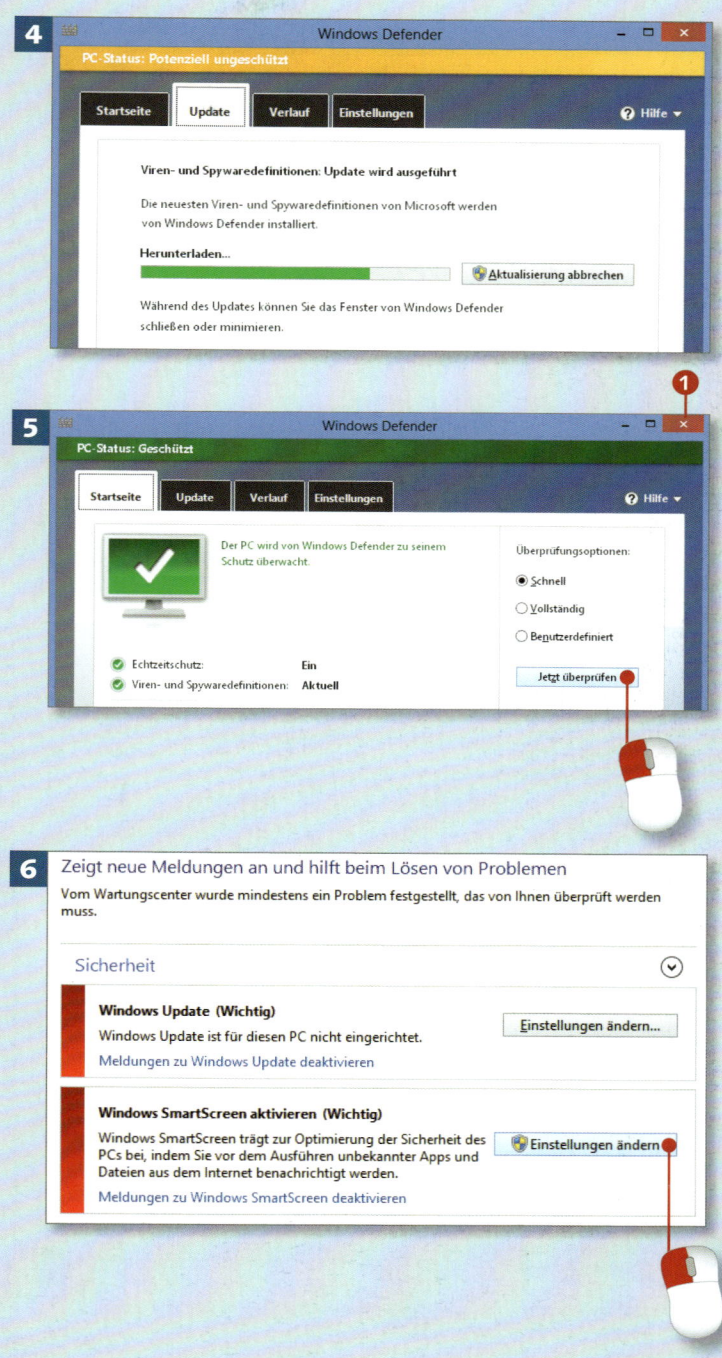

Das System warten und pflegen (Forts.)

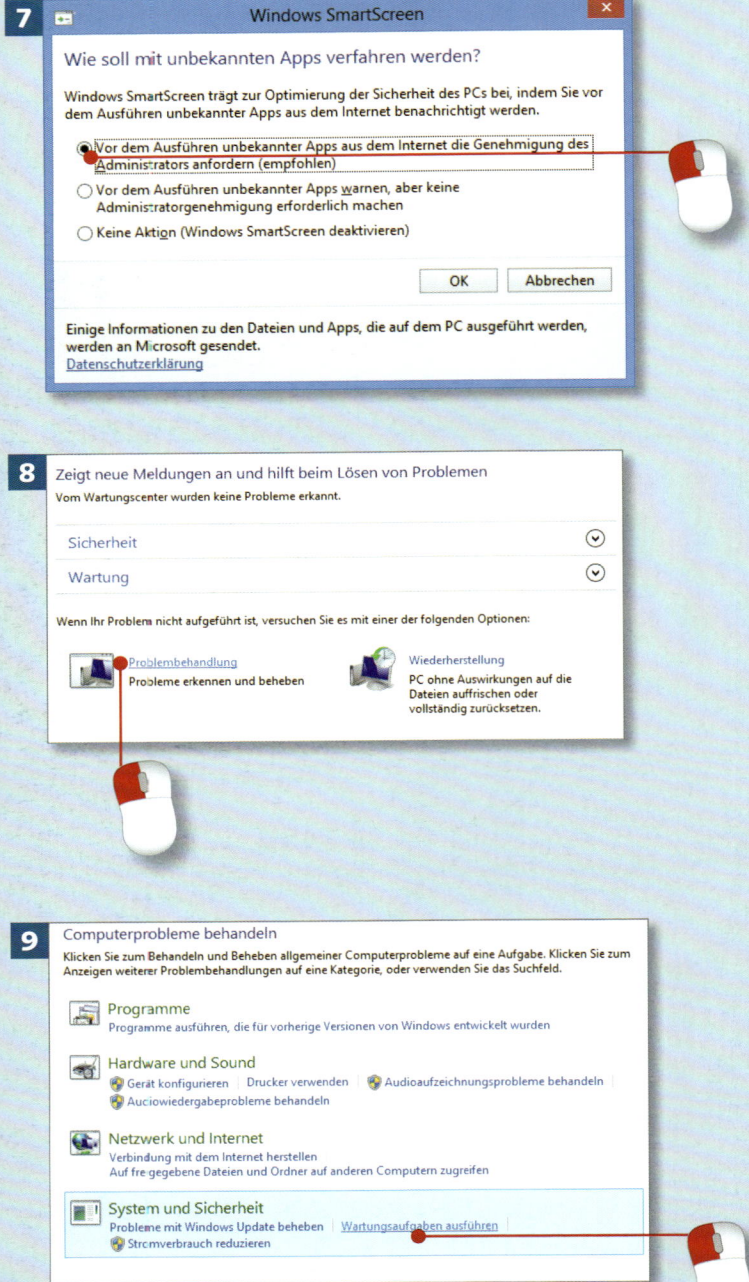

Schritt 7

Prüfen Sie, welche Einstellung im Dialog **Windows SmartScreen** angeklickt ist. Die sicherste ist die oberste. Aktivieren Sie also den obersten Radio-Button und bestätigen Sie das mit **OK**.

Schritt 8

Nachdem Sie nach und nach alle Probleme abgearbeitet haben, stehen im Dialogfenster **Wartungscenter** keine Hinweise mehr. Dennoch lässt sich jederzeit eine manuelle Wartung durchführen. Dazu klicken Sie auf **Problembehandlung**.

Schritt 9

In der Rubrik **System und Sicherheit** des Dialogs **Problembehandlung** klicken Sie jetzt auf die Schaltfläche **Wartungsaufgaben ausführen**.

> **!**
>
> **SmartScreen-Einstellungen**
> Wenn SmartScreen nur mit Administratorrechten bedient werden kann (siehe Schritt 7), bleibt eine Wartungsmeldung künftig aus. Um die Einstellungen zu ändern, klicken Sie in der linken Spalte des Dialogfensters **Wartungscenter** auf **Windows SmartScreen-Einstellungen ändern**.

Schritt 10

Im nächsten Dialogfenster **System-wartung** müssen Sie nichts weiter tun, als auf **Weiter** zu klicken.

10

Systemwartung

Computerprobleme behandeln und Computerproblemen vorbeugen

Systemwartung
Dient dem Erkennen und Bereinigen von nicht verwendeten Dateien und Verknüpfungen sowie zum Ausführen von Wartungsaufgaben.

Erweitert

Herausgeber: Microsoft Corporation
Datenschutzbestimmungen

Weiter   Abbrechen

Schritt 11

Im Anschluss daran wählen Sie **Pro-blembehandlung als Administrator ausführen**. Was es mit der zweiten Option auf sich hat, erfahren Sie unten im Kasten.

11

Systemwartung

Möglicherweise werden beim Ausführen einer Problembehandlung mit Administratorrechten Probleme gefunden.

Problembehandlung als Administrator ausführen

➜ Zusätzliche Optionen durchsuchen

Ausführliche Informationen anzeigen

Schließen

Schritt 12

Jetzt wird das System gewartet. Wenn der Abschluss der Problem-behandlung gemeldet wird ❶, können Sie die Problembehandlung mit **Schließen** beenden.

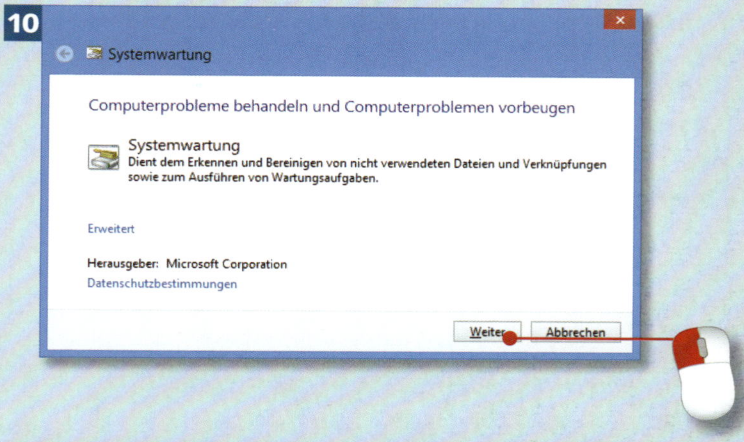

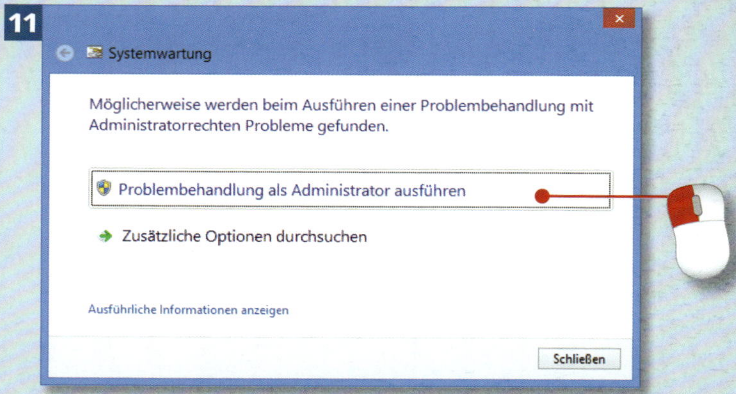

Zusätzliche Optionen

Mit der Auswahl **Zusätzliche Op-tionen durchsuchen** ❷ erreichen Sie weitere Schaltflächen, z. B. **Hilfe und Support durchsuchen**, **Onlinesupport** oder **Einen Freund fragen** (diese vertrauenswürdige Person kann dann per Fernunter-stützung auf Ihren PC zugreifen). Diese Funktionen sind für den Fall vorgesehen, dass Windows von selbst keine Lösung für ein be-stimmtes Problem finden konnte.

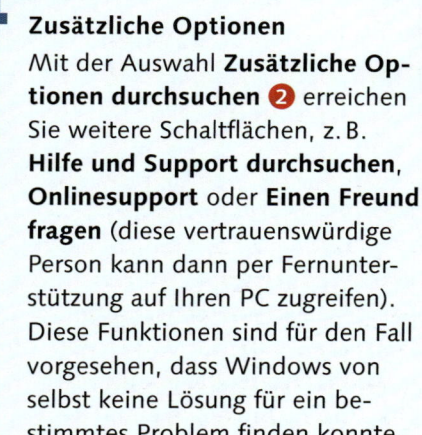

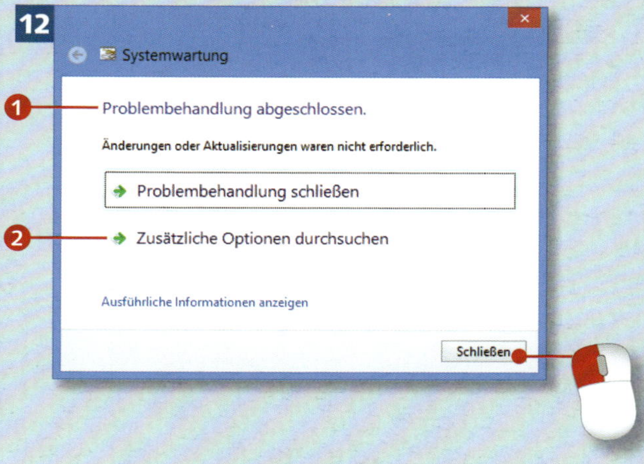

12

Systemwartung

❶ Problembehandlung abgeschlossen.

Änderungen oder Aktualisierungen waren nicht erforderlich.

➜ Problembehandlung schließen

❷ ➜ Zusätzliche Optionen durchsuchen

Ausführliche Informationen anzeigen

Schließen

Computerschutz aktivieren

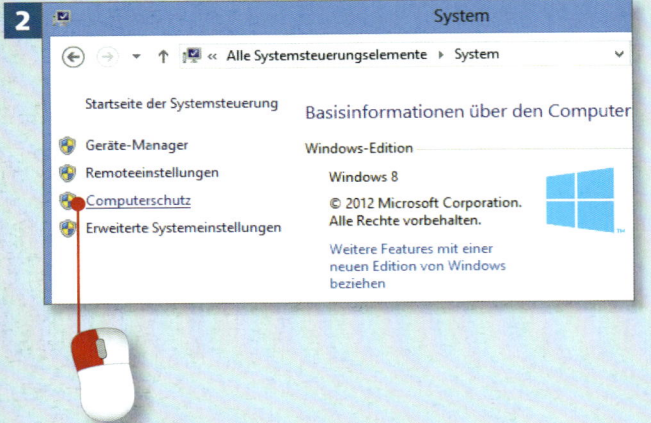

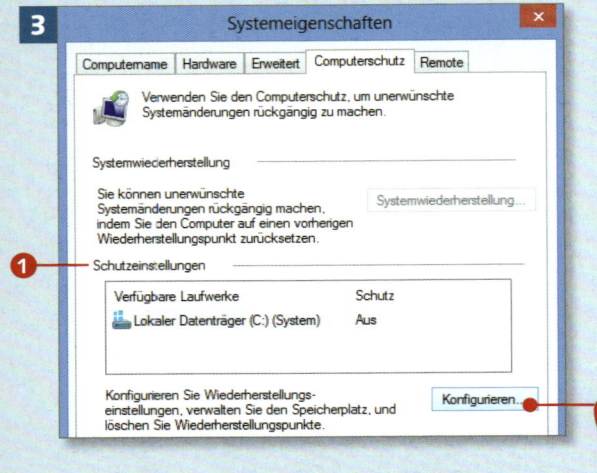

Im Prinzip gibt es zwei schlimme Szenarien für Windows-Benutzer: Windows läuft nicht mehr rund – und Windows läuft gar nicht mehr. Was Sie dann tun, lesen Sie hier.

Schritt 1

Öffnen Sie die Systemsteuerung, indem Sie den Suchbegriff »sys« auf dem Startbildschirm eingeben und ⏎ drücken, und entscheiden Sie sich im zugehörigen Dialogfenster für den Untereintrag **System**.

Schritt 2

In der linken Spalte des Dialogs **System** klicken Sie anschließend auf die Zeile **Computerschutz**.

Schritt 3

Nachdem Sie den Hinweiskasten unten auf dieser Seite gelesen haben, können Sie getrost auf **Konfigurieren** klicken.

!

Mehrere Festplatten?

Achten Sie auf die Rubrik **Schutzeinstellungen ❶** in der Mitte des Fensters **Systemeigenschaften**. Dort werden die zur Verfügung stehenden Datenträger aufgelistet. Falls hier mehrere aufgeführt sind, müssen Sie zunächst die Windows-Festplatte auswählen.

Schritt 4

Nun sollten Sie den obersten Radio-Button **Computerschutz aktivieren** mit einem Mausklick auswählen. Lassen Sie den Dialog noch geöffnet.

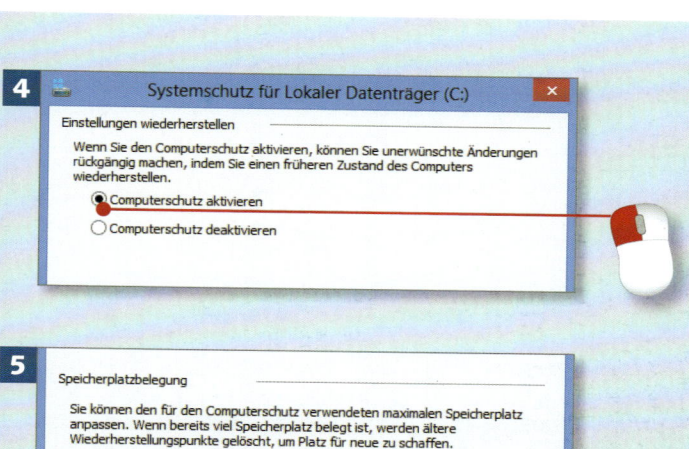

Schritt 5

Die **Maximale Belegung** bestimmen Sie, indem Sie den Regler mit gedrückter Maustaste verschieben. Sofern Ihre Festplatte über ausreichend freien Speicherplatz verfügt, planen Sie 20 bis 30 GB für den Computerschutz ein und klicken auf **OK**.

Schritt 6

Da bislang noch keine Wiederherstellungsdatei erzeugt worden ist, klicken Sie im nächsten Dialog auf **Erstellen ❷** und vergeben eine Bezeichnung für die Datei. Bestätigen Sie auch dort mit **Erstellen ❸**.

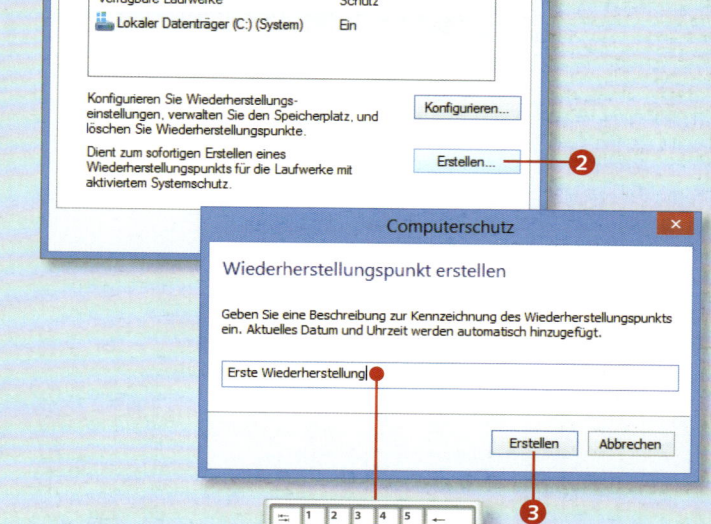

ℹ Systemwiederherstellung

Wie Sie zur Wiederherstellung des Systems vorgehen müssen, erfahren Sie im Abschnitt »Windows wiederherstellen« ab Seite 316.

Ein komplettes System-Backup erstellen

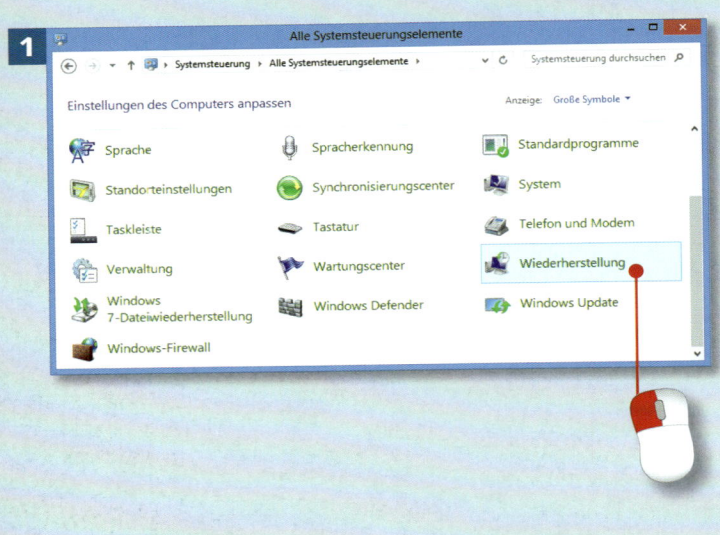

Im Unterschied zum Computerschutz, wie er im vorangegangenen Workshop beschrieben worden ist, lassen sich bei einem System-Backup auch Daten außerhalb von Windows sichern (z. B. sämtliche Ordner etc.). Das gesamte Backup wird auf einen anderen Datenträger geschrieben, auf den Sie zurückgreifen können, wenn Windows gar nicht mehr will.

Schritt 1

Schließen Sie eine freie Festplatte an, die für den Fall einer Wiederherstellung genutzt werden soll (siehe dazu den Kasten auf Seite 315). Danach klicken Sie in der Systemsteuerung auf **Wiederherstellung**.

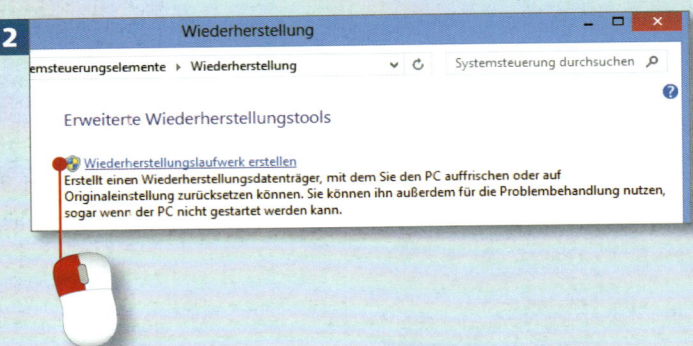

Schritt 2

Im nächsten Dialogfenster klicken Sie auf den Link **Wiederherstellungslaufwerk erstellen**.

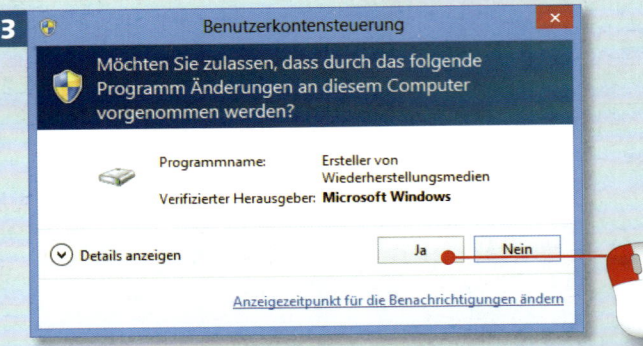

Schritt 3

Jetzt gibt Windows gewöhnlich eine Kontrollabfrage bezüglich der Benutzerkontensteuerung aus, die Sie mit einem Klick auf **Ja** beantworten.

Schritt 4

Daraufhin gibt es noch einmal einige Hinweise zu dem hier beschriebenen Verfahren. Verlassen Sie den Dialog mit **Weiter**.

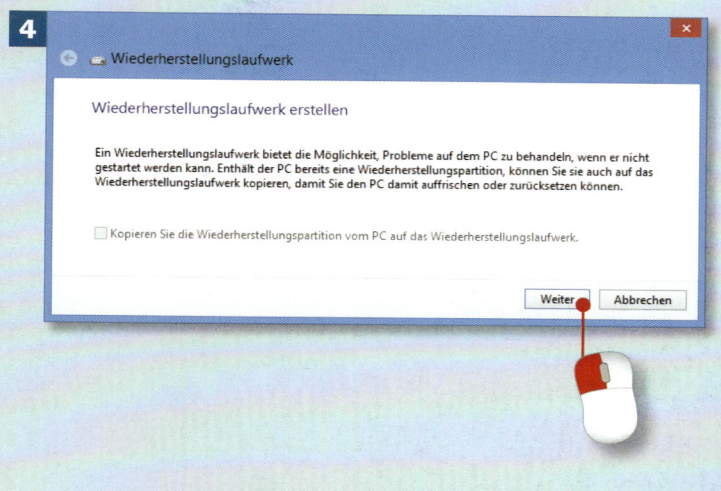

Schritt 5

Suchen Sie mit einem Klick die Festplatte aus, die für die Erstellung des Backups verwendet werden soll. Wenn nur eine Festplatte angeschlossen ist, wird auch nur ein Eintrag gelistet.

Schritt 6

Sämtliche Vorbereitungen sind nun getroffen. Über **Erstellen** wird das Backup erzeugt.

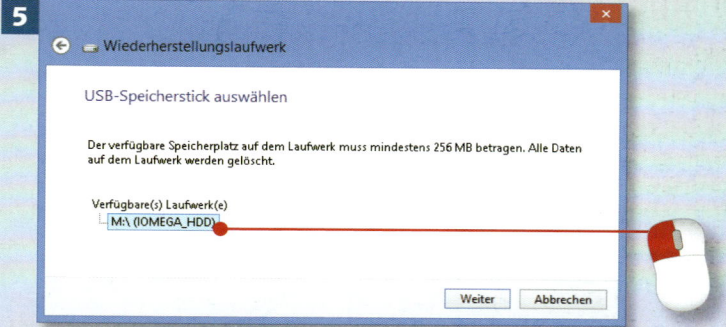

! Festplatte wählen

Falls in Schritt 5 mehrere Festplatten angeboten werden, achten Sie bitte darauf, dass Sie wirklich die für die Wiederherstellung vorgesehene Platte verwenden. Sollten Sie versehentlich eine andere wählen, gehen alle darauf bereits enthaltenen Daten unwiederbringlich verloren.

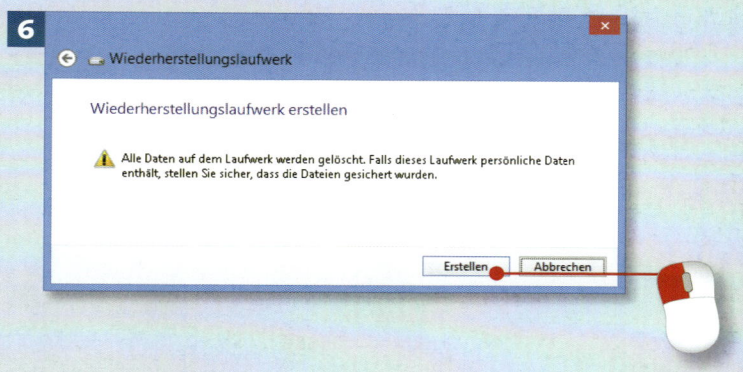

Windows wiederherstellen

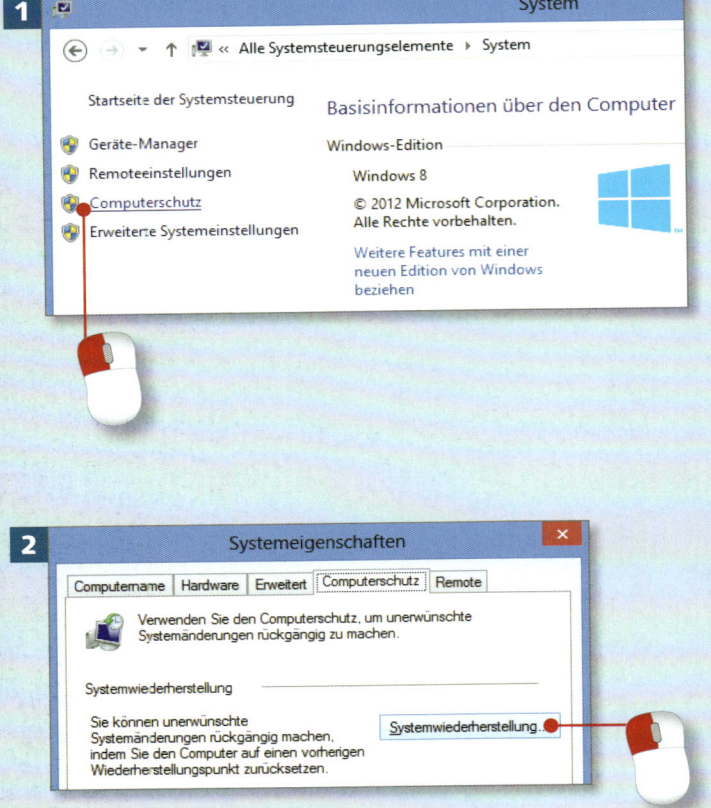

Lässt sich das vorhandene Betriebssystem noch starten, reicht der Zugriff auf die im Abschnitt »Computerschutz aktivieren« angefertigte Systemwiederherstellungsdatei. Wenn Windows 8 nicht mehr funktioniert, starten Sie es von der im Abschnitt »Ein komplettes System-Backup« erzeugten Backup-Festplatte.

Schritt 1

Klicken Sie in der Systemsteuerung abermals auf den Bereich **System**. Im Dialogfenster **System** klicken Sie dann auf **Computerschutz**.

Schritt 2

Im nächsten Fenster klicken Sie auf die Schaltfläche **Systemwiederherstellung**.

Schritt 3

Nachdem Sie noch einmal auf **Weiter** geklickt haben, erscheint die im Abschnitt »Computerschutz aktivieren« ab Seite 312 erzeugte Wiederherstellungsdatei. Wählen Sie diese Zeile mit einem Klick aus, und klicken Sie auch hier auf **Weiter**.

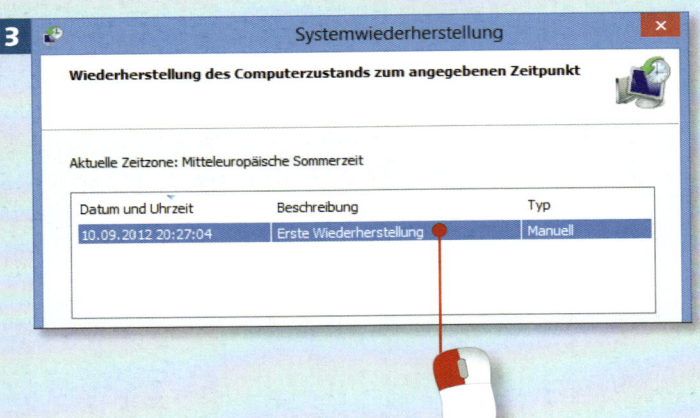

Schritt 4

Nun folgt noch ein letztes Dialogfenster, das gewissermaßen als Zusammenfassung gilt. Mit einem Klick auf **Fertig stellen** stoßen Sie die Wiederherstellung an.

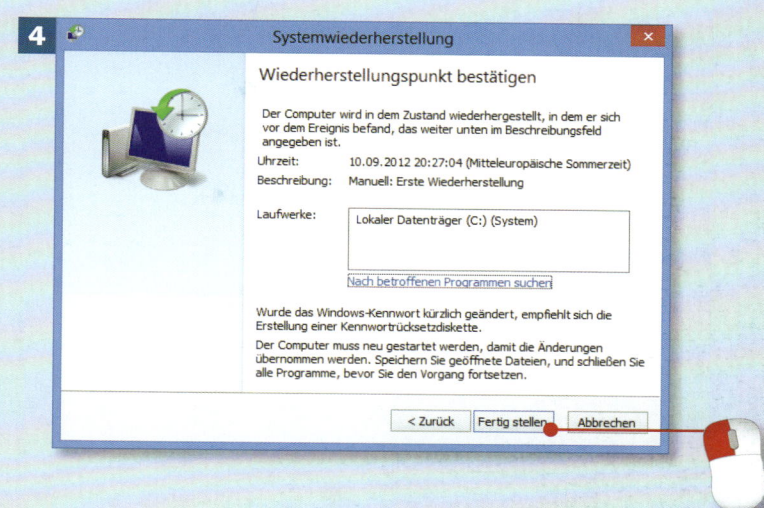

Schritt 5

Sollte Windows hingegen überhaupt nicht mehr starten, müssen Sie auf das im Abschnitt »Ein komplettes System-Backup erstellen« auf Seite 314 angelegte Backup zurückgreifen. Starten Sie den PC neu, und folgen Sie unmittelbar nach dem Einschalten der Anleitung zum Erreichen des Boot-Menüs (hier: F11 drücken; siehe dazu auch den Kasten).

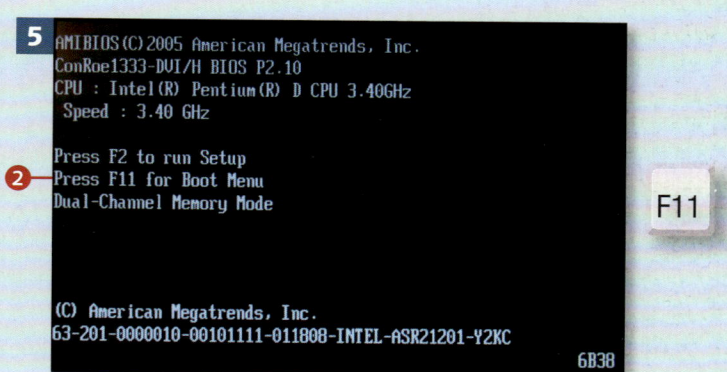

Schritt 6

Jetzt dürfen Sie nicht vom normalen Betriebssystem starten. Das erreichen Sie, indem Sie ↓ drücken, bis die Backup-Festplatte (**HDD**) markiert ist, und danach ↵ drücken.

Unterschiedliche BIOS-Systeme

Leider kann man nicht generell sagen, welche Tasten Sie in das Boot-Menü bringen. Im Beispiel ist es F11 (**Press F11 for Boot Menu** ❷). Erschwerend kommt hinzu, dass die Maus hier nicht funktioniert. Sie müssen also alles über die Tastatur erledigen.

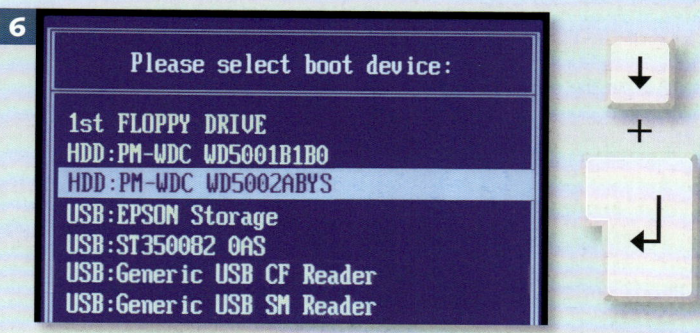

Den PC auffrischen

»Refresh & Reset« heißt eine neu in Windows 8 integrierte Funktion, mit der auch Einsteiger schnell und komfortabel ihr System auffrischen und zurücksetzen können. Die folgenden Schritte zeigen, wie das funktioniert.

Schritt 1

Zunächst einmal drücken Sie ⊞ + Ⅰ, um das Menü **Einstellungen** auf der rechten Seite zu öffnen. Darin klicken Sie unten rechts auf **PC-Einstellungen ändern**.

Schritt 2

Auf der linken Seite müssen Sie im Menü **PC-Einstellungen** nun zunächst die Rubrik **Allgemein** ❶ aktivieren. Danach bewegen Sie den Scrollbalken am rechten Bildrand ganz nach unten.

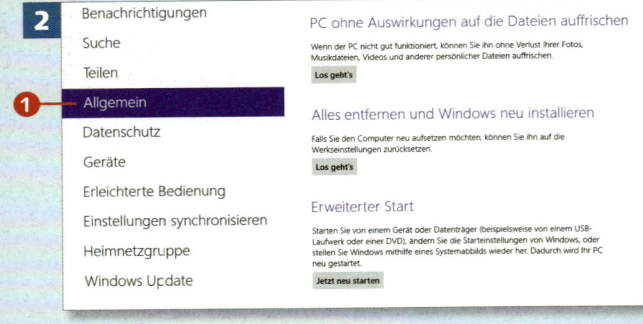

Schritt 3

In der Rubrik **PC ohne Auswirkungen auf die Dateien auffrischen** finden Sie den Button **Los geht's**, auf den Sie nun einmal klicken sollten.

i

Refresh

Bei der in Schritt 3 beschriebenen Methode bleiben Dateien und persönliche Einstellungen erhalten.

Schritt 4

Im nächsten Bildschirmmenü erhalten Sie noch einmal nützliche Infos zur Auffrischungsmethode. Wichtig zu wissen: Apps, die von einem Datenträger oder aus dem Internet stammen, werden entfernt! Klicken Sie nur auf **Weiter**, wenn Sie damit einverstanden sind.

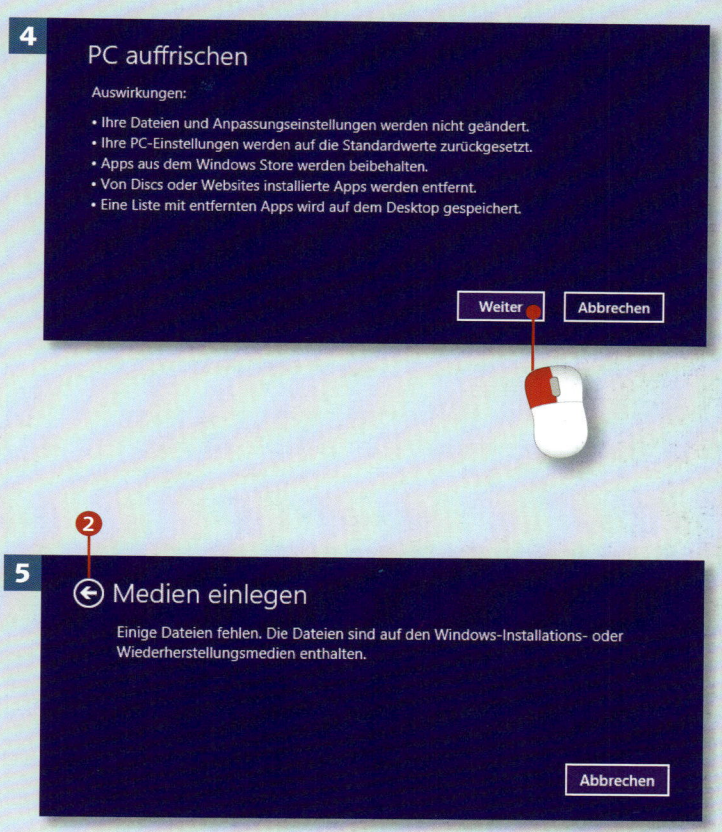

Schritt 5

Sollte es während des Auffrischens zu Problemen kommen, erscheint ein Hinweis. Hier müssen Sie entsprechend reagieren (z. B. die Installations-DVD einlegen) und, falls erforderlich, mit einem Klick auf den Pfeil ❷ zurückspringen.

Schritt 6

Schließlich haben Sie auch die Möglichkeit, Windows auf die Werkseinstellungen zurückzusetzen ❸ oder es von einem anderen Medium zu starten und die Starteinstellungen zu ändern ❹.

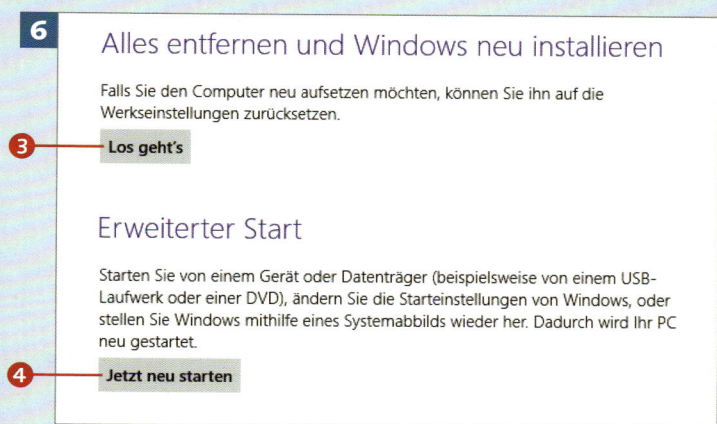

---

i

Reset

Mit **Alles entfernen und Windows neu installieren** werden sämtliche Dateien und persönlichen Einstellungen entfernt. Wenn Sie das nicht wollen, nehmen Sie lieber nur eine Auffrischung vor (Schritt 3).

Windows-Updates

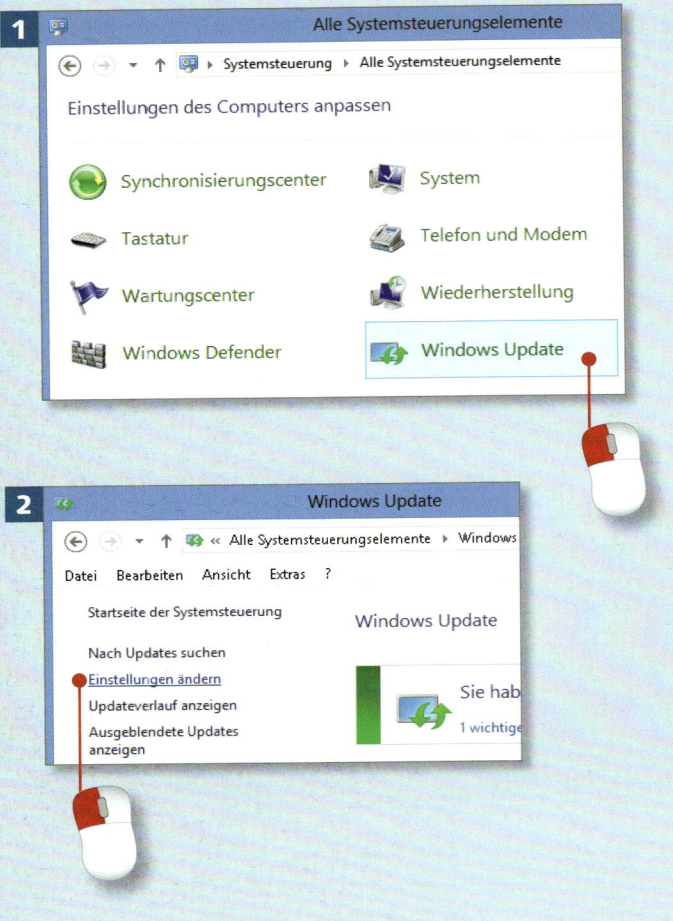

Halten Sie Ihr System auf dem Laufenden! Dazu zählen vor allem die zahlreichen Aktualisierungen, die Microsoft zur Verfügung stellt – sogenannte »Updates«.

Schritt 1

In der Symbol-Ansicht der System-steuerung klicken Sie auf die Schalt-fläche **Windows Update**.

Schritt 2

Klicken Sie im Folgedialog **Windows Update** zunächst auf den Link **Einstellungen ändern**.

Schritt 3

Im Bereich **Windows-Update-Einstellungen auswählen** klicken Sie auf den Pfeil am Feld und wählen die Funktion **Updates automatisch installieren (empfohlen)** aus dem Menü. Sie wird aus gutem Grund empfohlen, denn dank ihr müssen Sie sich um nichts mehr kümmern; Windows 8 hält sich selbstständig auf dem neuesten Stand.

Schritt 4

Sollten Updates bereits herunter-geladen, aber noch nicht installiert sein, wird das innerhalb des grünen Rahmens angezeigt. Klicken Sie auf die Zeile, die auf die verfügbaren Updates hinweist.

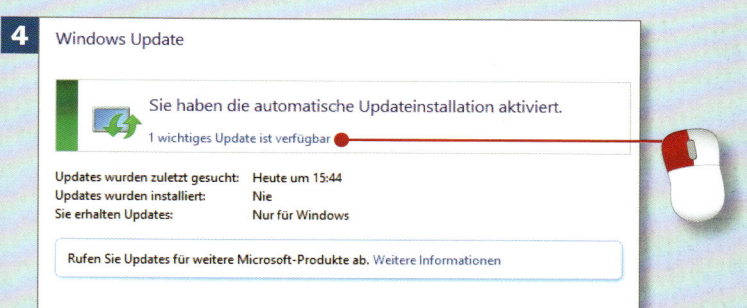

Schritt 5

Im zugehörigen Dialog können auch einzelne Updates per Mausklick abgewählt bzw. markiert ❶ und manuell installiert werden. Dazu reicht ein anschließender Klick auf **Installieren**.

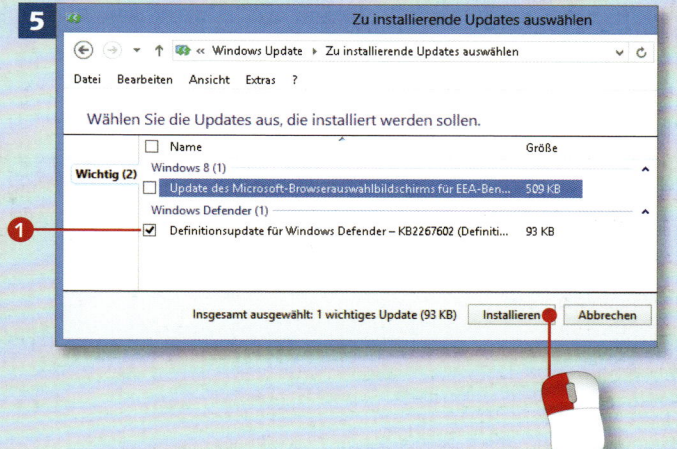

Schritt 6

Windows Update ist übrigens auch vom Startbildschirm aus erreichbar. Drücken Sie ⊞+Ⅰ, und klicken Sie auf **PC-Einstellungen ändern ▸ Windows Update ❷**. Danach steht **Jetzt nach Updates suchen** zur Verfügung.

i

Updateverlauf

Nach dem Hochfahren des Rech-ners werden die Aktualisierungen auf den PC geladen. Die Installa-tion erfolgt beim Herunterfahren des Rechners. Dadurch wird Ihr Arbeitszyklus nicht durch Updates ausgebremst.

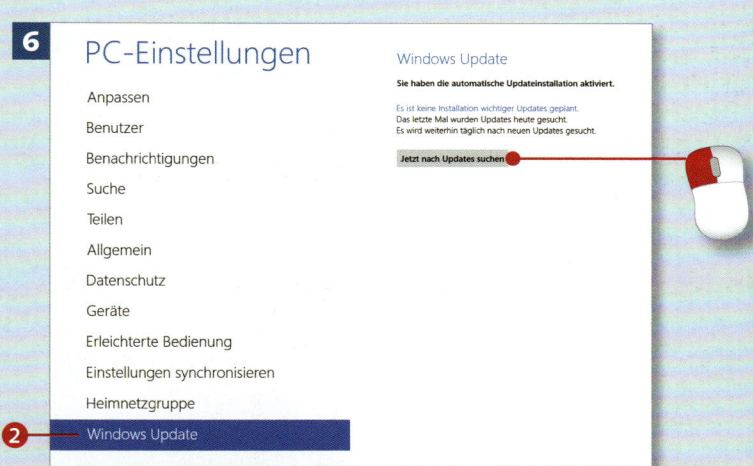

Die Windows-Firewall

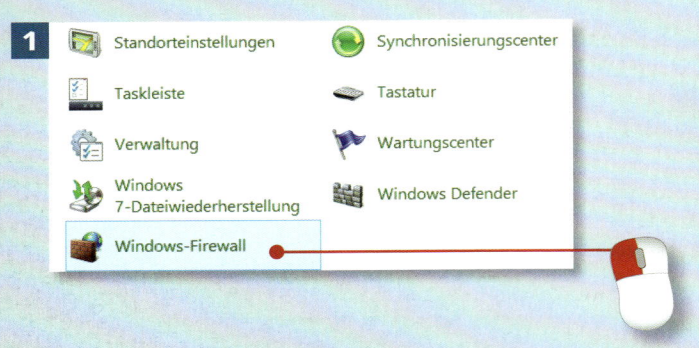

Eine Firewall ist eine Barriere, die Ihren Computer vor unliebsamen Angriffen von außen schützt. Ebenso wird verhindert, dass Daten Ihren Rechner unerlaubterweise verlassen. In diesem Abschnitt erfahren Sie, wie Sie die nötigen Einstellungen an der Firewall vornehmen.

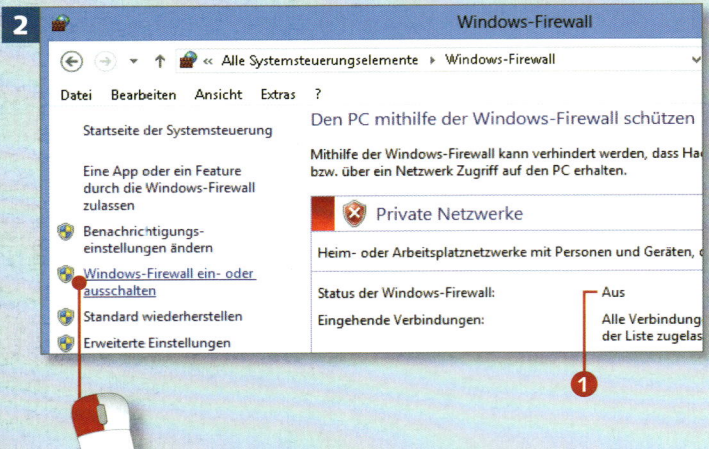

Schritt 1

Platzieren Sie einen Mausklick auf die Rubrik **Windows-Firewall** innerhalb der Systemsteuerung.

Schritt 2

Falls die Firewall inaktiv ist ❶, klicken Sie auf der linken Seite des Fensters auf den Link **Windows-Firewall ein- oder ausschalten**.

Schritt 3

Wenn (wie hier) ein Eintrag mit einem roten Schutzschild ❷ ausgewählt ist (aktuell also *kein* Schutz besteht), klicken Sie den Radio-Button **Windows-Firewall aktivieren** (grün) an und bestätigen mit **OK**.

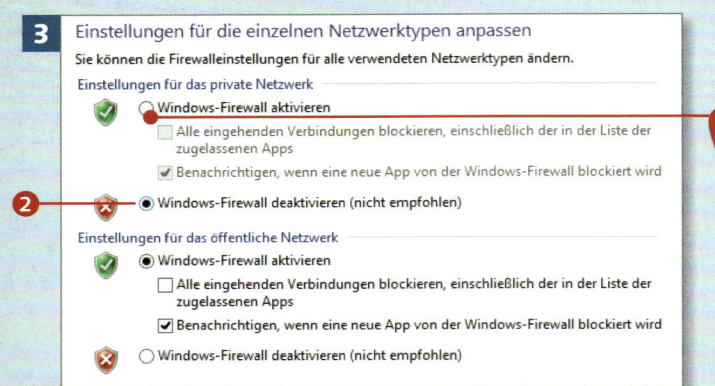

Verbindung trennen
Es ist dringend zu empfehlen, vor einer eventuellen Deaktivierung der Firewall die Verbindung zum Netzwerk bzw. Internet zu trennen.

Schritt 4

Wenn Sie einmal sehen wollen, welches Programm Ihre Firewall derzeit passieren darf, klicken Sie den Link **Eine App oder ein Feature durch die Windows-Firewall zulassen** auf der linken Seite an.

Schritt 5

Markieren Sie per Mausklick die Zeile, über deren Eigenschaften Sie mehr wissen wollen, und klicken Sie auf den Button **Details**. Ein Infofenster öffnet sich. Nicht für alle Apps stehen Details zur Verfügung. Bei manchen ist der gleichnamige Button ausgegraut.

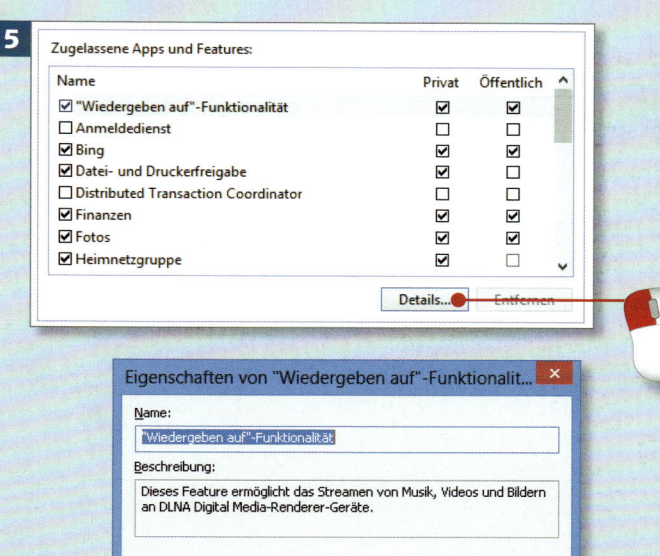

Schritt 6

Wenn mehrere Netzwerke vorhanden sind, kann die Firewall-Einstellung für jedes Netzwerk individuell angepasst werden. Es ist also durchaus denkbar, dass eine App das private Netzwerk ❸ passieren darf, das öffentliche ❹ jedoch nicht – oder umgekehrt.

ℹ️ Andere App zulassen

Soll eine App freigegeben werden, die in dieser Liste nicht aufgeführt ist, kann sie über **Andere App zulassen** hinzugefügt werden.

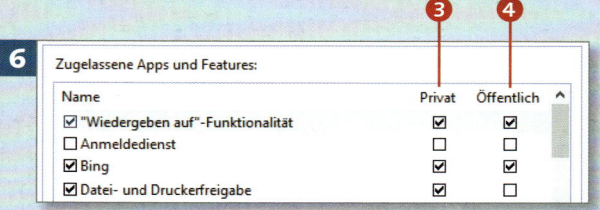

Windows Defender

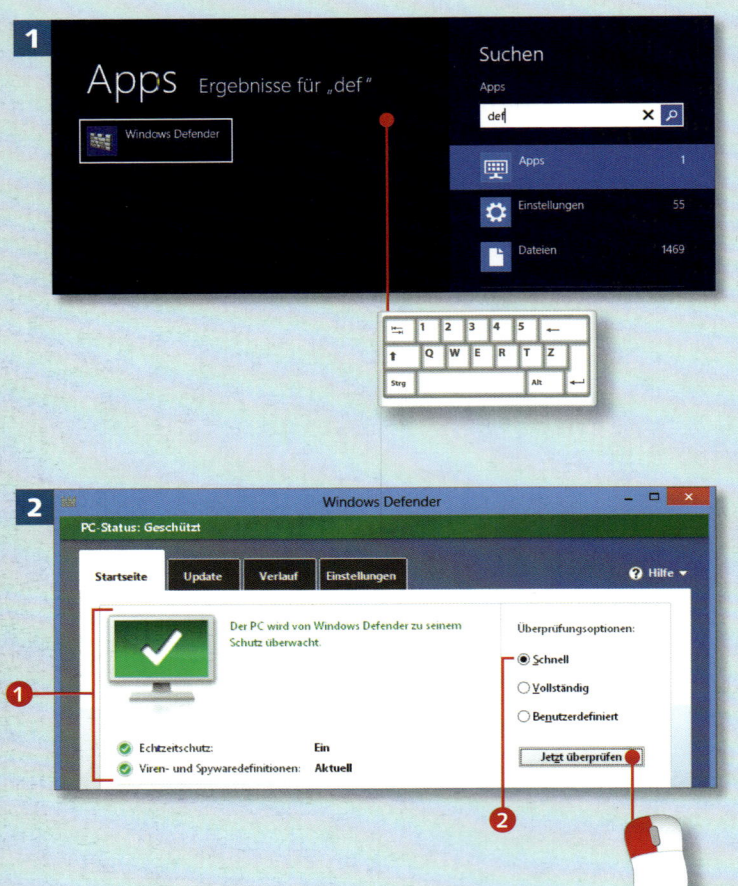

Hacker, sehr unliebsame Zeitgenossen, versuchen fremde Computer zu schädigen oder auszuspionieren. Deswegen sollten Sie Ihren Rechner von Zeit zu Zeit auf Viren und Spyware überprüfen lassen.

Schritt 1

Die App **Windows Defender** finden Sie über die Suchfunktion des Startbildschirms. Geben Sie »def« ein, und drücken Sie ⏎ .

Schritt 2

In der Mitte des Registers **Startseite** finden Sie Infos über die aktuellen Einstellungen ❶ des Defenders. Falls Sie manuell nach Schädlingen suchen wollen, klicken Sie auf **Jetzt überprüfen**.

Schritt 3

Die schnelle Überprüfung ❷ geht zügig vonstatten. Am Ende erhalten Sie (hoffentlich) eine Erfolgsmeldung.

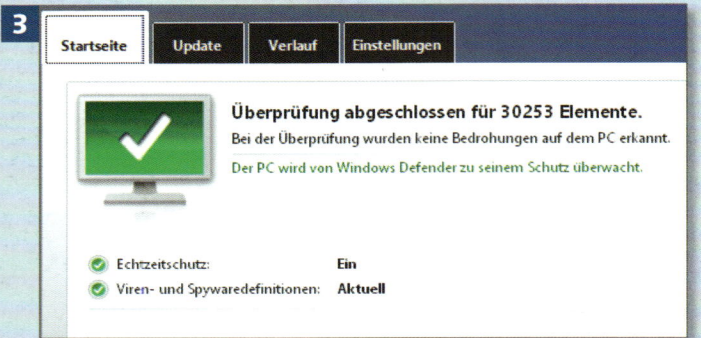

Optionen

Mehr zu den Überprüfungsoptionen **Schnell**, **Vollständig** und **Benutzerdefiniert** erfahren Sie, wenn Sie mit dem Mauszeiger einen Moment auf dem jeweiligen Steuerelement verweilen.

Schritt 4

Sollte der Defender-Echtzeitschutz nicht aktiv sein, können Sie ihn auf der Registerkarte **Einstellungen** ❸ über die Checkbox einschalten. Voraussetzung: In der linken Spalte ist die Zeile **Echtzeitschutz** ❹ markiert.

Schritt 5

Aktivieren Sie die zweite Zeile in der linken Spalte, **Ausgeschlossene Dateien und Speicherorte** ❺, um Verzeichnisse anzugeben, die von einer Überprüfung ausgeschlossen werden sollen. Dazu klicken Sie rechts auf **Durchsuchen**. Ein Dialog öffnet sich, in dem Sie die Dateien und Verzeichnisse auswählen können.

Schritt 6

Schauen Sie zuletzt unter **Erweitert** ❻ nach, und entscheiden Sie, ob z. B. auch angeschlossene Wechseldatenträger überprüft werden sollen ❼. Diese sind nämlich standardmäßig von der Prüfung ausgeschlossen. Zuletzt klicken Sie nur noch auf **Änderungen speichern**.

i **Spyware gefunden?**

Wenn der Defender Spyware findet, wird dies im Dialog angezeigt. Windows bietet entsprechende Lösungsmöglichkeiten an.

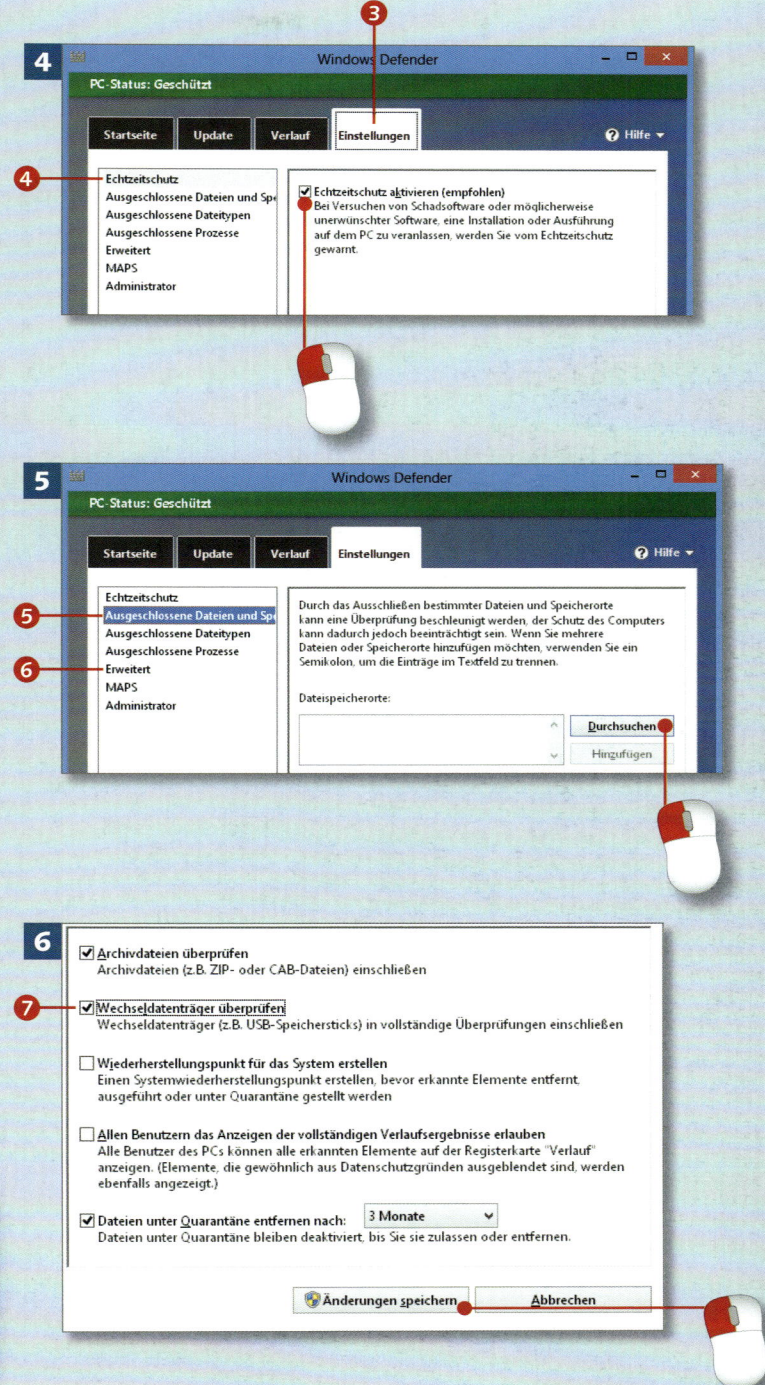

Kapitel 14
Die beste kostenlose Zusatzsoftware

Bisher haben wir ausschließlich die in Windows direkt enthaltenen oder von Microsoft angebotenen Programme genutzt. Es gibt aber auch andere Anbieter, die nützliche Software
zur Verfügung stellen. Die wichtigsten werden hier vorgestellt.

E-Mail und Browser

Nichts gegen die neu in Windows 8 integrierte Mail-App. Auch der Internet Explorer ist
ganz toll. Dennoch gibt es für beide Apps kostenlose Alternativen. Erfahren Sie in diesem
Kapitel, wie sich Thunderbird ❶ und Firefox ❷ unter Windows 8 schlagen.

Weitere kostenlose Apps

Im zweiten Teil des Kapitels lernen Sie eine Brennsoftware ❸ zum Nulltarif kennen. Damit
wird das Leistungsspektrum in Sachen Datenträgererstellung deutlich aufgewertet. Außerdem werden wir in den Windows-Store ❹ gehen und dort eine kostenlose App suchen
und installieren.

❶ Die Alternative zur App Mail ist das kostenlose Programm Thunderbird.

❷ Auch für den Browser gibt es Alternativen zu den Windows-Apps.

❹ Weitere (zum Teil sogar kostenlose) Apps finden Sie im Windows-Store.

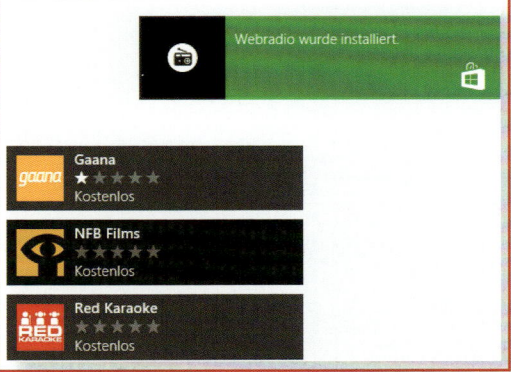

❸ Mit der kostenlosen Software CDBurnerXP können Sie CDs und DVDs brennen.

Thunderbird als Alternative zur Mail-App

Mit »Thunderbird« lassen sich sämtliche E-Mail-Aufgaben des täglichen Bedarfs schnell und intuitiv lösen.

Schritt 1

Um Thunderbird herunterzuladen, geben Sie *http://www.mozilla.org/de/thunderbird/* in die Adressleiste des Internet Explorers ein.

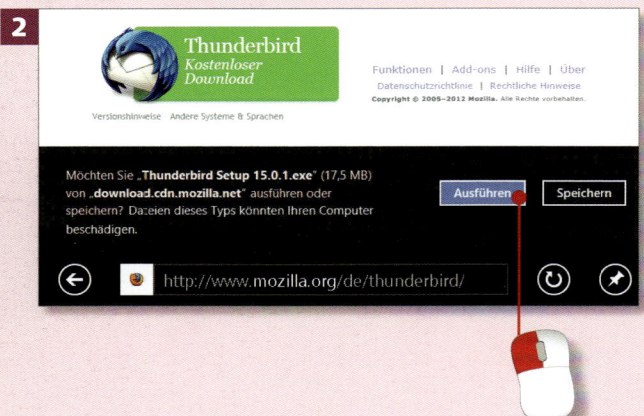

Schritt 2

Installieren Sie die Anwendung im Anschluss an den Download durch einen Klick auf **Ausführen**. Folgen Sie dem Installationsassistenten.

Schritt 3

Die beiden Checkboxen ❶ im Dialog **Willkommen bei Thunderbird** sollten Sie deaktivieren, wenn Sie die hier angebotenen Zusatzangebote nicht nutzen wollen. Danach klicken Sie auf **Ich werde mein E-Mail-Konto später konfigurieren**.

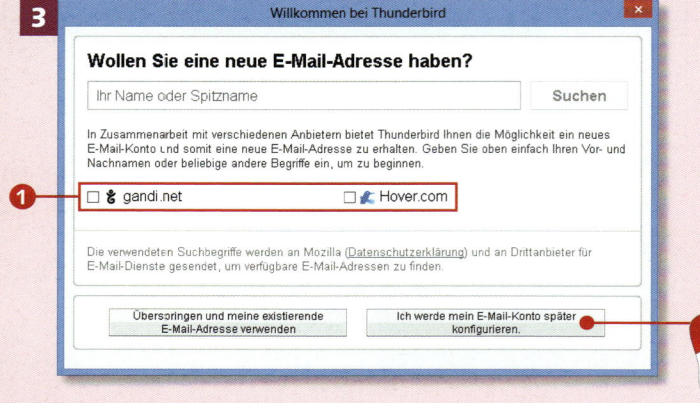

ℹ Sicherheit

Beim Herunterladen von Software führt der IE eine Sicherheitsprüfung durch. Sie orientiert sich am Typ der Download-Datei. Im Falle der Mozilla-Software können Sie diesen Hinweis vernachlässigen.

Schritt 4

Im Dialog **Systemintegration** deaktivieren Sie am besten die Checkbox **Bei jedem Start von Thunderbird überprüfen**, gefolgt von einem Klick auf **OK**.

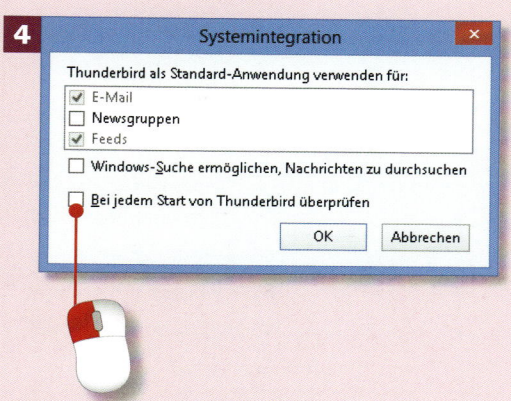

Schritt 5

Teilen Sie Thunderbird nun mit, welches E-Mail-Konto Sie mit dieser Software verwalten wollen. Dazu klicken Sie auf **Extras ▸ Konten-Einstellungen**.

Schritt 6

Das nächste Fenster **Konten-Einstellungen** sieht zunächst ernüchternd aus, weil darin nichts zu sehen ist. Klicken Sie unten links auf **Konten-Aktionen** und in der Liste auf **E-Mail-Konto hinzufügen**.

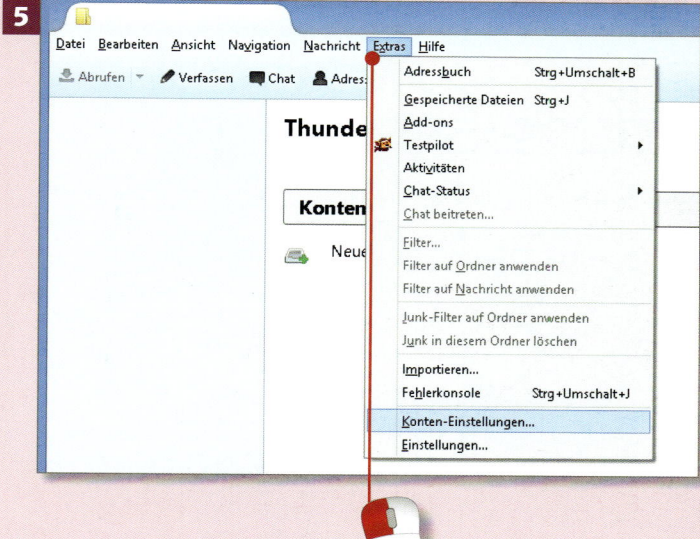

Leere Liste?

Die Liste auf der linken Seite ist nur leer, wenn noch kein E-Mail-Konto eingerichtet worden ist. Wenn Sie sie später noch einmal aufrufen, werden Sie dort Infos zu dem Konto vorfinden, das wir hier gerade anlegen.

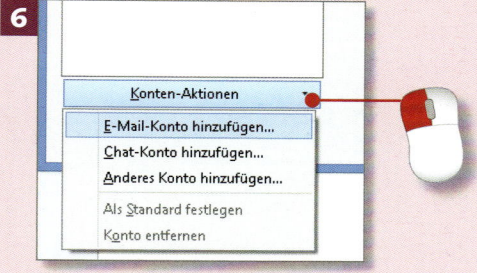

Thunderbird als Alternative zur Mail-App (Forts.)

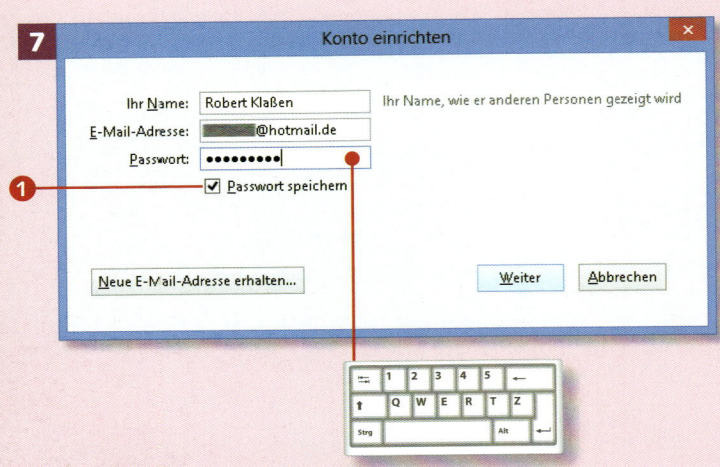

Schritt 7

Tragen Sie jetzt die Zugangsdaten Ihres E-Mail-Kontos sowie das zugehörige Passwort ein (also nicht das Windows-8-Benutzerpasswort). Aktivieren Sie mit einem Klick die Option **Passwort speichern** ❶, damit Sie es nicht bei jeder Mail-Abfrage neu eingeben müssen.

Schritt 8

Nachdem das erledigt ist, sollten Sie den E-Mail-Verkehr testen. Schreiben Sie eine Mail an sich selbst, indem Sie zunächst auf **Verfassen** klicken.

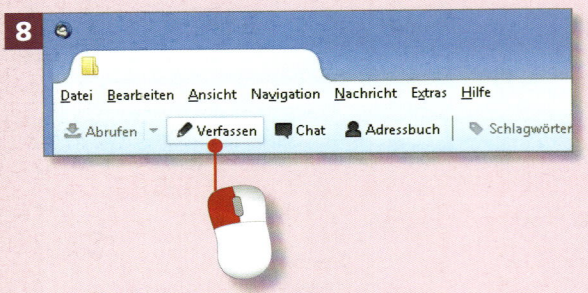

Schritt 9

In die Zeile **An:** des E-Mail-Fensters tippen Sie zunächst Ihre eigene E-Mail-Adresse ein.

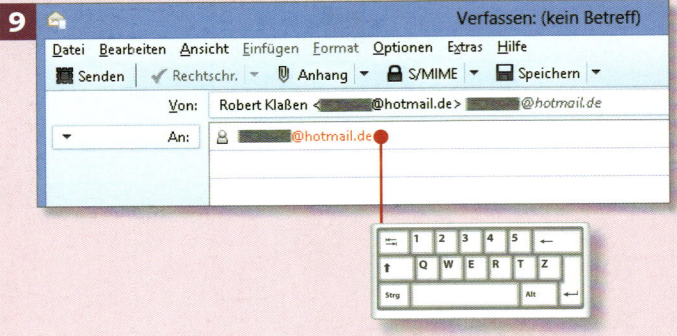

Google Mail

Sollten Sie ein E-Mail-Konto bei Google Mail (Gmail) haben, werden Mails automatisch aussortiert, die Sie an sich selbst schicken. In diesem Fall empfiehlt es sich, die Test-Mail von einem anderen Konto aus zu senden oder einen Bekannten zu bitten, zu Testzwecken eine Mail an Sie zu schicken.

Schritt 10

Danach springen Sie mit ⇥ in die Zeile **Betreff** ❷ und füllen auch diese aus. Ein erneutes Drücken von ⇥ setzt die Einfügemarke in das Feld für den E-Mail-Text ❸.

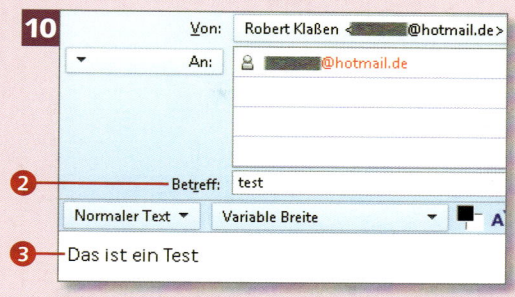

Schritt 11

Alles erledigt? Dann schicken Sie das gute Stück nun ab, indem Sie in der Menüleiste auf **Senden** klicken.

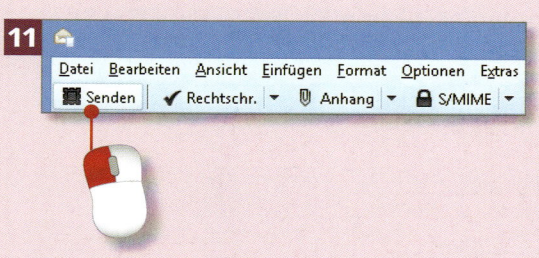

Schritt 12

Warten Sie kurz, und klicken Sie auf die Zeile **Posteingang** ❹ in der linken Spalte, um diesen Ordner aufzurufen. Zuletzt setzen Sie einen Mausklick auf **Abrufen**. Das aktualisiert die Liste der neu eingetroffenen Mails.

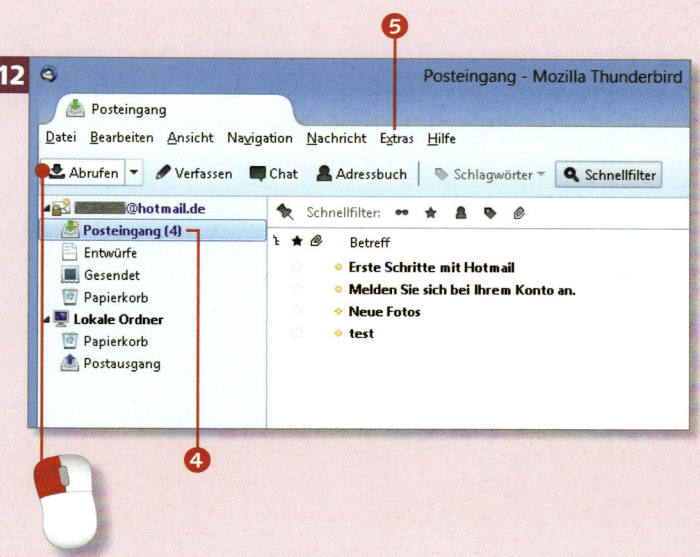

ℹ Automatischer Abruf

Thunderbird ist so konfiguriert, dass alle zehn Minuten ein automatischer Abruf der E-Mails erfolgt. Sollte Ihnen dieser Zyklus nicht zusagen, können Sie ihn über **Extras** ❺ ▸ **Einstellungen** ▸ **Server-Einstellungen** ändern.

Firefox als Alternative zum Internet Explorer

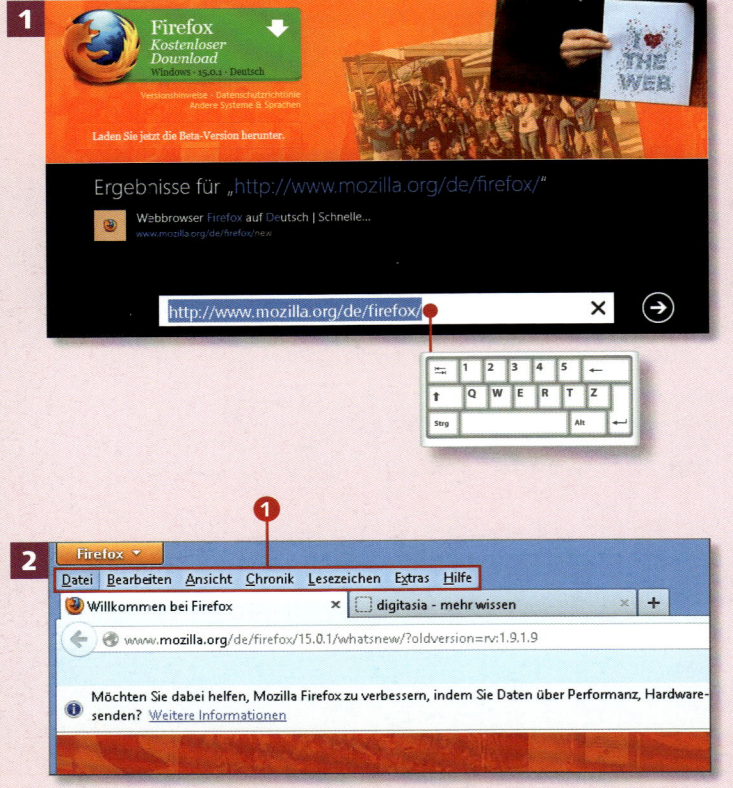

Mozilla Firefox genießt einen ausgezeichneten Ruf. Der Browser ist eine ausgezeichnete Alternative zum Internet Explorer.

Schritt 1

Firefox lässt sich unter *http://www. mozilla.org/de/firefox/* herunterladen. Um das Programm zu installieren, klicken Sie in der Fußleiste auf **Ausführen** und folgen dem Installationsassistenten.

Schritt 2

Nach der Installation schauen Sie nach, ob es unterhalb der Kopfleiste eine Menüzeile ❶ gibt. Diese wird für die folgenden Schritte benötigt. Wenn sie nicht zu sehen ist, blenden Sie sie mit Alt ein.

Schritt 3

Auch der Firefox-Browser verlangt zunächst ein paar Einstellungen. Sie öffnen Sie über **Extras ▸ Einstellungen**.

Schritt 4

Im Fenster **Einstellungen** können Sie auf dem Register **Allgemein** ❷ eine Startseite angeben, die nach dem Öffnen eines Firefox-Fensters automatisch angezeigt werden soll. Danach bestätigen Sie mit **OK**.

Schritt 5

Unterhalb des Adressfelds befindet sich eine Zeile, die individuell mit Lesezeichen auf Ihre Lieblings-Webseiten gefüllt werden kann. Klicken Sie mit der rechten Maustaste darauf, und wählen Sie **Neues Lesezeichen** aus dem Kontextmenü.

Schritt 6

Ins oberste Feld des Dialogs **Neues Lesezeichen** gehört die Bezeichnung ❸, die später in der Zeile zu lesen sein soll. Darunter muss die weitere Adresse eingegeben werden (*http://www.* kann dabei in der Regel weggelassen werden). Dann klicken Sie auf **Hinzufügen** ❹.

---

i

Weitere Fenster und Register

Über das Menü **Datei** oder mit `Strg` + `T` öffnen Sie eine neue Registerkarte (also eine zweite Browser-Ansicht, einen sogenannten *Tab*) im aktuellen Fenster. Für ein komplett neues Fenster drücken Sie `Strg` + `N`.

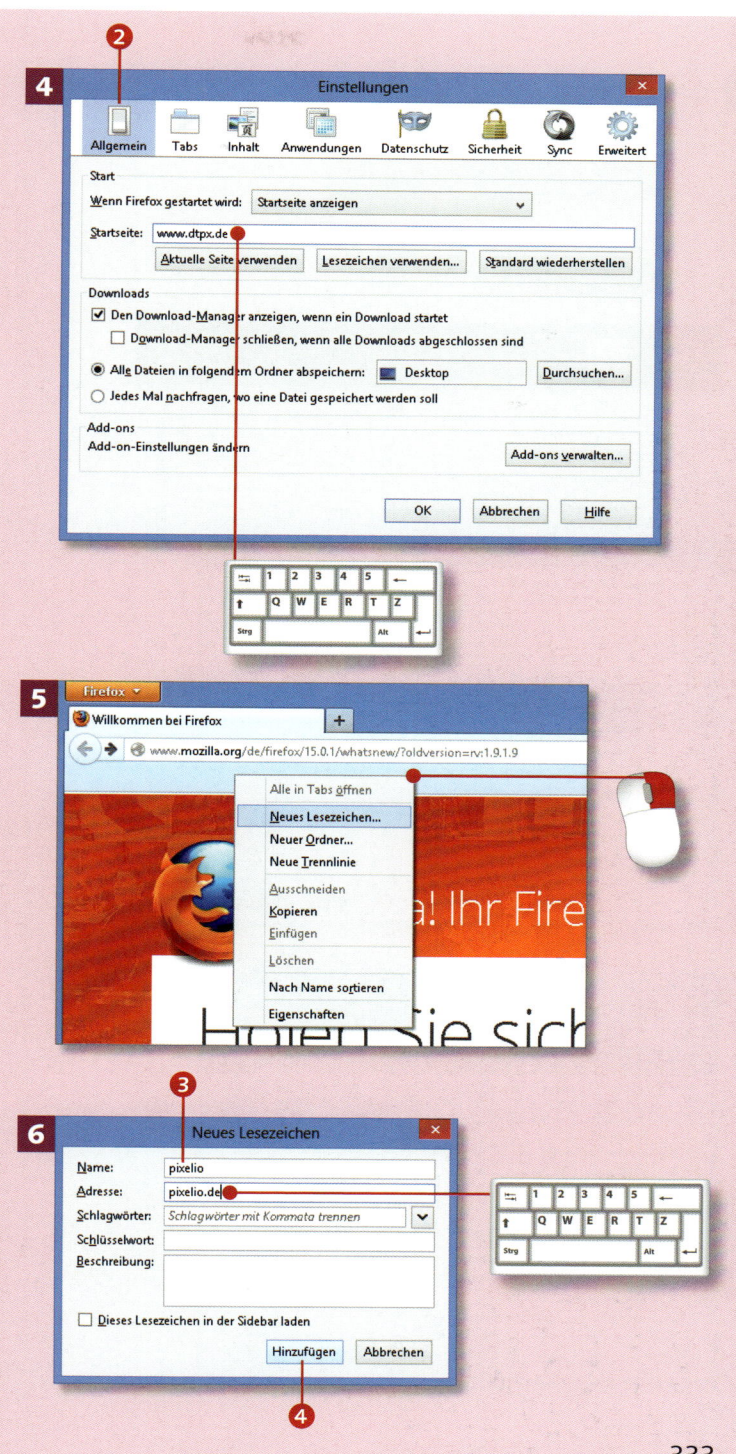

CDBurnerXP als Alternative zum Windows-Brenner

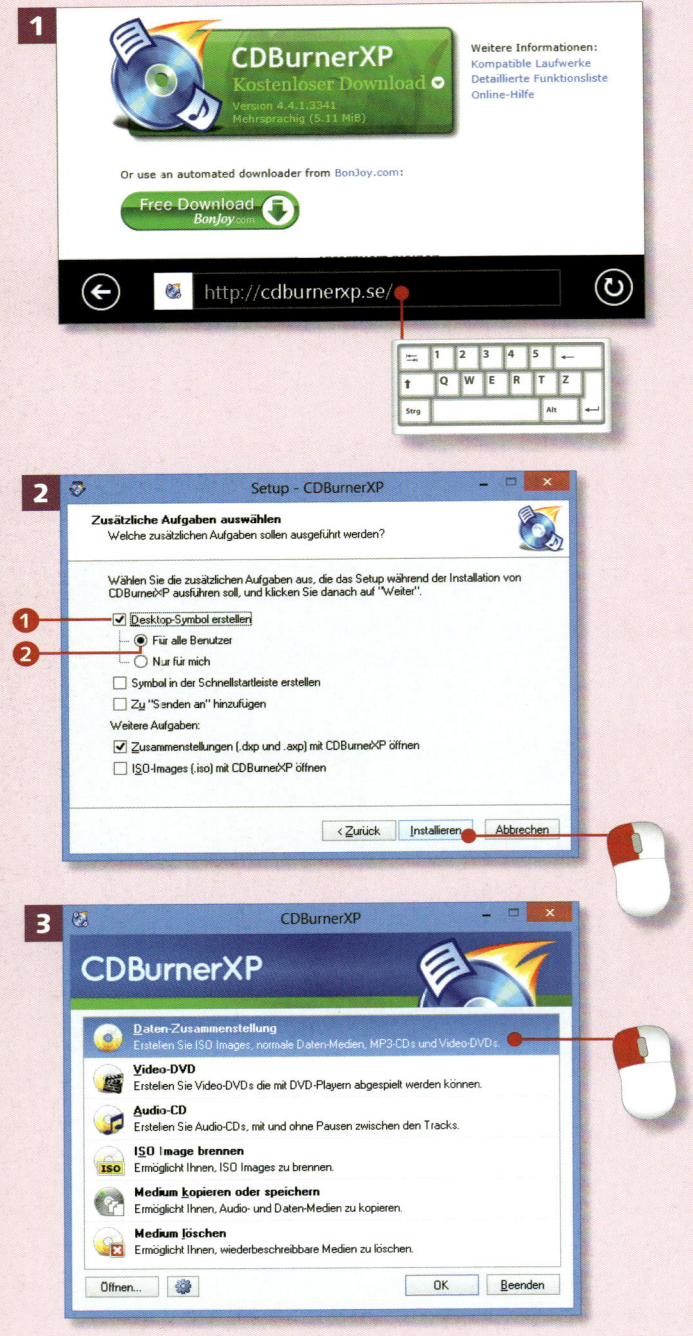

CDBurnerXP eignet sich auch unter Windows 8 ganz hervorragend zum Brennen von CDs und DVDs. Die kostenlose Software ist übersichtlich und ausgesprochen vielseitig.

Schritt 1

Laden Sie das Programm auf *http://www.cdburnerxp.se/* herunter. (*.se* ist übrigens die Länderkennung Schwedens.)

Schritt 2

Wenn allen Benutzern Ihres Rechners ein Schnellstart-Icon für dieses Programm auf dem Desktop zur Verfügung stehen soll, aktivieren Sie **Desktop-Symbol erstellen ❶** sowie **Für alle Benutzer ❷**. Weiter geht es mit einem Klick auf **Installieren**.

Schritt 3

Legen Sie nun einen Datenträger-Rohling ein, und wählen Sie einen der möglichen Jobs aus (hier: **Daten-Zusammenstellung** in der obersten Zeile). Mit **OK** geht es weiter.

Schritt 4

Über `Strg` + `J` oder per Drag & Drop lässt sich nun in der Inhalt bestimmen. Ziehen Sie die Elemente einfach vom Explorer in das untere rechte Feld des **Dialogs Disc – Daten-Zusammenstellung** hinein.

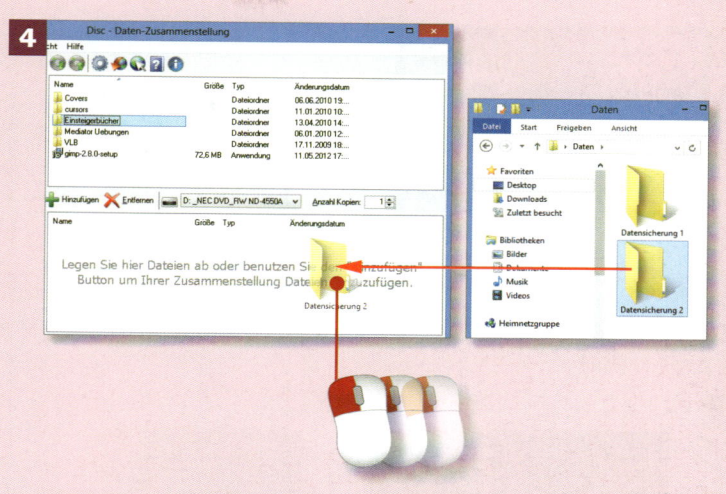

Schritt 5

Der grüne Balken ganz unten verdeutlicht, wie viel Platz die bereits hinzugefügten Daten auf dem Datenträger benötigen. Sobald er einen roten Bereich zeigt, ist das Medium »überfüllt«.

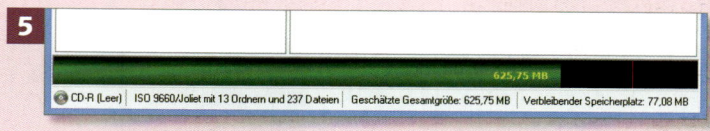

Schritt 6

Zuletzt klicken Sie auf **Brennen**. Im nächsten Dialog klicken Sie nur dann auf **Disc nicht abschließen**, wenn Sie der CD/DVD zu einem späteren Zeitpunkt noch Dateien hinzufügen wollen. Ansonsten wählen Sie **Disc abschließen**, um sicherzugehen, dass die CD/DVD auch auf anderen PCs abgespielt werden kann.

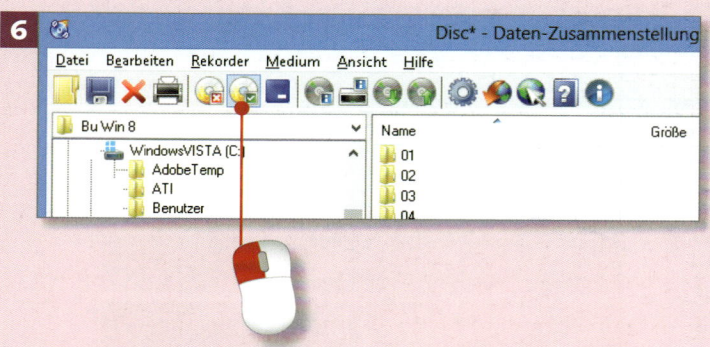

Daten entfernen

Falls zu viele Daten aufgelaufen sind (siehe Schritt 5), müssen Sie entweder einen größeren Datenträger einlegen oder Daten entfernen. Dazu klicken Sie ein Element an und drücken `Entf`.

Kostenlose Apps aus dem Windows-Store

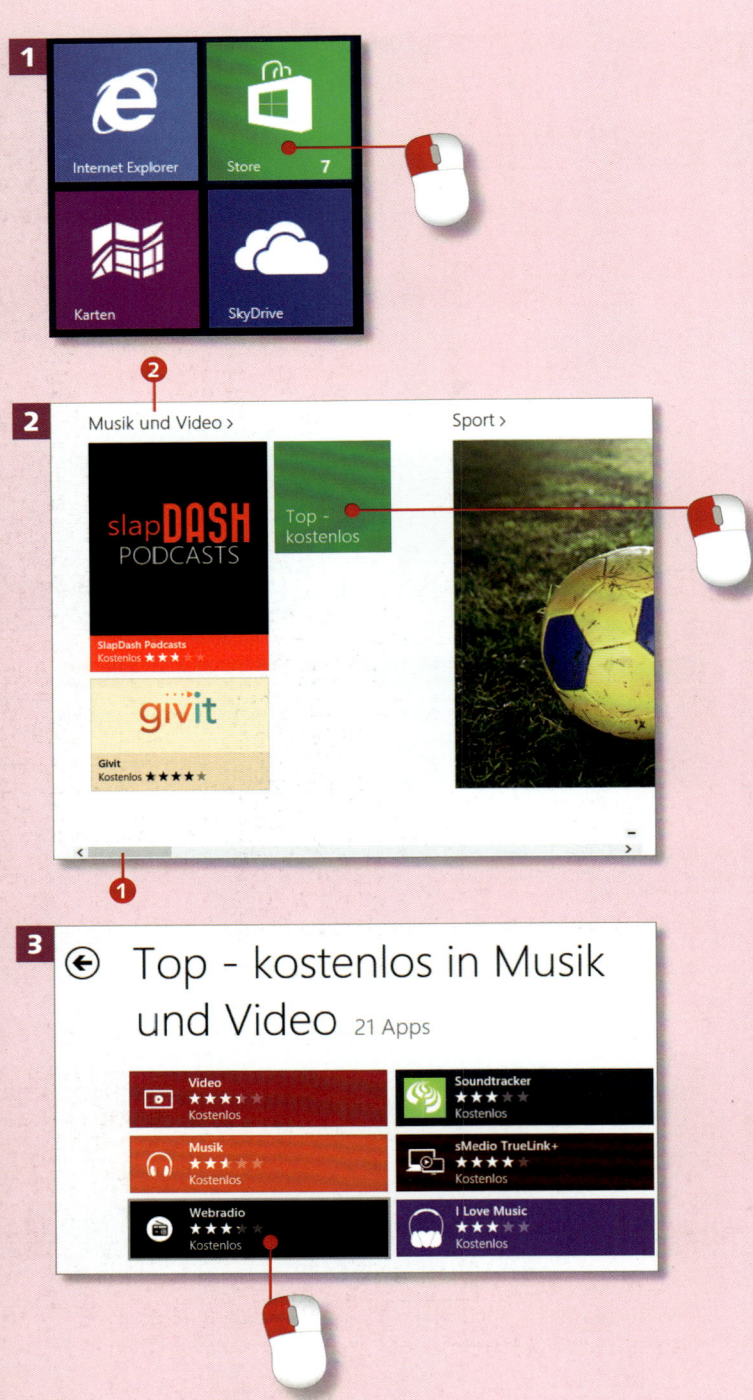

Auf einige nützliche Programme kann man direkt im Windows-Store zugreifen. In dieser Anleitung erfahren Sie, wie Ihr Computer zum Radio wird.

Schritt 1

Der erste Schritt auf dem Weg zum Internetradio besteht darin, auf die Kachel **Store** zu klicken.

Schritt 2

Fahren Sie mit der Maus nach unten, bis in der Fußleiste ein Scrollbalken ❶ sichtbar wird. Diesen verschieben Sie mit gedrückter Maustaste so weit nach rechts, dass die Kategorie **Musik und Video** ❷ erscheint. Klicken Sie dort auf die grüne Schaltfläche **Top – kostenlos**.

Schritt 3

Eine der Kacheln in der nächsten Ansicht ist mit **Webradio** betitelt. Klicken Sie darauf.

✚✚ Weitere kostenlose Apps

Es lohnt sich, den Store ausgiebig zu durchsuchen, denn zahlreiche andere Kategorien warten ebenfalls mit den Schaltflächen **Top – kostenlos** auf.

Schritt 4

Nun müssen Sie die gefundene App installieren, indem Sie – na klar – auf die Schaltfläche **Installieren** in der linken Spalte klicken.

Schritt 5

Wenn Sie danach gefragt werden, tragen Sie Ihre Microsoft-Konto-daten ein (siehe dazu den Abschnitt »Ein Microsoft-Konto eröffnen« auf Seite 32) und bestätigen diese mit einem Klick auf **Speichern** ❸.

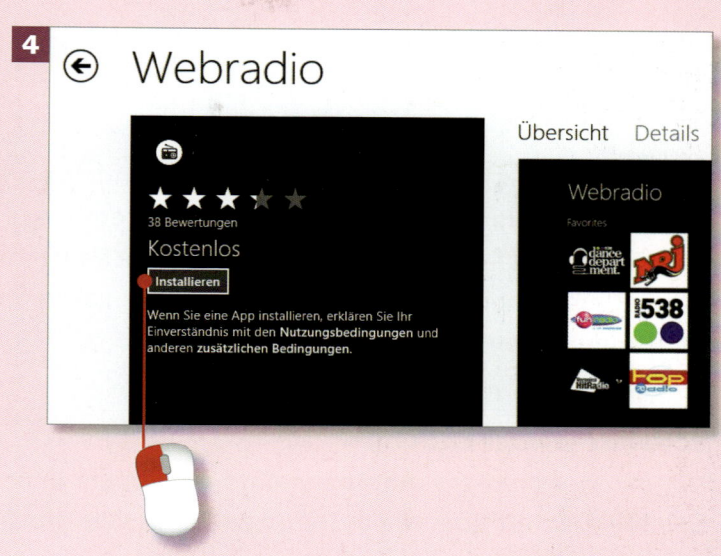

Schritt 6

Kurze Zeit später erscheint oben rechts ein Hinweis, der angibt, dass das Programm erfolgreich installiert worden ist. Ein Klick auf diesen Hinweis startet die App.

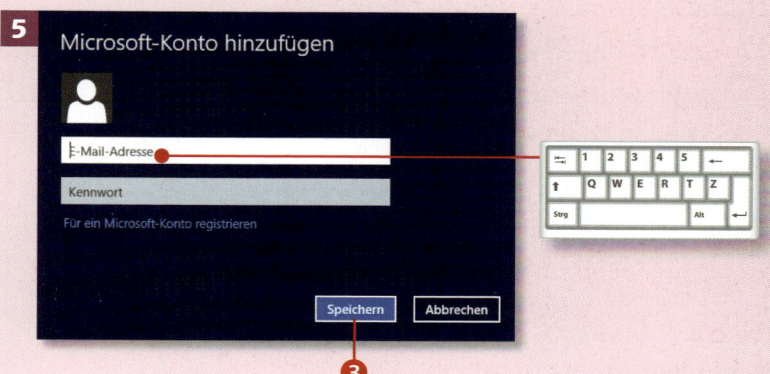

ℹ Webradio öffnen

Im letzten Schritt haben Sie erfahren, wie sich die App unmittelbar nach dem Download starten lässt. Zusätzlich hat Windows 8 zwischenzeitlich eine passende Kachel auf dem Startbildschirm eingerichtet, die Sie von nun an nur anklicken müssen. Nett, oder?

Kapitel 15
Hilfe bei Problemen

Wenn Sie schon ein wenig Erfahrung mit Windows 8 gesammelt haben, werden Sie sich sicherlich die eine oder andere etwas kniffligere Frage stellen. »Wie kann ich installierte Software wieder entfernen?« Oder: »Was mache ich, wenn ältere Programme unter Windows 8 nicht mehr so richtig laufen wollen?« Diese und weitere Fragen werden auf den folgenden Seiten beantwortet.

Software wieder entfernen
Ab und zu sollten Sie aufräumen und nicht mehr genutzte Software wieder entfernen ❶. Das funktioniert über die Systemsteuerung. Wie genau, erfahren Sie in der ersten Anleitung dieses Kapitels.

Auch ein Betriebssystem wie Windows 8 sollte ab und zu optimiert werden ❷. Denn mit der Zeit wird das System träge. Manchmal will auch ältere Software nicht mehr so richtig »mitmachen«. Damit müssen Sie sich aber keinesfalls abfinden. Für alles gibt es eine Lösung.

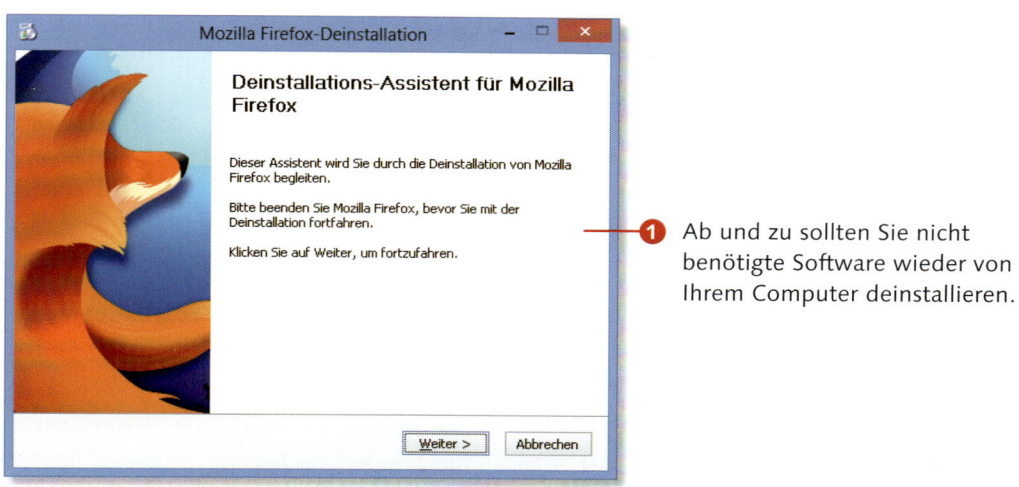

1 Ab und zu sollten Sie nicht benötigte Software wieder von Ihrem Computer deinstallieren.

2 Sie können Ihr System optimieren, indem Sie Datenfragmente bereinigen und nicht benötigte Prozesse deaktivieren.

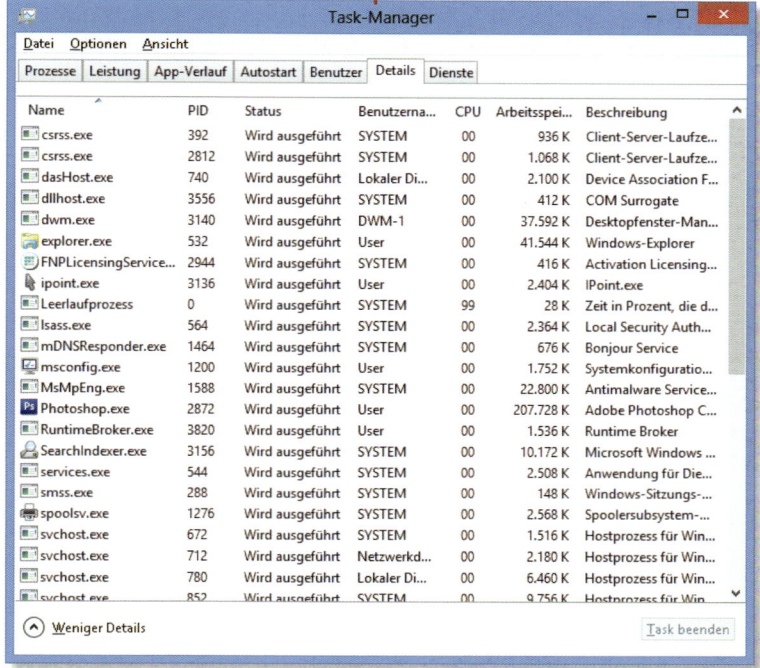

Software deinstallieren

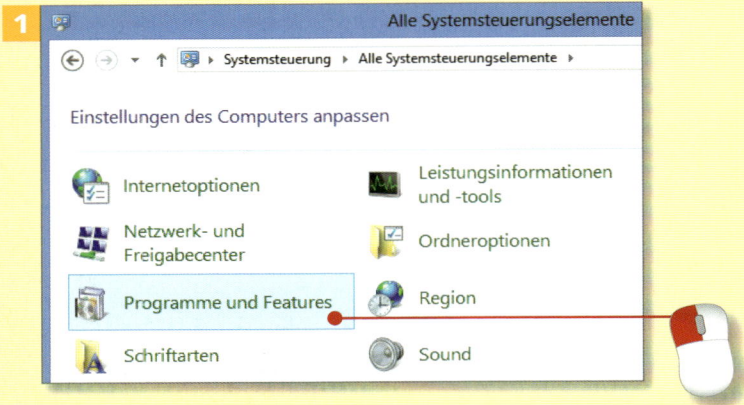

Auf dem PC installierte Programme kann man nicht einfach in den Papierkorb stecken. Sie müssen, wenn sie nicht mehr benötigt werden, ordnungsgemäß deinstalliert werden.

Schritt 1

Öffnen Sie die Systemsteuerung, indem Sie auf dem Startbildschirm »sys« eingeben und ↵ drücken. Wählen Sie dann **Programme und Features**.

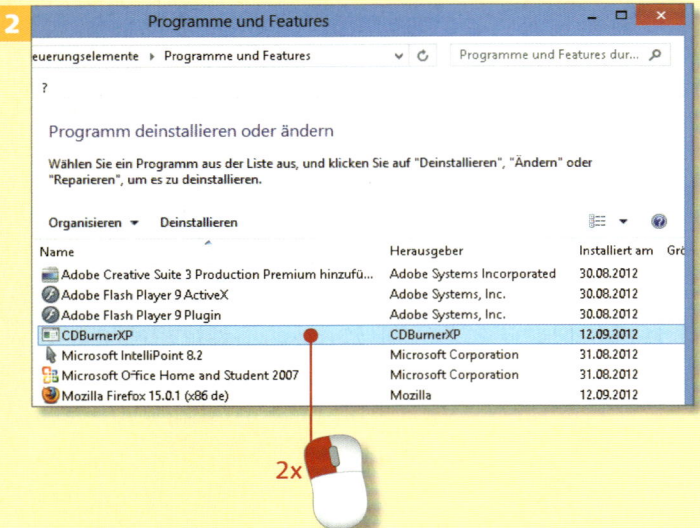

Schritt 2

Nach kurzer Zeit öffnet sich eine Liste mit Apps, die auf Ihrem Rechner installiert sind. Setzen Sie einen Doppelklick auf das Programm, das Sie löschen wollen.

Schritt 3

Für den Fall, dass versehentlich eine falsche Zeile markiert worden ist, fragt das Betriebssystem nach. Bestätigen Sie mit **Ja**.

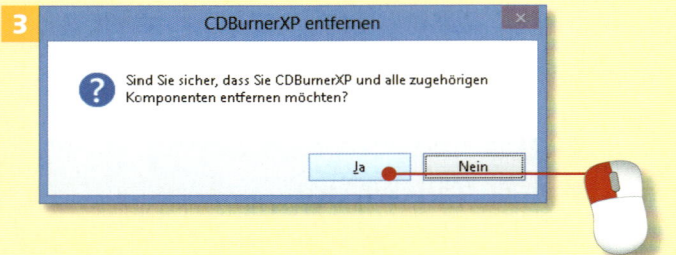

Deinstallation

Nicht jede Deinstallation läuft grundsätzlich gleich ab. Insbesondere professionelle Software verlangt häufig noch weitere Schritte (z. B. eine Deaktivierung). Schauen Sie ggf. in die Bedienungsanleitung des Softwareherstellers.

Schritt 4

Einige Programme werden direkt gelöscht, andere (hier: Firefox) kommen mit einem eigenen Deinstallationsassistenten daher. Befolgen Sie die weiteren Anweisungen auf dem Bildschirm, nachdem Sie auf **Weiter** geklickt haben.

Schritt 5

In der Programmliste (siehe Schritt 2) sind eventuell nicht alle Apps aufgeführt. Wenn das Gesuchte nicht dabei ist, öffnen Sie den entsprechenden Programmordner unter *[Laufwerksbuchstabe, meist C:]/ Programme*. Suchen Sie nach einer ausführbaren Datei namens *Uninstall* oder *Unins* o. Ä. oder, wie hier, *unins000*, und klicken Sie doppelt darauf, um die Deinstallation zu starten.

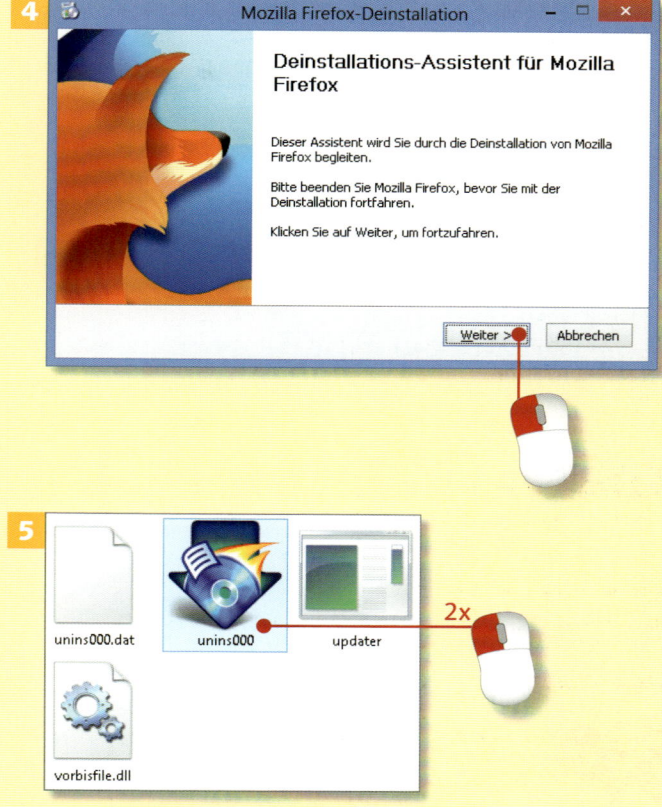

Teilaktivierung

In der Liste sehen Sie zum Teil kleine schwarze Quadrate innerhalb der Checkboxen. Diese deuten darauf hin, dass Funktionen nur teilweise aktiv sind. Mehr Informationen erhalten Sie, wenn Sie auf das vorangestellte Plus klicken.

Der Rechner wird langsamer – was tun?

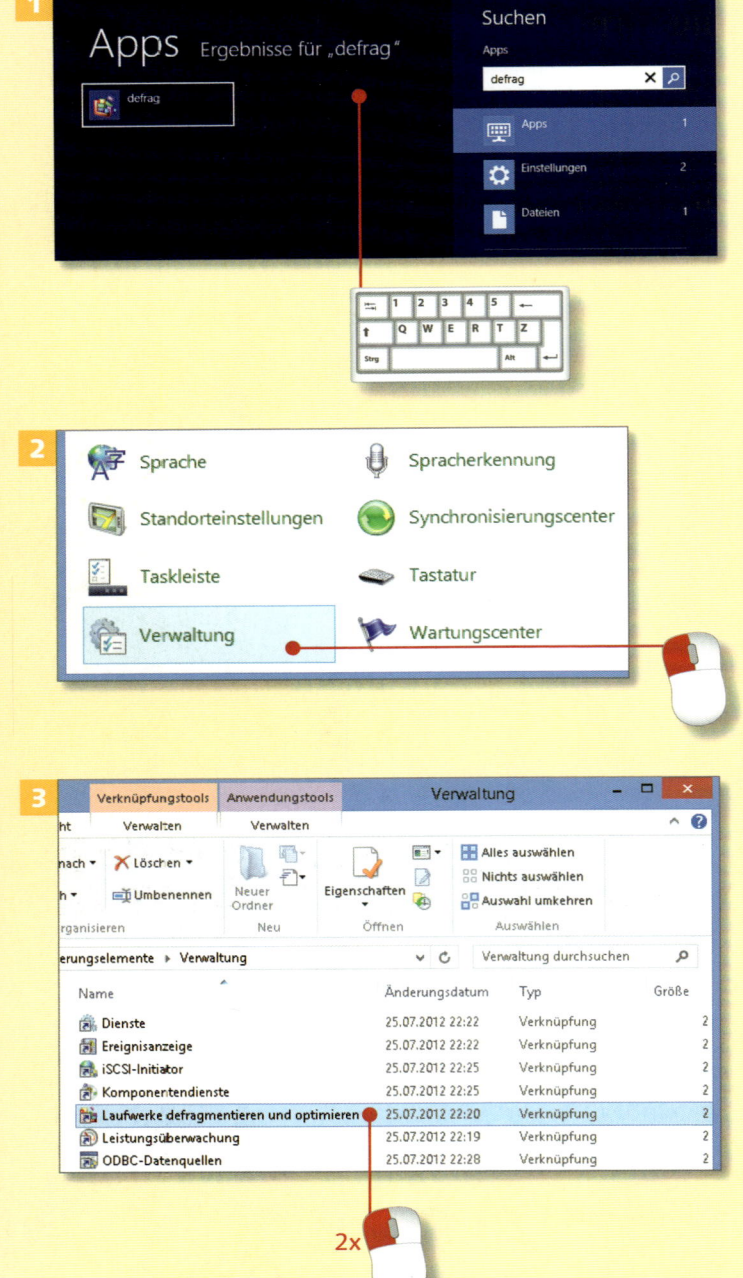

Durch das Löschen von Daten entstehen inhaltliche Lücken auf der Festplatte. Und mit der Zeit werden Daten dann nicht mehr kontinuierlich hintereinander, sondern an freien Stellen (ebendiesen Lücken) abgelegt. Das verlangsamt den Zugriff auf die Daten.

Schritt 1

Von Zeit zu Zeit müssen Festplatten defragmentiert, also wieder korrekt mit geordneten Daten gefüllt werden. Der erste Schritt: Geben Sie »defrag« auf dem Startbildschirm ein, und drücken Sie ⏎.

Schritt 2

Sollte Schritt 1 nicht zum Erfolg führen (d. h., es öffnet sich kein Fenster), geben Sie auf dem Startbildschirm »sys« + ⏎ ein und klicken im nächsten Dialogfenster auf **Verwaltung**.

Schritt 3

Im Fenster **Verwaltung** werden zahlreiche Systemaufgaben angeboten. Sie entscheiden sich zunächst für **Laufwerke defragmentieren und optimieren**.

Schritt 4

Falls im nächsten Dialog mehrere Festplatten aufgeführt werden, müssen Sie die gewünschte Zeile zunächst mit einem Klick markieren.

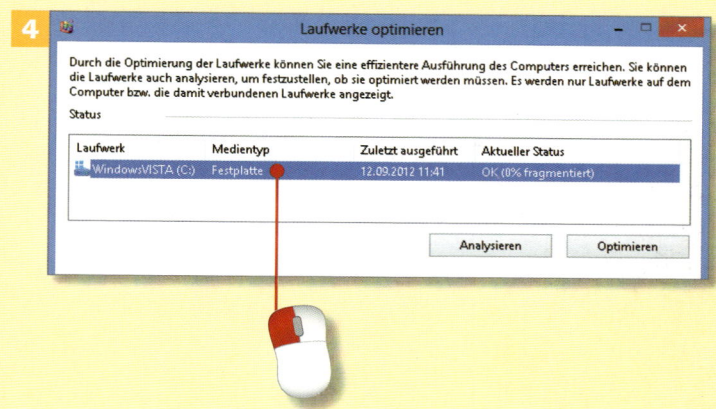

Schritt 5

Der ausgewiesene Wert (hier: **50 % fragmentiert ❶**) muss nicht aktuell sein. Wie fragmentiert (= lückenhaft) die Platte wirklich ist, erfahren Sie mit einem Klick auf **Analysieren ❷**. Mit **Optimieren** wird der eigentliche Vorgang gestartet – und der kann dauern!

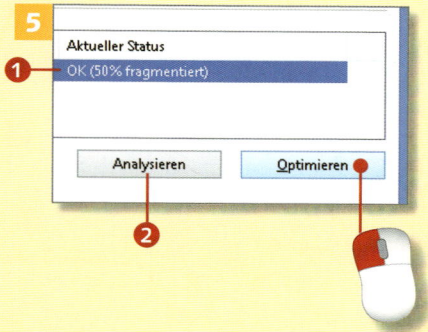

Schritt 6

Währenddessen dürfen Sie einmal auf **Einstellungen ändern** klicken. Dahinter verbirgt sich ein Zeitplan, der standardmäßig vorsieht, dass eine derartige Optimierung einmal wöchentlich ❸ durchgeführt wird.

Analyse?

Es wird empfohlen, die Festplatte zu defragmentieren, wenn mindestens 10 % fragmentiert sind (siehe Schritt 5). Eine vorherige Analyse ist nicht erforderlich. Sie können auch direkt auf **Optimieren** klicken.

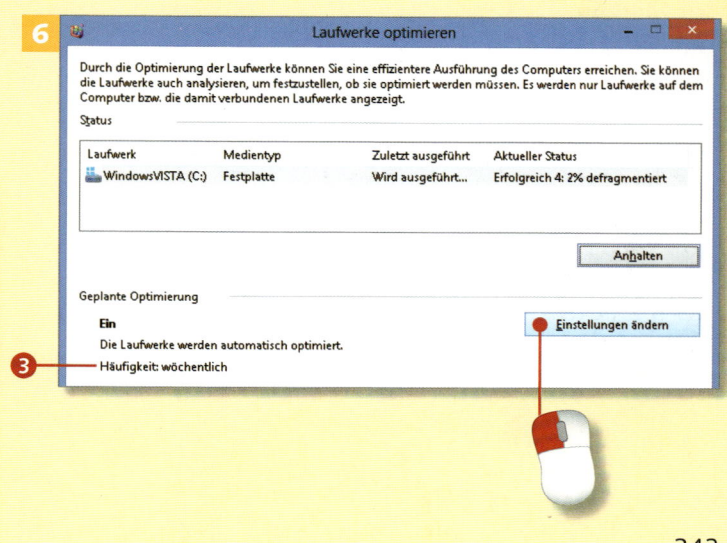

Der Rechner wird langsamer – was tun?

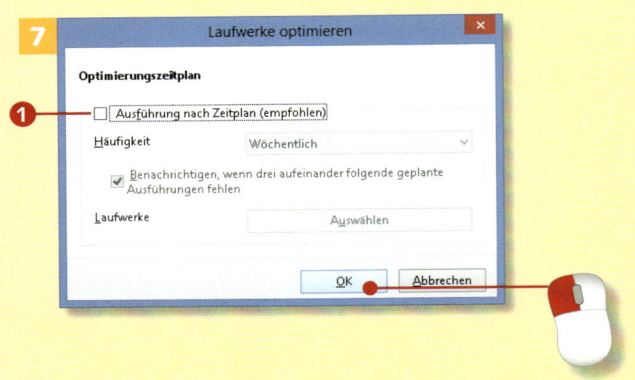

Schritt 7

Wollen Sie diese Einstellung beibehalten? Die Defragmentierung könnte zu einem ungünstigen Zeitpunkt kommen. Wer sein System lieber manuell optimiert, der deaktiviert die Checkbox **Ausführung nach Zeitplan ❶** und klickt auf **OK**.

Schritt 8

Nach einer Weile wird der Vorgang abgeschlossen sein und der aktuelle Status auf **0 % fragmentiert ❷** stehen. Nun können Sie beruhigt auf **Schließen** klicken.

Schritt 9

Jetzt führen wir noch eine Datenträgerbereinigung durch. Dazu klicken Sie doppelt auf den gleichnamigen Eintrag im Fenster **Verwaltung**.

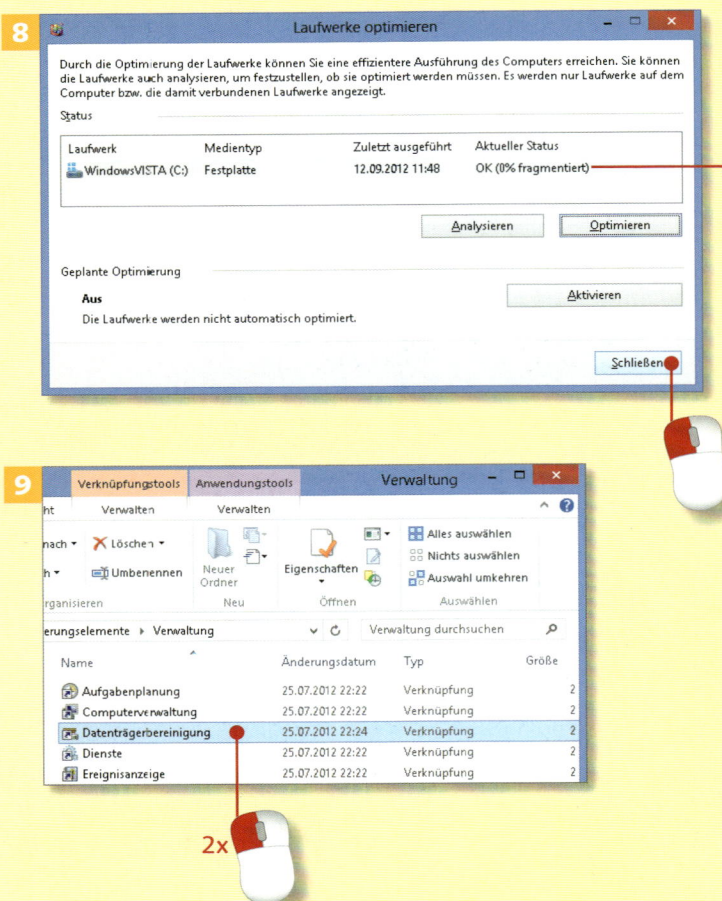

Datenträgerbereinigung
Die Datenträgerbereinigung entfernt unnütze Systemdateien von Ihrem Computer. Dadurch kann zusätzlicher Speicherplatz gewonnen werden. Außerdem wird der Zugriff optimiert.

Schritt 10

Zunächst einmal können Sie in der Liste **Zu löschende Dateien** alle jene Bereiche mit einem Mausklick auswählen ❸, die bereinigt werden sollen. Danach klicken Sie auf die Schaltfläche **Systemdateien bereinigen**.

Schritt 11

Jetzt wird die Festplatte entsprechend gescannt. Auch das ist leider ein Vorgang, der relativ langwierig sein kann. Der grüne Balken zeigt Ihnen den Fortschritt an.

Schritt 12

Danach klicken Sie auf das Register **Weitere Optionen** ❹. Die Systemwiederherstellung erfolgt, nachdem Sie unten auf **Bereinigen** geklickt haben.

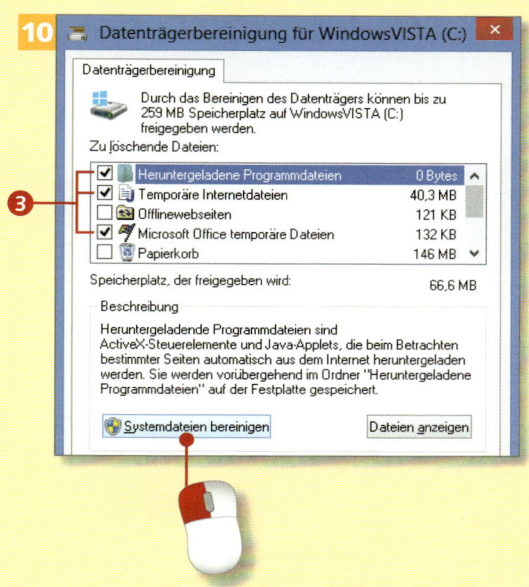

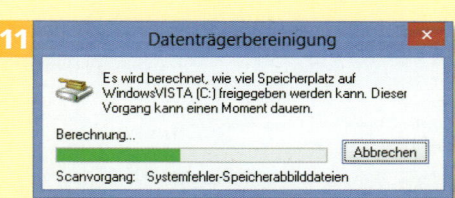

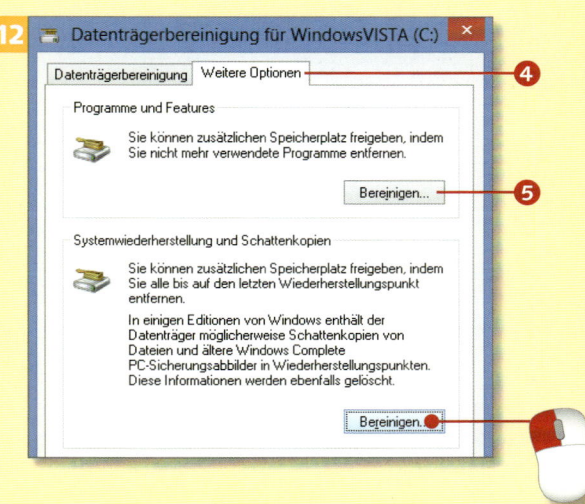

Programme entfernen

Wenn Sie **Bereinigen** im Bereich **Programme und Features** ❺ wählen, werden nicht mehr verwendete Programme entfernt.

Welche Programme werden am Anfang gestartet?

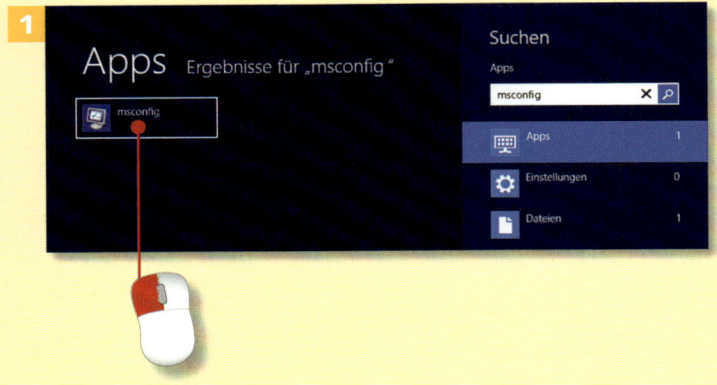

Interessieren Sie sich dafür, welche Programme und Features im Hintergrund ihren Dienst verrichten? Dann schauen Sie sich die folgenden Schritte an. Sie werden erstaunt sein, wie viel »im Stillen« gearbeitet wird.

Schritt 1

Zunächst müssen Sie auf dem Startbildschirm »msconfig« eintippen und auf die App klicken.

Schritt 2

Sollte sich daraufhin kein Fenster öffnen, geben Sie stattdessen »ausführen« ein und drücken ⏎. Im nächsten Dialogfenster **Ausführen** wiederholen Sie die Eingabe von »msconfig« und klicken auf **OK**.

Schritt 3

Im Dialogfenster **Systemkonfiguration**, das sich nun endlich öffnen sollte, aktivieren Sie das Register **Systemstart** mit einem Mausklick.

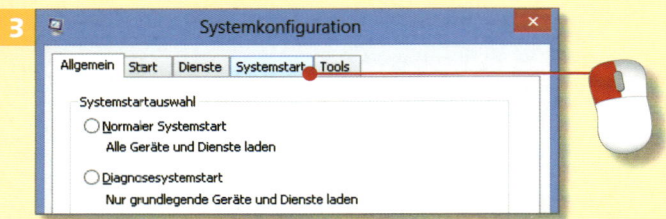

Funktion deaktiviert?

Es kann sein, dass das direkte Anspringen der Systemkonfiguration vom Startbildschirm aus (siehe Schritt 1) nicht aktiviert ist. Sie sehen dann nur, wie sich ein Fenster kurz öffnet und selbstständig wieder schließt.

Schritt 4

Auf dieser Registerkarte klicken Sie dann auf den blauen Link **Task-Manager öffnen**.

Schritt 5

Daraufhin öffnet sich ein neues Fenster, **Task-Manager**. Hier sehen Sie, welche zusätzlichen Apps beim Hochfahren des Betriebssystems automatisch mit ausgeführt werden.

Schritt 6

Die Registerkarten **Details** und **Dienste ❶** offenbaren, was im Hintergrund so alles los ist. Eine ganze Menge, oder?

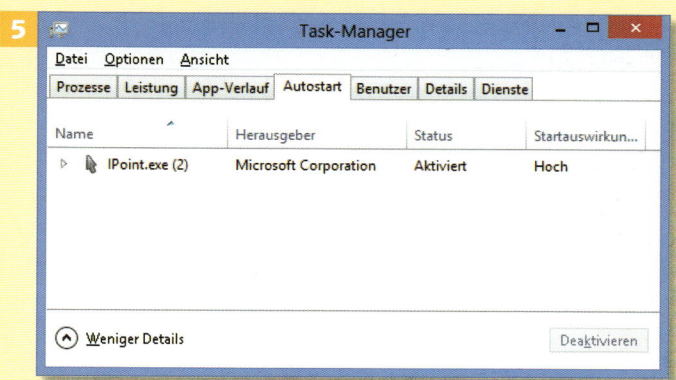

Status

Die Spalte **Status ❷** gibt Aufschluss darüber, ob ein Feature gerade ausgeführt wird oder nicht. Nach einem Rechtsklick auf eine bestimmte Zeile können weitere Aktionen in die Wege geleitet werden. Bitte löschen Sie aber auf keinen Fall irgendwelche Programme, wenn Sie nicht wissen, worum es sich handelt! Es könnten systemrelevante Programme sein, ohne die der Computer nicht mehr richtig funktioniert.

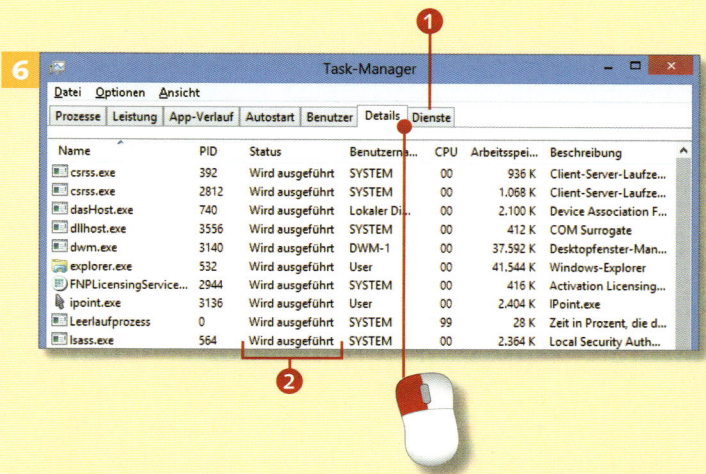

Kompatibilitätsprobleme beheben

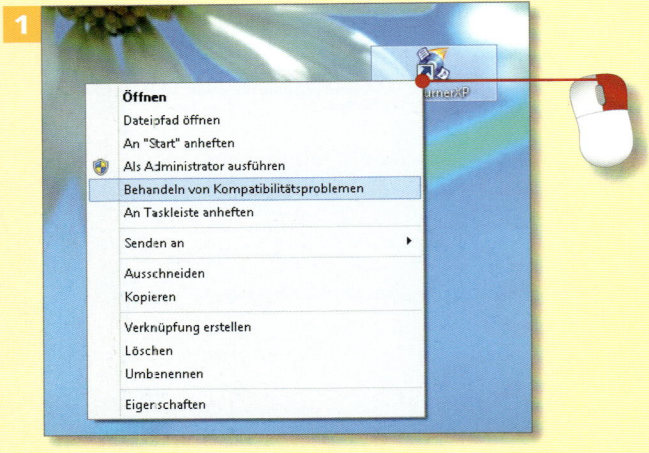

Sie verfügen noch über ältere Software, die unter Windows 8 nicht so recht laufen mag? Es kommt zu Problemen während der Ausführung? Die Software stürzt häufig ab? Dann liegt höchstwahrscheinlich ein Kompatibilitätsproblem vor.

Schritt 1

Setzen Sie einen Rechtsklick auf die Programmschaltfläche der betreffenden App auf dem Desktop. Dann wählen Sie **Behandeln von Kompatibilitätsproblemen** aus dem Kontextmenü.

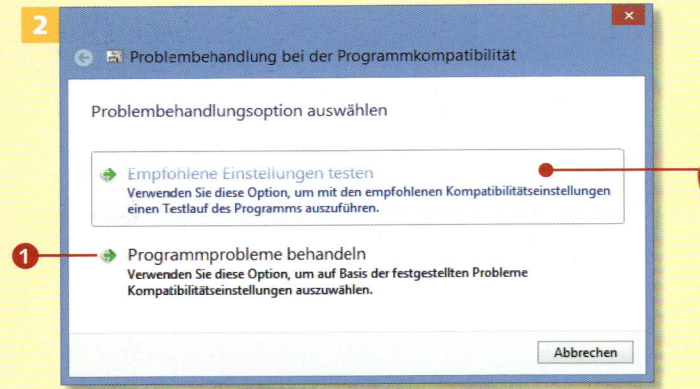

Schritt 2

Wenn Sie auf **Empfohlene Einstellungen testen** klicken, wird die App normal geöffnet, damit sie manuell getestet werden kann. (Die Option **Programmprobleme behandeln** ❶ erlaubt eine nähere Fehlerbeschreibung gemäß Schritt 5.)

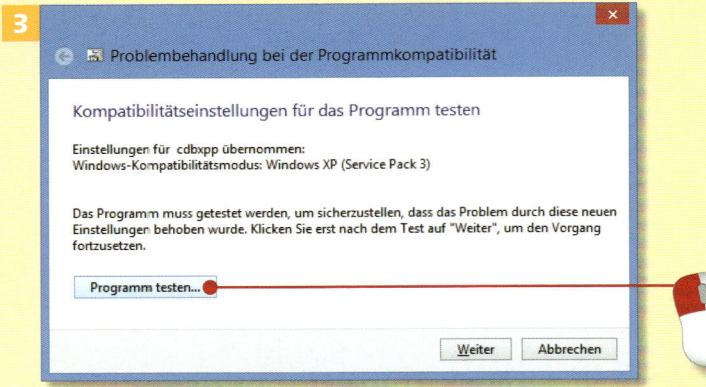

Schritt 3

Im nächsten Fenster klicken Sie auf **Programm testen**. Die App wird daraufhin geöffnet. Gehen Sie die Funktionen durch, die Probleme bereiten.

Schritt 4

Kehren Sie zurück zum Problem-
behandlungs-Dialog (siehe Schritt
3), und klicken Sie dort auf **Weiter**.
Danach müssen Sie eine Frage beantworten. Falls das Problem bisher
nicht behoben werden konnte, klicken Sie hier auf **Nein, mit anderen
Einstellungen wiederholen**.

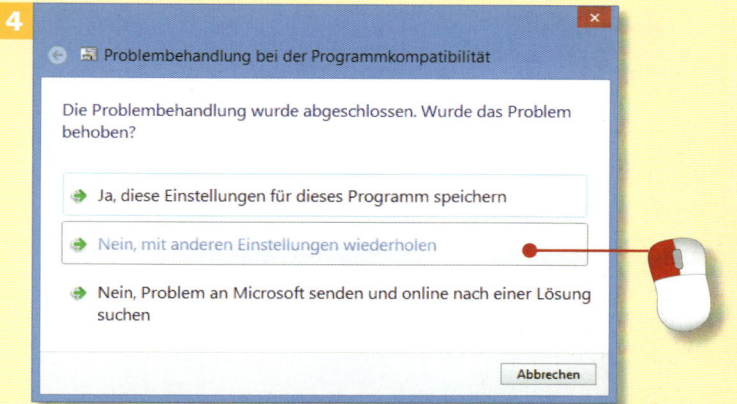

Schritt 5

Jetzt lassen sich die Probleme noch
einmal mithilfe einer oder mehrerer
Checkboxen genauer eingrenzen.
Klicken Sie auf ein Kästchen ➋, um
es auszuwählen, und klicken Sie
dann auf **Weiter**. Auf der Grundlage
Ihrer Angaben werden dann individuelle Lösungsschritte angeboten.

Schritt 6

Noch ein Tipp: Einzelne Apps
müssen mit besonderem Administratorrechten ausgeführt werden. Wählen Sie, nach einem Rechtsklick auf
das Programm-Symbol, die Option
Als Administrator ausführen aus
dem Kontextmenü.

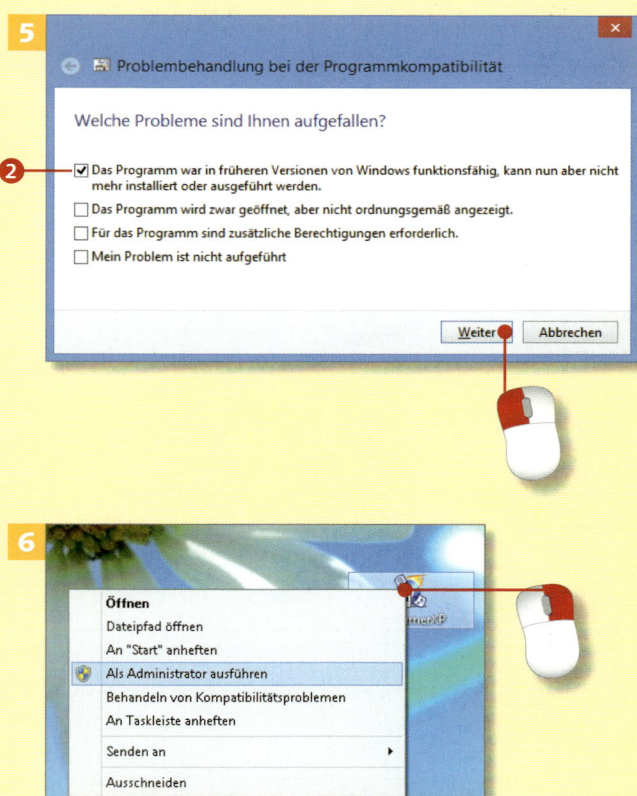

Glossar

Adobe Reader		siehe *PDF*
App		Eine App (Kurzform von *Application*) ist eine Anwendung bzw. ein Computer-Programm. So sind z. B. Mail, Kontakte etc. jeweils eigenständige und separat ausführbare Apps.
Auflösung		Die Auflösung beschreibt die Anzahl der einzelnen Bildpunkte auf einer Fläche (z. B. auf einem Monitor oder Foto). Je höher die Werte, desto höher die Auflösung. Allerdings sagt die Anzahl der Bildpunkte nichts über die Größe der Fläche aus, da die Bildpunkte unterschiedlich groß sein können.
Backup		Sicherungskopie von Dateien oder Systemen (auch Windows 8) zur eventuellen späteren Wiederherstellung (**Systemsteuerung ▶ Wartungscenter**).
Befehl		Anweisung an den Computer. Zumeist ausgelöst durch das Anklicken einer Schaltfläche oder das Drücken der Eingabetaste auf Ihrer Tastatur.
Betriebssystem		Ein Betriebssystem ist eine Software, die den Computer steuert. Neben Windows gibt es unter anderem noch OS X und Linux.
Bluetooth		Drahtlose Schnittstelle zwischen zwei oder mehreren Geräten zum Datenaustausch. Die angeschlossenen Geräte müssen Bluetooth-fähig sein.
Button		Knopf oder Schaltfläche, die beim Anklicken ein Ereignis auslöst. Vorselektierte Schaltflächen sind farbig hinterlegt und können auch durch Drücken von ⏎ ausgelöst werden.

Charms-Leiste	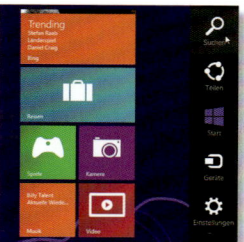	Schwarzer Balken mit mehreren Buttons. Er erscheint, wenn die Maus in die obere rechte Ecke des Bildschirms geschoben wird.
Checkbox	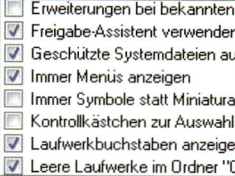	Das klassische Ankreuzkästchen. Im Gegensatz zum Radio-Button dürfen hier auch mehrere oder alle sowie einzelne oder keine Optionen angewählt sein. Die Checkbox wird jeweils per Mausklick aktiviert (Häkchen) und deaktiviert.
Datenträger		Grundsätzlich jedes Gerät und jedes Medium, das imstande ist, Daten aufzunehmen (u. a. Festplatte, USB-Stick, CD, DVD). Während man Daten auf eine Festplatte »schreibt«, werden Daten auf CD oder DVD »gebrannt«.
Desktop		Der Desktop ist der Haupt-Arbeitsbereich von Windows 8. Vom Startbildschirm aus erreichen Sie ihn mit ⊞ + D.
Dialog	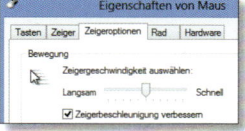	Jedes Fenster, in dem Benutzer und Betriebssystem (oder auch ein Programm) miteinander in Verbindung treten und Informationen austauschen, z. B. das Dialogfenster zu den Maus-Eigenschaften.
Download		Dateiübertragung, in der Regel vom Internet auf den eigenen PC, mit dem Ziel, die Daten dort zu speichern. Klassische Download-Dateien sind Anwendungen, Bilder, Musik etc.

Glossar

Drag & Drop	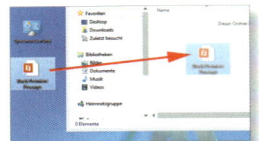	Ziehen und Fallenlassen. Damit werden Objekte verschoben. Klicken Sie auf das Objekt, halten Sie die Maustaste gedrückt, und ziehen Sie es herüber. An der gewünschten Stelle lassen Sie los.
Eingabetaste	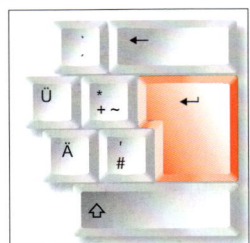	Zeilenschaltungstaste der Tastatur. Mit dieser Taste werden zudem Eingaben (z. B. Texte) an das Betriebssystem oder die Anwendung übergeben. Auch *Return-Taste* genannt.
Explorer		Der Explorer ist der Standard-Dateimanager unter Windows. Von hier aus sind sämtliche Ordner und Verzeichnisse erreichbar. Außerdem stehen Suchoptionen zur Verfügung (engl. *to explore* = »erforschen«).
Hyperlink		siehe *Link*
Icon		(Engl. *icon* = Symbol, Sinnbild). Ein grafisches Symbol (Piktogramm), meist zum Öffnen einer Datei, eines Verzeichnisses oder zum Start einer App.
IP-Adresse		IP steht für »Internet Protocol« und ist ein Protokoll, das Computer im Internet eindeutig identifiziert. Die IP-Adresse ist vergleichbar mit der Nummer eines Personalausweises. Der zugehörige Rechner lässt sich durch diese Nummer immer eindeutig identifizieren.

Kachel		Siehe auch *Icon*. Die Rechtecke auf dem Windows-8-Startbildschirm, die die Apps repräsentieren, werden Kacheln genannt.
Kontextmenü	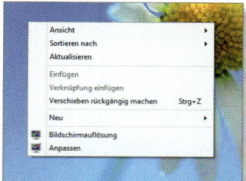	Eine Sammlung von Befehlen, die unterschiedliche weitere Befehle bereithält. Das Kontextmenü lässt sich mit einem Rechtsklick öffnen.
Link	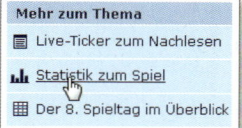	Ein Link oder Hyperlink ist eine Schaltfläche (nicht selten in Textform), die Sie mit einer Internetseite verbindet, sobald Sie daraufklicken. Links sind im Internet selbst, aber auch in Programmen, Betriebssystemen, E-Mails etc. zu finden.
Menü	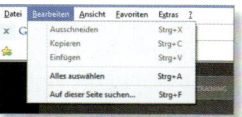	Menüs sind Zusammenfassungen mehrerer möglicher Befehle. Klicken Sie auf den Menüeintrag (hier: **Bearbeiten**), öffnet sich eine Liste mit weiteren Befehlen, die nun per Mausklick ausgelöst werden können.
Office		Produkt von Microsoft – es handelt sich dabei um eine Zusammenstellung von renommierten Büroanwendungen, wie z. B. die Textverarbeitung Word, die Tabellenkalkulation Excel oder die Präsentationssoftware PowerPoint.
Papierkorb		Im Prinzip sorgt der Papierkorb dafür, dass Dateien nicht auf direktem Weg (unbeabsichtigt) gelöscht werden können. Gelöschte Dateien landen nämlich automatisch im Papierkorb. (Es sei denn, sie sind zu groß dafür; dann erhalten Sie eine entsprechende Meldung beim Löschen.) Wollen Sie Dateien endgültig löschen, müssen Sie die Dateien im Papierkorb separat löschen (den Papierkorb leeren).

Glossar

PDF		Seitenbeschreibungsformat, das aufgrund seiner Genauigkeit besonders gut zum Austausch bzw. zur Weitergabe geeignet ist. Zum Anzeigen von PDF-Dokumenten wird entweder der kostenlose Adobe Reader (*www.adobe.com/de*) oder die Windows-App *Reader* benötigt.
Popup-Menü		Siehe *Pulldown-Menü*
Programm		siehe *App*
Pulldown-Menü	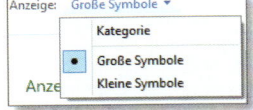	Ein ausklappendes Menü, das weitere Schaltflächen in sich trägt. Oft verdeutlicht ein vorangestellter Punkt, welche Option gerade angewählt ist.
QuickInfo	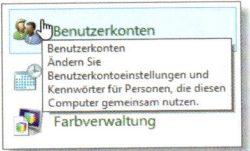	Ein kleiner Hinweis, der sich automatisch öffnet, wenn Sie einen Moment auf einem Objekt verweilen. Er gibt Informationen zu der dahintersteckenden Funktion.
Radio-Button		Mehrere zusammenhängende Optionen, von denen immer nur eine angewählt sein kann. Wenn eine Option eingeschaltet wird, deaktivieren sich alle anderen automatisch. (Der Begriff stammt aus den Anfängen des Radios, bei dem ebenfalls nur ein Knopf eingedrückt sein konnte.)
Registerkarte	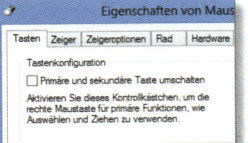	Zusammenstellungen von individuellen Befehlstafeln. Die dazugehörigen Reiter oder Tabs (hier: **Tasten**, **Zeiger** etc.) stehen meist am oberen Rand eines Fensters oder einer App und können durch einen Mausklick nach vorn gestellt werden.
Schaltfläche		siehe *Button*
Schnellstartleiste		siehe *Taskleiste*

Scrollen		Verschieben des Inhaltsbereichs mithilfe eines Balkens, der immer dann auftaucht, wenn zu wenig Platz vorhanden ist, um den gesamten Inhalt darzustellen. Der Balken (meist rechts oder unten) wird durch Ziehen mit gedrückter Maustaste bewegt.
Software		siehe *App*
Startbildschirm		Neue, nicht nur für die herkömmliche PC-Bedienung, sondern v.a. auch für die Touchscreen-Bedienung geeignete grafische Oberfläche von Windows 8.
Steuerelement		Alle Elemente, die vom Anwender bedient werden können. Das sind z.B. Buttons, aber auch Schieberegler, Radio-Buttons, Checkboxen und Menüs.
Taskleiste		Auch *Schnellstartleiste* oder *Startleiste* genannt. Eine Anordnung von Symbolen, die standardmäßig am unteren Bildrand zu finden ist. Die Schaltflächen werden per Mausklick bedient. Zeigen Sie ohne zu klicken mit der Maus auf ein Objekt, um eine vergrößerte Info zu erhalten.
Wireless		Drahtlosverbindung zwischen zwei oder mehr Geräten für den Datenaustausch. Die Übertragung erfolgt über eine Funkverbindung.

Index

Index

Index

Index

Index

Index

- Für alle Windows-Editionen geeignet

- Fotos, Musik, Videos, Internet, E-Mails, Netzwerk u.v.m.

- Mit klaren Schritt-für-Schritt-Anleitungen

René Gäbler

Windows 8
Der umfassende Ratgeber

So haben Sie Windows 8 schnell im Griff. René Gäbler zeigt und erklärt Ihnen das System mit all seinen Möglichkeiten. Von der Installation und dem Umgang mit Dateien und Ordnern über die Einrichtung von Hard- und Software bis hin zum eigenen Heimnetzwerk. In Farbe, mit vielen Bildern und anhand zahlreicher Schritt-für-Schritt-Anleitungen führt Sie René Gäbler in diesem umfassenden Ratgeber durch Windows 8. Kompetent, praxisnah und vollständig.

778 S., 2013, komplett in Farbe, mit DVD, 29,90 Euro
ISBN 978-3-8421-0058-9
www.vierfarben.de/3173

»Mit diesem umfassenden Handbuch hat man Windows 8 schnell im Griff.«
Nürnberger Nachrichten

Das gesamte Buchprogramm: www.vierfarben.de

- Internet, E-Mails, Fotos, Videos, Musik, Texte u.v.m.

- Alle Funktionen Schritt für Schritt erklärt

- Keine Vorkenntnisse nötig

- Für alle Windows-Editionen

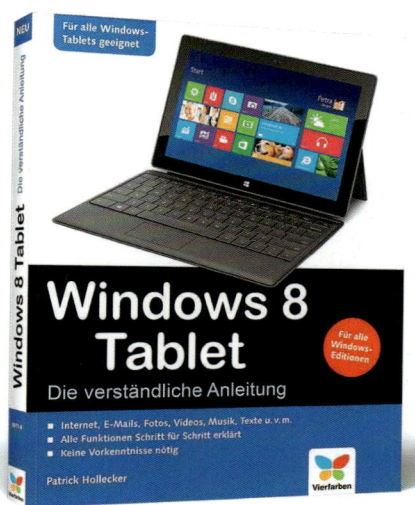

Patrick Hollecker

Windows 8 Tablet
Die verständliche Anleitung

Lernen Sie, wie Sie mit Ihrem Windows-Tablet im Internet surfen, E-Mails schreiben, Videos ansehen oder Ihre Kontakte pflegen. Auch die Büroarbeit kommt nicht zu kurz: Nutzen Sie Office auf dem Tablet, verbinden Sie es mit dem PC und organisieren Sie damit Ihre Termine. Dieses Buch ist der perfekte Begleiter.

320 S., 2013, komplett in Farbe, 19,90 Euro
ISBN 978-3-8421-0071-8
www.vierfarben.de/3284

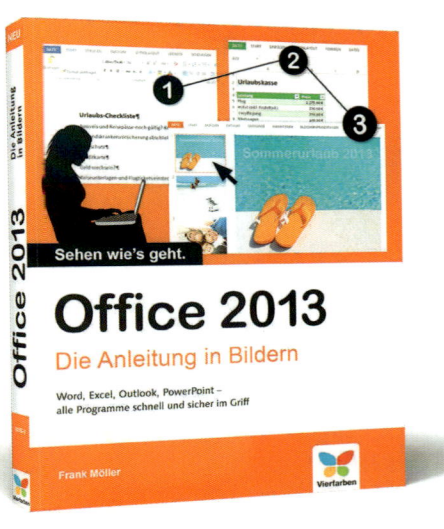

- Word: Texte schreiben und gestalten

- Excel: Rechnen und Diagramme erstellen

- Outlook: E-Mails und Termine verwalten

- PowerPoint: Beeindruckende Präsentationen gestalten

Frank Möller

Office 2013
Die Anleitung in Bildern

Briefe schreiben mit Word, rechnen mit Excel, E-Mails mit Outlook verwalten oder Präsentationen mit PowerPoint erstellen – in diesem Buch sehen Sie Schritt für Schritt, wie Sie Office 2013 gekonnt für sich nutzen. Außerdem erfahren Sie, wie Sie Ihre Dokumente, Präsentationen oder Kalender über das Internet mit anderen teilen können. All das lernen Sie mithilfe konkreter Anleitungen und anschaulicher Abbildungen.

ca. 350 S., komplett in Farbe, 14,90 Euro
ISBN 978-3-8421-0076-3, September 2013
www.vierfarben.de/3289

Versandkostenfrei bestellen: www.vierfarben.de